Clages/Zeitner · Kriminologie

Kriminologie

Für Studium und Praxis

von

Horst Clages

Ltd. Kriminaldirektor a.D.

Ines Zeitner

Kriminaloberrätin

VDP | VERLAG DEUTSCHE POLIZEILITERATUR GMBH
Buchvertrieb

Bibliografische Information der Deutschen Nationalbibliothek
Die Deutsche Nationalbibliothek verzeichnet diese Publikation in der Deutschen Nationalbibliografie; detaillierte bibliografische Daten sind im Internet über http://dnb.d-nb.de abrufbar.

3. Auflage 2016

Satz: VDP GMBH Buchvertrieb, Hilden
Druck und Bindung: Hubert & Co.
Printed in Germany
ISBN 978-3-8011-0771-0

Vorwort zur 3. Auflage

Die Herausgabe der überarbeiteten und aktualisierten 3. Auflage des Lehrbuchs Kriminologie – Für Studium und Praxis – erfolgt unter dem Aspekt, dass der bisherige Aufbau erweitert und die thematische Struktur um Maßnahmen der Kriminalitätskontrolle ergänzt wurde. So wird in den Kapiteln 1 bis 8 zunächst ein Überblick über wesentliche Grundlagen der Kriminologie gegeben. Die Kapitel 9 bis 20 befassen sich mit phänomenologischen Analysen ausgewählter aktueller Deliktsbereiche mit einer Einführung in die Bedeutung und Methodik kriminologisch-kriminalistischer Kriminalitätsanalysen. Die dem Buch zu Grunde liegende Konzeption verfolgt weiterhin das Ziel, die praktische Relevanz der Kriminologie für die polizeiliche Aufgabenbewältigung in den Mittelpunkt ihrer Darstellung zu stellen, ohne dass dabei die wissenschaftstheoretischen Grundlagen außer Acht gelassen werden.

Dieser Zielsetzung folgend sind die einzelnen Themenbereiche in einer fachlich theoretischen Kurzdarstellung gestaltet. Sie werden durch Hinweise auf die praktische Relevanz für die polizeiliche Aufgabenwahrnehmung ergänzt. Insoweit handelt es sich nicht in erster Linie um rein wissenschaftstheoretische Abhandlungen, wie sie in den meisten kriminologischen Lehrbüchern zu finden sind, die als Zielbereich das universitäre Studium im Blick haben. Im Mittelpunkt steht vielmehr eine für die polizeiliche Aufgabenbewältigung anwendungsbezogene Kriminologie, die auf die Auseinandersetzung kontroverser Theorieansätze möglichst verzichtet, sie jedoch dort, wo sie bedeutungsvoll sind, angemessen diskutiert.

Soweit in den Einzeldarstellungen Kriminalitätsdaten verarbeitet worden sind, handelt es sich vorwiegend um Daten der Polizeilichen Kriminalstatistik der Bundesrepublik Deutschland aus 2013, auf deren relative Aussagekraft auf Grund systemimmanenter Schwächen und der Dunkelfeldproblematik aufmerksam gemacht wird.

Die bearbeiteten Einzelthemen sind inhaltlich so angeordnet, dass die Leserin/der Leser zunächst in die Kriminologie als interdisziplinäre Wissenschaft und deren Entwicklung aus historischer Sicht eingeführt wird. Der derzeitige Diskussionsstand zu den als gesichert geltenden Erkenntnissen, deren Bedeutung und Anwendbarkeit in der Praxis leitet sodann über zu kriminologischen Themenfeldern von hervorgehobener polizeilicher Bedeutung.

Anhand kurzer Fallrepetitorien mit gezielten Aufgabenstellungen soll der Transfer von theoretischem Wissen auf die Praxis erreicht und das Verständnis für kriminologische Aussagen erleichtert werden.

Im zweiten Teil werden Deliktsanalysen von besonderer Praxisrelevanz vorgestellt. Die auf diesem Wege gewonnenen phänomenologischen Erkenntnisse über kriminelle Begehungsformen, Täter und deren Opfer sind notwendige Grundlagen für die Erstellung von Kriminalitätslagebildern und somit für eine effektive Kriminalitätskontrolle. Hier zeigt sich auch die enge Verzahnung zwischen der Kriminologie, der Kriminalistik und den polizeilichen Einsatz- und Ermittlungsprozessen. Dieser Erkenntnis folgend wurde die Systematik der kriminologischen Deliktsanalyse folgerichtig um den Gliederungspunkt „Kriminalitätskontrolle" erweitert. Hier werden unter polizeipraktischer Zielsetzung in gebotener Kürze Empfehlungen zu wesentlichen kriminaltaktisch-strategischen Maßnahmen der Kriminalitätskontrolle angesprochen, die sich aus dem Ergebnis der jeweiligen Deliktsanalysen ableiten.

Die Verfasserin und der Verfasser wünschen für die 3. Auflage den Leserinnen und Lesern eine interessante Fachlektüre, die ebenfalls gewinnbringend für Prüfungsvorbereitungen genutzt werden kann.

Horst Clages/Ines Zeitner

Inhaltsverzeichnis

Abkürzungsverzeichnis

a.a.O	am angeführten (angegebenen) Ort
Abs.	Absatz
ADAC	Allgemeiner Deutscher Automobilclub
AG	Arbeitsgemeinschaft
AKB	Allgemeine Bedingungen für die Kraftfahrtversicherung
Anl.	Anlage
AQ	Aufklärungsquote
BGBl.	Bundesgesetzblatt
BGHSt	Entscheidungen des Bundesgerichtshofs in Strafsachen
BKA	Bundeskriminalamt
BMJ	Bundesminister der Justiz
BRD	Bundesrepublik Deutschland
BtM	Betäubungsmittel
BtMG	Betäubungsmittelgesetz
BVerfG	Bundesverfassungsgericht
EDV	Elektronische Datenverarbeitung
EKhD	Erstauffällige Konsumenten harter Drogen
Erl.	Erlass
EW	Einwohner
FINDUS	Fallinformationen durchsuchen mit System
GDV	Gesamtverband der Deutschen Versicherungswirtschaft e.V.
GemRdErl.	Gemeinsamer Runderlass
Hrsg.	Herausgeber
HZ	Häufigkeitszahl
i.d.F.v.	in der Fassung von
INPOL	Informationssystem der Polizei
JGG	Jugendgerichtsgesetz
KBA	Kraftfahrtbundesamt
KFZ	Kraftfahrzeug
KPMD	Kriminalpolizeilicher Meldedienst
KSD	Kraftfahrzeug-Sachwert-Delikt
LKA	Landeskriminalamt
LKW	Lastkraftwagen

LSD	Lysergsäurediethylamid
neub.	neu bearbeitet
NfD	nur für den Dienstgebrauch
NRW	Nordrhein-Westfalen
OFA	Operative Fallanalyse
OGZ	Opfergefährdungszahl
OK	Organisierte Kriminalität
PDV	Polizeidienstvorschrift
PKS	Polizeiliche Kriminalstatistik
PolG	Polizeigesetz
PKW	Personenkraftwagen
RiStBV	Richtlinien für das Strafverfahren und das Bußgeldverfahren
SR	Steigerungsrate
StGB	Strafgesetzbuch
StPO	Strafprozessordnung
StvStat	Strafverfolgungsstatistik
SZ	Schlüsselzahl
TVBZ	Tatverdächtigenbelastungszahl
TV	Tatverdächtige
TWE	Tageswohnungseinbruch
UVV	Unfallverhütungsvorschrift
VDP	Verlag Deutsche Polizeiliteratur

Kapitel 1
Einführung in die Kriminologie

1 Begriff der Kriminologie

Der Begriff Kriminologie leitet sich vom lateinischen Wort „crimen“ (Verbrechen) und dem griechischen Wort „logos“ (Lehre) ab.

CRIMEN + LOGOS = LEHRE VOM VERBRECHEN

Unter dem Begriff Kriminologie wird folglich die Lehre vom Verbrechen verstanden. Verbrechen umfasst sowohl die Einzeltat, d.h. den einzelnen strafrechtlich relevanten Rechtsverstoß einschließlich der Person des Täters als auch die Summe der Straftaten, d.h. die Kriminalität.

Die Kriminologie ist im Vergleich z.B. zu der Physik, der Medizin oder der Mathematik eine relativ junge Wissenschaft. Die systematische, wissenschaftlich orientierte Auseinandersetzung mit den Phänomenen Verbrecher und Verbrechen begann erst vor etwa 200 Jahren.

Im Laufe der Zeit entwickelte sich sowohl national als auch international ein unterschiedliches Verständnis von Kriminologie. Entsprechend verschiedenartig sind auch die Definitionen über den Gegenstand und die Forschungsschwerpunkte der Kriminologie.

Eine in der Literatur und der Wissenschaft allgemeinverbindliche Definition gibt es nicht. In der einschlägigen Fachliteratur sind ca. 20 Definitionen bekannt, die in ihrer Gesamtheit und Widersprüchlichkeit eher zur Verwirrung als zur Klarheit beitragen. In der laienhaften Vorstellung wird Kriminologie auch häufig mit Kriminalistik gleichgesetzt.[1]

Der heutige Begriff „Kriminologie“ wird zurückgeführt auf den italienischen Rechtsgelehrten *Raffaele Garofalo* auf Grund der Veröffentlichung seines Werkes „Criminologia“ (1885) sowie auf den französischen Anthropologen *Topinard* (1879).

Bis Ende der 60er-Jahre wurde in Deutschland (z.B. *Niggemeyer*) unter „Kriminologie im engeren Sinne“ die „Wissenschaft von den Ursachen und Erscheinungsformen des Verbrechens, sowie den präventiven und repressiven Bekämpfungsmöglichkeiten der Kriminalität verstanden“.[2]

Heute sind mehrere Standarddefinitionen in der Fachliteratur bekannt.
- Nach *Kaiser* ist „die Kriminologie die geordnete Gesamtheit des Erfahrungswissens über das Verbrechen, den Rechtsbrecher, die negative

---

1 Mentzel/Schröder (2008), S. 22
2 *Niggemeyer* (1967), S. 9

soziale Auffälligkeit und über die Kontrolle dieses Verhaltens. Ihr Wissenschaftsgebiet lässt sich mit den drei Grundbegriffen Verbrechen, Verbrecher und Verbrechenskontrolle treffend kennzeichnen. Ihnen sind auch Opferbelange und Verbrechensverhütung zugeordnet".[3]

- *Göppinger* definiert die „Kriminologie als selbstständige Erfahrungswissenschaft. Sie befasse sich mit den im menschlichen und gesellschaftlichen Bereich liegenden Umständen, die mit dem Zustandekommen, der Begehung, den Folgen und der Verhinderung von Straftaten sowie mit der Behandlung von Straffälligen zusammenhängen".[4]
- *Schwind* versteht unter „Kriminologie den interdisziplinären Forschungsbereich, der sich auf alle die empirischen Wissenschaften bezieht, die zum Ziel haben, den Umfang der Kriminalität zu ermitteln und Erfahrungen
  - über die Erscheinungsformen und Ursachen der Kriminalität (Phänomenologie und Ätiologie)
  - über Täter und Opfer (Forensische Psychologie und Psychiatrie, Viktimologie)
  - über die Kontrolle der sozialen Auffälligkeit einschließlich der Behandlungsmöglichkeiten für den Straftäter und der Wirkungen der Strafe bzw. Maßregel (Pönologie, Kriminaltherapie, Institutionenforschung, Statistik) zu sammeln".[5]

Im nordamerikanischen Bereich wurde der Begriff der Kriminologie schon seit Langem sehr viel weiter gefasst. Hier war das Verständnis von Kriminologie bereits darauf ausgerichtet, wie Gesetze gemacht und aufgehoben werden, die Behörden der Rechtspflege arbeiten, wie diejenigen ausgesucht werden, die als Kriminelle behandelt werden, und wie Kriminalität definiert und erzeugt wird. Die amerikanischen Kriminologen interessierten sich schon früh für die große Zahl von Sozialproblemen, Rassismus, Macht und Krisen der Städte. Im Rahmen der sozialen Gerechtigkeit machten sie es sich zum Ziel, die Struktur und das Vorgehen der Institutionen der sozialen Kontrolle genauestens verstehen zu lernen.

2 Gegenstand der Kriminologie

Weitgehende Einigkeit herrscht darüber, womit sich die Kriminologie befasst. Diese Aufgabeninhalte bezeichnet man auch als Gegenstand der Kriminologie. Zentraler Aufgabenschwerpunkt ist die Erforschung des Verbrechens. In diesem Kontext untersucht die Kriminologie den Prozess der Begehung von Straftaten einschließlich ihrer Ursachen, den Täter in seinen sozialen Bezügen sowie die Rolle des Opfers im Interaktionsprozess zwischen Opfer und Täter. Sie erforscht und dokumentiert die Erscheinungsformen der Kriminalität einschließlich ihrer

3 *Kaiser* (1996), S. 1
4 *Göppinger* (2008), S. 1
5 *Schwind* (2013), S. 8

Akteure. Mit diesen Erkenntnissen über die Phänomenologie der Straftaten liefert sie die Grundlage für gezielte Maßnahmen der Kriminalprävention und der Kriminalitätskontrolle im Rahmen der Kriminalistik. Sie befasst sich weiterhin mit der Erforschung der Wirkung von Strafen und therapeutischen Maßnahmen im Zusammenhang mit der Kriminalpsychologie und der Kriminalpsychiatrie. Wesentliche Forschungsschwerpunkte sind ferner die Untersuchung der Kriminalität als Massenerscheinung, die Erfassung der Kriminalität durch die Kriminalstatistik sowie das Wirken der Institutionen der strafrechtlichen Sozialkontrolle.

In der einschlägigen Fachliteratur findet sich kein einheitliches Bild über die Teildisziplinen (oder auch Aufgabenbereiche genannt), mit denen sich die Kriminologie in ihren Schwerpunkten befasst. Dies kann im Wesentlichen auf die verschiedenartigen fachwissenschaftlichen Ausrichtungen der Kriminologen zurückgeführt werden. Aus kriminologisch/kriminalistischer Sicht, d.h. unter dem Aspekt der polizeilichen Kriminalitätskontrolle sind folgende Aufgabenschwerpunkte zu nennen:

Die Kriminologie befasst sich im Wesentlichen mit folgenden Aufgabenschwerpunkten:

- der Ursachenerforschung (Ätiologie),
- den Erscheinungsformen der Kriminalität einschließlich der Kriminalstatistik und der Kriminalgeografie sowie der Dunkelfeldforschung (Kriminalphänomenologie i.w.S.),
- mit Problemen der Voraussage der zukünftigen Kriminalitätsentwicklung (Kriminalprognose),
- der Beurteilung der Täterpersönlichkeit (Täterprofil, Tätertypologie und Individualprognose),
- der Lehre vom Opfer (Viktimologie),
- der Wirkung von Strafen (Poenologie) und mit therapeutischen Fragestellungen (Kriminaltherapie),
- gerichtspsychologischen und psychiatrischen Problemstellungen (forensische Psychologie, Psychiatrie),
- der Untersuchung und Beobachtung des Wirkens der strafrechtlichen Sozialkontrolle und deren Folgen (Institutionenforschung) und
- der Kriminalität als Massenerscheinung (Kriminalstatistik).

2.1 Verbrechensbegriffe

Die Verbrechensbegriffe, die im Recht, in der Soziologie und in der Kriminologie gebräuchlich sind, unterscheiden sich erheblich.

Verbrechensbegriff des Strafgesetzbuches

Nach § 12 Abs. 1 StGB sind Verbrechen rechtswidrige Taten, die im Mindestmaß mit Freiheitsstrafe von einem Jahr oder darüber bedroht sind.

Natürlicher Verbrechensbegriff

Der italienische Soziologe *Garofalo* benutzt in seinem Werk „Criminologia" erstmals den natürlichen Verbrechensbegriff (crimen naturale). Während die strafrechtliche Definition vom jeweiligen Gesetzgeber bestimmt werden kann, versteht man unter dem „natürlichen Verbrechensbegriff solche Handlungen, die zu fast allen Zeiten und in fast allen Kulturkreisen als verwerflich angesehen werden. Hierzu wären der Mord, der Raub oder auch der Diebstahl zu zählen. Es wird unterschieden in Taten, die in sich schlecht sind (delicta mala per se), und in Taten, die strafbar sind, nur weil sie verboten sind (delicta mere prohibita)".

Formeller Verbrechensbegriff

Unter den formellen Verbrechensbegriff fasst man solche Handlungen, die durch ein Gesetz mit strafrechtlichen Rechtsfolgen bedroht sind. Nach dem deutschen Strafrecht unterscheidet man dabei in Strafen (§§ 38 ff. StGB) und in Maßregeln der Besserung und Sicherung (§§ 61 ff. StGB).

Für den formellen Verbrechensbegriff findet man in der Literatur synonym auch die Begriffe:

- Strafrechtlicher Verbrechensbegriff
- Juristischer Verbrechensbegriff
- Legalistischer Verbrechensbegriff
- Normativer Verbrechensbegriff

Materieller Verbrechensbegriff

Weitgehend von der Soziologie ist der materielle Verbrechensbegriff geprägt. Den Soziologen ging der formelle Verbrechensbegriff nicht weit genug, da sonstiges sozialschädliches oder sozial abweichendes Verhalten (Devianz) nicht in den Verbrechensbegriff einbezogen wurde, wenn eine Handlung formell nicht mit Strafe bedroht war. Vor dem Hintergrund einer liberalen Gesellschaft mit einem sich ändernden Zeitgeist scheint dieser Begriff wissenschaftlich angezeigt zu sein. Globalisierung und Technisierung führen zu einer neuen Qualität des Verbrechens, welches oftmals weit im Vorfeld einer formellen Sanktionierung zu Tage tritt.

Funktionaler Verbrechensbegriff

Wichtig erscheint es, diese Begriffsvielfalt unter der Prämisse der Funktionalität oder Praxisorientierung zu verstehen. Heute nutzt man im polizeilichen Sprachgebrauch häufig den funktionalen Verbrechensbegriff, um über diesen Aussagen zum Umfang und zur Struktur von Verbrechen, Verbrechern und Verbrechensopfern erhalten zu können.

Danach ist Verbrechen ein schuldhaftes, seelisch-körperliches Verhalten, das wegen seiner gemeinschaftswidrigen Wirkung (Sozialschädlichkeit) rechtlich verboten und mit Strafe bedroht ist.

Verbrechen als Einzeltat und Massenerscheinung

Den Kriminologen interessieren sowohl einzelne Taten als auch das Verbrechen als Massenerscheinung. So sind aus der Untersuchung eines Tatortes oder der Exploration eines Tatverdächtigen Erkenntnisse für zukünftige Fälle zu erlangen. Andererseits erlauben Analysen von Massenphänomenen eine strukturelle Aussage über Art und Umfang der heutigen oder zukünftigen Kriminalität.

Beispiel:

Warum tötet eine Mutter ihr Kind?

Wie wird sich die Jugendkriminalität in den nächsten Jahren entwickeln?

Dunkelfeld

Neben den Straftaten, die der Polizei bekannt werden und deshalb näher untersucht werden können, ist für den Kriminologen ebenso interessant, welche Delikte nicht bekannt oder nicht angezeigt werden. Diese Handlungen werden unter dem Begriff Dunkelfeld zusammengefasst. Dabei unterscheidet man das absolute Dunkelfeld und das relative Dunkelfeld. Straftaten, die nicht bemerkt oder erkannt werden, sind solche des absoluten Dunkelfelds. Straftaten, die zwar erkannt werden, den staatlichen Behörden jedoch nicht angezeigt werden, sind solche des relativen Dunkelfelds.

Beispiel:

Der Geschädigte eines Taschendiebstahls meint, er habe sein Portemonnaie verloren.

Als Versicherungen darauf verzichteten, dass bei geringwertigen Diebstählen eine Anzeige bei der Polizei zu erstatten war, ging die Zahl der erfassten Diebstähle deutlich zurück.

Vorfeld des Verbrechens

Ein Verhalten wird erst durch normative Wertungen zu dem unter Strafe gestellten „Verbrechen". Des Weiteren ist für die kriminologische Forschung wie für die polizeiliche Praxis das Vorfeld des Verbrechens von großem Interesse. Welche sozialen Verhaltensweisen dabei als sozial abweichend bezeichnet werden, hängt von der jeweiligen Gesellschaft, aber auch der geschichtlichen Epoche ab. Obdachlosigkeit, Alkoholismus, Suizid, Prostitution oder Drogenmissbrauch sind u.a. Verhaltensweisen, die im Vorfeld des Verbrechens für die Kriminologie interessant wären.

Wandelbarkeit des Verbrechens

Im Zusammenhang mit dem Aufgabenbezug eines Verbrechensbegriffs ist die Wandelbarkeit des Verbrechens zu sehen. Die Entwicklung einer Gesellschaft führt dazu, dass Handlungen, die heute noch als gemeinschädlich betrachtet werden, in der Zukunft zunächst als Bagatelldelikt, später dann als „normal" empfunden werden (Entkriminalisierung).

Andersherum wird es neue Verhaltensweisen geben, die von der Gesellschaft als gravierend sozialschädlich empfunden werden und deshalb formell sanktioniert werden (Neukriminalisierung). Dabei hängt es von den jeweiligen Machtverhältnissen innerhalb des Staates und seiner internationalen Einbindung und vom Druck aus der Bevölkerung ab, in welche Richtung sich das Verbrechen wandelt.

Beispiel:
Der Tatbestand der Kuppelei passte nicht mehr in das Bild einer modernen liberalen Gesellschaft und wurde deshalb abgeschafft.
Computerkriminalität durch weltweite Datenmanipulation oder durch Missbrauch des Internets (Cybercrime) war bis Mitte der 90er-Jahre unbekannt.
Ölwechsel am Straßenrand führte vor 20 Jahren nur zu einem Kopfschütteln der Nachbarn. Heute wird regelmäßig die Polizei wegen eines Umweltdelikts tätig.

2.2 Begriff des Verbrechers

Einzeltäter und Tätergruppen

Neben der Analyse von Handlungen, die als Verbrechen eingestuft werden, ist die Beschäftigung mit dem Verbrecher für die Kriminologie von Bedeutung. Dabei ist zunächst der einzelne Mensch, der ein Verbrechen begangen hat, von Interesse. Fragen nach dem Tatmotiv oder nach weiteren begangenen Delikten seien hier beispielhaft angeführt.

Darüber hinaus beschäftigt sich die Kriminologie mit der Analyse und Prognose, welche Bevölkerungsgruppen sich abweichend verhalten. So ist etwa die Untersuchung von Jugendkriminalität ein zentrales Forschungsgebiet der Kriminologie.

Beispiel:
In der Vernehmung zur Person im Rahmen eines Tötungsdelikts wird der Täter ausführlich zu seinen persönlichen Verhältnissen befragt. Zentrale Frage ist es zudem, das Tatmotiv herauszufinden.
In Zeiten steigender Gewalt durch Jugendliche ist zentraler Untersuchungsgegenstand der Kriminologie zu ermitteln, worin die Ursachen für die Gewaltbereitschaft liegen.

Der Täter in seinen sozialen Bezügen

Beschäftigt sich der Kriminologe mit dem Einzeltäter, so ist ein zentrales Forschungsanliegen, die Ursachen für dessen Kriminalität herauszufinden. Dabei ist nicht nur die charakterliche Veranlagung der Person von Interesse, es wird ebenso untersucht, unter welchen sozialen Bedingungen der Täter heranwuchs. Fragen nach physischen und psychischen Auffälligkeiten stellen sich ebenso wie Fragen nach dem Sozialbereich des Probanden. So sind bei der Exploration eines Delinquenten seine Sozialisation, sein Leistungs- und Freizeitbereich, aber auch sein Kontaktbereich von entscheidender Bedeutung.

Lebensquerschnitt/Lebenslängsschnitt

Letztlich ist im Umgang mit der Täterpersönlichkeit von Interesse, welche Bedingungen zum Zeitpunkt eines abweichenden Verhaltens bestanden und auf den Täter eingewirkt haben.

Die Analyse dieser Einflussgrößen zum Zeitpunkt der Tat bezeichnet man als Lebensquerschnittuntersuchung. Betrachtet man zusätzlich den Lebenslängsschnitt eines Delinquenten, also dessen bisherigen Lebenslauf, seine kriminelle Karriere und Rückfälligkeit, so können diese Ergebnisse in einer Prognosetabelle niedergelegt werden, die wiederum dem Staatsanwalt oder Richter bei ihren Strafanträgen oder Urteilen helfen.

Beispiel:

Mitarbeiter der Jugendgerichtshilfe stellen für das Gericht fest, in welchen familiären Verhältnissen ein angeklagter Jugendlicher herangewachsen ist, um eine Prognose der weiteren Entwicklung des Angeklagten zu ermöglichen. Diese Ergebnisse werden bei der Festlegung des Strafmaßes einbezogen.

2.3 Begriff des Verbrechensopfers

Ein Verbrechen kommt durch die Interaktion eines Verbrechers und eines Verbrechensopfers zustande. Dabei ist das Verhalten des Opfers oftmals erst tatauslösend. Deshalb wird in der Kriminologie verstärkt untersucht, welchen Einfluss Täter-Opfer-Bezüge auf das Entstehen von Verbrechen haben. Die Viktimologie als Lehre vom Opfer gewinnt zunehmend Bedeutung in der kriminologischen Forschung. Gerade für die Prävention ist das Opfer die erste Adresse. Während eine Resozialisierung eines Täters langwierig ist, kann über das Wissen, wann welche Personen an welchen Orten durch welches Verhalten Opfer von Straftaten werden, gezielt Verbrechensvorbeugung betrieben werden.

Beispiel:

Nach einer Serie von Raubüberfällen auf Tankstellen in den späten Abendstunden hat sich herausgestellt, dass die Betreiber, um ein lohnendes Zusatzgeschäft durch den Verkauf von Tabakwaren und Alkoholika betreiben zu können, die Tankabrechnungen nicht über den Nachtschalter abwickelten. Durch Änderung dieses Verhaltens können weitere Taten verhindert werden.

2.4 Institutionenforschung

Gegenstand der Kriminologie sind die Tätigkeiten der Kontrollinstanzen, die die Verbrechenskontrolle durchführen. Dabei sind alle Personen und Institutionen der formellen und informellen Sozialkontrolle von Bedeutung. Formelle Sozialkontrolle betreiben neben Polizei und Justiz zunehmend auch die Behörden, die im Rahmen von Ordnungspartnerschaften Aufgaben wahrnehmen. Die informelle Sozialkontrolle erfolgt im Rahmen der Familie, der Schule oder der Berufsausübung.

Im Zentrum der Untersuchungen stehen dabei Fragen nach der Selektion bestimmter Tätergruppen oder der Stigmatisierung bestimmter Bevölkerungskreise. Auch wird untersucht, welche Verfolgungsschwerpunkte von den Kontrollinstanzen gewählt und durch welche Bedingungen diese gestützt werden.

Beispiel:

Durch die Herausgabe von Landeszielen werden jährlich ein oder mehrere Bearbeitungsschwerpunkte festgelegt.

Bei Polizeikontrollen werden häufiger Jugendliche, Ausländer oder soziale Randgruppen kontrolliert.

Beachte
Gegenstand der Kriminologie ist auch die Aufgabenwahrnehmung durch die Instanzen der Sozialkontrolle. Dabei sollte erkannt werden, dass Bearbeitungsschwerpunkte bestimmter Kriminalität festgelegt werden und durch eine bewusste Selektion bestimmter Bevölkerungsgruppen die Gefahr einer Stigmatisierung besteht, die das Bild der bekannt gewordenen Kriminalität verzerren kann.

3 Kriminologie im System der Wissenschaften

3.1 Standort der Kriminologie

Die Kriminologie versteht sich als eine interdisziplinäre, auf Tatsachen begründete Erfahrungswissenschaft. Begründet ist dies in der Feststellung, dass sie sich in ihrem Wissenschaftssystem unterschiedlicher Wissenschaftsdisziplinen bedient und deren Erkenntnisse im Sinne kriminologischer Problemstellung verwendet. Hauptsächliche Bezugswissenschaften sind die Soziologie, die Psychologie, die Psychiatrie, die Medizin, die Biologie und die Anthropologie.

Wenn außerdem festgestellt wird, Kriminologie sei eine empirische Wissenschaft, dann soll dies zum Ausdruck bringen, dass sie zur Grundlage ihrer Aussagen Erkenntnisse über die kriminelle Wirklichkeit macht, die sich auf Erfahrungen und nicht auf theoretische Überlegungen gründet.

Kriminologie und Sozialwissenschaft
Die Kriminologie untersucht die Beziehungen zwischen den sozio-kulturellen Bedingungen einer Gesellschaft und deren Auswirkungen auf Kriminalität – welche sozialen Bedingungen fördern bzw. hemmen Kriminalität? Hierbei stehen sowohl Täter als auch Opfer in ihren sozialen Bezügen sowie auch die Reaktion der Gesellschaft auf Kriminalität im Focus kriminologischer Untersuchungen

Kriminologie im Verhältnis zur Psychologie und Psychiatrie
So wie die Soziologie sind Psychologie und Psychiatrie prägende Erkenntnisgegenstände kriminologischer Forschung und Theoriebildung in der angewandten Kriminologie. Sie bedient sich der Erkenntnisse der Psychologie und der Psychiatrie in Anwendung auf die Person des Straftäters und den Prozess des Opferwerdens. Siehe auch die nachstehenden Ausführungen zur Kriminalpsychologie und Kriminalpsychiatrie.

Kriminologie im Verhältnis zur Biologie und Anthropologie
In der historischen Betrachtung waren biologisch-anthropologische Theorien zu den Ursachen der Kriminalität prägend für die Kriminologie = Verursachung der Kriminalität ausschließlich oder vorwiegend durch Vererbung. Moderne kriminalbiologische Theorien gehen davon aus, dass eine ständige Wechselwirkung

zwischen Erbanlage und Umweltfaktoren besteht. Siehe auch die Ausführungen zu Kapitel 2 Nr. 3 Biologisch-anthropologische Theorien.

Kriminologie als Tatsachenwissenschaft

Die Kriminologie untersucht abweichendes Verhalten und strafrechtlich relevante Geschehnisse. Das Verhalten der Menschen wird als reales, wirkliches Ereignis bewertet. Hauptaufgabe der Kriminologie ist es, die Verbrechenswirklichkeit systematisch zu beobachten, zu erfassen, darzustellen und zu erklären.

Verhältnis der Kriminologie zur Polizeiwissenschaft

Die Polizeiwissenschaft ist in Deutschland im Vergleich zu den klassischen Wissenschaften ein recht junger Wissenschaftszweig. Ihre endgültige Position und inhaltliche Ausgestaltung hat sie noch nicht gefunden, obwohl es in Deutschland bereits eine Vielzahl von polizeibezogener Forschung von unterschiedlichen Institutionen gibt. Nach *Neidhardt* ist eine etablierte Polizeiwissenschaft mit ihren Forschungsergebnissen notwendige Voraussetzung für eine gut ausgebildete, professionelle Polizei.[6]

Die Kriminologie versteht sich nicht als Teildisziplin einer umfassenden Polizeiwissenschaft. Sie ist vielmehr im interdisziplinären Sinne als Nachbarwissenschaft zu sehen.

Kriminologie als selbständige Wissenschaft

Weitgehende Einigkeit besteht heute auch darüber, dass die Kriminologie eine selbständige Wissenschaft ist. Zwar wird vor allem aus soziologischer und psychiatrischer Sicht eine Autonomie der Kriminologie noch bestritten, weltweit ist der überwiegende Teil der Wissenschaft mittlerweile jedoch der Auffassung, dass die umfangreichen, eigenständigen Aufgaben der Kriminologie einen selbständigen Standort als Wissenschaft rechtfertigen.

3.2 Kriminologie im System der Kriminalwissenschaften

Nach *Groß/Geerds* werden als Kriminalwissenschaften „alle diejenigen Disziplinen bezeichnet, die sich in dieser oder jener Form primär mit dem kriminellen Verhalten von Menschen befassen“[7]. Dabei kann man in juristische und nichtjuristische Kriminalwissenschaften unterscheiden.

- Die juristischen Kriminalwissenschaften gliedern sich in die Strafrechtswissenschaften und die Strafprozessrechtswissenschaften. In diesen Disziplinen wird geklärt, was strafbar ist und wie im Rahmen eines Verfahrens vorzugehen ist. Geläufig sind hierfür auch die Begriffe „materielles Strafrecht“ und „formelles Strafrecht“.
- Zu den nichtjuristischen Kriminalwissenschaften zählen die Kriminologie und die Kriminalistik als gleichberechtigte Teildisziplinen.

6 Neidhardt (2008), S. 17
7 *Groß/Geerds* (1977), S. 12

Nach aktuellem Rechtsverständnis muss die klassische Zuordnung der Kriminologie und der Kriminalistik zu den nichtjuristischen Kriminalwissenschaften allerdings relativiert werden. Heute werden sowohl die Kriminologie und die Kriminalistik in Theorie und Praxis ganz wesentlich von juristischen Inhalten des Strafverfahrensrechts und des Strafrechts bestimmt. Hier zeigt sich in besonderem Maße der interdisziplinäre Charakter der Kriminologie und der Kriminalistik, die in einem engen fachspezifischen Bezug zueinander stehen. Effektives gezieltes kriminalistisches Handeln ist ohne die durch die Kriminologie bereit gestellten Erkenntnisse bei Beachtung der rechtlichen Möglichkeiten und Grenzen nicht realisierbar.

Eine Gesamtübersicht der nichtjuristischen Kriminalwissenschaften einschließlich ihrer Teildisziplinen zeigt die folgende Übersicht: System der Kriminalwissenschaften.

- Auch die Kriminalistik ist nicht einheitlich definiert. Nach *Kube/Störzer* ist „Kriminalistik das Wissen über die Methoden und Mittel der Verhütung, Aufdeckung und Aufklärung von Straftaten einschließlich der Fahndung nach Personen und Sachen"[8]. *Clages* versteht die „Kriminalistik als Lehre von der präventiven und repressiven Verbrechensbekämpfung"[9]. Die Kriminalistik gliedert sich in weitere Teildisziplinen. Zu erwähnen wären die Kriminaltechnik, die Kriminaltaktik, die Kriminalstrategie und die Kriminallogistik.
- Auch die Kriminologie gliedert sich in Teilgebiete und unterschiedliche Aufgaben. Diese sind im nächsten Abschnitt erläutert.
- Die Kriminalpolitik ist letztlich das Ergebnis der juristischen und nichtjuristischen Kriminalwissenschaften. Diese versteht man als Gesamtheit aller staatlichen Maßnahmen, die zum Schutz der Gesellschaft und des einzelnen Bürgers auf Verhütung und Bekämpfung von Kriminalität gerichtet sind.

System der Kriminalwissenschaften

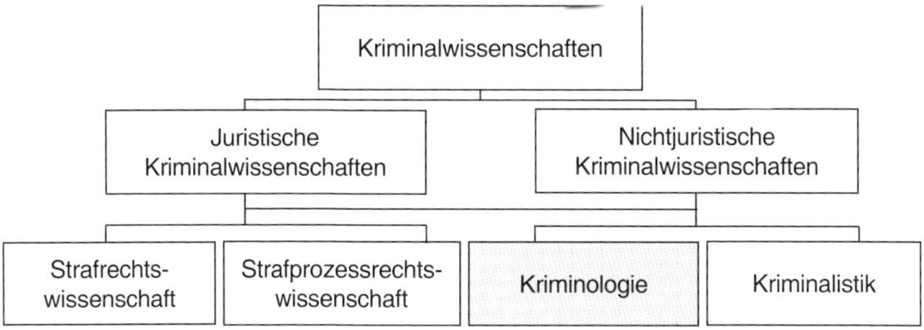

8 *Kube/Störzer* (1992), S. 1
9 *Clages* (1994), S. 17

3.3 Teilgebiete der Kriminologie

Ausgehend von dem historischen Verständnis von Kriminologie könnte man der Meinung sein, dass sich die Teilgebiete der Kriminologie abschließend in die Kriminalätiologie (die Ursachen) und in die Kriminalphänomenologie (die Erscheinungsformen) des Verbrechens einteilen ließen. Im historischen Rückblick ist dies sicherlich richtig. So war doch der Vorrang der kriminologischen Betrachtung zunächst eindeutig auf die Erklärung des Verbrechens gerichtet.[10] Erst sehr viel später befasste sich die Kriminologie mit kriminalphänomenologischen Untersuchungen der Verbrechenswirklichkeit.

Nach heutiger Auffassung sind die Teilgebiete der Kriminologie sehr viel weiter gefasst. Sie werden in der kriminologischen Literatur häufig auch als sogenannte Bindestrich-Kriminologien bezeichnet.[11]

Eine Übersicht ausgewählter Aufgabenschwerpunkte der Kriminologie entnehmen Sie der nachstehenden Abbildung:

Teilgebiete der Kriminologie

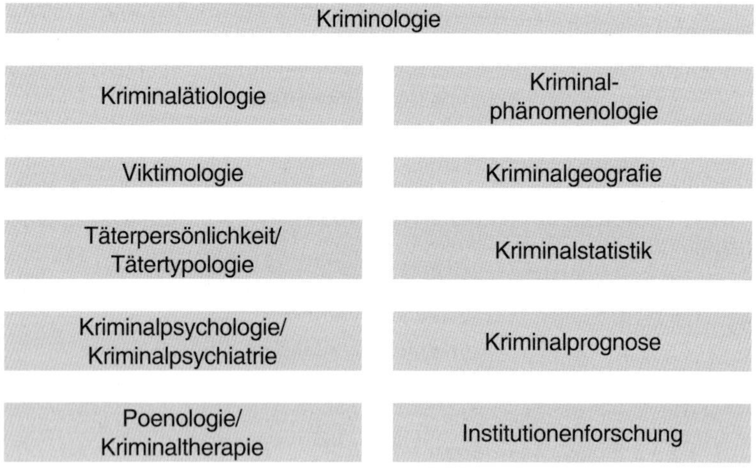

10 Zur Vertiefung wird empfohlen: *Göppinger* (2008), § 3. Kriminologie als selbständige Erfahrungswissenschaft, S. 33 ff.

11 Siehe dazu u.a. *Kürzinger* (1996), Rn. 10.

Kriminalätiologie

Der Begriff „Ätiologie" ist griechischen Ursprungs und bedeutet in der Kurzform: die Lehre von den Ursachen. Im ursprünglichen Sinn wird der Begriff vorwiegend in der Medizin aber auch in der Psychologie und der Philosophie gebraucht.

In der Kriminologie steht der Begriff Kriminalätiologie für die Erforschung der Ursachen des Verbrechens als Einzelerscheinung (die einzelnen Tat), und zwar sowohl in Bezug auf die Entstehung und den Verlauf der Tat sowie auf den Täter als auch auf das Opfer.

Weiterhin befasst sich die Kriminalätiologie mit der Ursachenerforschung der Kriminalität als Massenerscheinung. Gefragt wird u.a. nach den Entstehungsbedingungen, des Umfangs, der Struktur und der Entwicklung der Kriminalität bzw. bestimmter krimineller Erscheinungsweisen.

Die Kriminologie bedient sich bei ihren Untersuchungen der Methoden der empirischen Sozialforschung, die sich durch eine Vielfalt unterschiedlicher Untersuchungsansätze auszeichnet. Vereinfacht ausgedrückt, stellt sich die Methodik der empirischen Sozialforschung als systematische Erfassung, Auswertung und Deutung sozialer Erscheinungen vor. Dies geschieht im Allgemeinen durch die zielgerichtete Sammlung und Auswertung kriminalitätsrelevanter Daten und Erkenntnisse, z.B. die Daten der Polizeilichen Kriminalstatistik, oder es erfolgt die Beobachtung und Analyse bestimmter Kriminalitätsphänomene und deren Entwicklung. Auch die Befragung von Bevölkerungsgruppen im Rahmen der Dunkelfeldforschung, um ein Bild über die kriminelle Wirklichkeit zu erlangen, stellt einen den Methodenansätze dar.

Zusammenfassend kann gesagt werden, dass sich mit Blick auf die Kriminologie die empirische Sozialforschung mit gesellschaftlichen Phänomenen und deren Auswirkungen auf das Verbrechen und die Kriminalität befasst.

Die Ätiologie und somit die Ursachen der Kriminalität finden Ihren Ausdruck in den sog. Kriminalitäts- und Verbrechenstheorien.

Mit der Bildung von Kriminalitätstheorien werden die Ziele verfolgt,

- Ursachen und Erklärungen für kriminelles Verhalten zu finden,
- gesellschaftliche und soziale Strukturen aufzudecken, die kriminelles Verhalten entstehen lassen oder fördern,
- Erkenntnisse über die Wirkungsmechanismen der strafrechtlichen Sozialkontrolle auf die Entstehung oder Förderung kriminellen Verhaltens zu erlangen,
- gesellschaftliche und individuelle Auswirkungen von Kriminalität zu erkennen.

Kriminologische Theorien gehen im Wesentlichen von folgenden Erkenntnisgegenständen aus:

- Verbrechen

- Verbrecher
- Verbrechenskontrolle
- Verbrechensopfer.

Kriminalphänomenologie

Unter Kriminalphänomenologie wird die Lehre von den Erscheinungsformen des Verbrechens verstanden.[12] Ihre theoretischen Wurzeln als wissenschaftliche Disziplin hat sie in der Philosophie. Aus kriminalwissenschaftlicher Sicht ist sie ein Teilbereich der Kriminologie.

Die Phänomenologie erfasst und beschreibt Einzeldelikte, Deliktgruppen und die Gesamtkriminalität sowie die dazugehörigen Täterdaten im Zusammenhang mit den Ursachen und der jeweiligen sozialen Situation. Sie untersucht somit die kriminelle Wirklichkeit und erfasst diese durch Beschreiben. Ihr Ziel ist die Erkenntnisgewinnung über das Verbrechen und den Verbrecher. Mit Blick auf die Kriminalitätskontrolle ist sie in deutlichem Maße von der Kriminalistik geprägt, nämlich von dem Bemühen, ein möglichst umfassendes Bild der Kriminalität und ihrer Akteure darzustellen. Damit bildet sie eine entscheidende Arbeitsgrundlage für die Kriminalpolitik und für eine effektive Kriminalitätskontrolle.

Die Kriminalphänomenologie bedient sich bei der Realisierung ihres Ziels allgemeiner wissenschafts-theoretischer und empirischer Methoden, die sie adaptiert und auf die Bewältigung kriminologisch-kriminalistischer Aufgabenstellungen anwendet. Im internationalen Kontext findet der Begriff Verbrechensanalyse Verwendung, der die Identifizierung und Bereitstellung von Erkenntnissen über das Verhältnis zwischen Verbrechensdaten und anderen Daten, die für Polizei und Justiz von Bedeutung sind, beschreibt.

Weitergehende Ausführungen zu den Verbrechens- und Kriminalitätsanalysen finden Sie in Kapitel 9, Phänomenologische Kriminalitätsanalysen.

Viktimologie

Die Viktimologie als Teildisziplin der Kriminologie ist die **Lehre vom Verbrechensopfer**. Sie befasst sich ausschließlich mit den Opfern von Straftaten.

Die Viktimologie ist eine relativ junge Wissenschaft. Bis vor wenigen Jahrzehnten stand vorwiegend der Täter im Mittelpunkt des kriminologischen Interesses. Die Einbeziehung des Opfers in den Untersuchungsstand der Kriminologie wurde dagegen lange vernachlässigt.

Nach neuerem kriminologischen Verständnis befasst sie sich vor allem mit

- dem Prozess des Opferwerdens, auch als Viktimisierungsprozess bezeichnet,
- der Untersuchung von Opferdispositionen,

12 *Steffen, W.*: Stichwort Kriminalphänomenologie; in: *Wirth* (Hrsg.), Kriminalistik-Lexikon, 4. Aufl., Heidelberg 2011.

- Viktimisierungsrisiken und deren Minderung,
- dem Anzeigeverhalten des Opfers und dem Opfer als Selektionsfaktor,
- dem Strafbedürfnis des Opfers,
- den Folgewirkungen von Viktimisierungen,
- den Möglichkeiten der Schadenswiedergutmachung,
- Opferhilfen und Opfer-Behandlungsprogrammen.

(Siehe Kapitel 8, Viktimologie).

Kriminalgeografie

Der Begriff Kriminalgeografie wird in Wissenschaft und Praxis unterschiedlich gebraucht. Dies ist in den voneinander abweichenden Ziel- und Zweckrichtungen, die mit der Kriminalgeografie verfolgt werden, begründet.[13]

In Literatur und Praxis werden unterschieden:
- deskriptive Kriminalgeografie,
- ätiologische Kriminalgeografie und
- Kriminalgeografie als kriminalistische Zweckwissenschaft.

Mit der deskriptiven Kriminalgeografie wird der Zweck verfolgt, einen Überblick über die Verteilung der Kriminalität nach Raum und Zeit zu gewinnen.

Klassisches Instrument der Datengewinnung und Datenauswertung ist die Polizeiliche Kriminalstatistik (PKS).

Die ätiologische Kriminalgeographie setzt die sozialen, wirtschaftlichen und kulturellen Bedingungen des Raumes, d.h. die sozio-ökonomische Raumstruktur – soweit sie Kriminalität beeinflusst – in Beziehung zu den sozialen und wirtschaftlichen Bedingungen der Täter.

Die Kriminalgeografie als kriminalistische Zweckwissenschaft ist ein kriminalstrategisches Mittel zur effizienten polizeilichen Kriminalitätskontrolle in einem bestimmten geographischen Raum.[14]

(Siehe Kapitel 6, Kriminalgeografie).

Täterpersönlichkeit/Tätertypologie

Unter *Typ* wird ein durch bestehende gemeinsame Merkmale, die einer Gruppe von Individuen eigentümlich sind, ausgeprägtes Persönlichkeits- oder Erscheinungsbild verstanden.[15] Tätertypen werden also gebildet durch die Beschreibung bestimmter Merkmale, Merkmalshäufungen oder Merkmalskombinationen, die einem Typ eigen sind, d.h. die einen Tätertyp ausmachen.

---

13 Eine umfassende Beschreibung gibt *Schwind* (2013), S. 326 ff.
14 *Herold*, KR 7/77, S. 289–296.
15 Duden, Band 9, 7. Aufl., 2011.

Die Kriminologie kennt eine Vielzahl unterschiedlicher Tätertypologien.[16] Allen Tätertypologien ist gemeinsam, dass es sich um zweckgerichtete Typologien handelt.

Polizeipraktische Anwendungsbereiche sind:
- Typisierung des unbekannten Täters, Erstellen eines Täterprofils;
- Zusammenführung von deliktsspezifischen und tätertypologischen Merkmalen nach Delikt, Opferwahl und Tatbegehung;
- Auswertung von Erkenntnissen über die Täterpersönlichkeit bei Durchführung von Ermittlungshandlungen;
- Beurteilung der Täterpersönlichkeit unter Gefährlichkeitsaspekten;
- Erkenntnisgewinnung über Täterverhalten bei Wiederholungstätern nach Deliktswahl und Tatbegehung für präventiv-polizeiliche Zwecke;
- Beurteilung des Täterverhaltens und der Täterpersönlichkeit nach Jugendrecht.

(Siehe Kapitel 3, Beurteilung der Täterpersönlichkeit).

Kriminalstatistik

Im Rahmen von Kriminalstatistiken werden Daten über die Kriminalität und ihre Täter innerhalb eines bestimmten Zeitraumes und in Bezug auf einen festgelegten geografischen Raum erfasst und nach bestimmten Kriterien ausgewertet.

Die Kriminalwissenschaften verfügen über eine Reihe von Kriminalstatistiken, die vorwiegend für repressive und präventive Maßnahmen sowie für Zwecke der Kriminalpolitik verwendet werden. Hierbei ist die Polizeiliche Kriminalstatistik (PKS) für die polizeiliche Kriminalitätskontrolle von besonderer Bedeutung.

Sie dient
- der Beobachtung der Kriminalität und einzelner Deliktsarten, des Umfangs und der Zusammensetzung des Tatverdächtigenkreises sowie der Veränderung von Kriminalitätsquotienten,
- der Erlangung von Erkenntnissen für die vorbeugende und verfolgende Verbrechensbekämpfung, organisatorische Planungen und Entscheidungen sowie kriminologisch-soziologische Forschungen und kriminalpolitische Maßnahmen.[17]

In der PKS werden erfasst und ausgewertet (Kurzdarstellung):
- von der Polizei bearbeitete Verbrechen und Vergehen einschließlich der mit Strafe bedrohten Versuche sowie die vom Zoll bearbeiteten Rauschgiftdelikte;
- die nach dem Ergebnis der polizeilichen Feststellungen ermittelten Tatverdächtigen nach Alter, Geschlecht und zusätzlichen Merkmalen; einbe-

16 *Mergen* (1995), S. 163 ff.

17 Quelle: PKS des Bundes 2013, S. 1, Bundeskriminalamt, Wiesbaden 2014.

zogen sind strafunmündige Kinder ab dem 8. Lebensjahr sowie psychisch kranke Tatverdächtige;
- Opferdaten und Daten über Schadenshöhen bei ausgewählten Delikten.

(Siehe Kapitel 4, Statistische Erfassung der Kriminalität).

Kriminalprognose

Unter Prognose wird die Vorhersage zukünftiger Ereignisse, Vorkommnisse, Erscheinungen oder Verhaltensweisen aufgrund objektivierbarer Sachverhalte verstanden. In diesem Sinne sind Kriminalprognosen Wahrscheinlichkeitsvoraussagen über zukünftige kriminelle Ereignisse, d.h. kriminelle soziale Entwicklungen sowie über die Straffälligkeit bzw. das Legalverhalten von Personen. Dem entsprechend werden unterschieden:

prognostische Aussagen
- zur zukünftigen Kriminalitätsentwicklung (sog. Makroebene)
- zum zukünftigen Sozialverhalten von Personen = Individualprognosen (sog. Mikroebene).

Ihr Aussagewert ist begrenzt, da prognostische Aussagen über soziale Entwicklungen oder individuelle Verhaltensweisen einen nur mehr oder weniger ausgeprägten Grad an Wahrscheinlichkeit aufweisen.

(Siehe Kapitel 3, Beurteilung der Täterpersönlichkeit).

Kriminalpsychologie/Kriminalpsychiatrie

Kriminalpsychologie und Kriminalpsychiatrie sind Teilbereiche ihrer jeweiligen Bezugswissenschaften, nämlich der (angewandten) Psychologie und der Psychiatrie.

Die Kriminalpsychologie befasst sich vor allem mit der Person des Straftäters, dem Verhältnis des Täters zur Straftat und dem Opfer. Weitere Anwendungsbereiche sind u.a. verhaltensprognostische Fragestellungen, Glaubwürdigkeitsbeurteilungen sowie Reifebegutachtungen im Jugendstrafrecht. Die Anwendung psychologischer Erkenntnisse fließt auch ein in die Frage nach den Ursachen kriminellen Verhaltens (Verbrechenstheorien).

Psychische Erkrankungen als Ursachen für Verbrechen sind wesentlicher Gegenstand der Kriminalpsychiatrie. Ihre praktische Anwendung findet die Kriminalpsychiatrie vor allem im justiziellen Bereich in der Begutachtung von Delinquenten, und zwar in Bezug auf ihre Zurechnungsfähigkeit für kriminelles Handeln, die Art, Dauer und Höhe der Bestrafung, die vorzeitige Entlassung aus der Strafhaft, die Gefährlichkeit eines Täters im Rahmen der Sicherungsverwahrung.

Die Anwendungsbreite ist nur beispielhaft wiedergegeben.

Poenologie/Kriminaltherapie

Unter Poenologie (lat. poena: Buße oder Strafe) wird die Wissenschaft von den Strafen und Sanktionen als Folge strafbarer Handlungen sowie deren erzieherische bzw. präventive Wirkung verstanden. Die Wirkungen von strafrechtlichen Sanktionen stehen im engen Kontext zur Frage nach den general- und spezialpräventiven Folgen von Strafen, insbesondere mit Blick auf Haftstrafen.

Institutionenforschung

Untersuchungsgegenstand der Institutionenforschung als Teilgebiet der Kriminologie ist das Wirken der Instanzen der formellen strafrechtlichen Sozialkontrolle. Darunter werden die Strafjustiz und die Polizei verstanden. Ausgehend von den Thesen der sog. neuen Kriminologie und dem von ihr vertretenden Etikettierungsansatz, auch als labeling approach bezeichnet, wird davon ausgegangen, „... dass die Ursache dafür, dass ein Mensch als ‚kriminell' eingestuft wird, nicht nur mit dessen sozialem Versagen zu tun hat, ... sondern auch mit Definitions-, Zuschreibungs- bzw. Stigmatisierungsprozessen der Instanzen der sozialen Kontrolle"[18].

Im Rahmen dieses Prozesses, in dem der Polizei eine zentrale Rolle zugeschrieben wird, befasst sich die Polizeiforschung als Teil der Institutionenforschung unter anderem mit dem Polizeihandeln und der ihr unterstellten Selektionspraxis zum Nachteil sozial benachteiligter Gruppen.

4 Geschichte der Kriminologie

4.1 Vorwissenschaftliche Fundstellen

Schon sehr früh sind in der Menschheitsgeschichte kriminologische Aussagen nachzuweisen. Diese haben zwar keinen wissenschaftlichen Charakter, beweisen aber, dass seit Menschengedenken abweichendes Verhalten beurteilt und bewertet wurde.

Hammurabi (ca. 1700 v. Chr.)

Von einem Höherstehenden wird eine größere Moral als vom Niedrigen erwartet. Folglich soll ein Vergehen eines Reichen schärfer als das eines Armen geahndet werden. Fehlverhalten wird bestraft und unterliegt nicht mehr der Rache der Familie.

Hippokrates (460–377 v. Chr.)

„Alle Verbrecher sind geisteskrank bzw. irrsinnig."

18 Zitiert nach *Schwind* (2013), S. 154.

Plato (427–347 v. Chr.)

Beim griechischen Philosophen wird erstmals der Gedanke von Prävention deutlich.

„Derjenige, der vernünftig strafen will, greift nicht zur Strafe, im Sinne einer Vergeltung für eine rechtswidrige Handlung. Er ist ja nicht imstande, das, was geschehen ist, ungeschehen zu machen. Mit der Strafe hat er vielmehr die Zukunft vor Augen, zunächst mit dem Ziel, dass derselbe Mensch nicht aufs Neue etwas Unrechtes tun wird, sodann, um zu verhindern, dass andere Unrecht tun. Sie erleben, dass der Täter für seine Tat bestraft wird. Das Vernünftige setzt sich die Abschreckung zum Ziel."

Die Ursachen des Verbrechens liegen für ihn in Dummheit, Leidenschaft, Egoismus und Genusssucht.

Aristoteles (384–322 v. Chr.)

Für diesen griechischen Philosophen waren Verbrecher Gesellschaftsfeinde. Verbrecher waren nach Veranlagung und Gesellschaftsfaktoren zu unterscheiden.

Thomas v. Aquin (1225–1274 n. Chr.)

Die Aussagen des Scholastikers sind sehr unter dem Einfluss der Kirche zu sehen. „Durch die Strafe konnte Gottes Zorn über die Missetat abgewendet werden." Gleichzeitig nahm er die Gedanken der griechischen Philosophen wieder auf. Für ihn war jeder Mensch aus „Potenz" (Anlage) und „Akt" (Wirklichkeit) zusammengesetzt.

Thomas Morus (1478–1535 n. Chr.)

In seinem Buch „Utopia" sieht er die Ursachen des Verbrechens in der Gesellschaft, speziell in den ökonomischen und berufsmäßigen Verhältnissen.

Neben diesem Vertreter äußerten sich auch die Reformer (z.B. *Luther, Calvin*), die außerdem wirtschaftliche Gründe als Ursache für das Verbrechen sahen.

4.2 Entwicklung zur Wissenschaft

Im 18. Jahrhundert begann die erste wissenschaftliche Beschäftigung mit der Kriminologie. Geprägt waren die Überlegungen vom Zeitalter der Aufklärung. Deshalb waren viele Überlegungen zur Ursache des Verbrechens auch an der deterministischen oder indeterministischen Grundeinstellung (Lehre von der Unfreiheit bzw. Freiheit menschlichen Handelns) der jeweiligen Vertreter orientiert.

Bedeutende Pioniere:

Cesare di Beccaria (1738–1794) – Klassische Schule

Einer der bedeutendsten Vorreiter der Kriminologie war der Italiener *Cesare di Beccaria*. Seine Überlegungen zum Strafrecht, zur Bestrafung und zu den

Ursachen abweichenden Verhaltens, die er in seinem Buch „Dei delitti e delle pene“ niederschrieb, waren zu seiner Zeit revolutionär, wurden aber schon bald von vielen Staatsoberhäuptern übernommen. di Beccaria war Vertreter der so genannten „Klassischen Schule“.

Die klassische Schule der Kriminologie resultierte aus der Aufklärung. In ihr galten alle Menschen als frei, gleich und vernunftgesteuert und konnten daher als Individuen verantwortlich handeln. Der Mensch wurde als vernünftiges und verantwortliches Wesen gesehen, dessen im Grundsätzlichen anerkannte Willensfreiheit jedoch durch Gott, Teufel, Natur oder Unwissenheit beeinträchtigt sein konnte, und der somit in der Lage war, sich auch abweichend gegenüber Gesetz und Ordnung zu verhalten *(Lamnek)*[19].

Zu einer Zeit, als es an der Tagesordnung war, zu foltern und unmenschliche Strafen auszusprechen, kritisierte er den Strafvollzug und wendete sich gegen die Strafgewalt des Staates, die als etwas Höheres, Mystisches oder Unantastbares angesehen wurde.

Im Wesentlichen lassen sich die Forderungen *di Beccarias* wie folgt zusammenfassen:

1. Willkürverbot für die Polizei
2. Strikte Abhängigkeit des Richters vom Gesetz
3. Zügige Abwicklung des Strafverfahrens
4. Gewährung ausreichender Zeit für die Verteidigung
5. Öffentlichkeit der Gerichtsverhandlungen
6. Unschuldsvermutung zugunsten des nicht überführten Tatverdächtigen
7. Abschaffung des Strafzwecks der Vergeltung zugunsten der Abschreckung
8. Abschaffung grausamer Strafarten
9. Ersetzung der Todesstrafe durch lebenslange Freiheitsstrafe
10. Primat vorbeugender Kriminalpolitik

Zum Gedenken an *di Beccaria* wird durch die „Neue Kriminologische Gesellschaft e.V.“ seit 1964 die „Beccaria-Medaille“ an solche Kriminologen oder Kriminalpolitiker verliehen, die sich im Sinne *di Beccarias* besonders verdient gemacht haben.

Cesare Lombroso (1835–1909) – Anthropologische Schule

Der italienische Militärarzt gehörte systematisch zu den Vertretern der „Positivistischen Schule“, aus denen sich die „Italienische (kriminal-anthropologische) Schule“ und die „Französische (kriminal-soziologische) Schule“ ableiteten.

19 *Lamnek* (1999), S. 62

Lombroso begann als junger Militärarzt an Straftätern den Schädelumfang, Arm- und Beinlänge, Brustumfang, Gewicht u.a. anatomische Merkmale zu messen, aufzuschreiben und mit gleichen Messungen später an Soldaten zu vergleichen.

Seine Grundthese bestand in der Überlegung, dass der Kriminelle äußerlich durch körperliche Merkmale erkennbar sei. Für ihn war der Kriminelle ein atavistisches Wesen, also jemand, der sich zu einer früheren Entwicklungsstufe zurückentwickelt. Er kristallisierte bestimmte Tätertypen heraus, die er nach bestimmten Gesichtspunkten einteilte. Die Ergebnisse legte er in seinem Werk „L'uomo delinquente" (Der kriminelle Mensch) in drei Bänden nieder.

Lombrosos Theorie vom geborenen Verbrecher stützt sich auf vier Hauptaussagen:

1. Der Kriminelle unterscheidet sich vom Nichtkriminellen durch zahlreiche physische und psychische Anomalien.
2. Der Verbrecher ist eine Spielart der menschlichen Gattung, ein anthropologischer Typ, eine Entartungserscheinung.
3. Der Verbrecher ist ein Atavismus, eine „Rückartung" auf einen primitiven, untermenschlichen Typ des Menschen. Verbrecher sind moderne Wilde, körperliche und seelische Rückschläge in ein früheres Stadium der Menschheitsgeschichte, in phylogenetische Vergangenheit. Im Verbrecher treten physische und psychische Merkmale auf, die man entwicklungsgeschichtlich für überwunden glaubte.
4. Verbrechen vererbt sich, es entsteht aus einer kriminellen Anlage.

Lombroso war der erste Wissenschaftler, der durch empirische Forschungsarbeit systematisch Körpermessungen und anatomische Untersuchungen vorgenommen hat.

In seinem Buch „Der geborene Verbrecher" führt er u.a. aus:

„Die Mörder haben einen glasigen, eisigen, starren Blick, ihr Auge ist bisweilen blutunterlaufen. Die Nase ist groß, oft eine Adler- oder vielmehr Habichtsnase; die Kiefer starkknochig, die Ohren lang, die Wangen breit, die Haare gekräuselt, voll und dunkel, der Bart oft spärlich; die Lippen dünn, die Eckzähne groß ... Im Allgemeinen sind bei Verbrechern von Geburt die Ohren henkelförmig, das Haupthaar voll, der Bart spärlich, die Stirnhöhlen gewölbt, die Kinnlade enorm, das Kinn viereckig oder vorragend, die Backenknochen breit – kurz ein mongolischer und bisweilen negerähnlicher Typus vorhanden."

Der Verdienst *Lombrosos* bestand darin, erstmals wissenschaftliche Methoden zu kriminologischen Zwecken – Erkennung von Verbrechertypen – angewandt zu haben. Seine Untersuchungen waren jedoch nur auf Verbrecher gerichtet. Es fehlte der Vergleich der gefundenen Merkmale mit einer nichtstraffällig gewordenen Bevölkerungsgruppe. Deshalb wurden seine Hypothesen schon zu seinen

Lebzeiten, etwa durch den Berliner Gefängnisarzt *Baer* und den englischen Psychiater *Charles Buckman Goring* (Vergleich der körperlichen Merkmale von 3.000 Gefangenen mit 1.000 Studenten der Universität Cambridge) widerlegt.

Lombrosos Gedanken wurden leider durch den NS-Staat wieder entdeckt, der ihn für seine Zwecke kriminalpolitisch missbrauchte.

Weitere frühe „Kriminologen“

In die Zeit des 19. Jahrhunderts fiel auch der erstmalige Gebrauch des Begriffs „Kriminologie“, der dem französischen Anthropologen *Topinard* zugerechnet wird. Erstmals verwandt wurde der Begriff durch den Italiener *Raffaele Garofalo*, der ein Buch mit dem Titel „Criminologia“ veröffentlichte.

Weitere bedeutende Persönlichkeiten der Kriminologie waren

- für den Bereich der Phänomenologie: *de Pitaval* und *Anselm von Feuerbach*,
- für den Bereich der Anthropologie: *Franz Josef Gall*,
- für die Pönologie: *John Howard*,
- für die Psychologie und Psychiatrie: *von Eckartshausen, Esquirol oder Prichard*,
- für die Statistik: *Guerry* und *Quetelet*,
- für die Soziologie: *v. Öttingen* und *Mayr* und
- für die marxistische Kriminologie: *Friedrich Engels*.

Man sieht an dieser Aufstellung, dass es den eigentlichen „Vater der Kriminologie“ nicht gibt.

4.3 Schulenstreit des 19. Jahrhunderts

Die Italienische Schule

Die Italienische Schule war anthropologisch oder auch biologisch geprägt. Ihr bedeutendster Vertreter war *Cesare Lombroso* (s.o.). Die Hypothesen waren sehr stark von der Evolutionstheorie von *Charles Darwin* geprägt. „Der Verbrecher ist also der anomale Mensch, der von der Natur zum Rechtsbruch bestimmte Mensch.“

Unter dem Druck der Kritik ist *Lombroso* später von seiner Hypothese abgerückt. Er hat seine These des geborenen Verbrechers so modifiziert, dass diese nur für etwa ein Drittel der Straftäter in Frage käme, für die dann allerdings nur noch die lebenslange Freiheitsstrafe oder die Todesstrafe vorzusehen sei.

Bekanntester Schüler *Lombrosos* war *Enrico Ferri*, der die Aussagen *Lombrosos* dahingehend modifizierte, dass für ihn „das Verbrechen eine Erscheinung zugleich biologischen, physischen und sozialen Ursprungs sei“.

Ferri unterschied in seinem Buch in 5 Klassen von Straftätern:
- Der geborene Verbrecher
- Der verbrecherische Irre
- Der Verbrecher aus Leidenschaft
- Der Verbrecher aus erworbener Gewohnheit
- Der Gelegenheitsverbrecher

Die Französische Schule

Die Französische Schule sah die Ursache für das Verbrechen in der sozialen Entwicklung des Menschen und unterschied sich damit grundlegend von der Italienischen Schule. Ihre Hypothesen waren geprägt durch Schriften von *Montesquieu*, *Rousseau* und *Locke*, der schon früh (1693) die These vertrat, dass „die soziale Entwicklung des Menschen von seiner Erziehung abhängig sei".

Die Milieu-Theorie der Französischen Schule wurde durch ihre Vertreter Alexander *Lacassagne* (1843–924) und *Gabriel Tarde* (1843–1904) so ausgelegt, dass die charakterliche Veranlagung des Menschen allein auf äußere Umstände zurückzuführen ist.

Lacassagne wurde durch seinen Ausspruch berühmt, dass „jede Gesellschaft die Verbrecher hat, die sie verdient".

Tarde gelang es, durch empirisches Material den Anhängern der Italienischen Schule nachzuweisen, dass gleichartige Merkmale, wie *Lombroso* sie bei Verbrechern nachgewiesen hatte, auch bei Nichtverbrechern vorkommen. Für *Tarde* lag die Hauptursache für das Verbrechen in der Möglichkeit der Nachahmung sozialen und asozialen Verhaltens.

Die Marburger Schule

Die Marburger Schule wurde geprägt durch den deutschen Juristen *Franz von Liszt* (1851–919). Für ihn lag die Erklärung des Verbrechens in der Vereinigung der Hypothesen der Italienischen und der Französischen Schule (Synthese).

Seine Vereinigungstheorie ging in der Kernaussage davon aus, dass „das Verbrechen das Produkt aus der Eigenart des Täters im Augenblick der Tat und aus den ihn in diesem Augenblick umgebenden äußeren Verhältnissen ist". Diese auch „Anlage-Umwelt-Formel" genannte Hypothese war methodisch der erste Mehrfaktorenansatz (MFA), wonach abweichendes Verhalten nie aus nur einem Grund entsteht. Für von *Liszt* hatte die Veranlagung dabei nur geringe Bedeutung.

Dieser MFA bestimmte vor allem in den USA bis zum 2. Weltkrieg das kriminologische Denken. Auch heute wird methodisch für die Kriminalitätserklärung überwiegend ein MFA gewählt. Neben seinen Verdiensten um die Neuorientierung des Strafrechts in Deutschland (Marburger Programm) machte von *Liszt* sich auch durch die Gründung der „Zeitschrift für die gesamte Strafrechtswissenschaft" (ZStW), einen Namen.

4.4 Der Weg zur modernen Kriminologie

Nach dem Schulenstreit des 19. Jahrhunderts entwickelte sich, vor allem in den USA, eine Vielzahl von Theorien, die entweder den Anlagenfaktor oder Umweltbedingungen als kriminalitätsverursachend ansahen.

Die traditionelle Kriminologie war bis in die 50er-Jahre von der Suche nach Faktoren bestimmt, die der Anlage-Umwelt-Formel entsprachen. Beherrscht wurde die Kriminologie von der Grundannahme, dass sich Verbrecher und Gesetzeskonforme, Täter und Nichttäter nach ihrer Persönlichkeitsstruktur und ihren Eigenschaften unterscheiden.

Heute wird in einer modernen Kriminologie für die Kriminalitätserklärung methodisch überwiegend ein Mehrfaktorenansatz gewählt. Es hat sich aber gezeigt, dass für eine nachvollziehbare Verbrechenserklärung eine Untersuchung des Verbrechers nicht ausreichend ist. Vielmehr muss ein Erklärungsansatz auch den Opfereinfluss und die herrschenden Bedingungen der Sozialkontrolle berücksichtigen.

Auf eine Auswahl gängiger Theorien der Kriminalitätserklärung wird später näher eingegangen.

5 Methoden der Kriminologie

5.1 Empirische Sozialforschung[20]

Definition

„Empirische Sozialforschung“ ist die systematische Erfassung und Deutung sozialer Erscheinungen. Empirisch bedeutet in diesem Zusammenhang, dass theoretisch formulierte Annahmen an spezifischen Wirklichkeiten überprüft werden. Systematisch weist darauf hin, dass dies nach Regeln vor sich gehen muss. Neben den theoretischen Annahmen und der zu untersuchenden sozialen Realität bedingen die zur Verfügung stehenden Mittel den Forschungsablauf.

Problematik

Ein gesichertes Wissen über die Ursachen der Kriminalität gibt es nicht. Aus diesem Grund sind die Ergebnisse zahlreicher kriminologischer Forschungsarbeiten mehr als fraglich. Ihr Aussagewert ist zum Teil nur eingeschränkt nutzbar.

Beispiel:

Bei verschiedenen Einbruchsdelikten ist der Anteil der als tatverdächtig erfassten nichtdeutschen Tatverdächtigen überdurchschnittlich hoch. Es darf jedoch nicht vergessen werden, dass bei diesen Delikten die gesicherten Täterdaten aus einem Aufklärungsanteil von z.T. unter 20 % gewonnen werden, die nicht geklärten Taten somit durchaus auch alle auf das Konto von Deutschen gehen könnten.

20 *Schwind* (2013), S. 156 ff.

Bei der Erfassung von Fällen für die Polizeiliche Kriminalstatistik (PKS) kommt es immer wieder zu Fehlern und Ungenauigkeiten, die die Aussagekraft erheblich einschränken.

Methodenwahl

- Quer- und Längsschnittsuntersuchungen
  Kriminologische Untersuchungen beziehen sich überwiegend auf den Zeitpunkt des Ereignisses, also der Straftat. Allenfalls wird der Weg zu dieser Straftat in die Untersuchungen einbezogen. Solche Untersuchungen bezeichnet man als Querschnittsuntersuchung.
  Wird alternativ das gesamte Leben eines Probanden analysiert, spricht man von einer Längsschnittuntersuchung.
- Quantitative und qualitative Forschung
  Basieren Untersuchungen auf Zahlen oder lassen sie sich in Zahlen umwandeln, spricht man von quantitativer Forschung. Bestes Beispiel hierfür sind statistische Methoden.
  Bei der qualitativen Forschung wird auf diese Verfahren gänzlich verzichtet. Sie erfolgt über Befragungen, Vernehmungen, Interviews, Explorationen und ähnlichem. Dabei ist kritisch zu betrachten, dass gleiche Aussagen sehr unterschiedlich gedeutet werden können.
- Voll- und Teilerhebungen
  Vollerhebungen (z.B. Volkszählung) sind in der Kriminologie die Ausnahme, es sei denn, man kann sich auf eine relativ kleine Grundmenge beziehen (z.B. alle Strafgefangenen einer bestimmten Justizvollzugsanstalt).
  Im Rahmen der empirischen Sozialforschung wird überwiegend mit Teilerhebungen gearbeitet (z.B. eine bestimmte Anzahl von Schülern einer Gesamtschule). Dabei ist zu beachten, dass die Erhebung repräsentativ sein muss, d.h. eine Stichprobe muss uneingeschränkt zufällig sein.

5.2 Durchführung einer empirischen Untersuchung

5.2.1 Untersuchungsgegenstand und Ausgangshypothese

Zunächst muss thematisch festgelegt werden, womit sich die Untersuchung beschäftigen soll.

Beispiel:

Im Rahmen eines Projektes soll die Jugendkriminalität in einer Kleinstadt untersucht werden.

Zu diesem Thema werden vorhandene Quellen vorbereitend gesammelt und geordnet.

Beispiel:

Fachliteratur zur Jugendkriminalität und Auszüge der PKS für die Untersuchungsregion werden gesichtet. Weiterhin werden Daten aus der Verurteiltenstatistik dieser Altersgruppe hinzugezogen.

Anschließend muss eine Ausgangshypothese formuliert werden. Eine Hypothese kann als Behauptung für einen Zusammenhang von mindestens zwei Merkmalen definiert werden.

Beispiel:

Die Ausgangshypothese lautet, dass die Jugendkriminalität in der Kleinstadt überproportional hoch sei, weil zahlreiche Jugendhilfeeinrichtungen vor Ort lokalisiert seien.

Die Ausgangshypothese muss frei von Widersprüchen und überprüfbar sein.

Beispiel:

Es muss festgelegt werden, was unter Jugendhilfeeinrichtungen verstanden wird. Alle Daten dürfen sich nur auf den Bereich der Jugendkriminalität beziehen.

Eine Hypothese ist von abhängigen (veränderlichen) und unabhängigen (konstanten) Variablen bestimmt.

Beispiel:

Die Zahl der bekannt gewordenen Straftaten soll untersucht werden (abhängige Variable). Unabhängige Variable wäre die (gleich bleibende) Zahl der Jugendlichen, die in den Jugendhilfeeinrichtungen untergebracht sind.

5.2.2 Methodenwahl

Teilnehmende Beobachtung

Als teilnehmende Beobachtung bezeichnet man die geplante Wahrnehmung des Verhaltens von Personen in ihrer natürlichen Umgebung durch einen Beobachter, der an der Interaktion teilnimmt und von den anderen Personen als Teil ihres Handlungsfeldes angesehen wird.

Beispiel:

Das Verhalten von untergebrachten Jugendlichen an bestimmten Brennpunkten wird beobachtet.

Experiment

Unter Experiment versteht man die wiederholbare Beobachtung unter kontrollierten Bedingungen mit dem Ziel, eine zugrunde liegende Hypothese zu überprüfen.

Beispiel:

In einer Tankstelle, die in der Nähe einer Jugendhilfeeinrichtung liegt, werden als Aktion billige Statussymbole zum Verkauf gebracht.

Befragung oder Interview

Alle an der Interaktion Verbrechen beteiligten Personen kommen hierzu in Frage. Dies sind insbesondere Täter, Opfer, Zeugen, Beteiligte, Auskunftspersonen und Angehörige der Strafverfolgungsbehörden. Darüber hinaus auch Experten oder Bürger.

Beispiel:

Tatverdächtige Jugendliche und Opfer werden zum Ablauf der Taten befragt. Die Bürger werden zum Sicherheitsgefühl in einer Fragebogenaktion um Stellungnahme gebeten.

Dokumentenanalyse

Auswertung der Polizeilichen Kriminalstatistik (PKS), polizeilicher Unterlagen, Straf- oder Kriminalakten, Biografien oder sonstiger Unterlagen.

Beispiel:

Vorhandene frühere Ermittlungsakten gegen Jugendliche aus den Jugendhilfeeinrichtungen werden analysiert.

Expertengespräch

Durch die Forschungsgruppe werden einschlägige Sachkundige und Experten befragt.

Beispiel:

Die Sozialarbeiter der Jugendhilfeeinrichtungen werden zu ihren Erfahrungen befragt.

Psychologische Tests

Durch Testverfahren werden die Probanden etwa zu Intelligenz oder Aggressionsbereitschaft untersucht.

Beispiel:

In den Jugendhilfeeinrichtungen werden die Jugendlichen zu ihrer Suchtneigung befragt.

5.2.3 Operationalisierung der Variablen

Bevor die einzelnen Untersuchungs- und Erhebungsmethoden zur Anwendung kommen, müssen die einzelnen Variablen eindeutig umrissen und definiert sein. Kommen hierbei neue Merkmale hinzu, die man benötigt, um bestimmte Variablen festzulegen, spricht man von Operationalisierung.

Beispiel:

Um das abweichende Verhalten der untergebrachten Kinder und Jugendlichen unterscheiden zu können, kann das eindeutige Merkmal „Lebensalter" herangezogen werden.

Will man den Anteil der Drogenabhängigen untersuchen, ist zunächst festzulegen und neu zu definieren, welche Drogenabhängigkeit (Betäubungsmittel, Alkohol, Nikotin, Klebstoffe pp.) man meint.

Der Wert einer Untersuchung wird durch den Wert der Operationalisierung bestimmt. Die Brauchbarkeit kann dabei an Treffsicherheit (Validität) und an der Übereinstimmungsgenauigkeit (Reliabilität) festgemacht werden.

Beispiel:

Die Zahl der Raubüberfälle, die die Jugendlichen eingestanden haben, deckt sich mit den angezeigten Fällen. Eine erneute Befragung der Probanden im Rahmen der Evaluierung, wer von ihnen bereits einen Raubüberfall begangen hat, ergibt das gleiche Ergebnis.

Auswahl der Stichprobe

Werden nicht alle möglichen Personen in die Untersuchung einbezogen, wird eine Stichprobe gebildet.

Beispiel:

Es wird festgelegt, dass aus jeder Jugendhilfeeinrichtung 50 Personen untersucht werden sollen.

Durchführung

Im Folgenden wird die Datenerhebung durchgeführt. Dabei ist auf einen engen Kontakt der Forschungsbeteiligten untereinander zu achten.

Beispiel:

Im Rahmen der Untersuchung soll das Verhalten der Jugendlichen in den öffentlichen Schulen erforscht werden. Eine Befragung der Lehrer und Schüler ist sowohl für den Teilbereich der Untersuchung von Bedeutung, der sich auf Drogenkriminalität bezieht, wie auch für den Teilbereich, der Gewaltkriminalität untersucht.

Auswertung und Ergebnisse

In der Regel erfolgt zunächst eine Grundauswertung, etwa durch Aufbereitung der Daten mit der Datenverarbeitung. Danach ist das Untersuchungsergebnis hinsichtlich der Ausgangshypothese zu überprüfen. Dabei ist einzubeziehen, wie groß die Irrtumswahrscheinlichkeit sein dürfte, um die Signifikanz als Gradmesser der Untersuchung festlegen zu können. Letztlich sind die Faktoren auszuwerten, die eine Bestätigung der Ausgangshypothese ermöglichen. Diese führen dann zu theoretischen und praktischen Schlussfolgerungen.

Beispiel:

Die bekannt gewordenen Straftaten von Jugendlichen in der Kleinstadt werden ausgewertet. Dabei zeigt sich, dass überproportional viele Straftaten durch auswärtige Jugendliche begangen wurden. Durch eine weitere Analyse stellt sich heraus, dass es sich dabei um Freunde und Bekannte von Heimuntergebrachten handelt, die Jugendhilfeeinrichtungen also einen Sogeffekt erzeugten. Dadurch war die größere Jugendkriminalität in der Kleinstadt begründet.

5.2.4 Evaluierung der repressiven und präventiven polizeilichen Maßnahmen zur Erfolgskontrolle

Durch methodische Untersuchung soll der Grad der Zielerreichung festgestellt werden. Hierzu dienen einheitliche Methoden, die polizeiintern erstellt wurden.

Beispiel:

Aufgrund des Untersuchungsergebnisses wurden die polizeilichen Maßnahmen vor Ort geändert, z.B. durch Einführung eines Jugendkommissariates. Nach einem Jahr wird eine gleichartige Untersuchung durchgeführt, um den Grad der Wirksamkeit präventiver und repressiver polizeilicher Maßnahmen zu überprüfen.

Prüfe Dein Wissen

Der folgende Katalog enthält ausgewählte Frage- und Problemstellungen, die exemplarisch für den Themenbereich Einführung in die Kriminologie und deren Praxisrelevanz sind.

- Definieren Sie den Begriff Kriminologie und erklären Sie, wie die Teildisziplinen der Kriminologie in der Praxis Anwendung finden!
- Erläutern Sie die Ihnen bekannten Verbrechensbegriffe!
- Stellen Sie die Kriminologie im System der Wissenschaften dar!
- Schildern Sie, wie im Rahmen eines Projektstudiums die kriminologische Methodik zur Anwendung kommen kann!
- Der Schulenstreit des 19. Jahrhunderts – erläutern Sie die unterschiedlichen Ansätze zur Kriminalitätserklärung!
- Welche Bedeutung hat die Anlage-Umwelt-Formel in der heutigen Kriminologie?
- Durch welche bedeutenden frühen Vertreter wurde die Kriminologie geprägt und von welchen Annahmen der Kriminalitätserklärung gingen diese aus?

Kapitel 2
Kriminalitätstheorien

1 Einführung

Kriminalitätstheorien gehören zu den selbstverständlichen Inhalten des Kriminologieunterrichts in der polizeilichen Aus- und Weiterbildung. Unter dem Gesichtspunkt einer praxisorientierten Kriminalitätsbekämpfung haben Kriminalitätstheorien z.B. im Vergleich zur Viktimologie oder zur Phänomenologie der Einzeldelikte allerdings nur eine relativ geringe unmittelbare Praxisrelevanz.

> ***Beachte***
> *Für den Studierenden der Polizei ist jedoch die Kenntnis über die zentralen Aussagen der wichtigsten Kriminalitätstheorien eine wesentliche Voraussetzung und notwendige Basis, um die Lerngegenstände der Kriminologie in ihrer Gesamtheit sowie das Verbrechen als gesellschaftlichen Interaktionsprozess erschließen und verstehen zu können. Deshalb sind Fragen nach den hauptsächlichen Kriminalitätstheorien, ihren Begründungen und Aussagen stets wiederkehrende Fragestellungen in Leistungsnachweisen und Prüfungen.*

In der kriminologischen Lehre und Literatur existieren verschiedene Modelle, die Kriminalitätstheorien nach Kriterien unterschiedlicher Art ordnen und Kriminalität als Massenerscheinung oder das Verbrechen als Einzelerscheinung erklären wollen. In der Mehrzahl handelt es sich um täterorientierte Kriminalitätstheorien, d.h. negativ sozial abweichendes Verhalten im Sinne krimineller Taten wird als soziales Versagen des Einzelnen verstanden. Dagegen sehen andere Theorieansätze negativ sozial abweichendes Verhalten als Ergebnis von gesellschaftlichen Zuständen oder als Folge von Definitions- und Zuschreibungsprozessen der Instanzen der sozialen Kontrolle. Die Fragestellungen nach den Ursachen der Kriminalität oder den Erklärungen für individuelles kriminelles Verhalten von Menschen sind folglich unterschiedlich. Sie richten sich ganz allgemein nach der wissenschaftlichen Ausrichtung der jeweiligen Betrachter und der damit verbundenen Zielrichtung. So fragt die Psychologie nach den in der Persönlichkeit des Rechtsbrechers begründeten besonderen Merkmalen und deren individueller Entwicklung. Die Sozialwissenschaften befassen sich vorwiegend mit den gesellschaftlichen Einflüssen und Strukturen, die Kriminalität verursachen oder kriminelles Verhalten fördern. Die praktische Sozialwissenschaft sieht die Probleme in den konkreten, individuellen sozio-kulturellen Einflüssen auf die Entstehung delinquenter Verhaltensmuster des Individuums und den Folgen von Strafverfolgung und Strafe.

Das Interesse der Strafverfolgungsbehörden ist auf Faktoren und Merkmale gerichtet, die nach gesicherten erfahrungswissenschaftlichen Erkenntnissen auf kriminelles Verhalten von Personen Einfluss haben. Das können sowohl individuelle Einflüsse auf die Persönlichkeit des Einzelnen als auch Faktoren sein, die in sozial-strukturellen Bedingungen liegen und sich im Sinne des Mehrfaktorenansatzes als kriminogen erwiesen haben. Entsprechend vielfältig sind die von den Kriminologen vertretenen Kriminalitätstheorien. Der Studierende trifft hier auf einen kriminologischen Lerngegenstand, der durch eine Theorien- und Begriffsvielfalt eher verwirrt, als dass er zur Klärung und zum Verständnis von Kriminalitätsursachen beiträgt.

Deshalb kommt den Kriminalitätstheorien und ihrer didaktisch-methodischen Darbietung eine besondere Bedeutung zu. Es ist ein Anliegen dieser Ausarbeitung, Kriminalitätstheorien und ihre zentralen Aussagen für Polizeibeamte möglichst überschaubar zu gestalten, d.h. auf wesentliche Kernbereiche zu reduzieren und Gemeinsamkeiten herauszustellen. Das hat die Beschränkung auf bestimmte, ausgewählte Erklärungsansätze zur Folge, ohne dass dabei der fachpraktisch orientierte Wissenschaftsbezug verloren gehen darf. Weiterhin sind die Theorien auf ihre Anwendbarkeit in der polizeilichen Praxis zu untersuchen. Das Blickfeld sollte jedoch dadurch nicht eingeengt werden. In diesem Kontext sind für den praktizierenden Kriminalisten hauptsächlich folgende Problemstellungen relevant:

- Warum wird ein bestimmter Mensch kriminell?
- Welche Bedeutung für die Entstehung und den Verlauf der Tat haben die realen Umstände zum Zeitpunkt der Tat im Kontext mit der Persönlichkeit des Täters und den Verhaltensweisen des Opfers?
- Welche Einwirkungen haben gesellschaftliche Strukturen und/oder individuelle Sozialisationseinflüsse auf die Entstehung und Verlauf von Kriminalität?
- Welche Wirkungen haben die Instanzen der strafrechtlichen Sozialkontrolle auf Entstehung und Verlauf krimineller Verhaltensauffälligkeiten?
- Warum zeigen bestimmte Bevölkerungsschichten eine höhere Delinquenzbelastung als andere?

2 Ziele und Aussagekraft

Mit der Bildung von Kriminalitätstheorien werden die Ziele verfolgt,

- Ursachen und Erklärungen für kriminelles Verhalten zu finden,
- gesellschaftliche und soziale Strukturen aufzudecken, die kriminelles Verhalten entstehen lassen oder fördern,
- Erkenntnisse über die Wirkungsmechanismen der strafrechtlichen Sozialkontrolle auf die Entstehung oder Förderung kriminellen Verhaltens zu erlangen,

- gesellschaftliche und individuelle Auswirkungen von Kriminalität zu erkennen.

Kriminologische Theorien gehen im Wesentlichen von folgenden Erkenntnisgegenständen aus:
- Verbrechen
- Verbrecher
- Verbrechenskontrolle
- Verbrechensopfer

Kriminalitätstheorien sind in ihrer Vielfalt nur schwer überschaubar, sie widersprechen sich zum Teil oder erklären individuelles kriminelles Verhalten oder Kriminalität als Massenerscheinung mehr oder weniger gut. Sie können allenfalls nur einen Teil der Kriminalität erklären.

Beachte

Kriminalitätstheorien haben, wie Theorien überhaupt, nur Wahrscheinlichkeitscharakter. Aufgrund ihrer stark relativierten Verbindlichkeit finden wir in der Literatur auch häufig den Begriff der Erklärungsansätze für Kriminalität an Stelle des Begriffs Kriminalitätstheorien. Wegen der Vielfalt von Tätern und Staftaten wird man im konkreten Fall oder für bestimmte Deliktsbereiche bei der Erklärung der Tat auf unterschiedliche Kriminalitätstheorien und deren Verknüpfung zurückgreifen müssen. In diesem Sinne können Ursachen kriminellen Verhaltens mit einiger Sicherheit allenfalls deliktsspezifisch erfolgen.

Die Entwicklung der verschiedenen Kriminalitätstheorien setzte ein im 20. Jahrhundert im Anschluss an den sog. Schulenstreit des 19. Jahrhunderts im Spannungsfeld zwischen einerseits vorwiegend anlageorientierten und andererseits vorwiegend soziologisch orientierten Theorien (siehe auch Kapitel 1, Einführung in die Kriminologie, Gliederungsnr. 4.3, Schulenstreit des 19. Jahrhunderts).

Heute stehen neben biologisch-genetischen Kriminalitätstheorien sozialpsychologische und sozial-strukturelle Kriminalitätstheorien sowie so genannte Mehrfaktorenansätze. Eine eindeutige trennscharfe Abgrenzung der einzelnen Theorieansätze zu einzelnen Wissenschaftsdiziplinen ist nur bedingt möglich, da die Erklärungsansätze in ihrer Begriffs- und Theorienvielfalt Überschneidungen bzw. Gemeinsamkeiten aufweisen.

Kriminalitäts- und Verbrechenstheorien

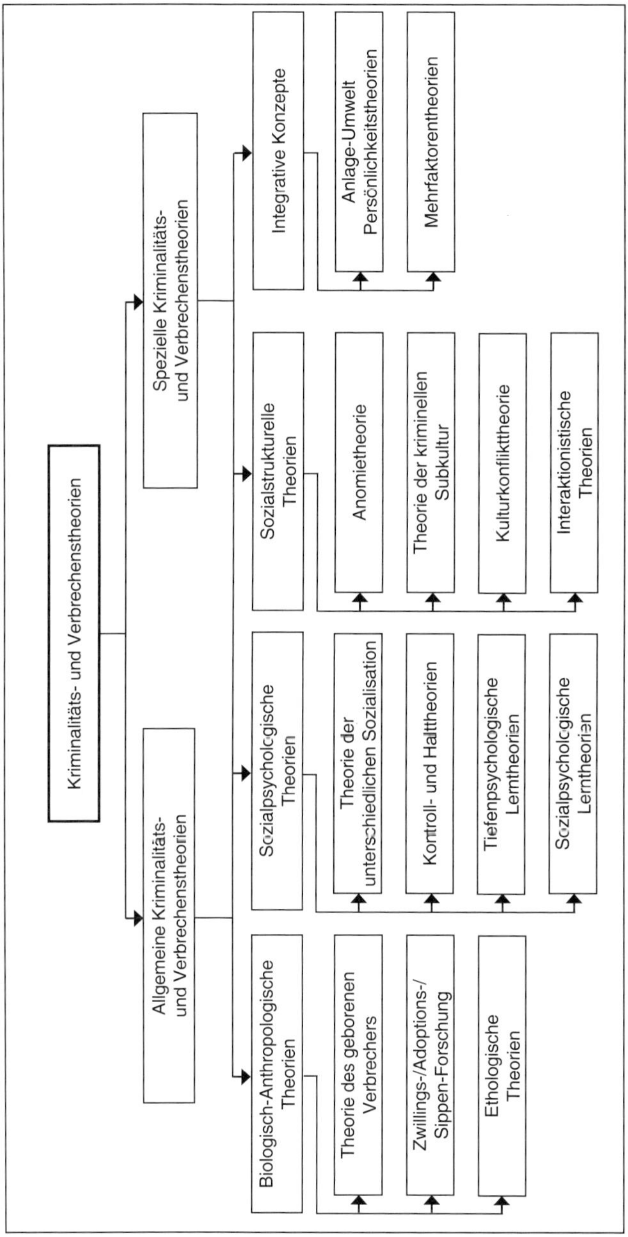

Die vorstehende Abbildung unterscheidet begrifflich zwischen Kriminalitäts- und Verbrechenstheorien. Kriminalitätstheorien beinhalten Erklärungsansätze für die Kriminalität als Massenerscheinung. Dagegen stellen Verbrechenstheorien auf die Erklärung krimineller Taten als Einzelerscheinung ab, d.h. auf die einzelne kriminelle Tat.

Unter Orientierung an *Schmitt*[21] wird ferner zwischen allgemeinen und speziellen Kriminalitätstheorien unterschieden. Sie zielen darauf ab, Erklärungsmodelle für bestimmte kriminelle Phänomene aufzustellen.

Als solche kommen vorwiegend in Betracht:
- Gewaltkriminalität – allgemein –,
- Terroristische Gewaltkriminalität,
- Fremdenfeindliche Gewalt,
- Kriminalität Nichtdeutscher/Migrationskriminalität,
- Organisierte Kriminalität,
- Drogenkriminalität,
- Internetkriminalität,
- Kriminalität und Massenmedien sowie
- Kinder- und Jugenddelinquenz.

Wegen der jeweils speziellen multifaktoriellen Betrachtung der Ursachen und Erscheinungsformen werden sie thematisch gesondert abgehandelt.

> ***Beachte***
> *Die nachfolgend beschriebenen allgemeinen Kriminalitäts-/Verbrechenstheorien stellen eine Auswahl dar und sollen gleichzeitig einen Überblick vermitteln. Die Auswahl wurde unter dem Aspekt der Praxisrelevanz für die Polizei vorgenommen.*

3 Biologisch-anthropologische Theorien

Biologisch-anthropologische Theorien wollen kriminelle Verhaltensmuster aus der Sicht der Humangenetik bzw. der genetischen bedingten Prägung des Individuums erklären. Kriminalität als menschliches Verhalten ist danach entweder anthropologisch oder durch die Träger der menschlichen Erbanlagen, die Gene bedingt.

3.1 Theorie des geborenen Verbrechers

Cesare Lombroso (1835–909) Professor für Psychiatrie und Kriminalanthropologie an der Universität in Turin, entwickelte während seiner Tätigkeit als Gefängnisarzt in Turin aufgrund von Untersuchungen an Strafgefangenen und an Hand

21 *Schmitt* (2008), S. 35

von Leichenöffnungen verstorbener Straftäter das Konzept vom „geborenen Verbrecher". Er verstand darunter einen besonderen Menschentyp, der einen Rückschlag auf eine niedere Entwicklungsstufe der Menschheit (atavistischer Menschentypus) darstellt und dessen Kriminalität sich vererbt. *Lombroso* veröffentlichte seine Forschungsergebnisse in seinem Hauptwerk: „Der geborene Verbrecher" („L'umo delinquente" – 1876).

Seine Ergebnisse wurden später widerlegt. Sie sind heute allenfalls von wissenschaftlich-historischer Bedeutung.[22]

Weitere Ausführungen zum Wirken *Lombrosos* siehe Kapitel 1 Nr. 4.2.

3.2 Zwillings-, Adoptions- und Sippenforschung[23]

Die **Zwillingsforschung** hat folgenden grundlegenden theoretischen Ansatz: Sie vergleicht das Sozialverhalten genetisch identischer eineiiger Zwillinge mit geschwisterlichen zweieiigen Zwillingen. In Deutschland (*Lange* 1929, *Stumpfl* 1936)[24] wurde versucht, mit der Zwillingsforschung die Erblichkeit bzw. die Anlagebedingtheit der Kriminalität nachzuweisen.

Thesen:

1. Ist die erbliche Komponente ohne Relevanz, so darf ein Vergleich zwischen eineiigen und zweieiigen Zwillingen keine Unterschiede in ihrem (negativ) sozialen Verhalten zeigen.
2. Je größer jedoch das übereinstimmende (konkordante) Verhalten ist, desto mehr Bedeutung muss die Erbanlage haben.

Die Ergebnisse der vergleichenden Untersuchungen ergaben, dass die Konkordanzrate bei eineiigen Zwillingen fast viermal so hoch ist wie bei zweieiigen Zwillingspaaren.[25] Daraus wäre zu folgern: Ist ein Zwilling kriminell, besteht unter identischen Zwillingen für den anderen Zwilling die relative Wahrscheinlichkeit, ebenfalls kriminell zu werden. Damit ist jedoch kein Nachweis der erblich bedingten Kriminalität erbracht, da ungeklärt ist, inwieweit Umwelteinflüsse an der Entwicklung beteiligt sind.

Die **Adoptionsforschung** untersucht, ob Adoptierte, deren biologische Väter oder Mütter kriminell waren, eher negativ sozial auffälliges Verhalten zeigen, als jene, deren biologische Eltern (Vater/Mutter) nicht kriminell auffällig geworden sind. Internationale Adoptionsstudien ergaben in den untersuchten Fällen eine deutlich höhere Belastung mit Kriminalität, wenn leibliche Väter/Mütter kriminell auffällig geworden waren. Eine signifikante Belastung wurde festgestellt in Fäl-

22 *Kaiser/Schöch* (2010), S. 16
23 Zur Vertiefung wird empfohlen *Schneider* (1987), S. 373 ff.
24 Unter Bezugnahme auf *Schneider* (1987), S. 370 f.
25 *Schwind* (2013), S. 110 ff.

len, in denen sowohl der Adoptivvater als auch der leibliche Vater kriminell in Erscheinung getreten waren.

Daraus kann geschlossen werden, dass delinquentes Verhalten aus dem Zusammenwirken von genetischen Dispositionen mit negativen Umwelteinflüssen resultiert.

Mit **Sippenuntersuchungen** wurde ebenfalls das Ziel verfolgt, kriminelle Anlagen nachzuweisen. Die Untersuchungen (*Stumpfl* 1935) begründen sich im Wesentlichen auf die Gegenüberstellung von sog. Schwerkriminellen (Rückfallverbrechern) mit sog. Leichtkriminellen (Kriminelle, die erstmals in Erscheinung getreten sind). Verglichen wurden deren Lebensläufe mit einem ausführlichen Aktenstudium der Probanden. Einbezogen in die Untersuchung wurden auch die Verwandten; man befragte ebenfalls Auskunftspersonen.

Ergebnisse:

Unter den Verwandten von Schwerkriminellen (Rückfallverbrechern) ist der Anteil kriminell auffällig gewordener Personen erheblich größer als bei sog. Leichtkriminellen.

Unter den Rückfallverbrechern ist die Anzahl abnormer Persönlichkeiten (Psychopathen) signifikant hoch.

Aus den Ergebnissen der Untersuchung wurde der Schluss gezogen, dass anlagebedingte negative Charaktereigenschaften und schwere Formen der Delinquenz im Zusammenhang stehen und dass diese Dispositionen an die Nachkommen vererbt werden.

3.3 Ethologische Theorien

Gegenstand der Ethologie ist die vergleichende biologische Verhaltensforschung im Tierbereich. Wesentlich geprägt wurde die Ethologie von dem Verhaltensforscher *Konrad Lorenz* (1903–1989)[26]. Der Bezug der Verhaltensforschung zur Kriminologie besteht in dem Ansatz, kriminelle Auffälligkeiten durch den Vergleich von tierischem mit menschlichen Verhaltensweisen aus der Trieblehre zu erklären. Nach Lorenz sind es vier wesentliche Triebe, die menschliches Verhalten steuern: Furcht, Aggression, Fortpflanzung und Hunger. Dem Trieb liegt ein Drang zu Grunde, der sich sowohl in sozialadäquatem als auch in sozialschädlichem Verhalten, d.h. in kriminellem Verhalten äußern kann. In diesem Sinne sollen u.a. Gewaltdelikte triebgesteuert auf den Aggressionstrieb zurückzuführen sein.

Ob die Erkenntnisse aus der Trieblehre vom Tier auf den Menschen übertragbar sind, ist strittig bzw. ungeklärt.

26 *Schwind* (2013), S. 114 ff.

Bedenke
Gegen biologisch-anthropologische Kriminalitätstheorien bestehen generelle Vorbehalte in Wissenschaft und Literatur. Ein direkter Ursachenzusammenhang zwischen anlagebedingten Eigenschaften und deren Auswirkung auf kriminelles Verhalten ist mit hinreichender Sicherheit nicht nachweisbar.
Nach dem heutigen Erkenntnisstand gibt es jedoch Anhaltspunkte, die auf genetische Dispositionen aggressiven Verhaltens hindeuten. Ein direkter genetischer Einfluss auf die Entstehung und den Verlauf negativ sozial abweichenden Verhaltens ist jedoch bislang nicht geklärt.

4 Sozialpsychologische Theorien

Sozialpsychologische Theorien beziehen sich sowohl auf individualpsychologische als auch auf gesellschaftlich orientierte Erklärungsansätze für kriminelles Verhalten. Individualpsychologische Erklärungen sind für sich allein nicht geeignet, die Entstehung negativ sozial abweichender Verhaltensmuster zu erklären. Es ist vielmehr ein Zusammenspiel zwischen psychologischen und gesellschaftlichen (soziologischen) Faktoren, die die Sozialisation des Individuums und die daraus resultierenden Verhaltensmuster bestimmen. Da die hier genannten Theorien individuelle Entwicklungsprozesse beschreiben, zählen sie zu den täterorientierten Kriminalitätstheorien.

4.1 Theorie der unterschiedlichen Sozialisation

4.1.1 Sozialisationsbegriff

Kaiser[27] versteht unter Sozialisation den Prozess, in dem der Mensch die Normen, Werte und Orientierungen der Gruppen, denen er angehört, erlernt.

4.1.2 Funktion von Normen

Normen haben die Funktion von Verhaltensrichtlinien mit unterschiedlichen Verbindlichkeitsgraden. Deshalb kann man die Normen auch einteilen in *Kann-, Soll- und Muss-Erwartungen*, denen die Kategorien Brauch, Sitte und Recht entsprechen. Dabei wird der Verstoß gegen eine geltende Norm als abweichendes Verhalten definiert. Ist die Norm, gegen die verstoßen wird, eine Strafrechtsnorm, so wird dieses abweichende Verhalten als kriminelles Verhalten bezeichnet. Hinter den Normen stehen Erwartungen, dass sich die Menschen in einer bestimmten Weise verhalten werden. So wird in unserer Gesellschaft erwartet, dass sich z.B. niemand am Eigentum des anderen vergreift. Hier wird deutlich,

27 *Kaiser* (1996), S. 198

dass Normen bestimmte Werte schützen sollen. So steht hinter der Norm des § 242 StGB der Wert: Privateigentum.

4.1.3 Rechtsbewusstsein und Sozialisation

Kriminologisch bedeutsam ist vor allem die Frage, wie im Laufe des Sozialisationsprozesses Rechtsbewusstsein erzeugt werden kann, welches es dem Menschen ermöglicht, aus eigenem Antrieb danach zu handeln. Je besser es dabei gelingt, allgemeingültige Rechtsnormen zu verinnerlichen, desto weniger bedarf es äußerer Kontrollen. Anders ausgedrückt: Je stärker die Gewissensbildung ausgeprägt ist, desto weniger sind nachträgliche Kontrollen und Eingriffe durch die Familie, Freunde oder durch die staatlichen Instanzen notwendig.

Siehe auch die Ausführungen zu den Bindungsdefekten und Sozialisationsmängeln bei *Kaiser* (1996).[28]

4.1.4 Kriminalität als Folge unterschiedlicher Sozialisation

Folgt man *Kaiser*[29], so ist Kriminalität die Folge von unterschiedlicher Sozialisation.

Erfolgt der Vermittlungsvorgang – gemessen an den herrschenden Erwartungen – nicht richtig oder unvollständig, so kann der Mangel zu Norm- und Verhaltenskonflikten und damit auch zu Verletzungen der Strafgesetze führen.

Kaiser stellt damit zwei Kriterien in den Vordergrund:

A) Die „falsche“ Sozialisation

B) Die unvollständige (defizitäre) Sozialisation

Beispiel zu A): Die falsche Sozialisation

Die Folgen falscher Sozialisation werden z.B. bei nichtdeutschen Mitbürgern und deren Familien, die aus einem anderen Kulturkreis kommen, besonders deutlich. Stimmen die internalisierten Werte und Normen nicht mit den Werten unserer Gesellschaft überein, so kann dies zu Konflikten mit der deutschen Rechtsordnung und folglich zu Kriminalität führen, z.B. sog. Ehrenmorde auf Grund verletzter Familienehre.

Beispiel zu B): Die unvollständige (defizitäre) Sozialisation

Die defizitäre Sozialisation bildet einen Schwerpunkt in der Vielfalt kriminologischer Erklärungsansätze. Hierbei geht es vor allem um die Sozialisationsleistung der Instanzen, die herrschende Werte und Normen vermitteln bzw. vermitteln sollen. Das Augenmerk richte sich insbesondere auf die Instanzen Familie, Schule, Freundeskreis und berufliche Umwelt. Defizitäre Sozialisation ist dann gegeben, wenn es den sog. Sozialisationsmittlern nicht oder nur lückenhaft gelingt, im Rahmen des Sozialisationsprozesses gesellschaftliche Werte und Normen so zu vermitteln, dass sie von dem Menschen, der in der Erziehung und Entwicklung steht, verinnerlicht und anerkannt werden. Je weniger es gelingt, die herrschenden Werte und Normen, vor allem die allgemein gültigen Rechtsnormen, Kindern und Jugendlichen zu vermitteln, desto eher ist mit delinquenten Verhaltensweisen zu rechnen.

---

28 *Kaiser* (1996), S. 204

29 *Kaiser* (1996), S. 199

4.1.5 Kriminovalente Faktoren

Als Indikatoren, Merkmale oder kriminovalente (kriminalitätsfördernde) Faktoren (nicht Ursachen) einer defizitären Sozialisation werden angeführt:

- Die strukturell unvollständige Familie, also das Nichtvorhandensein von Bezugspersonen wie Vater und/oder Mutter.
- Die funktional unvollständige Familie, die sich in einer gestörten Beziehung zwischen Eltern und Kind zeigt.
- Die Berufstätigkeit der Mutter.
- Der Erziehungsstil, der sich besonders auf die Gewissensentwicklung auswirkt.
- Der häufige Wechsel der Bezugspersonen, Heimaufenthalt pp.

Da diese Faktoren schon von der frühen Kindheit an prägen, kann davon ausgegangen werden, dass das Sozialisationskonzept von *Kaiser* eine besondere Erklärungskraft für soziale Randgruppen und Mehrfachtäter besitzt.

> ***Beachte***
> *Eine von Villmow/Kaiser verfasste Sekundäranalyse*[30]*, die den wissenschaftlichen Erkenntnisstand über kriminalitätsfördernde Faktoren wiedergibt, zeigt die Bedeutung der Sozialisationsvermittlung für die Entstehung sozial abweichenden Verhaltens auf.*
> *Da die genannten Faktoren schon in der frühen Kindheit prägend sind, kann davon ausgegangen werden, dass das Sozialisationskonzept von Kaiser eine besondere Bedeutung für die Erklärung jugenddeliquenten Verhaltens hat.*

4.2 Kontroll- und Halttheorien

Kontroll- und Halttheorien stehen im engen Kontext zur Sozialisationstheorie nach Kaiser und ergänzen diese, denn Sozialisation im Sinne innerer Kontrolle allein immunisiert nicht in allen Problemlagen gegen sozial abweichendes Verhalten.

Die von *Reiss*, *Reckless* und *Hirschi* vertretenen Kontrolltheorien[31] fragen im Gegensatz zu den sonstigen Kriminalitätstheorien nicht danach, warum Menschen sich abweichend verhalten, sondern danach, warum Menschen sich konform verhalten. Die Fragestellung lautet also: Warum werden Menschen nicht kriminell, obwohl auch sie kriminogenen Einflüssen ausgesetzt sind? Mit dieser umgekehrten Perspektive soll versucht werden zu erklären, wie es kommt, dass viele Menschen nicht straffällig werden, obwohl sie kriminogenen Einflüssen ausgesetzt sind.

30 *Villmow, B./Kaiser, G.*, Empirisch gesicherte Erkenntnisse über Ursachen der Kriminalität. Eine problemorientierte Sekundäranalyse, Berlin 1974, zitiert nach Kaiser (1996), S. 1218.
31 Siehe *Kaiser/Schöch* (2010), S. 12.

Hier scheinen die Thesen von *Reckless* eine Erklärung zu liefern. Er unterscheidet zwischen innerem Halt, der durch das Selbstkonzept bestimmt wird und *äußerem Halt*, der durch Partnerschaft, Familie, Gruppen, informelle Institutionen u.ä. sich manifestiert.

- Ist der äußere Halt schwach ausgeprägt, muss der innere Halt entsprechend stärker sein, um kriminellen Anfechtungen widerstehen zu können.
- Ein starker äußerer Halt kann bewirken, ein ungünstiges Selbstkonzept auszugleichen.
- Der Mangel an innerem und äußerem Halt führt zur Straffälligkeit.

Hirschi versucht mit seinen Aussagen zur sog. Bindungstheorie die Einflüsse, die den inneren und den äußeren Halt bestimmen, anschaulich zu machen.

Grundlage seiner Überlegungen ist die These: Menschen begehen von Natur aus Straftaten, wenn sie nicht durch Bindung an gesellschaftliche Konventionen daran gehindert werden.

Die Bindung des Einzelnen an die Gesellschaft wird mit vier Elementen erklärt:

(1) Emotionale Bindung wie Zuneigung zu anderen Menschen, die sich in der Rücksichtnahme auf die Wünsche und Erwartungen der anderen ausdrückt.

(2) Rationale Überlegung, welche Risiken und Nachteile sich aus einer Straftat für die bislang erreichte Stellung des Einzelnen in der Gesellschaft ergeben, z.B. Angst vor Strafe und gesellschaftlichem Ansehensverlust.

(3) Einbindung in normkonforme Tätigkeit, die dem Einzelnen keine Gelegenheit gibt, sich abweichend zu verhalten wie Vereinstätigkeit, Arbeit, sinnvolle Freizeitgestaltung pp. und Mangel an Gelegenheit zur Delinquenz.

(4) Glauben an die moralische Gültigkeit der gesellschaftlichen Regeln, Billigung und Anerkennung des Wertesystems, Internalisierung des Wertekanons.

Fehlt eines oder mehrere dieser Elemente, sind sie bei einem Menschen geschwächt oder gar nicht vorhanden, steigt die Wahrscheinlichkeit, dass der Betreffende eine Straftat begeht. Daraus resultiert sodann die Forderung nach externer Verhaltenskontrolle, um den Menschen zu normenkonformem Verhalten anzuhalten.

Merke

Je geringer bei einem Individuum die innere Verhaltenskontrolle ausgeprägt ist, desto intensiver muss die externe Verhaltenskontrolle sein, um normenkonformes Verhalten zu bewirken.

4.3 Tiefenpsychologische Theorien

Die tiefenpsychologischen Theorien gehen auf das Freud'sche Modell einer Dreiteilung der menschlichen Psyche zurück. Nach dem von *Freud*[32] entwickelten Persönlichkeitsmodell gliedert sich die menschliche Psyche in drei Instanzen:

- Das ES als Sitz des Unbewussten und genetisch geprägt von menschlichen Trieben, Aggressionen und Energien.
- Das ÜBER-ICH ist eine bewusste oder unbewusste Kontrollinstanz; die Verkörperung des Gewissens. Es wird im Wesentlichen bereits in der Kindheit geprägt und enthält sittliche und moralische Wertvorstellungen, Gebote und Verbote (siehe auch die Verbindung zur Sozialisations- und Bindungstheorie).
- Das ICH, welches das Selbstbildnis eines Menschen mit all seinem Denken, seinen Wahrnehmungen, dem Gedächtnis, kurz seiner Persönlichkeit verkörpert. Es wirkt als Vermittlungsinstanz zwischen dem ES und den Ansprüchen des ÜBER-ICHs, in dem es u.a. die Triebsteuerung aus dem ES reguliert.

Nach diesem Persönlichkeitsmodell werden die Entscheidungen des Individuums durch die beschriebenen drei Instanzen beeinflusst und bestimmt.

Die kriminologische Relevanz des psychoanalytischen Persönlichkeitsmodells besteht in der Aussage, dass der Mensch als sozial nicht angepasstes Wesen geboren wird. Erst durch den Prozess der Sozialisation – seiner Erziehung – internalisiert er Wertvorstellungen, lernt, seine Triebe zu beherrschen und bildet seine Persönlichkeit. Misslingt dieser Prozess, entsteht Kriminalität.

> ***Beachte***
> *Nach Schneider (1987) ist Kriminalität kein „Geburtsfehler, sondern ein Erziehungsdefekt".*

4.4 Sozialpsychologische Lerntheorien

Sozialpsychologische Theorien stellen die Beziehung zwischen den vorstehend beschriebenen individualpsychologischen Ansätzen und den individuellen soziologischen Rahmenbedingungen, unter denen Delinquenz entsteht, her. Die folgenden Erklärungsansätze befassen sich im Schwerpunkt mit der Übernahme und Verfestigung krimineller Verhaltensmuster im Rahmen von Lernprozessen. Ausgangspunkt ist die Erkenntnis, dass abweichende Verhaltensweisen gleichermaßen erlernt werden wie normgerechtes Verhalten. Unterschiedliche Auffassungen bestehen allerdings darüber, wie Lernprozesse grundsätzlich ablaufen.

---

32 Einen Überblick über psychoanalytische Kriminalitätstheorien geben *Schneider* (1987), S. 473 ff. und *Schwind* (2013), S. 118 ff.

Als psychologische Lerntheorien werden in der Literatur hauptsächlich genannt:
- Klassische und operante Konditionierung,
- Frustrations-Aggressions-Hypothese,
- Sozialkognitive Lerntheorie.

Auf die psychologischen Lerntheorien wird hier nicht weiter eingegangen. Einen Überblick bieten u.a. *Kaiser/Schöch* [33] und *Schwind* [34].

Theorie der differenziellen Assoziation:

Ursprung der sozialpsychologischen Lerntheorien ist die von *Sutherland* (1924)[35] entwickelte Theorie der differenziellen Assoziation, die er später (1978) mit *Cressy* weiterentwickelt hat.

Erwin H. Sutherland, 1883–1950, amerikanischer Soziologe, ist bekannt geworden auch durch Untersuchungen zur Wirtschaftskriminalität.[36]

Sutherland geht davon aus, dass es in einer Gesellschaft Subkulturen gibt, deren Mitglieder sich einerseits normenkonform und andererseits negativ abweichend (kriminell) verhalten.

Das Verbrechen wird als Verhaltenseinstellung verstanden, die im Laufe von Lernprozessen übernommen wird. Kriminalität ist erlerntes Verhalten wie jedes andere Verhalten auch; im Umkehrschluss: Kriminalität ist nicht genetisch bedingt, d.h. nicht vererbt.

Nach *Sutherland* finden deviante Lernprozesse wie folgt statt:
- Kriminelles Verhalten wird in einem Kommunikationsprozess in Interaktion mit anderen Personen gelernt.
- Kriminelles Verhalten wird erlernt, wenn während des Sozialisationsprozesses Kontakte zu kriminellen Gruppen (Subkulturen) bestehen und wenn diese Kontakte häufig von längerer Dauer und intensiv sind. Der Lernprozess findet vorwiegend in Kleingruppen mit engen persönlichen Beziehungen statt.
- Erlernt werden nicht nur
  - kriminelle Einstellungen und Motive, sondern auch
  - Techniken zur Ausführung von Straftaten sowie
  - Neutralisationstechniken.

Beachte
Die Thesen treffen nicht auf sämtliche Prozesse zu, die Täter dazu veranlassen, sich sozial abweichend zu verhalten. So lassen sich u.a. Trieb- und Affektverbrechen mit dieser Theorie nicht erklären. Für jugendkriminelles

---
33 *Kaiser/Schöch* (2010), S. 7
34 *Schwind* (2013), S. 126
35 Ausführlich *Kaiser/Schöch* (2010), S. 38
36 Näheres zur Person bei *Schneider* (1987)

Verhalten haben die Lernprozesse in subkulturellen Gruppen jedoch besondere Relevanz.

Theorie der differenziellen Identifikation und Verstärkung:

Die Lerntheorie Sutherlands wurde später modifiziert zur Theorie der differenziellen Identifikation (Glaser 1956), mit der die Bedeutung spezieller Identifikationsfiguren (Vorbilder) betont wird. Danach findet eine Identifikation mit negativen Leitbildern aus der Gruppe statt, die in besonderem Maße prägend ist.

Die Theorie der differenziellen Verstärkung betont die These, dass kriminelle Verhaltensweisen intensiv gelernt werden, wenn das betreffende Individuum erfolgreich ist.

Beispiel

Tritt der mit der Tat beabsichtigte Erfolg ein, wird der Täter in seiner Verhaltensweise bestärkt; es tritt ein verstärkter Lernerfolg ein. Der gleiche verstärkende Lerneffekt tritt ein, wenn kriminelle Taten sanktionslos bleiben, d.h. justizielle Sanktionen ausbleiben oder zeitlich verzögert eintreten.

Merke

Negative Verstärkungsaffekte haben besondere Bedeutung für die Entstehung und das Fortschreiten jugenddelinquenten Verhaltens im Sinne einer kriminellen Karriere.

Theorie der differenziellen Gelegenheiten:

Die Theorie der differenziellen Gelegenheiten (*Cloward/Ohlin* 1960)[37] stellt die Verbindung zwischen der Anomietheorie nach *Merton* und der Lerntheorie nach *Sutherland* her. Danach ist kriminelles Verhalten zwar im Kontakt mit kriminellen Subkulturen erlernt; die Ursache des Verhaltens, d.h. der Antrieb, sich negativ sozial abweichend zu verhalten, liegt jedoch darin, dass sozialstrukturelle Bedingungen das Erreichen kultureller bzw. zivilisatorischer Ziele und Wertvorstellungen mit gesetzeskonformen, d.h. legitimen Mitteln, den Angehörigen unterprivilegierter Bevölkerungsschichten erschwert oder versperrt ist. Daraus resultiert für diesen Bevölkerungsteil der Druck, sich kriminellen Gruppierungen anzuschließen bzw. dieses Umfeld begünstigt die Entstehung krimineller Subkulturen. Es bleibt die Frage offen, warum dieser Mechanismus nicht auf alle Betroffenen in der beschriebenen Weise wirkt. Die Erklärung wird darin gesehen, dass nicht nur die Zugangschancen zu legitimen Mitteln, sondern auch die Zugangsmöglichkeiten zu illegitimen Mitteln unterschiedlich verteilt sind. So fehlt es häufig an Gelegenheit, Zugang zu kriminellen Gruppen zu erlangen.

37 Unter Bezug auf *Schwind* (2013), S. 151.

Theorie der Neutralisationstechniken:

Die Theorie der Neutralisationstechniken, entwickelt von *Sykes/Matza* (1957), steht in engem Zusammenhang mit den Subkulturtheorien, der Lerntheorie nach *Sutherland* und mit tiefenpsychologischen Prozessen der Gewissensbildung. Jugendliche Straftäter erkennen danach zwar grundsätzlich die allgemeinen gesellschaftlichen Werte und Rechtsnormen an, neigen jedoch dazu, die Begehung ihrer Straftaten sich selbst gegenüber zu rechtfertigen. *Matza* beschreibt fünf Typen von Neutralisationstechniken[38]:

- Die Verantwortung für die Tat wird abgelehnt. Die Schuld wird auf das Verhalten anderer Personen oder Situationen übertragen. Rechtfertigung: „Sie – Opfer, Geschädigte – tragen selbst die Schuld an ihrem Opferwerden."
- Das Unrecht der Tat wird verneint. Rechtfertigung: Es sei kein individueller Schaden entstanden oder das Opfer wird entpersonalisiert. Der Geschädigte – der Konzern – holt den Verlust wieder herein.
- Die Tat wird damit entschuldigt, dass die sozialen Verhältnisse – nicht die Person des Täters – für die Begehung der Straftat verantwortlich sei.
- Die Institutionen der strafrechtlichen Sozialkontrolle, Polizei, Staatsanwaltschaft, Gerichte werden verunglimpft, als Instrument der Herrschaft hingestellt.
- Man beruft sich auf sog. höherwertige Normen und Maßstäbe.

Die kriminologische Relevanz der Neutralisationstechniken ist darin begründet, dass im Besonderen jugendliche Mehrfachtäter sich der Verantwortung ihres Handelns entziehen und dadurch der Verfestigung krimineller Neigungen Vorschub geleistet wird. Moralische Hemmungen, Schuld- oder Schamgefühle, aufkommende Skrupel werden mit diesen Techniken neutralisiert. Neutralisationstechniken sind häufig zu beobachten bei jugendlichen/heranwachsenden Tätern, die mit Ladendiebstählen, Wohnungseinbrüchen, Straßenraub und fremdenfeindlichen Straftaten wiederholt in Erscheinung treten.

---

38 Unter Bezug auf *Mergen* (1995), S. 123 u. *Kaiser/Schöch* (2010), S. 11.

5 Sozialstrukturelle Theorien

Unter sozialstrukturellen Theorien werden Erklärungsansätze verstanden, die negativ sozial abweichendes Verhalten hauptsächlich aus der Sozialstruktur einer Gesellschaft herleiten. Anders als psychologische Theorien, die sich in erster Linie auf den einzelnen Menschen beziehen, haben kriminalsoziologische Theorien die Wirkungen von sog. makrosozialen Strukturen der Gesellschaft im Blickpunkt. Die Vertreter dieser Richtung führen „Kriminalität auf sozialstrukturell bedingte Missstände" zurück.[39] Sozialstrukturelle Kriminalitätstheorien gehen vorwiegend auf den franz. Soziologen *Durkheim* (1858–1917) und die von ihm begründete Anomietheorie zurück. *Durkheim* sah Kriminalität als einen normalen, in die Gesellschaft integrierten Zustand an. Nach seiner Vorstellung ist das Verbrechen erst dann sozialschädlich, wenn es die innere Ordnung eines Gemeinwesens zerstört. Er bezeichnete diesen Zustand als Anomie, einen Zustand sozialer Desintegration, gekennzeichnet durch Regellosigkeit, Normlosigkeit.

5.1 Anomietheorie

Robert K. Merton (amerikanischer Kriminalsoziologe, 1957) knüpft an die Feststellungen *Durkheims* an, formulierte dessen Ansichten jedoch neu. Er führt die Anomie auf die (nordamerikanische) Gesellschaftsstruktur zurück, und zwar auf die Kluft zwischen kulturell bestimmten Zielen und sozialstrukturellen Mitteln zur Verwirklichung der Ziele.

Seine Frage lautete: Warum üben einige soziale Strukturen auf gewisse Personen einen deutlichen Druck aus, sich eher deviant als konform zu verhalten?

Merton formulierte folgende These:

Eine Gesellschaft hat kulturelle und soziale Strukturen.

- Kulturelle Strukturen: anerkannte Erfolgsziele
  Besitz, Reichtum, gesellschaftliches Ansehen usw.
- Soziale Strukturen: legitime Mittel zur Erreichung der Ziele
  Arbeit, Einkommen, Erbschaft usw.

Die von ihm als anomisch bezeichnete Gesellschaft verordnet allen ihren Mitgliedern wirtschaftlichen Erfolg als „kulturelles Ziel" und sanktioniert die Zielerreichung. Wer wirtschaftlich erfolglos ist, sieht sich sozialen Sanktionen ausgesetzt. Auf der anderen Seite stellt diese Gesellschaft die institutionalisierten Mittel zur Erreichung dieser Ziele wie Bildungschancen und Gleichheit im Einkommen nur selektiv zu Verfügung; sie verteilt die Chancen der Zielerreichung ungleich. Damit steht jeder, der benachteiligt ist, unter Abweichungsdruck.

---

39 *Schwind* (2013), S. 142 ff.

Merton beschreibt fünf Verhaltensmuster als mögliche Reaktion des Individuums auf die anomische Situation:

Konformität

Gesellschaftliche Ziele und Mittel zur Zielerreichung werden bejaht und ggf. dem sozialen Wandel angepasst.

Ritualismus

Ziele werden anerkannt, die Zielerreichung erforderlichenfalls heruntergeschraubt oder aufgegeben; die institutionalisierten Mittel werden aber beibehalten (z.B. routinemäßige Mehrarbeit).

Rückzug (Apathie)

Ablehnung kultureller Ziele und institutioneller Mittel (Außenseiter der Gesellschaft, z.B. Landstreicher, Alkoholiker, Süchtige).

Rebellion

Ziele und Mittel werden bekämpft, Veränderung der Strukturen durch Umsturz (z.B. politisch motivierte Kriminalität mit dem Ziel der Veränderung der Gesellschaft).

Innovation

Ziele werden akzeptiert, aber mit illegalen Mitteln angestrebt, z.B. durch die Begehung von Straftaten.

Thesen:

- Je stärker bestimmte Erfolgsziele betont werden und
- je geringer die tatsächlichen Möglichkeiten zur legitimen Zielerreichung sind und
- je niedriger der soziale Status von Gesellschaftsmitgliedern ist,
- desto größer ist die Wahrscheinlichkeit, dass sich diese zur Zielerreichung illegitimer Mittel bedienen.

Cloward/Ohlin haben die Anomietheorie ergänzt. Ihr Ausgangspunkt ist die Tatsache, dass der Zugang zu legitimen Mitteln schichtenspezifisch eröffnet ist. Daraus ist das Entstehen einer Subkultur vor allem bei Jugendlichen zu erwarten, die eigene Normen, eigene Erfolgsziele und von der Mittelstandsnorm abweichende Handlungsmuster begründet und durchsetzt.

> ***Beachte***
> *Kritisch äußert sich Schneider[40] zur Brauchbarkeit der Anomietheorie. Ein differenziertes Bild zeigen kriminalistische Alltagserfahrungen. Danach bietet sich die Anomietheorie (ergänzt durch die von Cloward/Ohlin entwickelten Gedanken) mit Blick auf die Jugendkriminalität sehr wohl als*

40 *Schneider* (1987), S. 434

Erklärung für bestimmte Erscheinungsformen der Kriminalität in unserer Gesellschaft an, z.B. für Diebstahlsdelikte, besondere Begehungsformen des Raubes, aber auch für Betrug, Wirtschaftdelikte, Korruption und vergleichbar motivierte Straftaten. Sie gibt jedoch keine Antwort darauf, warum bestimmte Personen sich kriminell bereichern, obwohl sie in der Lage wären, die Güter legal zu erwerben.

Merke

Häufig werden Fragen nach der Bedeutung der Anomietheorie für die Entstehung von Kriminalität bzw. individuellen kriminellen Verhaltens gestellt. Die Anomietheorie gibt hierfür in Grenzen Erklärungsansätze i.S. der vorstehenden Ausführungen. Sie ist nicht geeignet, Gewaltkriminalität, sexuell motivierte Kriminalität u.ä. Straftaten zu erklären, da hier andere Mechanismen als die beschriebenen kriminalitätsauslösend sind.

5.2 Theorie der kriminellen Subkultur

Die Theorie der kriminellen Subkultur geht auf Untersuchungen in nordamerikanischen Großstädten, in denen die Abhängigkeit von Kriminalität und Wohnbereich erforscht werden sollte (sog. ökologische Schule), zurück. Nach den Ergebnissen von Studien fördern negative wirtschaftliche und soziale Strukturen bestimmter Stadtteile oder Wohngebiete die Entstehung krimineller Subkulturen vornehmlich bei der jugendlichen Bevölkerung. In diesen sozialen Problembereichen entwickeln sich subkulturelle Gruppierungen, die das Wertesystem und die Ziele der Mittelschicht ablehnen. Es entstehen eigene (kriminelle) Normen- und Wertesysteme.

Die Theorie der kriminellen Subkultur beinhaltet sowohl lerntheoretische als auch anomische Betrachtungsweisen und Aspekte der Kulturkonfliktstheorie.

Beachte

Wenn auch die Subkulturtheorie auf nordamerikanischen sozialen Strukturen und Untersuchungen basiert und sich in den ursprünglichen Aussagen auf hiesige Verhältnisse nicht übertragen lässt, sind doch vergleichbare Entwicklungen auch in unserer Gesellschaft festzustellen. Ihre kriminologische Relevanz ist vor allem in der Entstehung und dem Vorhandensein subkultureller delinquenter Jugendgruppen und Jugendbanden in sozialen Brennpunkten der Großstädte zu sehen.[41]

5.3 Kulturkonflikttheorie

Nach dieser Theorie entsteht Kriminalität bei nichtdeutschen Bürgern durch den Widerspruch zwischen dem Werte- und Normensystem ihres Heimatlandes und

41 Siehe dazu die Ausführungen bei *Schwind* (2013), S. 593 ff. zum Problem der Jugendbanden in Deutschland.

dem Land, in das sie eingewandert sind oder in dem sie sich auf Dauer aufhalten. Je ausgeprägter die Werte- und Normensysteme, je größer die Unterschiede in den Kulturen sind, desto eher kann in diesem Spannungsfeld Kriminalität entstehen.

Bezogen auf deutsche Verhältnisse hat sich nach einhelliger Literaturmeinung die Kulturkonfliktstheorie bei der ersten Generation der Gastarbeiter nicht bestätigt, anders bei der zweiten und dritten Generation, die eine überproportionale Kriminalitätsbelastung aufweisen.

Beispiel:
Erklärt wird dies u.a. durch sog. Innenkonflikte, die auf den nichtdeutschen Kindern lasten. Sie entstehen einerseits durch widersprechenden Sozialisationsdruck des Elternhauses durch Brauchtum, Sitte und Normen des Heimatlandes und anderseits durch die gesellschaftlichen Einflüsse des Gastlandes. Die Folgen sind Orientierungslosigkeit, Neigung zu delinquenten Gruppen und Übernahme von kriminellen Verhaltensmustern.

Daneben stehen auch Verhaltensmuster, die in den Traditionen und der kulturellen Andersartigkeit des Herkunftslandes wurzeln und die Ursachen krimineller Taten sind wie z.B. Blutrache, Verletzung des Ehrgefühls u.ä.

5.4 Interaktionistische Theorien

Im Gegensatz zu den bisher dargestellten Kriminalitätstheorien bewerten die interaktionistischen Ansätze die Kriminalität nicht als ein Produkt von personengebundenen Verhaltensmerkmalen des Menschen, sondern als eine Folge von Stigmatisierungs- und Etikettierungsprozessen.

Verbrechen ist danach das Ergebnis eines Interaktionsprozesses zwischen dem Individuum (Mensch) einerseits und den Instanzen der strafrechtlichen Sozialkontrolle (im Wesentlichen Polizei und Justiz) andererseits.

Im Mittelpunkt steht die soziale Reaktion auf negativ-soziale Abweichung sowie die mit der sozialen Reaktion verbundene Auswirkung auf das Selbstverständnis des Abweichenden.

Merke
Bedeutsame interaktionistische Kriminalisierungstheorien sind die **Theorie der Kriminellen Karriere** *und die* **Labeling-Approach-Theorie.**

Theorie der kriminellen Karriere:

Diese Theorie erklärt in ihren wesentlichen Aussagen die Entstehung und den Verlauf krimineller Karrieren im Bereich der Jugendkriminalität.

These:

Kriminelle Rollen junger Menschen werden hauptsächlich beeinflusst (verursacht, gefördert) von

- der Zugehörigkeit zur sozialen Schicht,
- dem Ergebnis ihrer Sozialisation,

- der Reaktion formeller und informeller Instanzen der sozialen Kontrollen auf abweichendes Verhalten, Bestrafung oder Nichtbestrafung,
- der Reaktion der sozialen Umwelt auf Stigmatisierung durch Bestrafung.

Kernaussagen:

Delinquentes Verhalten Jugendlicher ist stets der Versuch, ein Problem zu lösen.

Kriminalität entsteht, wenn das ursprüngliche Problem ungelöst bleibt und wenn zwischen dem Jugendlichen und den Instanzen der Sozialkontrolle ein sich wechselseitig „hochschaukelnder" Interaktionsprozess stattfindet. Wiederholte Bestrafung führt zur Verstärkung der Stigmatisierung und zur Übernahme der Rolle des Kriminellen.

- Je stärker Sozialisationsbelastung und Sozialisationsdefizite des Jugendlichen sind (Unterschichtszugehörigkeit, Familiendesintegration, Schul- und Berufsversagen pp.),
- je früher der Prozess der kriminellen Karriere beginnt (Einstieg in Delinquenz und Wiederholung),
- je später des Problem des Jugendlichen erkannt und fehlgeschlagene Reaktionen auf den aktuellen Konflikt vorliegen,
- je stärker sekundäre Erfolgsmotivationen zu einer Verfestigung der delinquenten Techniken führen (erfolgreiche Begehung der Straftat/en und vermeintliche positive Problemlösung) und
- je verständnisloser die Sanktionen der sozialen Kontrollinstanzen ausgefallen sind,

desto schneller schreitet der Kriminalisierungsprozess voran.

Merke

Die Erkenntnisse aus den Stigmatisierungs- und Etikettierungsansätzen haben zur Konzeption und zur Einführung des Diversionsverfahrens im Jugendstrafverfahren (JGG) beigetragen.

Labeling-Approach-Theorie:

Die Labeling-Approach-Theorie hat ihren Ursprung in der nordamerikanischen Kriminalsoziologie. In Deutschland wird die Theorie in „radikal soziologischer Version" hauptsächlich von *Sack (Kaiser/Schöch)* vertreten.

Thesen:

- Strafrechtsnormen spiegeln die Herrschaftsstrukturen einer Gesellschaft wider. Kriminalität ist ein negatives Gut, das entsprechend den positiven Gütern in der Gesellschaft verteilt wird. Unterprivilegierte tragen prinzipiell ein höheres strafrechtliches Risiko als die zur privilegierten Schicht gehörenden Mitglieder.
- Es gibt eine schichtenspezifische Ungleichbehandlung bei der Strafverfolgung. Angehörigen der Unterschicht wird eher die Eigenschaft „kriminell"

zugeschrieben als Angehörigen der Mittelschicht. Dafür spricht die hohe registrierte Kriminalitätsbelastung von Unterschichtsangehörigen. Ausgehend von der Hypothese, dass Kriminalität ubiquitär sei, müssten jedoch alle Gesellschaftsschichten gleichermaßen mit Kriminalität belastet sein.

- Die Zuschreibung der Eigenschaft „kriminell" ist den Instanzen der strafrechtlichen Sozialkontrollen: Polizei, Staatsanwaltschaft, Gericht vorbehalten; folglich selektieren diese Instanzen schichtenspezifisch zum Nachteil der Unterschicht.

Ubiquitär = überall verbreitet, im Sinne *Durkheims*: normal und überall gleichermaßen verbreitet. Nach *Schöch* ist die Ubiquitätsthese durch zahlreiche Dunkelfelduntersuchungen widerlegt.

Es ist zwar richtig, dass der einmalige Verstoß gegen Strafnormen offenbar weit verbreitet ist. Diese Feststellung trifft allerdings vorwiegend auf jugenddelinquentes Verhalten zu. Jedoch ist festzustellen, dass dies nicht generell zutreffend ist, insbesondere nicht für den wiederholten bzw. schweren Rechtsbruch.

Merke

Die Labeling-Approach-Theorie lässt die Ursachen normabweichenden Verhaltens völlig außer Acht. Das Verdienst der Labeling-Approach-Theorie ist darin zu sehen, dass sie Gesetzgebung und Strafverfolgung kritisch in den kriminologischen Fokus gerückt hat und die Aufmerksamkeit auf den Prozess von Stigmatisierung und Etikettierung richtet.

6 Integrative Konzepte

6.1 Anlage-Umwelt-Persönlichkeitstheorie

Der Erklärungsansatz geht ursprünglich auf die Vereinigungstheorie, die bikausale Betrachtungsweise krimineller Ursachen der Marburger Schule zurück (siehe Kapitel 1, Einführung in die Kriminologie). In der Weiterentwicklung dieses Ansatzes kam man zu der Erkenntnis, dass neben biologischen und soziologischen Faktoren die Persönlichkeit des Individuums eine bedeutende Rolle in Bezug auf Verhaltensauffälligkeiten spielt. In Deutschland ist vor allem *Exner* (1949) mit Veröffentlichungen zur Anlage-Umwelt-Persönlichkeitshypothese in Erscheinung getreten. Diese multikausale Betrachtungsweise verknüpfte erstmals biologische und soziologische Faktoren mit Aspekten der Persönlichkeitspsychologie.

Nach *Exner* bilden Anlage und Umwelt die Persönlichkeit. Was aus der Anlage wird, hängt – innerhalb des von ihr gegebenen Spielraums – von der Umwelt ab.

Welche Umwelt und wie diese Umwelt auf den Menschen wirkt, hängt – innerhalb des durch den äußeren Sachverhalt gegebenen Spielraumes – von der Anlage ab. Im Sinne dieser Aussage wird die Anlage als erblich bedingte Disposition verstanden, die im Rahmen des Sozialisationsprozesses (Umwelt) ein bedeutsamer Faktor für die Ausprägung der individuellen Persönlichkeit darstellt.

Kernaussage:

Nach *Exner* ist die kriminelle Tat stets ein Produkt aus

- persönlichkeitsbegründenden Tatsachen. Es werden darunter die erblich bedingten Dispositionen (Anlage) des Täters verstanden.
- persönlichkeitsentfaltenden Tatsachen. Sie bezeichnen den Entwicklungsstand des Täters zum Zeitpunkt X, z.B. im Reifestadium zum Zeitpunkt der Tat als Jugendlicher, Heranwachsender, Erwachsener oder im Alter.
- persönlichkeitsgestaltenden Tatsachen. Sie bezeichnen den Prozess der Sozialisation, die Einwirkung der Umwelteinflüsse auf den Täter.
- tatgestaltender Umwelt. Es werden darunter die äußeren Einflüsse zum Zeitpunkt der Tat beschrieben. Es sind die situativen Bedingungen, die die Entstehung und den Verlauf der Tat bestimmen bzw. fördern.

Später wurde dieser Ansatz um viktimologische Betrachtungsweisen der Opferdisposition und des Opferverhaltens im Prozess der Tatentstehung und des Tatverlaufs erweitert.

Verkürzt kann gesagt werden:

Die kriminelle Tat ist das Produkt aus

- der tatzeitlichen Persönlichkeit,
- der tatzeitlichen Umwelt und
- der Disposition und dem Verhalten des Opfers.

Beachte

Die Verneinung der Veranlagung zum Verbrechen besagt nicht, dass ausschließlich soziologische oder sozialstrukturelle Bedingungen für die Erklärung abweichenden Verhaltens heranzuziehen sind. Der derzeitige Diskussionsstand geht davon aus, dass bestimmte erbliche Elemente in gewissen Fällen die kriminelle Entwicklung eines Menschen beeinflussen können, jedoch nicht in dem Sinn, dass sie zum Verbrechen prädestinieren, sondern die soziale Anpassungsfähigkeit beeinträchtigen und somit die Basis für negativ abweichendes Verhalten bilden.

Merke

Die Anlage-Umwelt-Persönlichkeitstheorie versteht sich als multifaktorieller Erklärungsansatz, da sie versucht, unterschiedliche Faktoren in ein theoretisches Konzept zu integrieren. Sie bezieht, je nach den besonderen Bedingungen der Tat und des Täters, Daten aus dem Lebenslängsschnitt des Täters, seiner Persönlichkeit sowie seiner sozialen Herkunft in die Betrachtung des Ursachenzusammenhanges ein.

6.2 Mehrfaktorentheorien

Mehrfaktorentheorien betrachten die Erklärung kriminellen Verhaltens nicht aus dem Blickwinkel einer bestimmten Wissenschaftsdisziplin, sondern versuchen, Kriminalität aus der Vereinigung verschiedener Teilaspekte (multifaktoriell) zu erklären. Nach dieser Vorstellung ist kriminelles Verhalten ein Ergebnis vielfältiger Faktoren und Einflüsse mit unterschiedlichen Gewichtungen. Sie tragen der Erkenntnis Rechnung, dass spezielle Kriminalitätstheorien nur einen mehr oder weniger engen Ausschnitt möglicher Verbrechensursachen beschreiben. Durch die Kombination differenzierter Hypothesen soll das Blickfeld erweitert werden, um die Erklärungskraft kriminologischer Aussagen zu verbessern.

Die multifaktoriellen Erklärungen stützen sich hauptsächlich auf empirisch gewonnene Ergebnisse aus Vergleichs- und Langzeituntersuchungen von Vergleichsgruppen.

Umfassende Untersuchungen führte das amerikanische Ehepaar *Eleanor* und *Sheldon Glueck* durch. Der 1950 veröffentlichte Forschungsbericht basierte auf langjähriger Forschungsarbeit an 500 delinquenten und nichtdelinquenten Jungen. Untersucht wurden 402 Merkmale aus dem persönlichen Bereich der Probanden.

In Deutschland vertritt vor allem *Göppinger* mit dem Konzept des „Täters in seinen sozialen Bezügen" einen ähnlichen Ansatz.[42]

Die Vergleichsuntersuchungen werden mit dem Ziel geführt festzustellen, ob und inwieweit die untersuchten Personen in einer signifikanten Vielzahl von körperlichen, psychischen und sozialen Faktoren voneinander abweichen. Aus den Ergebnissen der Untersuchungen wird sodann gefolgert, welche Faktoren kriminalitätsfördernd (kriminogen) und welche kriminalitätshemmend (kriminoresistent) wirken.

Zwar konnten die eindeutige Determinierung der erhobenen Faktoren für Kriminalität und der Grad ihrer Gewichtung bislang nicht nachgewiesen werden, jedoch wächst mit der Häufung der Merkmale „die diagnostische und prognostische Aussagekraft" (*Kaiser* 1996). Die empirisch gewonnenen potenziellen Kriminalitätsfaktoren und deren Identifizierung als Ursache, Wirkung oder Symptom für kriminelles Verhalten sind allerdings individuell zu bewerten. Sie stellen stets eine mehr oder weniger zutreffende Wahrscheinlichkeitsaussage dar.

7 Abschließende Betrachtung

Ergebnisse von empirischen kriminologischen Untersuchungen sowie kriminalistisch-kriminologischen Erfahrungen im Umgang mit Kriminellen zeigen, dass es eine monokausale Erklärung für Kriminalität nicht gibt. Die gleiche Ansicht wird überwiegend in der kriminologischen Literatur und Wissenschaft vertreten.

42 *Göppinger* (2008), S. 209 ff.

Negativ abweichendes Verhalten ist regelmäßig auf ein Zusammenwirken verschiedener Einflüsse zurückzuführen. Eine eindimensionale Kausalwirkung wird verneint. Inwieweit die Addition kriminogener Faktoren zu sicheren Aussagen führt, ist ebenfalls wegen der Komplexität der Entstehung von Kriminalität bzw. sozial abweichendem Verhalten nicht eindeutig erwiesen. Gleiches trifft auf die prognostische Aussage zukünftiger Legalbewährung (Prognose) von Straftätern zu.

Merke
In der kriminologischen Praxis ist mit einiger Sicherheit die Kriminalität als Massenerscheinung bzw. das Verbrechen als Einzeltat stets nur deliktsspezifisch und multifaktoriell erklärbar.

Fallrepetitorium

Sachverhalt

Bei einer nächtlichen Verkehrskontrolle werden von der Polizei in X-Stadt Peter Sch, 18 Jahre alt, Achmed Ü, ebenfalls 18 Jahre alt und der 19-jährige Thomas B in einem gestohlenen SUV Tiguan, angetroffen und vorläufig festgenommen. Fahrer des SUV war Thomas B, ohne im Besitz einer Fahrerlaubnis zu sein. Bei Thomas B wurde eine durchgeladene Pistole Kal. 7,65 mm mit sechs Schuss Munition gefunden.

Der SUV war in der vorausgegangenen Nacht in der benachbarten Kleinstadt Y gestohlen worden. Bei der Durchsuchung des KfZ wurden von den Beamten im Kofferraum des Wagens drei Mobiltelefonanlagen und fünfzehn hochwertige Navigationsgeräte verschiedener Fabrikate sowie diverse Scheck- und Kreditkarten gefunden. Nach dem ersten Augenschein handelte es sich um Diebesgut.

Nach anfänglich hartnäckigem Leugnen gaben die Verdächtigen zu, den SUV gemeinsam entwendet zu haben. Man wollte eine Spritztour machen. Darüber hinaus waren sie zunächst nicht bereit auszusagen.

Im Laufe der weiteren Ermittlungen stellte sich heraus, dass die Mobiltelefonanlagen aus einem Büroeinbruch, die Navigationsgeräte und die Scheck- und Kreditkarten aus Pkw-Aufbrüchen stammten, die in der gleichen Nacht in X-Stadt begangen worden waren. Das Trio gestand sodann nach Vorlage von Beweismaterial, in den zurückliegenden Monaten im Großraum X-Stadt gemeinsam etwa 200 Pkw-Aufbrüche und etwa 70 Büro- und Geschäftseinbrüche begangen zu haben. Diebesgut waren stets hochwertige Autoradios, Mobiltelefonanlagen oder Navigationsgeräte sowie Scheck- und Kreditkarten, Bargeld und Büromaschinen (Computer pp.) und „alles, was sich so zu Kohle machen ließ".

Um das Diebesgut absetzen zu können, hatte man in X-Stadt einen Hehler zur Hand.

Zu ihrem Freizeitverhalten befragt, gaben die Tatverdächtigen an, sich hauptsächlich in Spielotheken aufzuhalten, wo sie regelmäßig, offenbar aufgrund einer bereits verfestigten Spielsucht, an Geldautomaten hohe Geldsummen verspielen. An Wochenenden „ziehen sie sich zunächst einmal, bevor es richtig rund geht, mehrere Videos rein“ und jeder einige Flaschen Bier. Bevorzugt werden sog. Gewaltvideos.

Die drei Tatverdächtigen sind in den vergangenen Jahren bereits als Mehrfachtäter polizeilich auffällig geworden und waren wiederholt als jugendliche Intensivtäter registriert worden. Sie suchten regelmäßig den Kontakt mit älteren delinquenten Jugendlichen, die ihnen Vorbild waren. Schon im spätkindlichen Alter schlossen sie sich einer delinquenten Gruppe von Jugendlichen und Heranwachsenden an, aus der heraus sie gemeinschaftlich vorwiegend Diebstähle und Wohnungseinbrüche begingen. Im Alter von 16 bzw. 17 Jahren wurden sie, gemeinschaftlich handelnd, als Täter einer Serie von Handtaschenraubüberfällen ermittelt. Gegenüber ihren Opfern, Rentnern und anderen Passanten, waren sie äußerst rücksichtslos vorgegangen.

Peter Sch und Thomas B stammen aus sozialen Problemfamilien mit Alkoholismus bei den Elternteilen. Beide Elternteile sind wegen Ladendiebstahls im Rückfall, Körperverletzungsdelikten und Betrugs straffällig geworden. Peter und Thomas wurden schon als Kinder negativ sozial auffällig und sind als Streuner von der Polizei wiederholt aufgegriffen worden. „Wenn wir zu Hause nicht parierten, setzte es Hiebe. Dann sind wir eben abgehauen.“

Ihr Lernverhalten in der Schule war negativ, was sich auch in den schlechten schulischen Leistungen zeigte. Diese Haltung setzte sich später fort. Von ihren Eltern erhielten sie nie Unterstützung oder Hilfestellung bei ihren schulischen Problemen. Beide sind ohne Berufsausbildung. Nach dem Schulabgang arbeiteten sie zunächst gelegentlich, was sie dann aber recht bald aufgaben.

Achmed Ü ist türkischer Staatsangehöriger, in der Bundesrepublik geboren. Seine Eltern sind vor etwa 20 Jahren aus Ostanatolien in die Bundesrepublik gekommen. Beide Elternteile sind ganztägig berufstätig, die Mutter als Reinigungskraft, der Vater als Stahlarbeiter. Schon als Kind war Achmed tagsüber sich selbst überlassen. Peter Sch, Thomas B und Achmed Ü sind als Nachbarskinder gemeinsam aufgewachsen. Sie sind, ihren eigenen Angaben nach, Freunde.

Achmed orientierte sich aufgrund mangelnder Aufsicht an seinen beiden Freunden, mit denen er schon als Kind kleinere Diebstähle beging, auch um sich in der Gruppe zu beweisen. Alle drei waren aufgrund ihrer Delinquenz schon wiederholt justiziell auffällig geworden. Erziehungsmaßregeln und Zuchtmittel nach dem JGG waren ohne Erfolg geblieben. Der Vater des Achmed Ü reagierte daraufhin zunächst mit aller Härte, jedoch ohne durchgreifende Wirkung auf seinen Sohn.

Als Achmed Ü gemeinsam mit seinen Freunden wegen einer Reihe von Straftaten zu einem Freizeitarrest verurteilt wurde, verstieß ihn seine Familie. Seitdem durfte er die elterliche Wohnung nicht mehr betreten. Peter Sch, Thomas B und

Achmed Ü sind Sozialhilfebezieher. Sie wohnen in einer Unterkunft des Sozialamtes in X-Stadt.

Aufgaben

1. Nehmen Sie in kurz gefasster Ausführung zu dem Erklärungswert von Kriminalitätstheorien Stellung.
2. Erklären Sie aus den Ihnen bekannten Kriminalitätstheorien das Delinquenzverhalten der Tatverdächtigen Peter Sch, Thomas B und Achmed Ü.

Bearbeitungshinweise

Zu Aufgabe 1: Nehmen Sie in kurz gefasster Ausführung zu dem Erklärungswert von Kriminalitätstheorien Stellung.

Die Kriminologie kennt eine Vielzahl von Theorien, die mit unterschiedlich orientierten wissenschaftlichen Erklärungsansätzen versuchen, Kriminalität als Massenerscheinung und Verbrechen als den einzelnen Normverstoß zu erklären. Aufgrund der Komplexität der Entstehungsprozesse krimineller Handlungen und gesellschaftlicher Einflüsse auf normabweichendes Verhalten liegt es auf der Hand, dass Kriminalitätstheorien in ihrem Erklärungswert stets nur bestimmte Kriminalitäts- und/oder Verbrechensphänomene hinreichend erklären können. *Merton* (zitiert nach *Göppinger* (1997), S. 101) spricht in diesem Zusammenhang von „Theorien mittlerer Reichweite". *Göppinger* (a.a.O.) stellt deshalb auch fest: „Eine umfassende Theorie, die die gesamte Wirklichkeit des Verbrechens und des Verbrechers zu erklären vermag, ist ohnehin kaum denkbar."

Zu Aufgabe 2: Erklären Sie aus den Ihnen bekannten Kriminalitätstheorien das Deliquenzverhalten der Tatverdächtigen Peter Sch, Thomas B und Achmed Ü.

Es bietet sich an, folgende Theorieansätze zunächst im Einzelnen und dann in der Gesamtschau auf ihre kriminologische Relevanz zu prüfen.

2.1 Kriminalität als Folge defizitärer Sozialisation?

Alle drei Tatverdächtigen zeigen Sozialisationsdefizite, die sowohl in der Primärsozialisation (in der Familie) als auch in der Sekundärsozialisation (Schule, Beruf, soziale Gruppe) begründet sein dürften.

Offenbar liegen bei allen drei Tätern erhebliche Mängel in der Wertevermittlung durch das Elternhaus vor, sodass im Laufe des primären Sozialisationsprozesses in der Familie allgemeine Rechtsnormen nicht verinnerlicht werden konnten, was schon frühzeitig zu Norm- und Verhaltenskonflikten führte. Der gewaltorientierte Erziehungsstil im Elternhaus verstärkte eher diese Entwicklung. In diesem Zusammenhang liegt es nahe, dass die Neigung zur Anwendung von Gewalt als Problemlösungsreaktion besonders bei Peter Sch und Thomas B von deren Eltern als Handlungsmuster übernommen worden ist. Auch in der Phase der sekundären Sozialisation setzte sich diese Entfaltung fort, die durch frühkindliche Defizite wesentlich negativ geprägt und beeinflusst war.

Es sind folgende Faktoren sichtbar, die für die Entstehung und Verfestigung von Sozialisationsdefiziten bedeutsam erscheinen:

Personale Aspekte bei Peter Sch und Thomas B:

- Prädelinquente Verhaltensweisen:
  - wiederholtes Weglaufen, Neigung zu kindlichem Streunen
  - Verwahrlosung: Zeichen für individuelle soziale Fehlanpassung und Fehlentwicklung; als negativ soziale Abweichung delinquenzfördernd
- Frühkindliche Delinquenz mit Rückfallneigung
- Negatives Lern- und Leistungsverhalten:
  Schlechte schulische Leistungen, fehlende Berufsausbildung, Ablehnung geregelter Arbeit sind Merkmale, die gehäuft bei Mehrfachtätern auftreten. Sie sind Zeichen fehlender Leistungs- und Anstrengungsbereitschaft aufgrund sozialer Fehlanpassung, begründen sich häufig auf bereits vorschulische Sozialisationsmängel und schichtenspezifische Wertordnung (Hinweis auch auf die Theorie der kriminellen Subkultur nach *Cohen*). Daraus resultiert wiederum eine Reduzierung der Startchancen für ein sozial angepasstes Verhalten.
- Spielsucht, negatives Freizeitverhalten:
  Spielothek, Gewaltvideos sind ebenfalls Zeichen für soziale Fehlanpassung und Symptom für kriminelle Verwahrlosung. Diese Feststellung trifft auch auf Achmed Ü zu.

Inwieweit sich die Delinquenzbelastung der Eltern von Peter und Thomas auf deren Persönlichkeitsentwicklung ausgewirkt haben, ist interpretierungsbedürftig. Einerseits kann aus den Ergebnissen der Sippenforschung auf genetisch bedingte Defekte geschlossen werden, die im Sinne einer Prädisposition zu negativ sozialen Persönlichkeitsstrukturen geführt haben. Eher ist jedoch davon auszugehen, dass die negativen Vorbildfunktionen der Eltern sich im Rahmen der Sozialisation auf die beiden Täter nachteilig ausgewirkt haben.

Personale Aspekte bei Achmed Ü:

Erkennbar sind folgende Aspekte:

- Unzureichende Hinwendung und Aufsicht des Kindes/Jugendlichen im Rahmen der Erziehung aufgrund der Berufstätigkeit der Eltern.

  Folgen: Defizite in der Ausprägung von Bindungsmustern und innerem Halt, Erziehungsmängel, fehlende Kontrolle der Eltern (war sich tagsüber selbst überlassen), individuelle soziale Fehlanpassung, reduzierte Startchancen für sozial angepasstes Verhalten.
- Offenbar lagen Probleme in der Vermittlung des hiesigen Werte- und Normensystems durch die aus Ostanatolien stammenden Eltern vor. Dies gilt auch als Hinweis auf Kulturkonfliktprozesse. Sie entstehen einerseits durch widersprechenden Sozialisationsdruck des Elternhauses durch Brauchtum, Sitte und Normen des Heimatlandes und anderseits durch

die hiesigen gesellschaftlichen Einflüsse. Die Folgen sind bei Achmed Ü Orientierungslosigkeit, Neigung zu delinquenten Gruppen und Übernahme von kriminellen Verhaltensmustern.

Situative Bedingungen:

2.2 Lerntheoretische Erklärung (Theorie der differenziellen Assoziation)

Einen ergänzenden Erklärungsansatz für die kriminelle Entwicklung der Tatverdächtigen bietet die „Theorie der differenziellen Assoziation" von Sutherland.

Danach ist kriminelles Verhalten erlerntes Verhalten, das im Laufe des Sozialisationsprozesses durch Kontakte mit kriminellen Gruppen übernommen wird.

In Anwendung dieses Kriminalitätserklärungsansatzes kann geschlussfolgert werden, dass die drei Tatverdächtigen durch regelmäßigen Kontakt mit delinquenten Jugendlichen und durch deren Vorbildfunktion

- negativ sozial abweichende Verhaltensmuster,
- kriminelle Einstellungen und Motive sowie
- Tatbegehungstechniken, aber auch
- Techniken der Neutralisation

in einem Lernprozess übernommen haben.

Mit zunehmender Dauer und Intensität haben sich diese Verhaltensmuster bei ihnen verstärkt.

Diese Feststellung trifft insbesondere auch auf Achmed Ü zu.

Die Überreaktion der Eltern und der Verstoß aus der Familie wirkten als Verstärker und förderten sein Delinquenzverhalten durch ausschließliche Orientierung an seinen Mittätern.

2.3 Interaktionistische Erklärung i.S. des Modells der kriminellen Karriere

Alle drei Tatverdächtigen zeigen zum Zeitpunkt der Tat gleichermaßen Symptome eines in der Entstehung und Ausprägung begriffenen kriminellen Selbstbildes und Rollenverständnisses, besonders ausgeprägt bei Peter und Thomas.

Nach *Quensel* steht ein solches Ergebnis am Ende der Entwicklung einer kriminellen Karriere nach fehlgeschlagener Interaktion zwischen jungen Menschen und den Instanzen der sozialen Kontrolle.

Folgende Faktoren sprechen für die Entwicklung krimineller Karrieren im Sinne dieses Modells:

- Verwahrlosung, individuelle Fehlanpassung, Schul- und Berufsversagen
- frühe negative soziale Auffälligkeit und Devianz bei gleichzeitigem Ausbleiben positiv wirkender Reaktionen der Kontrollinstanzen: kleine Diebstähle im Kindesalter
- Wiederholte Straffälligkeit mit einer Steigerung der kriminellen Kapazität und kriminellen Energie

- Registrierung als jugendliche Intensivtäter
- Begehung von Serienstraftaten, gezielte Beuteauswahl, gewerbsmäßige Beuteverwertung, hartnäckiges Leugnen, Mitführen einer geladenen Schusswaffe durch Sch
- Wiederholte kriminelle Auffälligkeit, Erziehungsmaßregeln und Zuchtmittel nach dem JGG blieben ohne Erfolg
- Sekundäre Erfolgsmotivation bei/nach der Begehung von Straftaten und als Folge Verstärkung sozial abweichender Handlungs- und Verhaltensmuster sowie Verfestigung krimineller Techniken
- Verfestigung des kriminellen Selbstbildnisses und Rollenverständnisses

Quensel beschreibt die Entwicklung einer kriminellen Karriere in einer Acht-Stufen-Folge, in der eine Stufe auf der anderen, vorausgegangenen Entwicklungsstufe aufbaut und sich verstärkt.

2.4 Erklärung an Hand der Anomietheorie

Eine weitere ergänzende Erklärungsmöglichkeit für das Verhalten der Tatverdächtigen dürfte in der Anomietheorie nach *Merton* liegen. Unter Anomie versteht *Merton* einen Zustand mangelnder sozialer Ordnung, in deren Folge Druck zu abweichendem Verhalten entsteht. Der Druck lastet insbesondere auf Angehörigen der Unterschicht. (Auf eine weitere Darstellung der Anomietheorie wird hier verzichtet.)

Im vorliegenden Sachverhalt bedeutet es, dass alle drei Tatverdächtigen ihr Geltungsstreben und ihre Konsumwünsche mangels eigener Einkünfte legal nicht befriedigen konnten und deshalb zur delinquenten Lösungen, d.h. zu kriminellen Handlungen gegriffen haben. Begünstigt wurde ihre Verhaltenseinstellung und ihre Neigung zu kriminellen Handlungen durch Mängel in der Sozialisation und das Fehlen eines positiven Selbstbildnisses und der Selbstkontrolle. Die negative Entwicklung verstärkte sich im Laufe ihrer kriminellen Karrieren.

Fazit:

Wie die Betrachtungen zum Lebenslängsschnitt und zur Delinquenz der drei Täter zeigen, wäre die Beschränkung der Kriminalitätserklärung auf nur eine Theorie unbefriedigend. An den vorliegenden Ausführungen wird beispielhaft der interdisziplinäre Ansatz im Sinne einer integrativen Kriminalitätstheorie und das multifaktorielle Vorgehen dargestellt.

Nicht eine der angeführten Kriminalitätserklärungstheorien allein kann das kriminelle Verhalten der drei Tatverdächtigen hinreichend erklären. Letztlich erklärt sich ihre Delinquenz aus einer Vielzahl unterschiedlicher Faktoren im Sinne eines prozesshaften multifaktoriellen Ansatzes.

Prüfe Dein Wissen

1. Was wird unter dem Begriff „Kriminalitätstheorien“ verstanden?
2. Welche Ziele werden mit der Aufstellung von Kriminalitätstheorien verfolgt, wie ist deren Aussagekraft?
3. Nennen Sie die Ihnen wichtig erscheinenden Kriminalitätstheorien!
4. Welche Bedeutung haben biologisch orientierte Kriminalitätstheorien?
5. Was sagt Ihnen der Name *Cesare Lombroso*?
6. Nehmen Sie Stellung zu der Aussage: „Jede Gesellschaft hat die Verbrecher, die sie verdient“!
7. Was beinhaltet der Begriff „Mehrfaktorentheorie“?
8. Was wird unter den Begriffen „kriminogene Faktoren“ und „kriminoresistente Faktoren“ verstanden?
9. Welche Bedeutung hat die sog. Lerntheorie für jugendkriminelles Verhalten?
10. Warum ist die Kenntnis über Kriminalitätstheorien für den Polizeidienst bedeutsam?

Kapitel 3
Beurteilung der Täterpersönlichkeit

1 Einleitung

Generelle Merkmale, die den Durchschnittstypen eines Verbrechers im Sinne einer einzigartigen verbrecherischen Persönlichkeit beschreiben, sind nach bisherigen empirischen Untersuchungen nicht nachweisbar.[43]

Täterpersönlichkeiten sind stets individuell nach ihren charakteristischen Merkmalen zu beurteilen.

Die Erfahrungen zeigen allerdings, dass eine – wenn auch begrenzte – typologische Orientierung von Tätern nach den von ihnen bevorzugten Straftaten, Begehungsweisen, Motiven und Verhaltensauffälligkeiten möglich ist. Werden diese Merkmale um kriminologisch relevante Beurteilungskriterien ergänzt, die sich aus der Analyse des Sozialverhaltens im Lebenslängsschnitt des Probanden ergeben, sind regelmäßig auch relativ sichere kriminalprognostische Aussagen möglich.

Göppinger beschreibt das methodische Vorgehen der Erhebung und Analyse von Beurteilungskriterien und gibt eine umfassende Darstellung idealtypischer Merkmale, die im Lebenslängsschnitt des Probanden für dessen negativ soziale Auffälligkeit relevant sind.[44] Siehe dazu auch die folgenden Ausführungen zur Idealtypischen Einzelfallanalyse unter 4.4.

Kriminalistisch ist die Erkenntnis von Bedeutung, dass in Fällen, in denen sich in der Tatbegehung individuelle Tatbegehungsmerkmale abbilden, mit einiger Sicherheit auf die noch unbekannte Täterpersönlichkeit geschlossen werden kann.

> ***Beachte***
> *Täter i.S. des formellen Strafverfahrens ist die Person, die rechtskräftig verurteilt worden ist. Dagegen sind im Ermittlungsverfahren Personen, gegen die sich das Verfahren richtet, Tatverdächtige bzw. Beschuldigte. Diese formalrechtliche Abgrenzung ist jedoch für Zwecke der kriminologischen Beurteilung der Täterpersönlichkeit ungeeignet. Deshalb wird hier u.a. der Begriff des Täters verwendet, ohne Berücksichtigung des formalrechtlichen Status im Strafverfahren.*

In der polizeilichen Ermittlungspraxis steht der Kriminalist aus kriminaltaktischen Erwägungen stets vor der Notwendigkeit, die Person des Tatverdächtigen unter tätertypologischen und kriminalprognostischen Aspekten zu beurteilen. Mit der Einschätzung von Täterpersönlichkeiten werden Zwecke

---

43 *Schneider* (1987), S. 384
44 *Göppinger* (2008), S. 299 ff.

- der vorbeugenden Verbrechenskontrolle,
- kriminaltaktische Ziele der Täterermittlung,
- der Tataufklärung und der Beweisführung von Tat- und Täterschaft

verfolgt.

Die Umsetzung erfolgt durch

- tätertypologische Zuordnungen von ermittelten bzw. überführten Tatverdächtigen,
- tätertypologische Einschätzungen des Täterverhaltens unbekannter Täter,
- tätertypologische Beurteilungen des bekannten und/oder unbekannten Täters unter Gefährlichkeitsaspekten,
- Beurteilungen der Täterpersönlichkeiten unter kriminalprognostischen Aspekten.

In den Beurteilungsprozess fließen sowohl kriminologisch relevante Daten des Lebenslängsschnitts wie Erkenntnisse über zurückliegende negativ soziale Auffälligkeiten und begangene Straftaten, phänomenologische Feststellungen zur aktuellen Tat und dem Tathandeln des Täters sowie Einschätzungen zum Grad der in der Persönlichkeit des Betroffenen verfestigten Verhaltensmuster ein. Aus ihnen ergeben sich sodann die tätertypologische Einschätzung und die prognostische Beurteilung. Das Ergebnis ist stets ein Produkt aus der Kombination von Erkenntnissen aus vordeliktischem Handeln, phänomenologischen und persönlichkeitsbezogenen Aspekten der aktuellen Tat und kriminalistisch-kriminologischen Praxiserkenntnissen.

2 Kriminologische Typenlehre

2.1 Begriffe

2.1.1 Typologie

Typologien sind gekennzeichnet durch das Beschreiben und Zuordnen bestimmter Merkmale und Merkmalskombinationen zu Typen. Typologien sind vielfältig. Die nachfolgenden Ausführungen befassen sich thematisch mit kriminologischen Typologien. Eine Übersicht gibt die einschlägige kriminologische Literatur.

Beispielskatalog für kriminologische Typisierungen:

- biologische
- soziologische
- psychologische
- psychopathologische
- normative

- phänomenologische (Räuber, Einbrecher, Betrüger)
- nach der Gefährlichkeit (Gewalttäter, Intensivtäter)

Kriminologische Typologien können verschiedenen Zwecken dienen. In der theoretisch ausgerichteten Kriminologie, die vorwiegend im Hochschulbereich angesiedelt ist, stehen im Mittelpunkt des Interesses kriminalpolitische Ziele sowie die grundsätzliche wissenschaftliche Auseinandersetzung mit den Möglichkeiten und Grenzen der Typisierung von Individuen überhaupt.

Die angewandte Kriminologie beschäftigt sich hauptsächlich mit Problemen der individuellen Tätertypisierung im Straf- und Strafprozessrecht und mit sanktionsrechtlichen und präventiven Perspektiven.

2.1.2 Typologische Einteilungen

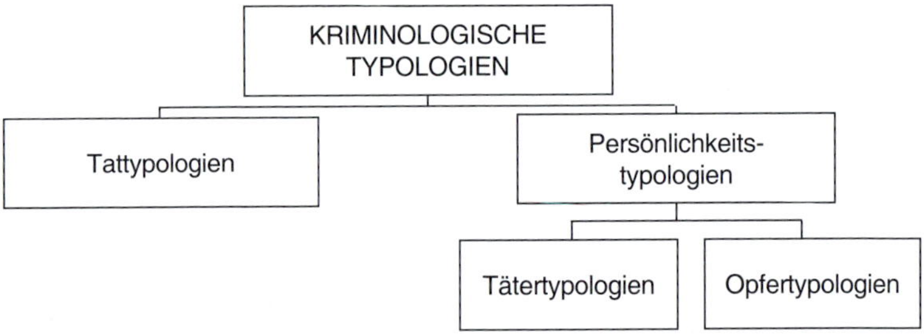

2.1.2.1 Tattypologien

Tattypologien werden grob unterschieden nach

- phänomenologischen Kriterien. Es werden Delikte und Deliktsgruppen der realen Verbrechenswirklichkeit nach kriminalistisch-kriminologischen Merkmalen des Tatgeschehens und der Tatsituation typisiert.
- kausalen Kriterien. Die Beschreibung und Typisierung von Delikten und Deliktsgruppen erfolgt nach den hauptsächlichen Ursachen und Motiven.
- normativen Kriterien. Delikte und Deliktsgruppen werden nach strafrechtlichen Ordnungssystemen gegliedert.

Tattypologien werden im Zusammenhang mit kriminologischen Deliktsanalysen näher erörtert. Opfertypologien werden in der Viktimologie dargestellt.

2.1.2.2 Persönlichkeitstypologien

Täter- und Opfertypologien sind Persönlichkeitstypologien.

Begriff: Persönlichkeitstyp

Unter Typ im Sinne der Persönlichkeitstypologie wird ein durch bestehende gemeinsame Merkmale geprägtes Persönlichkeits- oder Erscheinungsbild verstanden, das auf eine Gruppe von Menschen in vergleichbarer Weise zutrifft.

In ihr kann ein einzelnes Individuum mehreren Typen gleichzeitig angehören. Diese Definition gilt gleichermaßen für Täter- und für Opfertypologien.

Beachte

Das Kernproblem der Persönlichkeitstypologien wird bestimmt durch eine unendliche Variabilität menschlicher Persönlichkeiten. Ferner wird die Erforschung von Merkmalskorrelationen zum Zwecke einer Typisierung vom wissenschaftlichen Anliegen und von unterschiedlichen theoretischen Denkansätzen beeinflusst.

Die Kriminologie kann sich nicht auf spezielle, eingeschränkte Einzelbereiche bei der Aufstellung von Typologien beschränken, sondern muss das gesamte Spektrum der menschlichen Persönlichkeit und die soziokulturelle Umwelt mit einbeziehen.

Die typologische Zuordnung eines Straftäters zu einem bestimmten Tätertyp kann deshalb stets nur eine Orientierung – ein Hilfsmittel – sein, deren Wahrscheinlichkeit mehr oder auch weniger zutrifft.

2.2 Tätertypologien

Tätertypen werden gebildet durch die Beschreibung bestimmter Merkmale, Merkmalshäufungen oder Merkmalskombinationen, die einem Tätertyp eigenartig sind. Die verschiedenen, so definierten Tätertypen sind nach Typologien geordnet.

Die Kriminologie kennt eine Vielzahl unterschiedlicher Tätertypologien. Allen Tätertypologien ist gemeinsam, dass es sich um zweckgerichtete Typologien handelt. Sie orientieren sich bei der Beschreibung und Zusammenstellung bestimmter Merkmale an ihrem speziellen Zweck, der mit der Definition einzelner Tätertypen verfolgt wird. Erst dadurch wird deutlich, welche praktische Bedeutung tätertypologische Zuordnungen haben.

2.2.1 Tätertypologien im Überblick

Einen Überblick über die in der historischen Betrachtung der Kriminologie aufgestellten Tätertypologien bietet *Mergen*.[45]

Die nachstehende Zusammenfassung ausgewählter Typologien soll die Übersicht erleichtern.

Leptosome (Astheniker)
Pykniker
Athletiker

45 *Mergen* (1995), S. 160 ff.

Lombroso, Verbrecher unterscheiden sich von rechtstreuen Bürgern durch körperliche und seelische Stigmata; wesentliche Aussage: die Ursachen sind in der individuellen verbrecherischen Anlage begründet	Geborener Verbrecher, spätere Ergänzung: irre Verbrecher, Leidenschaftsverbrecher
Ferri, Schüler *Lombrosos*, ging ebenfalls von einer verbrecherischen Anlage aus	– verbrecherische Irre – geborene Verbrecher – Verbrecher aus erworbener Gewohnheit – Gewohnheitsverbrecher – Leidenschaftsverbrecher
v. Liszt ordnete Verbrecher nach kriminalpolitischen Aspekten; teilte Straftäter in Kategorien ein	– Augenblicksverbrecher: Abschreckung – besserungsfähiger Zustandsverbrecher: Maßnahmen der Besserung – Unverbesserlicher Verbrecher: Sicherung
Aschaffenburg ging von sog. psychologischen Grundtypen aus	– widerstandsfähige Verbrecher, auch Überzeugungstäter – Affekt- und Triebverbrecher – entgleisungsbereite haltlose Täter – aktive, d.h. Vorsatzverbrecher
Gruhle typisierte ebenfalls aus psychologischer Perspektive; er lehnte jede Orientierung am verbrecherischen Verhalten ab	– Verbrecher aus Neigung – Verbrecher aus Schwäche – Verbrecher aus Leidenschaft – Verbrecher aus Ehre und Überzeugung
Seelig vereint in der Täterbeschreibung Merkmale des Tatgeschehens, der Tatsituation mit persönlichen Merkmalen des Täters	– arbeitsscheuer Berufsverbrecher – Vermögensverbrecher aus geringer – Widerstandskraft – Verbrecher aus Angriffslust – Verbrecher aus sexueller Unbeherrschtheit – Krisenverbrecher (auf einer persönlichen Lebenskrise basierend) – primitiv reagierende Verbrecher – (z.B. Rache, Brandlegung, Hass) – Überzeugungsverbrecher – Verbrecher aus Mangel an Gemeinschaftsdisziplin (z.B. Fahrlässigkeitstaten pp.)

Exner nimmt eine Gruppierung von Typen nach bestimmten Leitgedanken vor	nach – der charakterlichen Einstellung zum Verbrechen – der Eigenart des verbrecherischen Lebenslaufs – den Beweggründen des Verbrechens – den anlagemäßigen Verbrechensvoraussetzungen – der entsprechenden Behandlungsart – der Einteilung der Verbrecher nach dem Strafrecht
Mezger unterscheidet Täter nach der Bereitschaft zum Verbrechen	Situationstäter Konflikttäter Entwicklungstäter Gelegenheitstäter Charaktertäter Neigungstäter Hangtäter Zustandsverbrecher
Mergen unterscheidet nach der kriminellen Kapazität und der sozialen Angepasstheit bzw. der Anpassungsfähigkeit	– starke kriminelle Kapazität und starke Anpassungsfähigkeit – starke kriminelle Kapazität und schwache Anpassungsfähigkeit – schwache kriminelle Kapazität und schwache Anpassungsfähigkeit – schwache kriminelle Kapazität und starke Anpassungsfähigkeit

2.2.2 Tätertypen im Straf- und Strafprozessrecht

Tätertypen im Straf- und Strafprozessrecht orientieren sich

- am Prinzip des Schuldstrafrechts,
- an den Regeln der Sozialbewährung,
- an den Grundsätzen der Gefährlichkeitsprognose,
- an der prozessrechtlichen Stellung im Strafprozess und
- den eingriffsrechtlichen Konsequenzen.

Beispiele für Tätertypen im Straf- und Strafprozessrecht:

Affekttäter, Konflikttäter, Gesinnungstäter, Gewissens- und Überzeugungstäter, Triebtäter, Täter nach dem Maß der aufgewendeten kriminellen Energie, Rückfalltäter, Hangtäter, Rückfalltäter bei Wiederholungsgefahr.

Die tätertypologische Beurteilung im Strafprozess ist u.a. bestimmend für die Frage der Schuldunfähigkeit, der verminderten Schuldfähigkeit, dem Strafmaß nach Art und Dauer, der Anordnung von Sicherungsverwahrung.

2.2.3 Tätertypen aus forensisch-psychologischer Sicht

Die forensische Psychologie betrachtet Tätertypen unter dem Aspekt der „abnormen Persönlichkeit". Sie stellt eine vom Durchschnitt abweichende extreme Variation menschlichen Verhaltens dar. Abnorme Persönlichkeiten zeigen sich in überdauernden Persönlichkeitsstörungen mit erheblichen sozialen Fehlanpassungen.[46]

2.2.4 Tätertypen in der Verbrechenswirklichkeit

In der täterorientierten Kriminologie wird davon ausgegangen, dass bestimmte Verhaltensdispositionen i.S. von Persönlichkeitsmerkmalen die Begehung bestimmter Straftaten begünstigen. Jedoch ist strittig, ob sich daraus klar erkennbare Tätertypen ableiten lassen.

Nach kriminologischen Praxiserfahrungen weisen qualifizierte Straftäter vermehrt die Ausprägung folgender Persönlichkeitsmerkmale auf:

- Emotionale Labilität
- Impulsivität ihres Handelns
- Spontane und reaktive Aggressivität
- Unduldsamkeit und Ängstlichkeit
- Risikobereitschaft
- Negatives Selbstwertgefühl
- Ausprägung von Neutralisationstechniken.

Bei Neigungs- und Rückfalltätern sollen hauptsächlich psychopathologische und psychiatrische Kriterien auffällig sein.

Die bisherigen Befunde zu den Sozialprofilen von Tätern sind nicht geeignet, eine eindeutige Klassifikation von Tätertypen aufzustellen. Unter praxisorientierten Aspekten lassen sich in der Verbrechensrealität allenfalls Tätertypen in der Kombination von phänomenologischen Aspekten der Tat und persönlichkeitsorientierten Verhaltensmustern bilden, die sich in wiederkehrenden Tat-/Tätermerkmalen abbilden. Einheitliche Definitionen der gebräuchlichen Tätertypen bestehen nicht.

---

46 *Fröhlich* (2002), S. 331

Beispiele für phänomenologische bedeutsame Typisierungskriterien:

Phänomenologisch scheinen folgende Kriterien für die Tätertypisierung und die Wahrscheinlichkeitsbeurteilung des Rückfalls nach Art und Häufigkeit Bedeutung zu haben:

- Art der begangenen Tat/Taten: Sexualdelikte, gewaltorientierte Taten, Betrug, Raub, pp.
- Tatortwahl: örtlich, überörtlich pp.
- Tatplanung und Tatvorbereitung: geplant, ungeplant, Ausspähung des Objekts, Planung des Tatablaufs, Bereitstellung von Tatmitteln, Vorbereitung gegen Verdeckung, Absatzsicherung der Tatbeute, des Tatertrags pp.
- Tatbegehungsmerkmale: Maß der aufgewendeten kriminellen Energie, Spezialisierung, Vermeidung von Spuren bei der Tat bzw. deren systematische Beseitigung, gezielte Auswahl der Tatbeute, Alleintäter, Täter einer Bande, Ausmaß der Gewalt gegen Personen, Rücksichtslosigkeit in der Verfolgung des Tatziels pp.

Die Aufzählung ist nicht abschließend.

2.2.5 Kriminalistisch-kriminologische Kriterien der Tätertypisierung

In der Praxis der Verbrechensbekämpfung sind vorwiegend kriminaltaktische Ziele leitend für die Typisierung von Tätern. Im Mittelpunkt der typisierenden Betrachtung steht die effiziente polizeiliche präventive und repressive Verbrechenskontrolle. Dabei bedient sie sich typologischer Erkenntnisse der Kriminologie und der Psychiatrie, so u.a. bei der Erstellung eines Täterprofils für Ermittlungs- und Aufklärungszwecke. Gegenstand der folgenden Darstellungen ist die Beschreibung von Kriterien, nach denen hauptsächlich die Typisierung von Tätern unter dem Aspekt der polizeipraktischen Anwendung vorgenommen wird.

Kriminologisch-kriminalistische Typisierungskriterien:

(1) Typisierung nach dem Grad

- der individuellen Gefährlichkeit und kriminellen Energie von Straftätern

  Beispiel: gefährliche Intensivtäter
- der kriminellen Aktivität

  Beispiel: Serientäter, Mehrfachtäter
- der Ausprägung der in der Persönlichkeit des Täters liegenden Wiederholungsgefahr

  Beispiel: potenzielle Wiederholungstäter
- der Ausprägung der in der Persönlichkeit des Täters liegenden Bereitschaft zur Gewaltanwendung

  Beispiel: psychopathologische Gewalttäter

- der Ausprägung des in der Persönlichkeit des Täters begründeten Hanges, Straftaten zu begehen

  Beispiel: Hangtäter
- der in der Persönlichkeit des Täters verfestigten Bereitschaft zur Begehung von Straftaten

  Beispiel: Entwicklungstäter, Gelegenheitstäter, Neigungstäter
- ihrer kriminellen Kapazität und der damit verbundenen Gefährlichkeit für die Gesellschaft

  Beispiel: kriminelle Persönlichkeiten

Es handelt sich vorwiegend um Merkmale, die in der Persönlichkeit des Täters begründet sind.

(2) Typisierung nach den von Tätern bevorzugt begangenen Straftaten

Beispiel:

Räuber, Einbrecher, Betrüger, Ladendieb u.ä. Hier handelt es sich primär um phänomenologische Typisierungsmerkmale. Wenn auch zu beobachten ist, dass Straftäter bei ihrer Tatauswahl teils bestimmte Delikte bevorzugen, sind keine generellen Merkmale nachweisbar, die z.B. den „typischen Räuber, Mörder, Betrüger pp." kennzeichnen.

(3) Nach den ihren Straftaten primär zugrunde liegenden Motiven

Bsp: Triebtäter, Konflikttäter, Gewalttäter, Bereicherungstäter

(4) Typisierung nach der Ausprägung der kriminellen Spezialisierung und Professionalität von Straftätern

Beispiel:

Professionelle Intensivtäter, „Berufs"verbrecher, Täter aus dem Bereich der Organisierten Kriminalität

(5) Typisierung nach ihrem kriminellen Beharrungsvermögen im Bevorzugen bestimmter Straftaten und Begehungsweisen

Beispiel: perseverante Täter nach Delikt und/oder Modus Operandi.

Die Aufzählung ist nicht abschließend.

3 Kriminalprognose

3.1 Begriff und Prognosearten

Unter Prognose wird die Vorhersage zukünftiger Ereignisse, Vorkommnisse, Erscheinungen oder Verhaltensweisen aufgrund objektivierbarer Sachverhalte verstanden. Kriminalprognosen sind Wahrscheinlichkeitsvoraussagen über zukünftige kriminelle Ereignisse und das Legalverhalten von Personen. Sie werden unterschieden nach

- den Prognoseebenen,
- den Prognosemethoden und
- den Prognosezwecken.

Bezüglich der Prognoseebenen wird nach Makroebene und Mikroebene differenziert. Auf der Makroebene werden Prognosen zur Entwicklung der Kriminalität als Massenerscheinung, zu Deliktsgruppen und Einzeldelikten erarbeitet.

Auf der Mikroebene handelt es sich um Wahrscheinlichkeitsaussagen über das zukünftige Legalverhalten von einzelnen Personen. Diese Art von Prognosen werden als individuelle Kriminalprognosen bezeichnet, die Gegenstand der nachfolgenden Ausführungen sind.

Hinsichtlich der Methoden bei der Erstellung individueller Kriminalprognosen sind hauptsächlich folgende Prognoseverfahren üblich:

- Intuitive Prognose
- Statistische Prognose
- Klinische Individualprognose
- Methode der idealtypischen vergleichenden Einzelfallanalyse (MIVEA)

3.2 Prognoseverfahren

3.2.1 Intuitive Prognose

Bei der intuitiven Prognose handelt es sich um eine Methode, bei der vorwiegend nach subjektiv geprägter Menschenkenntnis und aufgrund von beruflich erworbenem Erfahrungswissen die prognostische Beurteilung der Täterpersönlichkeit erfolgt.[47]

In der polizeilichen Praxis findet eine Kombination von intuitiver Prognose und statistischer Individualprognose Anwendung. Die prognostische Einschätzung der Person beruht auf persönlicher Menschenkenntnis, spezifischen Erfahrungen, die sich die Polizeibeamten im Laufe ihres Berufslebens im Umgang mit Straftätern angeeignet haben und erworbenem speziellen Fachwissen über die Bedeutung und Wirkung von Risikofaktoren für die individuelle Rückfallwahrscheinlichkeit.

Häufig geht der prognostischen Bewertung eine typologische Einordnungen der Täterpersönlichkeit voraus, womit in bestimmten Fällen die prognostische Beurteilung schon vorher bestimmt ist. So wird z.B. die typologische Einordnung eines Täters als Hangtäter regelmäßig eine negative prognostische Aussage nach sich ziehen.

Beispiel:

Der häufig bereits kriminell rückfällig gewordene Räuber mit kürzer werdenden Intervallen seiner Rückfälligkeit bei gleichzeitig erkennbar gesteigerter krimineller Energie und rücksichtsloser Gewalt, die er bei der Begehung seiner Taten einsetzt, lässt allein aufgrund kriminalistischer Berufserfahrung den Schluss zu, dass diese Person mit hoher Wahrscheinlichkeit erneut straffällig werden wird, d.h. die Prognose ist ungünstig.

47 In diesem Sinn auch *Kaiser/Schöch* (2010), S. 87

3.2.2 Statistische Individualprognose

Bei der statistischen Individualprognose werden Prognosetafeln verwendet. Sie enthalten Merkmale, deren Bedeutung für negativ sozial abweichendes Verhalten auf vergleichende Untersuchungen von Lebensläufen straffällig bzw. nichtstraffällig gewordener Personen beruhen.

Nähere Informationen mit weiteren Quellen bei *Kaiser/Schöch.*[48]

Das Vorhandensein einer Vielzahl von Risikofaktoren, die als „Schlechtpunkte" bezeichnet werden, soll dabei eine negative Prognose ermöglichen, während bei Abwesenheit dieser Merkmale bzw. bei Vorliegen von Faktoren, die als positiv gelten, eine günstige Prognose erstellt werden kann.

Methodisch werden statistische Prognosen wie folgt unterschieden:

a) Einfaches Punktverfahren
   Jedes Merkmal wird gleichermaßen mit einem Punkt gewertet.

b) Punktwerteverfahren
   Die Wertung der Risikofaktoren erfolgt nach ihrer Bedeutung für den Rückfall. Grundlage sind Prognosetafeln, in denen die für eine Sozialprognose bedeutsamen Faktoren nach ihren individuellen Merkmalsausprägungen gewertet werden.

c) Strukturierte Punktwerteverfahren
   Der Wertung sind sog. Strukturprognosetafeln zu Grunde gelegt. Einzelne Risikofaktoren werden zueinander in Beziehung gesetzt und zu typenartigen Merkmalskombinationen mit unterschiedlicher prognostischer Wahrscheinlichkeit zusammengestellt. Diese Methode enthält Elemente typologischer Täterbeurteilung und prognostischer Aussagen.

3.2.3 Klinische Individualprognose

Die klinische Individualprognose stützt sich auf das Studium der Lebensläufe der Probanden und deren Familienverhältnisse. Dazu erfolgen gezielte Explorationen und psychodiagnostische Verfahren. Die prognostische Bewertung der Einzelbefunde setzt sowohl Erfahrungen mit Straffälligen als auch spezielles kriminologisches Wissen voraus.

> ***Merke***
> *Neuerdings wird in der einschlägigen Literatur über die Kombination von klinischen und statistischen Methoden der Prognoseerstellung berichtet. Weiterführende Informationen sind bei Kaiser/Schöch* [49] *enthalten.*

---

48 In diesem Sinn auch *Kaiser/Schöch* (2010), S. 87

49 In diesem Sinn auch *Kaiser/Schöch* (2010), S. 87

3.2.4 Idealtypisch vergleichende Einzelfallanalyse (MIVEA)

Die „Methode der idealtypisch vergleichenden Einzelfallanalyse“ (MIVEA) verfolgt den Zweck, auf erfahrungswissenschaftlich abgesicherter Grundlage kriminalprognostische Aussagen zum künftigen Legalverhalten von Tätern zu machen.

Die Methode umfasst die Erhebung von Daten und die Beurteilung des Probanden unter Einbeziehung kriminologisch relevanter Aspekte aus dem Lebenslängsschnitt (Anamnese), und zwar in Bezug auf das Sozialverhalten allgemein und seine bisherige Delinquenz. Empirische Basis sind die Ergebnisse der Tübinger Jungtäter-Vergleichsuntersuchung (*Göppinger*, 2008).[50]

Die MIVEA erfolgt in folgenden methodischen Schritten:

- Erhebung der kriminologischen Daten
- Analyse der einzelnen Lebensbereiche nach kriminologischen Gesichtspunkten
- Kriminologische Diagnose
- Kriminologische Prognose

Die Datenanalyse wird vorgenommen nach sog. K-idealtypischen und nach D-idealtypischen Kriterien. Dabei stehen „K“ für Kriminalität und „D“ für Durchschnitt.

Eine ausführliche Beschreibung der Methode und der Analysekriterien ist bei *Göppinger*[51] nachzulesen.

3.3 Anwendungsbereiche

Anwendungsbereiche sind u.a.:

- Urteilsprognosen
- Bewährungsprognosen
- Entlassungsprognosen
- Rückfallprognosen
- Gefährlichkeitsprognosen

Im Jugendstrafrecht sind Prognosen erforderlich bei:

- der Diversionsentscheidung im Jugendrecht und
- der Entscheidung über die jugendrechtliche Sanktion nach Art und Dauer.

In der juristischen Praxis finden Prognoseverfahren hauptsächlich als Urteilsprognosen durch das erkennende Gericht Anwendung. Sie sind bedeutsame Grundlage für Art der strafrechtlichen Sanktion und Dauer der Strafe, wie z.B. Entscheidungen über Freiheitsstrafe oder Geldstrafe und Strafaussetzung zur

50 *Göppinger* (2008), S. 209 ff.

51 *Göppinger* (2008), S. 248–336

Bewährung. Entlassungsprognosen spielen eine Rolle bei der Entscheidung über Entlassung auf Bewährung aus dem Strafvollzug. Gefährlichkeitsprognosen werden erstellt bei der gerichtlichen Entscheidung über Maßregeln der Besserung und Sicherung, so bei Sicherungsverwahrung nach Verbüßen der Strafe.

Im Jugendrecht werden prognostische Einschätzungen durch den Jugendstaatsanwalt und durch den Jugendrichter im Hinblick auf die Erziehungsbedürftigkeit bzw. die Sanktionsbedürftigkeit jugendlicher und heranwachsender Straftäter im Besonderen im Diversionsverfahren vorgenommen.

In der polizeilichen Prognosepraxis werden vorwiegend prognostische Beurteilungen von Tätern nach der Wahrscheinlichkeit ihres Rückfalls nach Delikt und Tatbegehung erstellt. Sie sind Grundlage für die Speicherung personenbezogener Daten und dienen der Aufklärungsunterstützung zukünftiger Straftaten. Ausgangsüberlegung ist die Hypothese,

- dass der Täter aufgrund seiner individuellen Disposition und der gezeigten Tatbegehung auch in Zukunft wieder einschlägig strafrechtlich in Erscheinung treten wird und
- die von ihm gespeicherten Daten eine wesentliche Ermittlungs- und Aufklärungshilfe darstellen.

Daneben stehen Gefährlichkeitsprognosen von Tätern, die hauptsächlich präventiv-polizeilichen Zwecken dienen.

4 Kriminologische Relevanz

Bei der tätertypologischen Einordnung von Straftätern nach bestimmten Typisierungskriterien zu Tätertypen ist zu berücksichtigen, dass nicht selten eindeutige Zuordnungen mit trennscharfen Abgrenzungen aus systemimmanenten Gründen auf Schwierigkeiten stoßen. Eindeutige Merkmalskorrelationen, die einen bestimmten Tätertyp ausmachen, sind nur bedingt nachweisbar und zuverlässig. Der Mensch entspricht bestimmten nach Merkmalshäufungen oder -kombinationen definierten persönlichkeitsorientierten Tätertypen nie idealtypisch, sondern stets nur mehr oder weniger. In diesen Feststellungen liegt auch die Relativität der Brauchbarkeit von tätertypologischen Zuordnungen in der Praxis. Die Aussage gewinnt besonders dann an Bedeutung, wenn mit der tätertypologischen Einordnung von Personen prognostische Aussagen über die Wahrscheinlichkeit und Richtung ihrer zukünftigen Straffälligkeit verbunden sind.

Anwendungsbeispiele aus der kriminalistischen Praxis:

- Bei der Entscheidung über die Aufbewahrung von ed-Material einer straffällig gewordenen Person für in Zukunft liegende Zwecke des Erkennungsdienstes (§ 81b StPO, 2. Alt.) ist nach tätertypologischen Aspekten der Rückfallprognose zu prüfen und zu begründen, ob die Person als Wiederholungstäter zu typisieren ist, d.h. mit welcher begründeten Wahrscheinlichkeit die Person wieder straffällig werden wird. Gleiches gilt bei der Entscheidung über die Aufnahme des Lichtbildes eines Straffälligen in Lichtbilddateien für zukünftige Zwecke des Strafverfahrens. Eine vergleichbare Entscheidung ist zu treffen bei der Speicherung von DNA-Daten in der zentralen DNA-Datei des BKA. Die Entscheidung steht unter Richtervorbehalt.

- Tätertypologische und prognostische Einordnungen sind auch vorzunehmen bei der Prüfung des Haftgrundes der Wiederholungsgefahr nach § 112a StPO.
- Ob die Person tatsächlich wieder in Erscheinung treten wird, d.h. die tätertypologische Einordnung als Wiederholungstäter sich später bestätigen wird, bleibt im Einzelfall letztlich offen.
- Ermittlungstaktisch leisten tätertypologische Einordnungen Hilfestellung bei der Aufklärung von Serienstraftaten durch die Tat-/Täterzuordnung bzw. die Täter-/Tatzuordnung bei Tätertypen, die nach Delikt und Tatbegehung sich perseverant verhalten. Sie sind geeignet, auch in Einzelfällen verdachtsleitend den Kreis der Tatverdächtigen einzuengen und wichtige Ermittlungsunterstützung bei der Aufklärung von Straftaten zu leisten.
- Art und Ausmaß der polizeilichen Reaktion sind abhängig von der Einschätzung der Gefährlichkeit eines Täters, d.h. der tätertypologischen Beurteilungen im Hinblick auf die kriminelle Kapazität des Täters im Einzelfall.

Merke

Tätertypologische Einordnungen und individuelle prognostische Beurteilungen können nur Orientierungshilfen sein, auf die in der kriminalistischen Praxis einerseits nicht verzichtet werden kann, deren Relativität und Unsicherheit andererseits aber bedacht werden muss, denn „wissenschaftliche kriminologische Diagnosen sind sie nicht“ [52].

Beachte

- *Je größer das Informationspotenzial,*
- *je gesicherter die Einzelinformationen über die zu beurteilende Täterpersönlichkeit,*
- *je systematischer das methodische Vorgehen,*
- *desto sicherer ist das Ergebnis der Beurteilung der Täterpersönlichkeit.*

Fallrepetitorium

Sachverhalt

In der Zeit von Oktober 2009 bis Mai 2014 führten die 29-jährige Irene M und die 33-jährige Gertrud K in Nordrhein-Westfalen gemeinsam ca. 100 Gelddiebstähle durch, von denen ihnen 60 Taten mit einer erbeuteten Gesamtsumme von ca. 16.000 Euro beweiskräftig nachgewiesen werden konnten. Die Zeitabstän-

52 *Mergen* (1995), S. 171

de, die zwischen den einzelnen Taten lagen, wurden mit zunehmendem Zeitablauf immer kürzer. Die überörtliche Tatortwahl war von den Täterinnen bewusst gewählt, um die polizeilichen Ermittlungen zu erschweren.

In allen Fällen suchten sie ihre Opfer vorher sorgfältig und mit Raffinesse aus. Bei ihren Taten gingen sie folgendermaßen vor: Stets wenige Tage nach den monatlichen Rentenzahlungen schellten sie an beliebigen Haustüren. Den öffnenden Personen erklärten sie wahrheitswidrig, von einer karitativen kirchlichen Organisation zu kommen. Sie gaben vor, in der Nachbarschaft nach allein stehenden älteren und gebrechlichen Menschen zu suchen, die hilfsbedürftig seien. Beide Frauen hatten ihr Äußeres und die Art ihres Auftretens ihrer Legende angepasst. In der Regel erhielten sie von den Befragten bereitwillig Auskünfte über Namen und Adressen der Hilfsbedürftigen. Häufig noch am gleichen Tage suchten beide Frauen unter Mitnahme des zweijährigen Sohnes der Irene M ihre ausgewählten Opfer auf. Den die Wohnungstüren öffnenden älteren Leuten gab Gertrud K sodann vor, ihre Begleiterin habe aufgrund einer Schwangerschaft, die sie geschickt auch im äußeren Erscheinungsbild von Gertrud K vortäuschten, einen Schwächefall erlitten und sie bitte deshalb um ein Glas Wasser. Beide Frauen verstanden es, einen glaubhaften Eindruck zu machen. Sie wurden in der Mehrzahl der Fälle in die Wohnung eingelassen.

Waren die Opfer, bei denen es sich sowohl um Frauen als auch im Einzelfall um Männer handelte, allein, lenkte eine der Mittäterinnen sie ab, während die andere Schränke und Behältnisse in der Wohnung nach Bargeld durchsuchte. Sobald sie Geld gefunden hatten, was meistens der Fall war, verschwanden sie unter einem Vorwand, ohne dass die Opfer die Diebstähle sofort entdeckten. Wichtige Hinweise für das Erkennen und die Aufklärung der Seriendiebstähle und für die Überführung der Täterinnen lieferten Ergebnisse einer gezielten überörtlichen Nachrichtensammlung und -auswertung und der Informationsaustausch zwischen den Sachbearbeitern der betroffenen Polizeibehörden.

Beide Täterinnen waren bereits als Jugendliche wegen wiederholter Ladendiebstähle in Erscheinung getreten. In den darauf folgenden Jahren gingen sie der Prostitution nach. Sie sind wegen Beischlafdiebstahls in mehreren Fällen und wegen wiederholten Zechanschlussraubes vorbestraft.

Aufgaben

1. Analysieren Sie die Tatbegehungsweisen der Täterinnen und deren Perseveranz.
2. Nehmen Sie eine Typisierung der beiden Täterinnen vor und geben Sie eine kriminalprognostische Beurteilung ab.

Lösungshinweise

Vorbemerkungen

Die Beurteilung der Täterpersönlichkeiten sowie die Abgabe einer kriminalprognostischen Wahrscheinlichkeitsaussage erfordern die Analyse und Charakterisierung der aktuellen Taten und die Diagnose ihres Sozial- und Delinquenzverhaltens im Lebenslängsschnitt. Das methodische Vorgehen im vorliegenden Fall ist dadurch bestimmt, dass zunächst als Aufgabe 1 eine Analyse der Tatbegehungsmerkmale vorgenommen wird. Daran schließt sich die tätertypologische Beurteilung und die kriminalprognostische Aussage (Aufgabe 2) an, die das Ergebnis aus den aktuellen Taten, dem Sozial- und Delinquenzverhalten im Lebenslängsschnitt und dem Stand der Persönlichkeitsentwicklung darstellt.

Zu Aufgabe 1: Analyse der Tatbegehungsmerkmale der Täterinnen

1.1 Tatvorbereitung

Die Auswahl der Opfer erfolgte sorgfältig und gezielt. Durch Vortäuschung, gepaart mit Raffinesse, im Auftrage einer karitativen Organisation tätig zu sein, gelang es ihnen, ihre Opfer ausfindig zu machen.

1.2 Tatorte

Die Taten wurden überörtlich begangen. Dies erschwerte kriminalistisch das Erkennen des Tatzusammenhangs der Serientaten und begünstigte den Erfolg der Täterinnen. Tatorte waren jeweils die Wohnungen der Geschädigten, die für Taten dieser Art typisch sind. Die Opfer sind isoliert, die beiden Täterinnen zahlenmäßig in der Übermacht.

1.3 Tatzeiten

Die Tatzeiten lagen unmittelbar nach den monatlichen Rentenzahlungsterminen. Sie waren mit Bedacht in der Erwartung ausgewählt worden, dass die Opfer verhaltenstypisch zu diesen Zeiten größere Bargeldsummen in ihren Wohnungen aufbewahren.

1.4 Opfer

Opfer waren ältere, hilfsbedürftige, allein stehende und isoliert lebende Menschen, die für Straftaten dieser Art eine gewisse Opferanfälligkeit im Sinne prädisponierter Opfer aufweisen.

1.5 Tathandlungen

Unter Ausnutzung des Mitleidseffekts und der Hilfsbereitschaft der Opfer gelang es ihnen, Zutritt zu den Wohnungen zu bekommen. Vorsicht und Aufkommen von Skepsis bei den Geschädigten verhinderten sie von vornherein geschickt durch die Mitnahme eines Kleinkindes und eine vorgetäuschte Schwangerschaft.

Die Täterinnen gingen sodann arbeitsteilig vor. Während eine der Täterinnen die Opfer ablenkte, durchsuchte die andere Schränke und Behältnisse nach Bargeld und setzte sich in Besitz der Diebesbeute.

Bei der Wahl des Modus Operandi nutzten die Täterinnen bei der Vorbereitung ihrer Taten die Erkenntnis, dass die Vortäuschung, im Auftrag einer karitativen kirchlichen Organisation hilfsbedürftige Menschen zu suchen, in der Regel auf

Wohlwollen und Auskunftsbereitschaft der Befragten trifft. Sie machten sich bei der Begehung ihrer Straftaten die viktimologische Erkenntnis zu Nutze, dass ältere, hilfsbedürftige und allein stehende Menschen als Opfer für Straftaten dieser Art besonders anfällig sind.

Exkurs:

Jedoch nicht die Tatsache allein, dass es sich bei den Opfern um ältere, hilfsbedürftige Menschen handelt, zeichnet diese soziale Gruppe bereits als besonders opferanfällig aus, sondern individuelle, näher zu beschreibende Sozialprozesse führen nach den Erkenntnissen der Opferlehre zur Viktimisierung, wie in diesem Fall, bei dem es sich um allein stehende, ältere Menschen handelte, die zurückgezogen, sozial isoliert bzw. in selbst gewählter Isolation lebten und deshalb für bestimmte Straftaten eine besondere Opferanfälligkeit aufweisen.

1.6 Perseveranzverhalten

Wie die Auswertung der Tatbegehungsmerkmale zeigt, verhielten sich die Täterinnen bei der Begehung der vorliegenden Straftatenserie nach Delikt und Modus Operandi wie folgt perseverant:

Sie zeigten deliktische Perseveranz

- bei der Wahl der von ihnen begangenen Straftaten. Es handelte sich ausschließlich um Trickdiebstähle.
- Perseverantes Verhalten im Modus Operandi zeigten die Täterinnen
  - in der Vortatphase bei der Auswahl und Feststellung ihrer Opfer,
  - bei der Tatbegehung in der Hauptatphase,
  - bei der Tatort- und Tatzeitwahl,
  - bei der von ihnen bevorzugten Beute.
- Das beharrliche Festhalten an der Deliktswahl und der Tatbegehung wurde wesentlich bestimmt durch
  - den Taterfolg und
  - die durch Übung erworbene Professionalisierung der Tatbegehung.

Zu Aufgabe 2: Typisierung und Prognose der beiden Täterinnen

Typisierung und Prognose haben einen engen inhaltlichen Bezug. So ist in der Regel mit der typologischen Zuordnung einer Person auch gleichzeitig eine Aussage zur Wahrscheinlichkeit der zukünftigen Straffälligkeit verbunden.

Nach den verschiedenen Zweckorientierungen lassen sich die beiden Täterinnen wie folgt typisieren:

- Es handelt sich bei beiden Frauen um hartnäckige Rückfalltäterinnen. Diese Aussage hat ihre Begründung in der häufigen Rückfälligkeit und in den Rückfallintervallen der Täterinnen.

- Ihr bisheriges Sozialverhalten und die aktuellen Taten lassen mit hoher Wahrscheinlichkeit erwarten, dass sie auch zukünftig strafrechtlich in Erscheinung treten werden. Insoweit sind sie potenzielle Wiederholungstäterinnen.
- Aufgrund der hohen Anzahl der von ihnen begangenen Straftaten in Serien sind sie als Serientäterinnen zu typisieren.
- Die von ihnen entwickelte kriminelle Energie, gepaart mit wiederholter und häufiger Begehung von Straftaten, lässt sie als Intensivtäterinnen erscheinen.

Exkurs:

Über die begriffliche Beschreibung der Typisierungsmerkmale des Intensivtäters besteht in Praxis und Theorie kein Konsens. Soweit Intensivtäter systematisch polizeilich erfasst werden, gehen die Länder von unterschiedlichen Kriterien aus.

- Beide Täterinnen haben im Laufe ihrer bereits im jugendlichen Alter begonnenen kriminellen Karriere offenbar eine ausgeprägte delinquente Neigung entwickelt, die sich in ihrer Persönlichkeit zu einem Hang zur Begehung von Straftaten verfestigt hat. Das begründet die Typisierung als Hangtäterinnen nach § 66 Abs. 1, Satz 1 Nr. 4 StGB.
- Bei der Begehung der hier zu beurteilenden Straftatenserie zeigten sie in der Wahl ihrer Delikte, der Opfer und des Modus Operandi beharrliche Verhaltensweisen. Insoweit sind sie i.S. des KPMD als perseverante Täterinnen zu typisieren.

Zusammenfassend ist festzustellen, dass die beiden Täterinnen trotz ihres noch relativ jungen Lebensalters bereits eine ausgeprägte kriminelle Energie zeigten und die delinquenten Verhaltensmuster im Verlauf ihrer kriminellen Karriere fester Bestandteil ihrer Persönlichkeit geworden sind.

Die Prognose ihrer zukünftigen Sozial- bzw. Legalbewährung dürfte mit hoher Wahrscheinlichkeit negativ sein. Es ist zu erwarten, dass die beiden Täterinnen auch in Zukunft wieder in gleicher Weise kriminell in Erscheinung treten werden. Hierfür sprechen auch die Spezialität und Professionalisierung der Tathandlungen, die Erfolgswahrscheinlichkeit der Tatbegehung und die in ihrer Persönlichkeit verfestigten kriminellen Verhaltensweisen.

Prüfe Dein Wissen

1. Erläutern Sie den Begriff „Typ" und stellen Sie die Probleme von Typisierungen dar!
2. Stellen Sie die Ihrer Ansicht nach grundsätzlichen Typisierungsmöglichkeiten dar!
3. Nennen Sie die bedeutenden „kriminologischen" Typisierungsversuche und deren Typisierungskriterien!
4. Nennen Sie einige Tätertypen aus dem Straf- und Strafprozessrecht!
5. Welche kriminologischen Typisierungen eignen sich für die polizeiliche Verbrechensbekämpfung? Begründen Sie Ihre Aussage!
6. Welche konkreten Anwendungsbeispiele für Typologien können Sie nennen
   - in der polizeilichen Praxis,
   - in der Kriminalpolitik?
7. Welchen Aussagewert haben Tätertypisierungen?
8. Beschreiben Sie den Begriff „Kriminalprognose"!
9. Nennen Sie die gebräuchlichsten Prognosearten!
10. Welche polizeipraktische Bedeutung haben prognostische Aussagen zum zukünftigen Täterverhalten?

Kapitel 4
Statistische Erfassung der Kriminalität

1 Grundlagen der Statistik

1.1 Definition und Methodik

Die Statistik ist eine Teildisziplin der Mathematik. Sie dient dazu, eine generelle Gültigkeit von Aussagen (Hypothesen) und/oder die Regelmäßigkeit bestimmter Merkmale (Variablen) zu prüfen. Bereits die Erhebung der Daten wird unter dem Gesichtspunkt der Repräsentativität durchgeführt.

Es werden somit Daten gesammelt, gezählt (entsprechend der zugrunde liegenden Klassifizierung) entsprechend aufbereitet, analysiert und interpretiert.

Wesentliche Begriffe der Statistik sind

- das arithmetische Mittel,
- die Varianz[53] und
- die Korrelation.

Letztere bezeichnet einen statistischen Zusammenhang in der Verteilung von zwei Merkmalen aller Variablen (= bestimmte Häufigkeitsverteilung zweier Variablen).[54]

1.2 Grafische Umsetzung

Statistiken werden gerne grafische umgesetzt, um sie anschaulicher zu machen. Dabei kann man in statische und dynamische Betrachtungsweisen unterscheiden.

Statische Betrachtung

Bei der statischen Betrachtung wird ein Phänomen zu einem bestimmten festgelegten Zeitpunkt untersucht. Dies dient der momentanen Festlegung von Daten.

Beispiel:

Das Statistische Bundesamt untersucht die durchschnittlichen Trinkgewohnheiten der Deutschen. Einmal jährlich wird veröffentlicht, wie hoch der Anteil der jeweiligen Getränke ist. Solche Statistiken werden z.B. in Kreisdiagrammen dargestellt.

---

53 Varianz berücksichtigt die Abstände der einzelnen Messwerte vom Durchschnitt.

54 *Göppinger* (2008), S. 78

Getränke-Statistik 2013 (fiktiv): Alkohol: 25 %, Wasser: 40 %, Kaffee/Tee: 25 %, Sonstiges: 10 %

Getränke-Statistik 2013

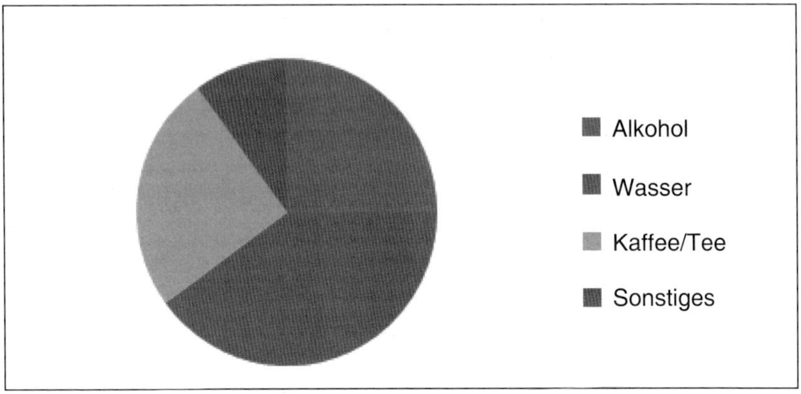

Dynamische Betrachtung

Bei der dynamischen Betrachtung wird die Entwicklung eines Phänomens beobachtet.

Beispiel:

Die Trinkgewohnheiten der Deutschen haben sich in den letzten Jahren verändert. So ist der Alkoholkonsum deutlich geringer geworden. Solche Statistiken werden in Liniendiagrammen, auch in Säulen- oder Balkendiagrammen dargestellt.

Trinkgewohnheiten der Deutschen

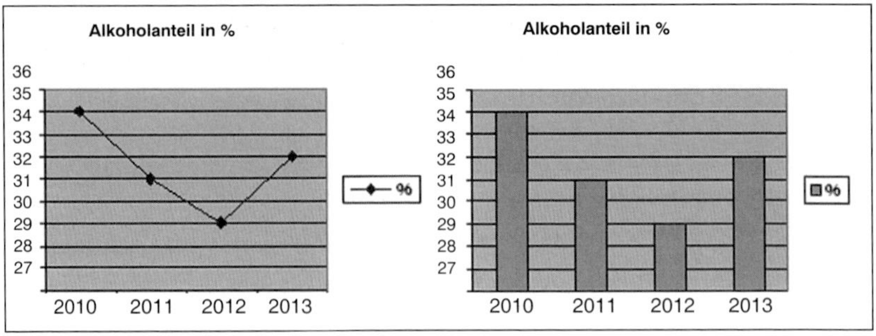

2 Polizeiliche Kriminalstatistik (PKS)

2.1 Allgemeines

Nach Kerner u.a. umfasst „der Begriff Kriminalstatistik alle diejenigen amtlichen Veröffentlichungen, in denen Ergebnisse staatlicher Ermittlungs- und Strafverfolgungstätigkeit nachgewiesen werden".[55]

Die von der Polizei geführte Kriminalstatistik heißt Polizeiliche Kriminalstatistik (PKS).

Daneben gibt es weitere Kriminalstatistiken, die durch die Justizbehörden, aber auch von Versicherungen geführt werden.

Mit der Reichskriminalstatistik wurde erstmals im Jahr 1882 eine einheitliche Kriminalstatistik für das Deutsche Reich veröffentlicht.[56] Nach dem 2. Weltkrieg wurden zunächst durch die einzelnen Bundesländer separate Kriminalstatistiken geführt. Die PKS in der heutigen Form existiert seit dem 1. Januar 1953. Sie wurde seit ihrer Einführung mehrfach modifiziert.

Seit 1971 wird sie als Ausgangsstatistik geführt, d.h. die Angaben zu Straftaten und den ermittelten Tatverdächtigen werden beim Abschluss der polizeilichen Ermittlungen vor Abgabe des Ermittlungsvorgangs an die Staatsanwaltschaft erfasst.

Nach der Wiedervereinigung wurden auch Straftaten aus den Neuen Bundesländern in die PKS integriert. Seit 1993 ist eine bundesweite Vergleichbarkeit gegeben.

2.2 Aufgabe und Zielsetzung der PKS

Nach den seit 1.1.1971 geltenden und zuletzt zum 1.1.2015 geänderten bundeseinheitlichen Richtlinien ist die Polizeiliche Kriminalstatistik „eine Zusammenstellung aller der Polizei bekannt gewordenen strafrechtlichen Sachverhalte unter Beschränkung auf ihre erfassbaren wesentlichen Inhalte. Sie soll damit im Interesse einer wirksamen Kriminalitätsbekämpfung zu einem überschaubaren und möglichst verzerrungsfreien Bild der angezeigten Kriminalität führen" (PKS-Richtlinien).

Ihr Ziel ist die Beobachtung

- der Kriminalität und einzelner Deliktsarten,
- des Umfangs und der Zusammensetzung des Tatverdächtigenkreises und
- der Veränderung von Kriminalitätsquotienten.

55 *Kaiser/Kerner/Sack/Schellhoss* (1993), S. 294

56 *Göppinger* (2008), S. 466

Beispiel:

Über die Tabellen der PKS ist es nicht nur möglich, die Entwicklung der Gesamtkriminalität zu beobachten, es sind auch Tendenzen bei einzelnen Delikten (z.B. Diebstahl, Einbruchsdiebstahl, Wohnungseinbruch, Tageswohnungseinbruch) und bei Deliktsgruppen, die unter einem Summenschlüssel zusammengefasst sind (z.B. Gewaltkriminalität, Rauschgiftkriminalität), ablesbar.

Über die Angaben zu den ermittelten Tatverdächtigen ist z.B. eine Unterscheidung zwischen Männern und Frauen, Erwachsenen und Jugendlichen, Deutschen und Nichtdeutschen möglich. Darüber hinaus sind weitere Differenzierungen interpretierbar, z.B. jugendliche Ladendiebe, die Asylbewerber sind oder erwachsene Straßenräuber, die eine Schusswaffe mitführten und bereits polizeilich in Erscheinung getreten sind.

Die PKS dient der Erlangung von Erkenntnissen

- für die vorbeugende und verfolgende Verbrechensbekämpfung,
- für organisatorische Planungen und Entscheidungen,
- kriminologisch-soziologische Forschungen und
- kriminalpolitische Maßnahmen.

Beispiel:

Weil eine Auswertung der PKS ergeben hat, dass Handtaschenraube in der Vorweihnachtszeit ansteigen, wird eine zivile Bankenstreife eingerichtet.

In den Kaufhäusern wird in der Vorweihnachtszeit nach Absprache mit der Polizei vor Taschendieben gewarnt.

Da der Anteil der ermittelten tatverdächtigen Jugendlichen ständig steigt, wird umorganisiert und es werden Jugendkommissariate eingerichtet.

Die PKS liefert im Bereich der kriminologischen Forschung das Grundlagenmaterial für alle Deliktsbereiche, da sie das polizeiliche Hellfeld abbildet.

2.3 Inhalt der PKS

Nach den Richtlinien zur Führung der Polizeilichen Kriminalstatistik werden die von der Polizei bearbeiteten rechtswidrigen (Straf-)Taten einschließlich der mit Strafe bedrohten Versuche registriert. Einbezogen sind auch die vom Zoll bearbeiteten Rauschgiftdelikte.

Nicht enthalten sind Ordnungswidrigkeiten, Staatsschutz- und Verkehrsdelikte (wohl aber die §§ 315, 315b StGB und § 22a StVG, die nicht als Verkehrsdelikte im Sinne der Richtlinien gelten).

Ferner werden Taten, die außerhalb der Bundesrepublik Deutschland begangen wurden, und auch Verstöße gegen strafrechtliche Landesgesetze der einzelnen Länder, Datenschutzgesetze der Länder ausgenommen, nicht berücksichtigt.

Um ein möglichst vollständiges Bild der erfassten Kriminalität zu erhalten, werden in der PKS auch Taten/Handlungen von strafunmündigen Kindern oder von schuldunfähigen psychisch Kranken einbezogen. Über die Schuldfrage hat die Justiz und nicht die Polizei zu befinden. Zudem sind bei unaufgeklärten Fällen Alter und Schuldfähigkeit der Täter in der Regel ohnehin nicht bekannt.

Der Erfassung liegt ein unter teils strafrechtlichen, teils kriminologischen Aspekten aufgebauter Straftatenkatalog zugrunde.

Bundeseinheitlich wird seit dem 1.1.1971 eine „Ausgangsstatistik" geführt, d.h. die bekannt gewordenen Straftaten werden erst nach Abschluss der polizeilichen Ermittlungen vor Aktenabgabe an die Staatsanwaltschaft oder das Gericht erfasst. Die Delikte werden mittels eines bundeseinheitlichen sechsstelligen Straftatenschlüssels erfasst. Die Erfassung erfolgt auf elektronischem Weg unter Nutzung des Verbundverfahrens PKS-online. Mittels der KP 31b übermittelt die Bundespolizei ihre PKS-Daten elektronisch. Diese KP 31b-Schnittstelle wird ebenfalls genutzt, um eine in einem anderen Bundesland bearbeitete und abgeschlossene Straftat dem zuständigen LKA zu übersenden.

Über die PKS wären u.a. Aussagen zu den folgenden Problemfeldern zu erlangen:

- Übersicht zur Kriminalität und ihrer Bewegung insgesamt
- bekannt gewordene Fälle, dargestellt in Einzeldelikten oder Deliktsgruppen (z.B. Gewalt-, Wirtschafts-, Computer-, Straßenkriminalität)
- ermittelte Tatverdächtige, ausgewiesen nach Alter, Geschlecht, gesonderte Erfassung nichtdeutscher Tatverdächtiger mit dem Grund ihres Aufenthalts
- Daten zur räumlichen Verteilung der Kriminalität
- Angaben zu den Opfern, soweit es sich um natürliche Personen handelt, gegen die sich die mit Strafe bedrohte Handlung unmittelbar richtete, und zu den Opfer-Tatverdächtigen-Beziehungen
- Angaben zu Schäden in Geldwert bei Eigentums- und Vermögensdelikten
- Darstellung der Kriminalitätsquotienten

2.3.1 Kriminalitätsquotienten

Um eine Vergleichbarkeit der Kriminalitätsentwicklung in Räumen oder Zeiträumen zu ermöglichen, wurden Kriminalitätsquotienten eingeführt, die sich aus den absoluten Zahlen errechnen.

Die **Häufigkeitszahl (HZ)** ist die Zahl der bekannt gewordenen Fälle insgesamt oder innerhalb einzelner Deliktsarten, errechnet auf 100.000 Einwohner. Sie drückt die durch die Kriminalität verursachte Gefährdung aus. Stichtag ist der 31.12. des Vorjahres.

$$HZ = \frac{\text{erfasste Fälle x 100.000}}{\text{Einwohnerzahl}}$$

Die **Tatverdächtigenbelastungszahl (TVBZ)** ist die Zahl der ermittelten Tatverdächtigen, errechnet auf 100.000 Einwohner des entsprechenden Bevölkerungsanteils, jeweils ohne Kinder unter 8 Jahren.

$$TVBZ = \frac{\text{Tatverdächtige ab 8 Jahren x 100.000}}{\text{Einwohnerzahl ab 8 Jahren}}$$

Unter der **Mehrfachtatverdächtigenbelastungszahl (MTVBZ)** versteht man die mehrfach ermittelten Tatverdächtigen, die 5 oder mehr Straftaten in einem Berichtsjahr begangen haben, auf 100.000 Einwohner (ohne Kinder unter 8 Jahren).

$$MTVBZ = \frac{\text{Mehrfachtatverdächtige ab 8 Jahren x 100.000}}{\text{Einwohnerzahl ab 8 Jahren}}$$

Die **Aufklärungsquote (AQ)** bezeichnet das prozentuale Verhältnis von aufgeklärten zu bekannt gewordenen Fällen im Berichtszeitraum. Eine Aufklärungsquote über 100 kann z.B. zustande kommen, wenn im Berichtszeitraum noch Fälle aus den Vorjahren nachträglich aufgeklärt werden.

$$AQ = \frac{\text{aufgeklärte Fälle x 100}}{\text{bekannt gewordene Fälle}}$$

Die **Kriminalitätsdichtezahl** ist die Zahl der bekannt gewordenen Fälle insgesamt oder innerhalb einzelner Deliktsarten errechnet auf 1 km^2.

Neben diesen in den Richtlinien zur Führung der PKS aufgeführten Kriminalitätsquotienten spielen auch noch die Opferbelastungszahl (OBZ) und die Steigerungsrate in der Literatur und bei konkreten Auswertungen eine Rolle.

Die OBZ stellt die Anzahl der Opfer bezogen auf 100.000 Einwohner dar. Sie gibt Informationen darüber, wie hoch der Gefährdungsgrad der einzelnen Alters- und Geschlechtsgruppen ist, d.h. wie wahrscheinlich es ist, Opfer einer Straftat zu werden.

Die **Steigerungsrate (SR)** gibt die prozentuale Veränderung von z.B. Fällen oder Häufigkeitszahlen für die Gesamtkriminalität oder einzelner Straftaten zwischen verschiedenen Berichtszeiträumen an. Eine positive Steigerungsrate bedeutet einen Zuwachs, eine negative Steigerungsrate eine Abnahme bei z.B. Fällen bzw. Häufigkeitszahlen.

$$SR = \frac{\text{(Berichtsjahr – Vorjahr) x 100}}{\text{Vorjahr}}$$

2.4 Aussagekraft der PKS

Die Aussagekraft der PKS unterliegt verschiedenen Einflussfaktoren, die bei der Bewertung und Interpretation von Kriminalitätsdaten zu berücksichtigen sind. Größter Einflussfaktor ist der Umstand, dass der Polizei bei bestimmten Delikten der größte Teil der tatsächlich begangenen Straftaten nicht bekannt wird. So wird in der PKS ausschließlich das sogenannte Hellfeld erfasst. Dies sind die Straftaten, die der Polizei bekannt werden. Die Straftaten, die der Polizei nicht bekannt werden, können auch nicht erfasst werden. In diesem Zusammenhang spricht man vom Dunkelfeld. Die Relation vom Hell- zum Dunkelfeld ist abhängig von den Delikten und wird u.a. vom Anzeigeverhalten der Bevölkerung, der polizeilichen Kontrollintensität, aber auch von einer tatsächlichen Kriminalitätsänderung beeinflusst.[57]

2.4.1 Hellfeld/Dunkelfeld

Der Umfang des Dunkelfeldes hängt vom jeweiligen Delikt und anderen variablen Einflussgrößen ab.
So besteht z.B. ein hohes Dunkelfeld bei Raubdelikten unter Jugendlichen, weil die Opfer aus Scham und/oder aus Angst vor den Taten auf eine Anzeigenerstattung verzichten. Hingegen tendiert das Dunkelfeld beim Wohnungseinbruch gegen null, weil die Opfer die Anzeige benötigen, um ihre Ansprüche gegenüber der Versicherung gelten zu machen.

Absolutes Dunkelfeld =
Weder durch die PKS, noch durch Dunkelfeldforschung aufzuhellen
(außerhalb der Kreise, oberhalb der Linie)

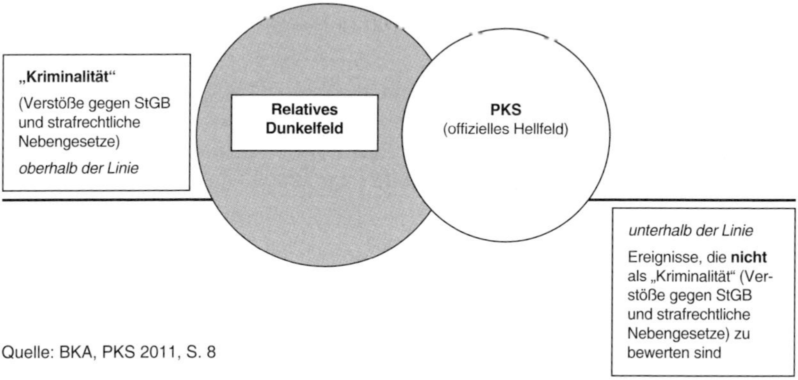

Quelle: BKA, PKS 2011, S. 8

57 BKA (2013a), S 3

Aus der obigen Grafik wird deutlich, dass nur ein geringer Teil der tatsächlich begangenen Straftaten bekannt wird. Bei Massendelikten geht man von einer Relation von 1 zu 3 aus.

Durch die Dunkelfeldforschung, z.B. mittels einer Befragung oder einer teilnehmenden Beobachtung, ist ein Teil des absoluten Dunkelfelds erhellbar, da es sich um Taten handelt, die die Geschädigten erfahren, aber nicht angezeigt haben, oder um solche Taten, die in anonymen Befragungen eingestanden wurden. Diesen Bereich bezeichnet man als relatives Dunkelfeld.

Man erkennt, dass Deliktsbereiche in großen Teilen entfallen können. Dies gilt insbesondere für Deliktsfelder wie die Organisierte Kriminalität oder die Wirtschaftskriminalität.

2.4.2 Bewertung in der öffentlichen Diskussion

Wie bei anderen Statistiken auch wird mit den Daten aus PKS oftmals unkritisch umgegangen. Dies kann dazu führen, dass es zu einer Fehlbewertung in der öffentlichen Diskussion kommt. Gleiche Zahlen werden genutzt, um je nach Ausrichtung und Bedürfnis die eigenen Anschauungen zu belegen.

Beispiel:

Ein ehemaliger CDU-Innensenator von Berlin hat mit Zahlen zur Ausländerkriminalität nachweisen wollen, dass der jugendliche Ausländer deutlich häufiger als Tatverdächtiger in Erscheinung treten würde.

Die gleichen Zahlen wertete das Kriminologische Institut Niedersachsen aus. Man war allerdings der Meinung, dass der jugendliche Ausländer auf Grund der Sprachprobleme und Integrationsschwierigkeiten nicht mit dem jugendlichen Deutschen allgemein, sondern allenfalls mit dem jugendlichen deutschen Haupt- oder Sonderschüler verglichen werden könnte. Dies führte im Ergebnis dazu, dass der ausländische Jugendliche als Tatverdächtiger unterrepräsentiert war.

Oft wird bei der Interpretation statistischer Daten vernachlässigt, dass es sich um Zahlenmaterial aus dem Gesamtsystem Gesellschaft handelt. Die Gesellschaft ist jedoch ein komplexes Gebilde, das sich ständig wandelt. Gerade auch bei Aussagen zum Kriminalitätsgeschehen sollte deshalb berücksichtigt werden, dass diese häufig genutzt werden, um eigene politische Ziele umzusetzten.

2.4.3 Interpretationsprobleme

Daten aus der PKS können statisch und dynamisch betrachtet werden, sie sind anwendbar auf generelle Zahlen, Deliktsfelder (z.B. Gewaltkriminalität) und auf einzelne Delikte.

Die nachfolgenden Faktoren sollten daher bei der Interpretation der Zahlen berücksichtigt werden.

Gesetzesänderungen

In der Gesellschaft kommt es immer wieder zu Veränderungen der Einstellung oder der Normenakzeptanz. Diese Veränderungen werden oft durch einen starken Mediendruck bewirkt. Dies führt u.a. dazu, dass Gesetze geändert werden. Damit sind Zeitreihen zur PKS nur noch bedingt vergleichbar, da neue Tatbestände aufgenommen werden, alte vielleicht abgeschafft werden.

Beispiel:

Im März 2007 trat der § 238 StGB „Nachstellung" in Kraft, der das sogenannte „Stalking" unter Strafe stellt. Das 41. Strafrechtsänderungsgesetz zur Bekämpfung der Computerkriminalität (41. StrÄndG; BGBl. I 2007, S. 1786) regelt u.a. die Tatbestände Computersabotage und Datenveränderungen neu.

Erfassungsmodalitäten

Da die PKS im Laufe der Jahre immer wieder modifiziert wurde, sind Richtlinienänderungen bei der Dateninterpretation zu berücksichtigen.

Beispiel:

Mit der Einführungen der „echten" Tatverdächtigungenzählung im Jahr 2009 gingen die Zahlen der ermittelten Tatverdächtigen deutlich herunter, da Mehrfach- und Serientäter nur noch einmal als Tatverdächtige erfasst wurden.

Ebenso ist zu berücksichtigen, dass es zu Ungenauigkeiten kommen kann, wenn Delikte nicht exakt oder unehrlich erfasst werden.

Beispiel:

Ein geklärtes Tötungsdelikt wird eher als Mord bewertet, der unaufgeklärte Fall als Totschlag, der ungeklärte Versuch als Körperverletzung.

Die Delikte werden bei Abgabe des Vorgangs an die Staatsanwaltschaft in der PKS erfasst. Daher wird die Aktualität der PKS bei längerer polizeilicher Ermittlungsdauer gemindert.[58] Bei der PKS handelt es sich demnach um eine sogenannte Ausgangsstatistik.

Änderung im Definitionsverhalten

Da sich Einstellungen ändern, steigt oder sinkt auch die Bereitschaft des Anzeigenerstatters, eine Straftat bekannt zu machen. Die Bereitschaft zur Anzeige ist dabei von unterschiedlichen Faktoren abhängig. So sind etwa die persönliche Betroffenheit, die Pflicht zur Anzeige durch die Versicherung, die eingeschätzte Erfolgsaussicht, der persönliche Aufwand, aber auch die persönliche Scham Einflussfaktoren, warum eine Anzeige erstattet wird oder nicht.

Darüber hinaus ist ein Trend erkennbar, dass kleinere Delikte nicht mehr wie früher informell geregelt werden, sondern zunehmend der Ruf nach der Polizei erfolgt. Das System der außerpolizeilichen Kriminalitätskontrolle, aber auch die Rechtsschutzversicherungen, haben diesen Trend unterstützt.

58 BKA (2013a), S. 3

Beispiel:

Die Zahl der angezeigten Diebstähle an und aus Pkw würde drastisch sinken, wenn die Versicherungen auf eine Strafanzeige bei der Polizei verzichteten.

Daneben sind auch Änderungen im Definitionsverhalten bei der Polizei feststellbar. Ausgelöst werden diese etwa durch Organisationsveränderungen, aber auch durch Änderungen der Rechtssprechung.

Beispiel:

In der Vernehmung einer Geschädigten eines Handtaschenraubes wird nachgefragt, ob diese auch gegen den Angriff des Räubers Widerstand geleistet habe. Antwortet die Geschädigte damit, dass „doch alles ganz schnell ging", könnte es zu einer Diskussion führen, ob es sich um einen Raub oder Diebstahl handelt.

2.4.4 Polizeiliche Verfolgungsintensität

Die polizeiliche Verfolgungsintensität wirkt sich i.d.R auf die Fallzahlen aus. Dies gilt im besonderen Maße für die Delikte, die vor allem durch polizeiliche Kontrollen bekannt werden. Typische Beispiele hierfür wären die Rauschgiftkriminalität, die Umwelt-und Wirtschaftskriminalität und die Organisierte Kriminalität. Je stärker hier polizeiliche Kontrollen greifen, umso größer ist der Teil dieser Delikte, die aus dem Dunkel- ins Hellfeld übergeführt werden.

Beispiel:

Der Polizeipräsident in A-Stadt verdoppelt die Anzahl seiner Rauschgiftsachbearbeiter. Daraufhin werden nach verstärkten Kontrollen die doppelte Anzahl von Rauschgiftdelikten wie im Vorjahr bekannt. Der Polizeipräsident in B-Stadt halbiert die Zahl seiner Rauschgiftsachbearbeiter. Daraufhin werden auch nur noch die Hälfte der Taten wie im Vorjahr bekannt.

Die Politiker in A-Stadt werfen dem Polizeipräsidenten vor, die Rauschgiftkriminalität nicht im Griff zu haben und raten ihm, sich doch einmal die Verhältnisse in B-Stadt als Vorbild anzusehen.

2.4.5 Veränderung der Tatgelegenheitsstruktur

Die Zahl der bekannt gewordenen Straftaten hängt unmittelbar mit der Tatgelegenheitsstruktur zusammen. Hierunter versteht man das Vorhandensein, die Wahrnehmbarkeit und Attraktivität von Tatgelegenheiten im Zusammenspiel mit dem Entdeckungsrisiko des Täters. Dadurch, dass Tatgelegenheiten neu geschaffen werden oder wegfallen, vergrößert oder verringert sich die Zahl der begangenen Straftaten.

Im gleichen Zusammenhang ist das Opferverhalten zu bewerten, da Taten auch vom Opfer gefördert werden können.

Beispiel:

Das Kriminalitätsgeschehen in Hannover ist während der Dauer der EXPO deutlich größer als normal. Dies liegt an der Vergrößerung der Tatgelegenheiten.

Nachdem vor dem Trampen gewarnt wurde, verringerte sich die Zahl der Übergriffe auf Tramper, da die Zahl der Tramper deutlich zurückgegangen war.

2.4.6 Demografische Daten

Weitgehend abhängig ist eine Interpretation der PKS von den demografischen Daten. Die Altersstruktur, die Randgruppenstruktur, aber auch örtliche Besonderheiten bedingen Einflussgrößen bei der Interpretation der PKS.

Beispiel:

Die Alterspyramide der ausländischen Bevölkerung unterscheidet sich deutlich von der deutschen, weil die nichtdeutsche Bevölkerung deutlich jünger ist. Da das kriminell aktive Alter zwischen 12 und 25 Jahren liegt, hat dies Auswirkungen auf den Anteil der ermittelten Tatverdächtigen.

In den deutschen Ballungszentren, etwa Berlin oder Hamburg, ist eine deutlich größere Randgruppenstruktur festzustellen, da diese Zonen offenbar eine große Sogwirkung erzeugen.

Hinweis

Die PKS ist kein getreues Spiegelbild der tatsächlichen Kriminalität, sondern je nach Delikt eine mehr oder weniger starke Annäherung an die Kriminalitätswirklichkeit. Damit die PKS als Datenbasis verwendet werden kann, sollten mögliche Einflussgrößen bei der Interpretation bekannt sein, z.B. die Anzeigebereitschaft, Kontrolldelikte und Vergleichsmöglichkeiten.59 Zudem sollte auch bedacht werden, dass die PKS gern verwendet wird, um politische Aussagen zu treffen.

2.5 Prognose durch Statistik

2.5.1 Prognosemethodik

Will man über Datenmaterial aus der PKS eine Prognose über Art und Umfang zukünftiger Kriminalität versuchen, ist ein erster Einstieg über vorhandene Zeitreihen denkbar. Dabei ist neben den o.a. Interpretationsproblemen aber zu bedenken, dass solche Vorausschauen oftmals intuitiv erfolgen. Die Fehlerquellen liegen schon dort, wo die Zahlen zustande kommen. Ebenso sind gesellschaftliche Zusammenhänge und Entwicklungen nur schwer vorhersehbar. Deshalb sind vorhandenen Prognosen mehr oder weniger genau.

Hauptziel einer Prognose muss es sein, Antworten auf die Frage zu finden, wann welche Änderungen sicherheitsrelevanter Faktoren mit welchen Auswirkungen in welchen Sicherheitsbereichen bzw. in welchen Kriminalitätsfeldern zu erwarten sind.

---

59 *Artkämper/Clages* (2013), S. 125

Diese Antworten hätten einen großen Wert für die zukünftige Kriminalpolitik, die Strategie der Kriminalitätskontrolle, aber auch für die Organisation oder Stellenplanung.

2.5.2 Prognoseproblematik

Da bei Kriminalitätsprognosen mit den Mitteln der Wahrscheinlichkeitstheorie gearbeitet werden muss, sind lediglich Annäherungswerte zu erwarten. Dies liegt zum einen schon an den Mängeln der demografischen Daten, zum anderen aber an der Komplexität der Kriminalität, der kaum möglichen Messbarkeit von kriminogenen Einflüssen oder Grundeinstellungen und der besonderen Aussagekraft sozioökonomischer Daten, die schnell zu suggerierten Ergebnissen und Scheinkorrelationen führen können.

Als Fazit bleibt festzustellen, dass die Polizeiliche Kriminalstatistik eine je nach Deliktsart mehr oder weniger starke Annäherung an die Realität bietet. Sie ist für Legislative, Exekutive und Wissenschaft jedoch das Hilfsmittel, welches Erkenntnisse über die Häufigkeit der erfassten Fälle sowie über Formen und Entwicklungstendenzen der Kriminalität für die oben beschriebenen Zielsetzungen noch am ehesten abzubilden vermag, da die anderen Kriminalitätsstatistiken deutlich ungenauer erscheinen.

3 Strafverfolgungsstatistik

Die Strafverfolgungsstatistik (StVStat) ist eine Tätigkeitsstatistik der Gerichte.[60] Sie ist eine reine Personenstatistik. Sie wird durch das Statistische Bundesamt veröffentlicht. Sie gibt Auskunft über die Entscheidungen der ordentlichen Strafgerichte – und deren Grundlagen –, die gegenüber Personen ergangen sind, gegen die ein Strafverfahren (Hauptverfahren) eröffnet oder ein Strafbefehl erlassen wurde.[61]

Erhebungsgegenstand sind Abgeurteilte und Verurteilte.

Abgeurteilte sind alle diejenigen strafmündigen Personen (Angeklagte), gegen die Strafbefehle erlassen wurden bzw. deren Strafverfahren nach Eröffnung des Hauptverfahrens durch Urteil oder Einstellungsbeschluss rechtskräftig abgeschlossen worden sind. Ihre Zahl setzt sich zusammen aus Verurteilten und aus Personen, gegen die andere Entscheidungen getroffen wurden.

Andere Entscheidungen wären der Freispruch, die Einstellung des Strafverfahrens durch das Gericht, das Absehen von Strafe, die Anordnung von Maßregeln der Besserung und Sicherung und die Überweisung an den Vormundschaftsrichter.

---

60 *Schwind* (2010), S. 23

61 *Göppinger* (2008), S. 472

Verurteilte sind straffällig gewordene Personen, gegen die entweder nach allgemeinem Strafrecht Freiheitsstrafe, Strafarrest oder Geldstrafe verhängt worden ist oder deren Straftat nach Jugendstrafrecht mit Jugendstrafe, Zuchtmittel oder Erziehungsmaßregeln geahndet wurde.[62]

Während in der PKS Daten zu Taten und Tatverdächtigen zusammengestellt werden, handelt es sich bei der Strafverfolgungsstatistik um eine Statistik zu den Rechtsfolgen, die gegen Personen ausgesprochen wurden. Sie ist deshalb deutlich ungenauer als die PKS und nicht mit dieser vergleichbar. So wird bei Tateinheit oder Tatmehrheit nur das schwerste Delikt eines Urteils gezählt. Da es mitunter Monate dauert, bis es zu einer Aburteilung kommt, ist die PKS tatzeitnäher. Auch können über die Strafverfolgungsstatistik keine Angaben zum Tatort oder Modus Operandi getroffen werden. Die PKS weist somit das kleinere Dunkelfeld auf und ist für Praxis und Forschung aussagekräftiger.

> ***Hinweis***
> *Anhand der PKS sind Aussagen zu Taten und Tatverdächtigen möglich.*
> *Bei der Strafverfolgungsstatistik handelt es sich um eine Statistik über Rechtsfolgen, die für die Praxis wenig relevant sind.*
> *Daher sind die beiden Statistiken nicht unmittelbar miteinander vergleichbar.*

4 Andere relevante Statistiken

4.1 Regionalstatistiken

Da die PKS eine Ausgangsstatistik ist, hat sie den entscheidenden Nachteil, dass ihre Daten nur mit deutlichem Zeitnachlauf zur Verfügung stehen. Da zur schnellen (polizeilichen) Reaktion aber Grunddaten vorhanden sein müssen, werden durch die Behörden Eingangsstatistiken geführt. Diese stehen den interessierten Organisationseinheiten arbeitstäglich zur Verfügung. Es handelt sich dabei um Grundangaben zu Taten, die im Rahmen der länderspezifischen Vorgangserhebungsdateien bekannt geworden sind. In einigen Bundesländern werden hierzu elektronische Systeme genutzt, in NRW z.B. IGVP. Oft sind Täterangaben beim Eingang einer Strafanzeige noch nicht vorhanden. Ebenso ist noch nicht überprüft, ob die Straftat beispielsweise vorgetäuscht wurde.

Die Eingangsstatistik hat trotz ihrer zeitlichen Nähe den Nachteil ungenau zu sein.

---

62 *Göppinger* (2008), S. 473

4.2 Staatsanwaltschaftsstatistik

Die Staatsanwaltschaftsstatistik ist eine reine Zählkartenstatistik, die sich auf die Zahl der bearbeiteten Verfahren bezieht. Sie macht keine Angaben zu Delikten oder Tatverdächtigen. Sie ist zur Erstellung eines Kriminalitätslagebildes oder für die Kriminalitätskontrolle kaum brauchbar.

4.3 Strafvollzugsstatistik

Die Strafvollzugsstatistik wird seit 1961 vom Statistischen Bundesamt veröffentlicht. Sie enthält den jährlichen Nachweis über Zahl und Art der Justizvollzugs- und Verwahrungsanstalten sowie über deren Belegungsfähigkeit und tatsächlichen Belegung, Aufnahmen und Entlassungen der Gefangenen und Verwahrten.
Der Generalbundesanwalt gibt für die Dauer von fünf Jahren aus den Daten des Bundeszentralregisters eine Rückfallstatistik heraus. Bei dieser Personenstatistik wird die erneute Verurteilung zu Geld- oder Freiheitsstrafen (auch Jugendstrafen) sowie deren Anzahl in den auf die Erledigung einer früheren Jugend- oder Freiheitsstrafe folgenden fünf Jahren registriert.[63]

4.4 Bewährungshilfestatistik

Die Bewährungshilfestatistik wird seit 1963 vom Statistischen Bundesamt veröffentlicht und gibt Auskunft über Unterstellungen und Beendigungen der Bewährungsaufsichten nach dem Alter der Unterstellten und nach Unterstellungs- und Beendigungsgründen. Die Zahl der hauptamtlichen Bewährungshelfer ist ebenfalls verzeichnet.

4.5 Andere Statistiken

Neben den o.a. Statistiken werden weitere sicherheitsrelevante Statistiken geführt. Die wären z.B. die Verkehrsunfallstatistik, die Staatsschutzstatistik, die Statistik zum Verkehrszentralregister oder die Statistik zur öffentlichen Jugendhilfe. Letztlich sind für die kriminologische Forschung auch die Daten der Arbeitslosenstatistik relevant.

4.6 Vergleichbarkeit der Statistiken

Die Statistiken sind jeweils nur eingeschränkt vergleichbar, da sie sich zum Teil auf sehr unterschiedliches Datenmaterial beziehen und anhand verschiedener Erfassungskriterien geführt werden.

Bei der Bewertung der einzelnen Statistiken fällt auf, dass alle nur einen kleinen Teil der tatsächlichen Kriminalität abbilden. Geht man von der Gesamtmenge der begangenen Straftaten aus, werden die Handlungen nicht erfasst, die nicht

63 *Göppinger* (2008), S. 477

entdeckt oder nicht angezeigt werden. Die verbleibenden Straftaten bilden das offizielle Hellfeld der in der PKS veröffentlichten Straftaten. Da etwa die Hälfte der Taten nicht aufgeklärt werden können oder der Nachweis der Täterschaft nicht erbracht werden kann, verringert sich die Zahl der Taten und Tatverdächtigen bei der Abgabe des Ermittlungsvorgangs an die Staatsanwaltschaft beträchtlich.

Bedenkt man, dass eine erhebliche Anzahl von Verfahren durch die Staatsanwaltschaft ohne Hauptverhandlung erledigt werden kann, so verringert sich die Zahl der Taten erneut. Dabei spielt auch der Umstand eine Rolle, dass z.B. die Staatsanwaltschaften in NRW bereits 1985 durch den Justizminister aufgefordert wurden, von Möglichkeiten der §§ 153, 153a Strafprozessordnung (Verfahrenseinstellung wegen Geringfügigkeit, Auflagen und Weisungen, z.B. Geldbuße) verstärkt Gebrauch zu machen, „um den durch Anklageerhebung und Hauptverhandlung entstehenden Verfahrensaufwand zu vermeiden".

Da es bei den Entscheidungen der Gerichte ebenfalls zu Freisprüchen und anderen Entscheidungen kommt, bleibt eine kleine Zahl von Verurteilten übrig, gegen die eine Freiheitsstrafe ausgesprochen wird. Da viele Strafen zur Bewährung ausgesetzt werden, ist letztlich die Zahl der Strafgefangenen noch geringer.

Die Systematik des Ausfilterungsprozesses ist in der nachfolgenden Grafik dargestellt. Man spricht in diesem Zusammenhang auch von dem sogenannten Trichtermodell.

Ausfilterungsprozess

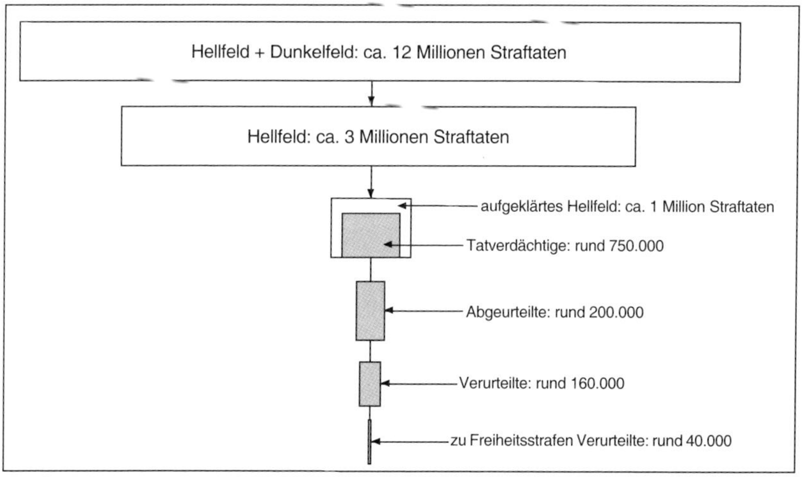

Quelle: Schwind (2010), S. 55

Beispiel:
Im Rahmen einer Diskussion im Kriminalpräventiven Rat werden von den Diskussionsteilnehmern Daten aus unterschiedlichen Statistiken als Argumentationshilfen angeführt. Der teilnehmende Polizeibeamte sollte in der Lage sein, die unterschiedlichen Inhalte und Aussagen zu erläutern, um zu verdeutlichen, dass die Daten nicht vergleichbar sind. Dabei kann argumentativ auf das Trichtermodell eingegangen werden.

5 Dunkelfeldforschung

5.1 Begriff des Dunkelfeldes

Unter dem Dunkelfeld der Kriminalität wird die Summe der Straftaten verstanden, die den Strafverfolgungsbehörden (Polizei und Justiz) nicht bekannt geworden sind und deshalb in der PKS nicht erscheinen. Nicht bekannt werden vor allem Straftaten, die von den Opfern oder anderen nicht angezeigt werden; denn nur 2–5 % aller registrierten Delikte werden Polizei und Justiz von Amts wegen bekannt.[64] Dieser Anteil ist jedoch sehr stark deliktsabhängig.

In der älteren Literatur taucht auch der Begriff der Dunkelziffer auf. Da die exakte Größe des Dunkelfeldes jedoch nicht festzulegen ist, hat sich der Begriff des Dunkelfeldes durchgesetzt.

Der Begriff Dunkelzifferrelation definiert das Verhältnis der Anzahl der bei der Polizei bekannt gewordenen Delikte zur vermuteten Anzahl der nicht bekannt gewordenen Straftaten. Eine Dunkelzifferrelation von 1:10 bedeutet demnach, dass auf jede bei der Polizei angezeigte Straftat 10 weitere unerkannt bleiben.

Im Rahmen des erläuterten Trichtereffektes wurde zudem der Begriff des relativen Dunkelfeldes erläutert. Darunter wird der Teil des Dunkelfeldes verstanden, der den Opfern zwar bekannt, von diesen aber nicht angezeigt wird. Durch wissenschaftliche Methoden kann dieser Teil des Dunkelfeldes partiell aufgehellt werden.

5.2 Ausmaß des Dunkelfeldes

In der Vergangenheit wurden zahlreiche Untersuchungen zum Ausmaß und zur Struktur des Dunkelfeldes durchgeführt, die eine Fülle von Datenmaterial erbracht haben. Die Ergebnisse der einzelnen Forschungsprojekte stimmen in beachtlichem Maße überein.[65]

Übereinstimmende Ergebnisse liegen für folgende Aussagen vor:

Das Dunkelfeld ist größer als das Hellfeld, die PKS zeigt nur die Spitze des Eisberges. Die Größe des Dunkelfeldes variiert von Delikt zu Delikt. Bei den Delikten der leichten und mittleren Kriminalität ist das Dunkelfeld überproportional

64 *Schwind* (2013), S. 29
65 *Kaiser* (1996), S. 392

groß. Empirische Untersuchungen weisen Dunkelzifferrelationen für den einfachen Diebstahl von teilweise 1:15, für Sachbeschädigungen von 1:30, dagegen beim schweren Diebstahl von 1:2 auf.

Ein besonders großes Dunkelfeld besteht im Bereich der Delinquenz von Kindern und Jugendlichen. Nach amerikanischen Forschungsergebnissen haben nahezu alle Kinder und Jugendliche, unabhängig von ihrer Schichtzugehörigkeit, schon einmal Straftaten begangen. Man spricht in diesem Zusammenhang von der Ubiquität der Jugendkriminalität

Die Ergebnisse von Dunkelfeldforschungen sind jedoch in den Grenzen der Erhebungsmöglichkeiten zu betrachten. Die Methoden der empirischen Sozialforschung greifen überwiegend für Delikte der Massenkriminalität. Kaum Aussagen können zu den so genannten opferlosen Straftaten erlangt werden. Das trifft z.B. auf Rauschgiftdelikte und Wirtschaftskriminalität zu.

Bei Gewalt- und Sexualdelikten im familiären Bereich spielt die Abhängigkeit des Opfers vom Täter eine Rolle. Die Familie gilt immer noch als Tabuzone, man mischt sich nicht ein. Darüber hinaus halten Scham- und Schuldgefühle die Opfer von Sexualdelikten von der Anzeigenerstattung ab.

Dunkelzifferrelationen relativieren die Daten des Hellfeldes und müssen deshalb bei der polizeilichen Analyse Berücksichtigung finden. Die Einschätzung der Sicherheitslage und die Einschätzung des Sicherheitsgefühls der Bürger hängen weitgehend vom Umfang des Dunkelfeldes ab.[66]

5.3 Methoden der Dunkelfeldforschung

Als Methoden für die Dunkelfeldforschung kommen u.a. die bereits o.a. Möglichkeiten des Experimentes, der teilnehmenden Beobachtung und der Befragung in Betracht. Diese Methoden können bei Geschädigten/Opfern und Tätern durchgeführt werden. Darüber hinaus werden in der Literatur Informantenbefragungen, aber auch kombinierte Befragungen der erwähnten Teilnehmer genannt.

Vor allem bei Befragungen, ob schriftlich, persönlich oder telefonisch, kann es zu zahlreichen Ungenauigkeiten kommen. So fehlt etwa die Erinnerung an Taten, es kommt zu Übertreibungen, es fehlt die Aufrichtigkeit oder die Fragen werden falsch verstanden. Daneben kann die Stichprobe nicht repräsentativ sein oder es fehlt bei Opferbefragungen an unmittelbaren Opfern (Ladendiebstahl).

In den U.S.A. und in den Niederlanden wurden umfangreiche Untersuchungen durch Befragungen von Tausenden von Haushalten in Crime Surveys durchgeführt. Solche teilweise flächendeckenden Methoden werden in Deutschland immer wieder gefordert, um gesichertere Aussagen zu Art und Umfang der hiesigen Kriminalität zu bekommen. Die bisherigen Forschungsergebnisse sind

66 *Nisse* (2002), KL 4.2, S. 12 ff.

nämlich weitgehend dadurch gekennzeichnet, dass lediglich zu den ermittelten jugendlichen Straftätern ausreichendes Zahlenmaterial vorliegt.

Fallrepetitorium

Fall 1

In einer nordrhein-westfälischen Mittelstadt (110.000 Einwohner) wurde ein Kriminalpräventiver Rat gegründet. In diesem sind neben Stadtverwaltung, Justiz und Polizei auch die gesellschaftlich relevanten Gruppen der Stadt, die Parteien und die Medien vertreten. Bei der Gründungsversammlung wurde u.a. Folgendes beschlossen:

Die Beteiligten waren sich einig in der Auffassung, dass zur Aufgabenwahrnehmung ein aktuelles örtliches Lagebild notwendig sei. Die vorliegenden Daten aus den unterschiedlichen Behördenstatistiken seien nicht weitreichend genug. Außerdem seien viele der Statistiken nicht aufeinander abgestimmt. Deshalb soll noch in diesem Jahr ein aktuelles Lagebild der Stadt erstellt werden.

Kontrovers wurde die Frage diskutiert, welche statistischen Daten bei der Erstellung des Lagebildes Anwendung finden sollen. Während der Leiter des Amtsgerichts und der Vertreter von Bündnis 90/Die Grünen vorschlugen, die Daten der Strafverfolgungsstatistik zu nutzen, wies der Landrat als Vorsitzender des Kriminalpräventiven Rates darauf hin, dass die Zahlen der Polizeilichen Kriminalstatistik aussagekräftiger seien.

Aufgabe:

Nehmen Sie zu der Frage Stellung, welche der genannten Statistiken zur Aufgabenbewältigung im Kriminalpräventiven Rat eher geeignet ist und gehen Sie dabei auf Aufgabe, Ziele und Umfang der Polizeilichen Kriminalstatistik ein.

Lösungsvorschlag

Beim Vergleich der Strafverfolgungsstatistik mit der PKS soll u.a. herausgestellt werden, dass die PKS deutlich mehr Differenzierungsmöglichkeiten bietet. Zudem ist die Fallzählung näher an den tatsächlichen Fallzahlen als es die Strafverfolgungsstatistik leisten kann. In diesem Zusammenhang sollte jedoch auf die deliktspezifische Dunkelfeldproblematik eingegangen werden. Hierbei sollten auch sogenannte Kontrolldelikte einbezogen werden. Ergänzend könnte die Datenqualität des Lagebildes über Informationen aus der Eingangsstatistik verbessert werden (in NRW wäre dies IGVP).

Ziele der PKS sind insbesondere Art und Umfang der einzelnen Deliktsbereiche darzustellen. Dies wird mittels des 6-stelligen Deliktsschlüssels umgesetzt. Diesbezüglich werden auch Kriminalitätsquotienten errechnet, um so eine bessere Vergleichbarkeit zu erhalten. Jedoch müssen dabei auch die besonderen Strukturmerkmale einer Stadt (z.B. Flughafen, Einkaufszentrum) berücksichtigt werden.

Zu beachten ist bei der Interpretation der PKS-Daten, dass diese nur begrenzt aussagefähig sind. Folgende Aspekte sollten Berücksichtigung finden:

- Dunkelfeldproblematik
- Interpretationsprobleme, durch
  - Gesetzesänderungen
  - Änderung des Anzeigeverhaltens
  - Änderung der Erfassungsmodalitäten
  - Polizeiliche Verfolgungsintensität
  - Veränderung der Tatgelegenheitsstruktur
  - demografische Aspekte
- Überbewertung in der öffentlichen Diskussion, u.a durch unkritischen Datenumgang
- Schlechte Vergleichbarkeit mit anderen Statistiken

Dabei sollte auf die Aussagekraft der unterschiedlichen Kriminalstatistiken eingegangen werden und das „Trichtermodell" zur Ausfilterung der öffentlich wahrgenommenen Kriminalität Anwendung finden.

Sperren zur Ausfilterung der öffentlich wahrgenommenen Kriminalität (vereinfachtes Schema)

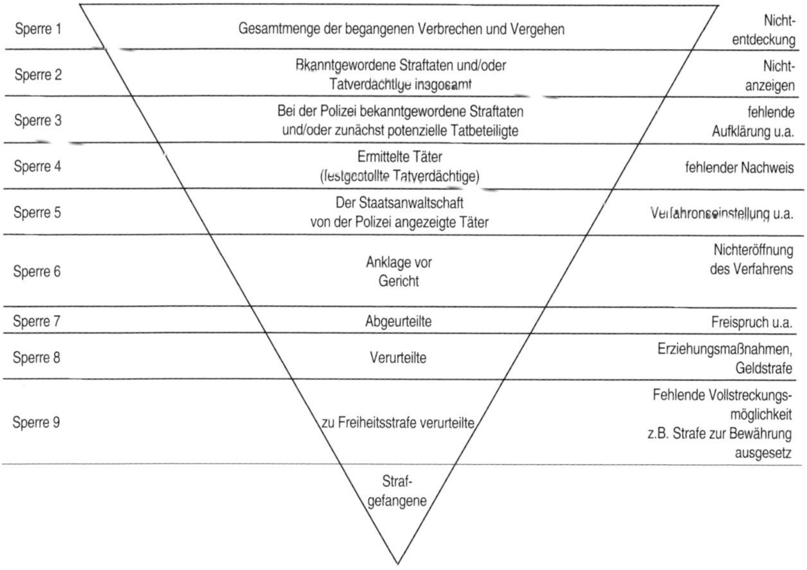

Quelle: Meyer/Wolf, Kriminalistisches Lehrbuch der Polizei, 4. Aufl., VDP, Hilden 1994

Bewertend sollte die Lösung zu dem Ergebnis kommen, dass die PKS von den genannten Kriminalstatistiken für die Aufgabenwahrnehmung im Kriminalpräventiven Rat noch am geeignetsten erscheint. Jedoch sollte auch in Erwägung gezogen werden, eine Eingangsstatistik ergänzend hinzuzuiehen, damit aktuelle Gegebenheiten berücksichtigt werden können.

Fall 2

Der neue Polizeipräsident einer Großstadt hat sich vorgenommen, die Betäubungsmittelkriminalität stärker zu bekämpfen. Daher hat er den zivilen Einsatztrupps diesbezüglich besondere Aufträge erteilt. Die ermitteln auch entsprechend und führen deutlich mehr Festnahmen durch. Zugleich steigt die Menge des beschlagnahmten Rauschgiftes deutlich an. Aufgrund dieser Tätigkeiten erscheint in der örtlichen Presse ein Artikel mit folgender Überschrift „Sprunghafter Anstieg der Rauschgiftdelikte – Was macht die Polizei?“

Aufgabe:

Legen Sie dar, wie die Pressestelle des Polizeipräsidiums bezogen auf diesen Artikel argumentieren sollte.

Lösungsvorschlag:

Zunächst sollte die Verstärkung der polizeilichen Maßnahmen in diesem Deliktsbereichs erläutert werden, ohne die Taktik in Gänze offen zu legen. Zudem sollte dargelegt werden, dass es sich bei Betäubungsmittelkriminalität um ein Kontrolldelikt handelt. Dies bedeutet, dass die Fallzahlen ansteigen, wenn seitens staatlicher Stellen mehr kontrolliert wird. Ebenso sollte ein Hinweis auf die Dunkelfeldproblematik erfolgen.

Kapitel 5
Jugendkriminalität

1 Begriff und Charakterisierung

1.1 Begriff

Das mit Strafe bedrohte Verhalten junger Menschen wird in der kriminologischen Literatur vielfach als Jugenddelinquenz bezeichnet. Der Begriff „Jugendkriminalität" wird von der Jugendkriminologie oft abgelehnt. Es werden dafür Begriffe wie soziale Auffälligkeit, negativ sozial abweichendes Verhalten, Dissozialität, Delinquenz verwendet. Damit soll zum Ausdruck gebracht werden, dass die Normverletzung durch junge Menschen in der Hauptsache entwicklungsbedingtes negativ sozial abweichendes Verhalten und nicht kriminelles Handeln darstellt. Der Begriff Jugenddelinquenz lehnt an das angelsächsische Konzept der „juvenile delinquency" an. Unter Delinquenz ist in Anlehnung an *Eleanor* und *Sheldon Glueck* „das Verhalten, Tun oder Unterlassen eines Kindes oder Jugendlichen im Alter zwischen 8 und 18 Jahren zu verstehen, das als Kriminalität bezeichnet werden müsste, wenn es von Erwachsenen begangen worden wäre".[67]

Ein davon abweichendes Verständnis von Delinquenz im Sinne von „delinquency" wird im US-amerikanischen Jugendrecht angewandt. Hierunter werden allgemeine Verwahrlosungserscheinungen sowie negativ soziale Auffälligkeiten unterhalb der Schwelle der Strafbarkeit verstanden.

Andererseits wird für das strafbare Verhalten junger Menschen in der Altersgruppe der Jugendlichen und der Heranwachsenden in Literatur und Praxis der vorwiegend Begriff „Jugendkriminalität" verwandt.[68]

Unter rechtlicher Betrachtung mit Blick auf das Strafrecht und das Jugendgerichtgesetz wird für die Delinquenz von Kindern nachfolgend der Begriff **Kinderdelinquenz** gebraucht, da Kinder nach dem Gesetz strafunmündig sind (§ 19 StGB). Sie können nach geltendem Rechtsverständnis aufgrund ihres Entwicklungsstandes die strafrechtliche Relevanz ihres normabweichenden Verhaltens nicht abschätzen. Für die Begehung von Straftaten von Jugendlichen und Heranwachsenden findet der Begriff **Jugendkriminalität** Anwendung. Als Jugendkriminalität wird die Gesamtheit des mit Strafe bedrohten Verhaltens junger Menschen im Alter von 14 bis 21 Jahren bezeichnet, ohne Berücksichtigung der Ausprägung ihrer strafrechtlichen Verantwortung.

67 *Clages/Nisse* (1999), S. 150
68 Siehe u.a. *Maschke* zum Begriff „Jugendkriminalität" in: *Göppinger* (2008), S. 24, Rn. 36 ff.

Sie umfasst die Deliktizität von
- Jugendlichen und
- Heranwachsenden.

Jugendlicher ist, wer zur Zeit der Tat 14, aber noch nicht 18 Jahre alt ist, Heranwachsender ist, wer zur Zeit der Tat 18, aber noch nicht 21 Jahre alt ist (§ 1 Abs. 2 JGG).

Jungerwachsener:

Die Altersgruppe der 21- bis 25-jährigen Tatverdächtigen wird als „Jungerwachsene“ bezeichnet. Jungerwachsene werden unter bestimmten Aspekten in die Untersuchungen zur Jugendkriminalität mit einbezogen, da sie in ihrer Persönlichkeitsentwicklung und in ihrer Delinquenz häufig noch charakteristische Merkmale von Heranwachsenden zeigen.

1.2 Charakterisierung

Unter wissenschaftlichen Aspekten kann der Begriff „Jugend“ sozialpsychologisch, biologisch und rechtlich definiert werden.

Nach sozial-psychologischen Kriterien handelt es sich um eine demografische Gruppe in einem Altersbereich zwischen Kindheit und Erwachsensein, ohne dass innerhalb der Altersgruppe starre Grenzen bestehen. Mit Jugend wird der problematische Abschnitt zwischen der Kindheit und der Übernahme einer Erwachsenenrolle bezeichnet. In ihm muss der junge Mensch ein eindeutiges Verhältnis zu sich und zu seiner Umwelt gewinnen. Er muss seine Identität finden und lernen, konfliktfähig zu werden.

Jugend ist eine gesellschaftlich definierte Zeit zur Selbstfindung. Es vollzieht sich in diesem Zeitraum der Übergang von der Fremdbestimmung zur Selbstfindung und -steuerung. Biologisch wird das Jugendalter bestimmt von der körperlichen Entwicklung vom Kind zum Erwachsenen. Die Adoleszenz (Reifezeit) ist gekennzeichnet durch den biologischen Schub des Körpers wie Größenwachstum, Geschlechtsreifung und die dadurch bedingte innere seelische Auseinandersetzung des Jugendlichen mit diesen Veränderungen.

Jugend ist wesentlich von folgenden Merkmalen geprägt:
- wirtschaftliche Abhängigkeit von den Eltern
- bevorzugte Zuwendung zu Gleichaltrigen
- wachsende Eigenständigkeit, Ablösungsprozess aus der Familie
- kritische Bewertung der Erwachsenenwelt
- Ablehnung der etablierten gesellschaftlichen Werte, Denken und Bewerten in gegensätzlichen Wertvorstellungen , Rebellion
- mangelnde soziale Erfahrung
- Streben nach eigenständiger Verantwortungswahrnahme

- Persönlichkeitsreifung
- Geschlechtsreifung, Pubertät, Akzeleration und Retardierung.

Der Reifungs- und Entwicklungsprozess bei jungen Menschen ist keineswegs einheitlich. Es sind große Unterschiede im Entwicklungsverlauf hinsichtlich des altersmäßigen Auftretens bestimmter Entwicklungsschritte festzustellen. Jugendliche sind folglich hinsichtlich ihrer Persönlichkeitsentwicklung und ihres Sozialverhaltens keine homogene Gruppe von Menschen mit einheitlicher persönlicher Reife und Rollenverständnis.

Darüber hinaus ist die Altersgruppe der jungen Menschen durch vielfältige Anschauungen, Sehnsüchte, Werte und Gefühle charakterisiert. Jugendliche sind auch häufig in unterschiedlichen Subkulturen integriert.

Die sozialpsychologischen und biologischen Besonderheiten junger Menschen werden unter strafrechtlichen Aspekten im § 19 StGB, Schuldunfähigkeit des Kindes, und im § 10 StGB durch die Verweisung auf das JGG berücksichtigt. Als rechtliche Konsequenz auf den ubiquitären und phasenbedingten Charakter der Jugenddelinquenz gilt für Delikte junger Menschen das Jugendgerichtsgesetz, das sowohl hinsichtlich der Rechtsanwendung als auch der Rechtsfolgen als Spezialgesetz den allgemeinen Straf- und strafprozessualen Gesetzen vorgeht und den Erziehungsgedanken in den Mittelpunkt der Rechtsanwendung stellt.

Merke
Reifung und Entwicklung sind bei jungen Menschen keineswegs einheitlich. Es sind große Unterschiede festzustellen. Dies wirkt sich sowohl auf die von ihnen begangenen Taten als auch auf die Verantwortlichkeit für ihr Tun aus.

1.3 Wesentliche Merkmale der Jugendkriminalität

Jugenddelinquenz ist ubiquitär, d.h. allgegenwärtig, unabhängig von der Zugehörigkeit zu einer bestimmten sozialen Schicht oder der Vorbildung Jugendlicher. Jedoch sind Jugendliche, die aus der sozialen Unterschicht kommen, und jugendliche mit Migrationshintergrund bei den polizeilich ermittelten Tatverdächtigen (TV) überrepräsentiert. Die Jugendkriminologie führt dies im Wesentlichen auf die selektive Benachteiligung dieser Gruppen bei den polizeilichen Ermittlungen und den justiziellen Reaktionen sowie auf die größere soziale Auffälligkeit von Jugendlichen zurück. Bei Jugendlichen/Heranwachsenden mit Migrationshintergrund verstärken Mängel in der sozialen Integration deren negativ soziale Auffälligkeit zusätzlich.

Beachte
Sind diese Jugendlichen bereits straffällig geworden, unterliegen sie einem verstärkten Verfolgungsdruck von Polizei und Justiz. Dies führt zusätzlich zu der hohen kriminellen statistischen Belastung.

Jeder Jugendliche verhält sich mehr oder weniger sozial abweichend. Negativ sozial abweichendes Verhalten bzw. Delinquenz Jugendlicher ist, soweit es sich in Grenzen hält, normal. Es ist, wie bereits festgestellt, Ausdruck persönlicher Unsicherheit im Reife- und Entwicklungsprozess zum Erwachsenen.

Jugendkriminelles Verhalten ist überwiegend episodenhaft, ein vorübergehender Zustand in der Phase zum Erwachsenen. Ein steiler Anstieg der kriminellen Belastung bei der Altersgruppe der Jugendlichen kennzeichnet die Kriminalitätsbelastungskurve, die dann etwa ab dem 25. Lebensjahr wieder steil abfällt. Bei dem weitaus überwiegenden Teil der jungen Täter endet die Deliktizität mit dem Eintritt in das Erwachsenenalter.

Tatverdächtigenbelastungskurve nach Alter und Geschlecht

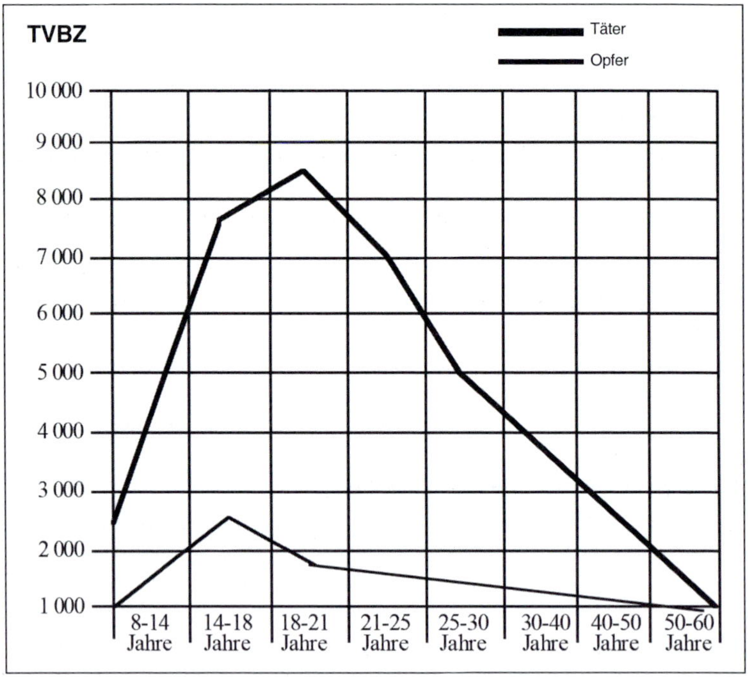

Quelle: LKA NRW, PKS

Nur eine kleine Gruppe von Jugendlichen ist kriminell äußerst aktiv, sog. jugendliche Intensivtäter. Langjährige Untersuchungen zeigen, dass nur etwa 10 % der ermittelten tatverdächtigen Jugendlichen etwa 50 % der von dieser Altersgruppe begangenen Straftaten verüben.

Probleme = Doppeltes Dunkelfeld

Die Sozialprofile dieser jugendlichen Rechtsbrecher weisen gehäuft bestimmte Verhaltensmuster auf, die als Symptome individueller verfestigter persönlicher Fehlentwicklung gelten können. Der Personenkreis zeigt frühzeitig begründete und gesetzte Sozialisationsmängel i.S. defizitärer Sozialisation und einen erheblichen Mangel an innerer Verhaltenskontrolle. Diese Jugendlichen stehen am Beginn einer kriminellen Karriere und sind hochgradig gefährdet, kriminelle Verhaltensmuster auf Dauer zu übernehmen und gänzlich in die Kriminalität abzugleiten.

Beispiel:

Als Ursachen für die Verfestigung krimineller Verhaltensmuster und der Gefahr des dauerhaften Abgleitens in Kriminalität haben sich besonders erwiesen:

- Defizite in der Sozialisation des Einzelnen,
- Individuelle Fehlentwicklung der Persönlichkeit, gepaart mit Bindungsdefiziten im Sinne des Bindungskonzepts,
- Defizitäres bzw. fehlendes Selbstkonzept, Mangel an Selbstkontrolle,
- Ergebnisse negativer Lernprozesse.

Orientierungshilfen

Als wesentlich für das Erkennen und Beurteilen von Symptomen (Anzeichen) individueller, dauerhafter Fehlentwicklung gelten:

- Allgemeine Verwahrlosungserscheinungen wie Weglaufen, Streunen, Schulschwänzen in jungen Jahren.
- Unstetes Lern- und Arbeitsverhalten in Schule und Beruf, mangelhafte Leistungsbereitschaft, häufiger Abbruch von Ausbildungs- oder Arbeitsverhältnissen.
- Wiederholte Delinquenz bereits im Kindesalter, Mehrfachtäterschaft, Rückfallhäufigkeit, gesteigerte Rückfallgeschwindigkeit.
- Alleintäterschaft im Wiederholungsfall, nicht jugendgerechte Begehung von Straftaten.
- Mitglied oder Anführer von delinquenten Gruppen.
- Typisierung als Intensivtäter oder als Serientäter; Steigerung der kriminellen Energie bei der Tatbegehung.
- Fehlende positive erzieherische Reaktion auf jugendrechtliche Maßnahmen oder Sanktionen.

Eine eindeutige Abgrenzung zwischen Episodenkriminalität und symptomatischer Kriminalität ist problematisch. Der Übergang ist fließend. Die Tatsache allein, dass ein Jugendlicher polizeilich mehrfach auffällig geworden ist, kann nicht als sicheres Zeichen für ein dauerhaftes Abgleiten in Kriminalität gewertet werden.

Einfach- und mehrfach auffällige Jungtäter

Tatverdächtige des Geburtsjahrganges 1970

Baden-Württemberg: bis 21.12.1991

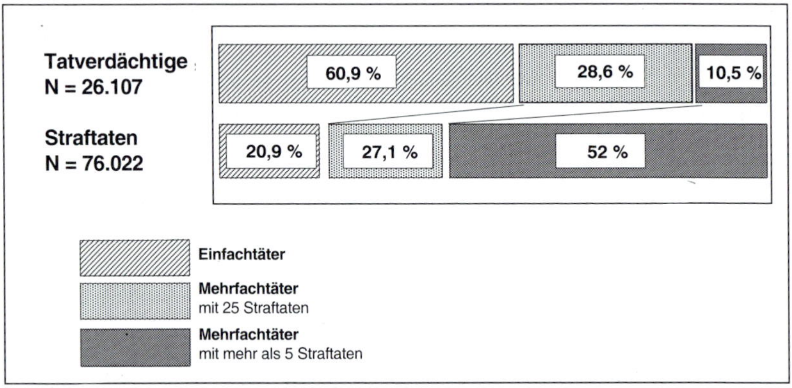

Quelle: Kaiser (1993)

Obwohl die Bewertung schwierig und nicht mathematisierbar ist, erfordert die polizeiliche Praxis dennoch tendenziell eine Unterscheidung der Delinquenz nach Episode oder Symptom, denn dies ist für die Art und Weise der polizeilichen Reaktion gegenüber straffällig gewordenen Jugendlichen handlungsleitend, u.a. im Zusammenhang mit der Empfehlung der Durchführung eines Diversionsverfahrens oder beim Täter-Opfer-Ausgleich.

Merke

Jugendkriminalität ist eine Episode in der Entwicklung zum Erwachsenensein. Nur bei einer kleinen Anzahl der jugendlichen oder heranwachsenden Täter besteht die Gefahr, dass sie auf Dauer in Kriminalität abgleiten.

2 Phänomenologie der Jugendkriminalität

2.1 Umfang der Jugendkriminalität

Die nachstehende Übersicht zeigt im 10-Jahresvergleich die Entwicklung der absoluten Anzahl der ermittelten Tatverdächtigen nach Altersgruppen am Beispiel des Landes Nordrhein-Westfalen.[69]

69 Quelle: Jugendkriminalität und Jugendgefährdung in Nordrhein-Westfalen-Lagebild 2008, LKA NRW (Hrsg.), Düsseldorf 2009.

Ermittelte Tatverdächtige nach Altersgruppen im 10-Jahresvergleich am Beispiel des Landes Nordrhein-Westfalen					
Jahr	unter	14 bis unter	18 bis unter	unter	ab
	14 Jahren	18 Jahren	21 Jahren	21 Jahren	21 Jahren
2004	26.499	62.736	50.784	140.019	345.840
2005	24.269	61.043	50.612	135.924	337.017
2006	23.329	60.907	50.053	134.289	334.664
2007	23.638	62.678	51.063	137.379	341.978
2008	24.425	63.432	52.281	140.138	356.034
2009	24.269	61.847	52.798	137.473	358.906
2010	21.186	58.816	52.392	132.394	362.561
2011	19.751	53.887	53.887	124.953	369.060
2012	16.609	49.086	49.304	114.999	366.261
2013	15.210	46.301	46.500	108.011	369.950

Quelle: LKA NRW, PKS 2013

Das Zahlenmaterial zeigt, dass die Anzahl der ermittelten TV unter 21 Jahren im 10-Jahresvergleich zunächst in den Jahren 2004 bis 2009 im Rahmen einer natürlichen statistischen Schwankungsbreite im Wesentlich gleich ist. Ab dem Jahr 2010 ist jedoch ein deutlicher Rückgang der TV-Zahlen der sog. Jungtäter zu vermorken. Augenscheinlich lässt sich daraus auf einen kontinuierlichen Rückgang der Jugenddelinquenz für den genannten Zeitraum schließen.

Nach dem neueren statistischen Zahlenwerk der PKS des Landes NRW für die Jahre 2014/2015 hat sich der Rückgang der Jugenddelinquenz – gemessen an der Anzahl der ermittelten TV unter 21 Jahren – im 10-Jahresvergleich tendenziell fortgesetzt (2014: 105.915 / 2015: 106.497).[70]

Diese rückläufige Tendenz lässt sich auch bei dem Vergleich der TVBZ feststellen (siehe Tabelle der TVBZ auf S. 129).

Der geringfügige Rückgang ist jedoch für die kriminalpolizeiliche Praxis marginal.

70 Quelle: Jugendkriminalität und Jugendgefährdung – Lagebild für NRW 2015, S. 3–4, LKA NRW (Hrsg.), Düsseldorf 2016.

Die Kriminalitätsbelastung der Bevölkerung insgesamt sowie bestimmter Bevölkerungsanteile lässt sich nur bedingt an der Entwicklung der Fall- und Tatverdächtigendaten nachweisen. Bei Untersuchungen dieser Art sind vor allem die demografische Lage und Entwicklung zu berücksichtigen. Beträchtliche Abnahmen oder Zuwächse absoluter Fall- und Tatverdächtigendaten relativieren sich regelmäßig, wenn sie in Beziehung zu Umfang und Entwicklung der Bevölkerungsdaten gesetzt werden.

Gradmesser für den Umfang der Jugendkriminalität sind einerseits die absoluten Zahlen der in den Altersgruppen ermittelten Tatverdächtigen sowie die sog. Tatverdächtigenbelastungszahl (TVBZ), ein Kriminalitätsquotient der PKS.

$$TVBZ = \frac{\text{Tatverdächtige ab 8 Jahren x 100.000}}{\text{Einwohnerzahl ab 8 Jahren}}$$

Die TVBZ weist die Relation der ermittelten Tatverdächtigen einer bestimmten Bevölkerungsgruppe zu ihrem Anteil an der Bevölkerung aus, errechnet auf 100.000 Einwohner, jeweils ohne Kinder unter 8 Jahren. Bei dem in der PKS ausgewiesenen Zahlenmaterial zur Jugenddelinquenz handelt es sich ausschließlich um Ergebnisse des sog. Tatverdächtigenhellfeldes, d.h. der Umfang und die Struktur der sichtbaren Jugenddelinquenz wird anhand der ermittelten Tatverdächtigen und der Ergebnisse der aufgeklärten Straftaten beurteilt. Das Tatverdächtigendunkelfeld bleibt dabei zunächst unberücksichtigt.

Die folgende Statistik zeigt die Entwicklung der Tatverdächtigenbelastungszahlen am exemplarischen Beispiel des Landes Nordrhein-Westfalen.

Entwicklung der Tatverdächtigenbelastungszahlen im 10-Jahresvergleich am Beispiel des Landes NRW					
Jahr	Kinder 8 bis unter 14 Jahren	Jugendliche 14 bis unter 18 Jahren	Heranwachsende 18 bis unter 21 Jahren	8 bis unter	Erwachsene ab 21 Jahren
	14 Jahren	18 Jahren	21 Jahren	21 Jahren	21 Jahren
2004	2.099	7.551	8.697	5.299	2.462
2005	1.949	7.216	8.491	5.133	2.396
2006	1.912	7.174	8.162	5.071	2.374
2007	1.970	7.456	8.069	5.206	2.425
2008	2.080	7.632	8.181	5.363	2.521
2009	1.973	7.665	8.175	5.331	2.542
2010	1.862	7.503	8.167	5.227	2.567
2011	1.773	6.992	8.042	5.015	2.608
2012	1.542	6.417	7.881	4.714	2.577
2013	1.434	6.090	7.633	4.505	2.593

Quelle: LKA NRW, PKS 2013

Bevölkerung NRW ab 8 Jahre (2013)

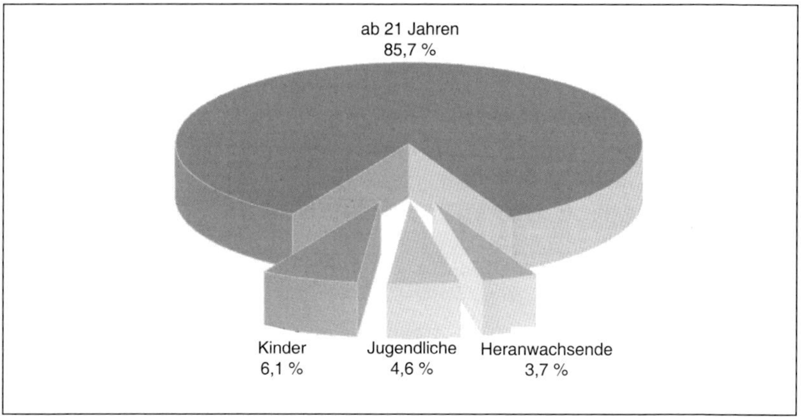

Quelle: LKA NRW, PKS 2013

Gemessen an den Tatverdächtigenbelastungszahlen sind Jugendliche und Heranwachsende deutlich höher mit Kriminalität belastet als vergleichbar die Gruppe der Erwachsenen.

Anteile der registrierten Tatverdächtigen in NRW (2013)

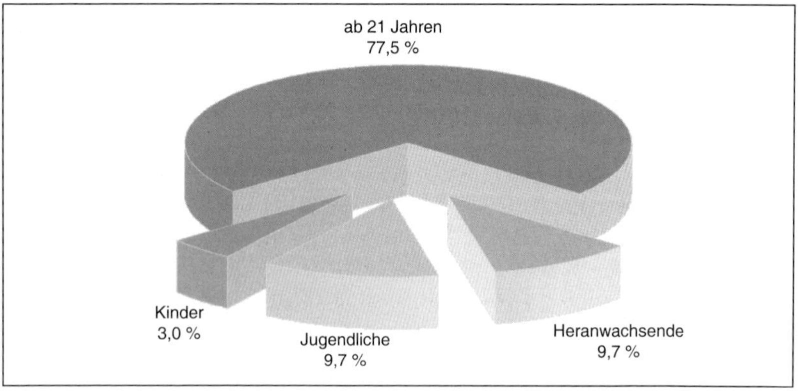

Quelle: LKA NRW, PKS 2013

Jugendliche und Heranwachsende liegen mit jeweils 9,7 % der ermittelten TV deutlich über ihren Anteil an der Bevölkerung.

Jugendkriminalität ist zudem eine Domäne junger Männer. Dies zeigt sich exemplarisch am Vergleich der TVBZ des männlichen und des weiblichen Bevölkerungsanteils der Altersgruppe von 18 bis unter 21 Jahren: TVBZ männlich = 11.412, TVBZ weiblich = 3.644.[71]

Die hohe Kriminalitätsbelastung junger Menschen wird u.a. dadurch erklärt, dass die von ihnen begangenen Straftaten vorwiegend im öffentlichen Raum stattfinden. Es sind hauptsächlich Delikte der Straßenkriminalität. Damit sind jugendliche Straftäter vermehrt im Focus polizeilicher Kontrollmaßnahmen und einem erhöhten Entdeckungsrisiko ausgesetzt. Dunkelfeldforschungen im Bereich der Jugendkriminologie zeigen jedoch, dass die Deliktiziät junger Menschen ein noch sehr viel umfassenderes Problem ist, als es sich an Hand der Zahlen der PKS zeigt.

Mehrfachtatverdächtige der Jugenddelinquenz:

Als jugendliche Mehrfachtatverdächtige (MTV) werden Personen ab dem 8. Lebensjahr bis unter 21 Jahren bezeichnet, die in einem Jahr mit 5 oder mehr Straftaten erfasst werden.[72] Von den 2013 in NRW ermittelten 107.323 TV der Altersgruppe 8 bis unter 21 Jahren waren 6,2 % als MTV erfasst. Unter ihnen zeigen Heranwachsende die größte Gruppe.[73] Die Erfassung erfolgt nach quantitativen Merkmalen, d.h. nach der Häufigkeit ihrer kriminellen Auffälligkeit innerhalb eines Jahres.

Abzugrenzen sind jugendliche Intensivtäter, die zusätzlich durch qualitative kriminelle Merkmale ihrer Delinquenz auffällig werden.[74]

2.2 Struktur der Jugendkriminalität

Von Jungtätern bevorzugt begangene Straftaten werden als jungendtypische Straftaten bezeichnet, die Art und Weise der Tatbegehung sowie die ihr zugrunde liegenden Motive als jugendtypische Tatbegehung.

Jugendtypische Straftaten sind solche, bei denen Jungtäter mit signifikant hohen Fallzahlen in Erscheinung treten. Der durchschnittliche Anteil der Jugendlichen und Heranwachsenden beträgt ca. 25 % aller ermittelten Tatverdächtigen.

Jugenddelinquenz tritt hauptsächlich bei den Delikten der Massenkriminalität auf. Häufig sind es Delikte der Bagatellkriminalität. So genannte jugendtypische Straftaten sind vor allem Ladendiebstähle, Diebstähle von und aus Kfz, Körperverletzungen, Raubdelikte und Sachbeschädigungen.

Bei den sogenannten schweren Diebstählen ist fast jeder zweite ermittelte Tatverdächtige ein Jugendlicher. Besonders hohe Tatverdächtigenanteile sind bei

71 LKA NRW, PKS 2013, S. 29 ff. Neuere Zahlenwerte aus den Jahren 2014/2015 sind für die Bewertung der Jugenddelinquenz nur von sekundärer kriminologischer Relevanz. Diese Aussage trifft auch auf die Bewertung der Mehrfachtatverdächtigen zu.

72 In sinnentsprechender Orientierung: LKA NRW, PKS 2013, S. 34 ff. Eine bundeseinheitliche Definition gibt es nicht.

73 In sinnentsprechender Orientierung: LKA NRW, PKS 2013, S. 35 ff. Eine bundeseinheitliche Definition gibt es nicht.

74 Siehe die Ausführungen bei *Schwind* (2013), § 3, Rn. 23a.

den Delikten „rund um das Kfz“ zu registrieren (ca. 60 %); gleiche Tatverdächtigenanteile liegen bei den Fahrraddiebstählen vor.

Bei der Gewaltkriminalität sind junge Menschen hauptsächlich im Bereich des Straßenraubes (Handtaschenraub und sonstige Fälle des Straßenraubes) mit etwa 65 % der ermittelten Tatverdächtigen und mit Delikten der gefährlichen und schweren Körperverletzung mit ca. 35 %, im öffentlichen Straßenraum mit ca. 40 % kriminell auffällig. Damit wird die Gewaltkriminalität quantitativ von jugendlichen und heranwachsenden Straftätern dominiert.

Die von Jugendlichen bevorzugt begangenen Straftaten zeigen, dass das Tatmotiv junger Menschen, auch in der Raubkriminalität, primär die Bereicherung ist. Hierbei spielt das altersgruppenspezifische „Abzocken“ eine bedeutsame Rolle. Die Jugendkriminologie führt die Tatmotivation der Bereicherung hauptsächlich auf die Wirkung, die eine konsum- und prestigeorientierte Gesellschaft auf den jungen Menschen ausübt, zurück. Ein anderes Phänomen jugendlicher Delinquenz sind Aggressions- und Gewaltdelikte, die sowohl auf gesellschaftliche Einflüsse als auch auf persönliche Fehlentwicklungen der Täter zurückgeführt werden.

Jugendtypische Tatbegehung wird charakterisiert durch folgende Merkmale:

- Spontane, vorwiegend nicht geplante, unüberlegte Begehung der Tat.
- Tatentschluss und Tatdurchführung werden durch sich bietende günstige Gelegenheiten bestimmt.
- Die Tatbegehung erfolgt häufig aus der Gruppe heraus.
- Nicht selten sind Mutproben oder die Anerkennung der delinquenten Gruppe tatauslösende bzw. tatfördernde Elemente.
- Es handelt sich in der Gesamtheit vorwiegend um Straftaten geringer Bedeutung mit relativ niedriger Tatbeute.

2.3 Jugendgruppenkriminalität

Im Streben nach Eigenständigkeit und Selbstverwirklichung neigen Jugendliche dazu, sich bevorzugt Gruppen Gleichaltriger mit gleichartigem sozialen Status und denselben Interessen anzuschließen. Neben gesellschaftlich integrierten Jugendgruppen bestehen informelle subkulturelle Gruppierungen mit delinquenter Grundtendenz oder Zusammenschlüsse auf der Grundlage gemeinsamer ethnischer Herkunft und gesellschaftlicher Tradition. Die häufigste Form der Gruppenbildung ist der lose Zusammenschluss von Jugendlichen und Heranwachsenden, sogenannte Peergroups. Die Bandbreite kann aber bis hin zu strukturierten dauerhaften Zusammenschlüssen reichen.

„Peergroups ist ein aus der amerikanischen Jugendsoziologie stammender Begriff zur Bezeichnung von Gleichaltrigengruppen, informellen Spiel- und Freizeitgruppen etwa gleichaltriger Kinder und Jugendlicher. Die Bandbreite reicht dabei von spontanen, oft nur für bestimmte Anlässe entstandenen Gruppen bis zu festen sozialen Gefügen wie Cliquen oder Jugendbanden mit Mitgliedschafts- und Ausschlussregeln. Diese meist gleichgeschlechtlich zusammengesetzten Gruppen werden für Jugendliche umso wichtiger, je mehr sie sich psychisch und sozial von den Eltern ablösen. Oft grenzen sich denn auch Gleichaltrigengruppen bewusst von spezifischen Wertvorstellungen und Erwartungen Erwachsener ab. Sie treffen sich außerhalb des Einzugsbereichs von Schule und Familie und verstehen sich ausdrücklich nicht als von Erwachsenen initiiert oder kontrolliert".[75]

Jugendkriminalität ist in hohem Maße Gruppendelinquenz.[76]

Ein typisches Merkmal der Jugendkriminalität ist die Tatbegehung aus der Gruppe heraus. Straftaten aus der Gruppe heraus werden überwiegend spontan, häufig unter Alkoholeinfluss begangen. Diese Feststellung trifft besonders auf Gewaltdelikte zu. Mitglieder von Spontangruppen kennen sich vor der gemeinschaftlichen Tatbegehung oft nur flüchtig, Gelegenheitsgruppen bestehen dagegen schon vor der Tatbegehung, zu deren Tatentschluss es jedoch im Regelfall auch spontan kommt.

Es handelt sich überwiegend um männliche Tätergemeinschaften. Der Anteil der weiblichen Jugendlichen liegt weit unter jenen der Männer.

Gruppenstrukturen mit einem festen Stamm von Gruppenmitgliedern und einer hierarchischen Über- und Unterordnung sind eher selten. Diese werden als Jugendbanden bezeichnet.

Eine ausführliche Darstellung zur Bandenkriminalität und zur Struktur von Jugendbanden gibt Schwind.[77]

Bedeutung krimineller Gruppen für Jugenddelinquenz

- Kriminelle Gruppen fördern jugenddelinquentes Verhalten.
- Sie vermitteln und verstärken delinquente Verhaltensmuster.
- Sie stimulieren sich gegenseitig zu delinquentem Handeln.
- Sie geben den Mitgliedern ein „Wir-Gefühl" i.S. einer delinquenten Subkultur.

Vergleichsuntersuchungen von jugendlichen Mitgliedern krimineller Gruppen mit nicht kriminell auffällig gewordenen jungen Menschen haben folgende soziale Auffälligkeiten ergeben:

Mitglieder krimineller Gruppen

- sind eher sozial benachteiligt, neigen zu sozial abweichendem Verhalten,
- kommen häufiger aus unvollständigen Familien oder
- wuchsen in Heimen auf,

75 Wörterbuch der Sozialpolitik, http://www.socialinfo.ch (Stand: März 2015) mit weiteren Literaturhinweisen.

76 *Schwind* (2013), § 3, Rn. 22, mit Hinweisen zu jugendlichen Tätergemeinschaften.

77 *Schwind* (2013), § 3, Rn. 28, mit Hinweisen zu jugendlichen Tätergemeinschaften.

- sind häufiger ohne Berufsausbildung oder haben eine Berufsausbildung
- begonnen, jedoch abgebrochen,
- weisen einen höheren Anteil an Arbeitslosigkeit und Rückfalltäterschaft auf.

Fazit: Jugendliche, die soziale Benachteiligungen erfahren, neigen zu kriminellem Verhalten, wobei sie sich zu subkulturellen Gruppen zusammen schließen und sich wechselseitig stimulieren.

Merke

Jugendkriminalität ist in hohem Maße Gruppenkriminalität. Von Jugendlichen und Heranwachsenden vorwiegend begangene Straftaten sind Delikte der Diebstahlskriminalität, Gewaltkriminalität und Aggressionsstraftaten.

3 Aggression und jugendliche Gewalt

Besondere Aufmerksamkeit wurde der Jugenddelinquenz in den letzten Jahren unter dem Gesichtspunkt der Entwicklung der Fallzahlen als auch einer qualitativen Veränderung der Jugendgewalt geschenkt. Hierbei wird freilich oft übersehen, dass vor allem öffentlich sichtbare Gewalt angezeigt und polizeilich registriert wird. Junge Menschen verüben Delikte häufiger im öffentlichen Raum und sind schon deshalb im Vergleich zu Erwachsenen unter den Tatverdächtigen systembedingt sowohl im öffentlichen Focus als auch in der Aufmerksamkeit der Strafverfolgungsbehörden. Das ist u.a. eine bedeutsame Ursache dafür, warum junge Menschen rein statistisch bei den Tatverdächtigen der Gewaltkriminalität überrepräsentiert sind, denn Gewaltdelikte sind in hohem Maße Taten der Straßenkriminalität.

Die vorstehenden Ausführungen zeigen, dass junge Menschen bei der Gewaltkriminalität hauptsächlich im Bereich des Straßenraubes und mit Delikten der gefährlichen und schweren Körperverletzung kriminell auffällig sind. Wie bereits an anderer Stelle ausgeführt, wird die Gewaltkriminalität quantitativ von jugendlichen und heranwachsenden Straftätern dominiert. Die Tathandlungen zeigen, dass das Tatmotiv junger Menschen auch in der Raubkriminalität primär die Bereicherung ist. Hierbei spielt das altersgruppenspezifische „Abzocken" eine bedeutsame Rolle. Die Jugendkriminologie führt die Tatmotivation der Bereicherung hauptsächlich auf die Wirkung, die eine konsum- und prestigeorientierte Gesellschaft auf den jungen Menschen ausübt, zurück. Ein anderes Phänomen jugendlicher Delinquenz sind Aggressions- und Gewaltdelikte, deren Ursachen sowohl auf gesellschaftliche Einflüsse als auch auf persönliche Fehlentwicklungen der Täter zurückgeführt werden.

Opfer jugendlicher Gewalt sind vorwiegend Gleichaltrige.

Nachfolgend werden einige ausgewählte Formen jugendlicher Gewalt dargestellt:

3.1 Gewalt an Schulen

Gewalt an Schulen hat in den zurückliegenden Jahren bundesweit an Häufigkeit und Schwere zugenommen.

Betroffen sind besonders

- bestimmte Sonderschulen, Hauptschulen, Realschulen,
- primär Großstädte mit problematischen Schuleinzugsgebieten,
- Schulen mit hohem Anteil von Kindern mit Migrationshintergrund und
- Schulen mit schlechtem Schulklima.

Für das Land NRW wurden 2013 insgesamt 27.250[78] Straftaten registriert, die sich im schulischen Bereich ereigneten. Davon waren knapp 5 % (1.316 Fälle) Taten der Gewaltkriminalität. Vergleichen wir das Datenmaterial der Gewaltkriminalität insgesamt mit dem der schulischen Gewalt fällt hier ein deutliches Ungleichgewicht zu Ungunsten der schulischen Gewalt auf (ca. 3 % im Vergleich zu ca. 5 %). Nicht überraschend ist die Feststellung, dass die Diebstahlsdelikte mit knapp 50 % die schulische Delinquenz dominieren, denn Jugendkriminalität ist Diebstahlsdelinquenz = Motivation: Bereicherung, „Haben wollen".

Dagegen weisen Körperverletzungsdelikte insgesamt einen Anteil von ca. 15 % auf. Eine vergleichbare Belastung ist bei den Sachbeschädigungen (Vandalismus?) festzustellen.[79]

Das Spektrum von Aggression und Gewalt umfasst im Wesentliche folgende Handlungen[80], die nicht ausschließlich auf den schulischen Bereich beschränkt sind, sondern auch den Freizeitbereich und den häuslichen Bereich betreffen:

- verbale und physische Gewalt, sogenanntes Bullying,
- Mobbing in der Form von Cyberkriminalität,
- Körperverletzungsdelikte,
- „Happy Slapping",
- Raub, Erpressung, sogenanntes Abziehen,
- Vandalismus, Sachbeschädigung.

Opfer sind vorwiegend gleichaltrige Jugendliche, aber auch Lehrer, Aufsichtspersonal und Eltern. Festzustellen ist, dass die Anzahl der extrem schulschwierigen Schüler zunimmt.

Untersuchungen zur Aggression und Delinquenz unter Jugendlichen haben zu folgenden Ergebnissen geführt:[81]

- Schulische Gewalt tritt überwiegend in leichter Form physischer und verbaler Aggression auf. Jedoch: nur etwa 5 % der Schüler zeigen regelmäßig physische Aggressionshandlungen.

78 Für 2015 waren in NRW 20.845 Straftaten im schulischen Bereich zu verzeichnen – gegenüber 2013 ein deutlicher Rückgang der Fallzahlen, offenbar ein Ergebnis gezielter Präventionsprojekte; Quelle: Jugendkriminalität und Jugendgefährdung-Lagebild für NRW 2015, S. 8, LKA NRW (Hrsg.), Düsseldorf 2016.

79 Weitergehende Informationen entnehmen Sie bitte der PKS des Landes NRW 2013, S 94.

80 Aufzählung ist nicht abschließend.

81 Beilage BKA-Blatt-Nr. 237.

- Erfahrungen zeigen, dass ein Großteil der Sachbeschädigungen im schulischen Bereich oder im Umfeld der Schule geschieht. Es handelt sich um Demolierung von Schulanlagen und Einrichtungsgegenständen, Beschädigung oder Zerstörung fremder Sachen, gemeinschaftliches Legen von Feuer, Raub- und Erpressungsdelikte, wie das Erpressen von Schutzgeldern. Sogenannte Abzocke, wurde von ca. 13 % der befragten Schüler eingeräumt. In ca. 8% der Fälle wurden die Opfer mit Waffen bedroht.
- Mädchen sind weniger aggressiv als Jungen. Sie werden auch in geringerem Maße Opfer von Aggressionshandlungen.
- Das Aggressionspotenzial von Hauptschülern ist höher als von Schülern anderer Schulformen. Jugendgewalt lässt sich besonders bei Jugendlichen mit geringem Bildungsgrad und mangelnder sozialer Integration beobachten. Offenbar liegen die Ursachen in der familiären Situation bei niedrigem sozialen Status und dem erlebten Erziehungsverhalten in der Familie.

3.2 Aggression in Form von Bullying

Eine besondere Erscheinungsform jugendlicher Gewalt zeigt sich seit einiger Zeit an dem Phänomen des sogenannten Bullying. Darunter versteht man gezielte, systematische und wiederholte Schikanen physisch und psychisch stärkerer Schüler gegenüber Schwächeren. Die Täter, die „Bullies“, isolieren und attackieren einen oder ein paar wenige hilflose Schüler aus dem Klassenverband. Von verbalen Attacken und Demütigungen, Hänseleien bis hin zu immer wiederkehrenden körperlichen Angriffen reicht das Instrumentarium der Quälereien, dessen sich die „Bullies“ bedienen.[82] Dieser aggressive Tätertyp begeht seine Taten erfahrungsgemäß auch außerhalb der Schule.
Gegen diese Aggressionen und Gewalttätigkeiten wurde das Bullying-Präventions-Programm im norwegischen Bergen unter Leitung von Professor *Dan Olweus* entwickelt. Anlass war der Selbstmord von drei norwegischen Jungen nach anhaltendem und grobem Bullying durch Gleichaltrige. Die deutsche Polizei hat zusammen mit Pädagogen die wichtigen Erkenntnisse dieses Ansatzes von Dan Olweus zusammengestellt und in einem Leitfaden „Herausforderung Gewalt“ für Lehrerinnen und Lehrer veröffentlicht. Mit der Aussage: „Wir wollen mit unserem Anti-Bullying- Programm die Einstellung zum Bullying mit dem Ziel ändern, dass Gewalt in jeglicher Form von Schülern und Lehrern nicht mehr toleriert wird“, unterstreicht die Polizeiliche Kriminalprävention des Bundes und der Länder ihre Position. Dieser Leitfaden der Polizei für Lehrer und Erzieher behandelt schultypische Situationen und zeigt pädagogisch-didaktisch anwendungsorientierte Lösungsmöglichkeiten bei Konflikten auf der Grundlage von *Olweus* auf.[83]

82 Polizeiliche Kriminalprävention, Internetportal „www.polizei-beratung.de“.
83 Internetportal „Polizeiliche Kriminalprävention der Länder und des Bundes“, dort mit weiteren Informationen zum Bullying-Präventions-Programm; www.polizei-beratung.de (Stand: 5. Januar 2015).

3.3 Cyber-Mobbing

Exkurs: Cybercrime

Nach der Definition des LKA NRW[84] umfasst Cybercrime „...die Straftaten, die sich gegen das Internet, weitere Datennetze und informationstechnische Systeme oder deren Daten richten. Cybercrime umfasst auch solche Straftaten, die mittels dieser Informationstechnik begangen werden ..."

Es wird differenziert nach Cyberkriminalität im engeren und im weiteren Sinn.

Cyber-Mobbing ist ein spezielles Phänomen des Mobbings. Es „...weist im Grunde die gleichen Tatumstände auf, es bedient sich lediglich anderer Methoden. Die Täter(innen) nutzen Internet- und Mobiltelefondienste zum Bloßstellen und Schikanieren ihrer Opfer."[85]

Als Mobbing (engl. to mob = pöbeln) werden aggressive Verhaltensweisen bezeichnet, mit denen andere Personen vorsätzlich in ihrer körperlichen und/oder psychischen Integrität über einen längeren Zeitraum teils erheblich beeinträchtigt oder geschädigt werden.

Offensichtlich ist die Hemmschwelle für Mobbinghandlungen durch die Anonymität des Internet erheblich gesenkt. Tatmittel sind u.a. E-Mail, soziale Netzwerke, Chatrooms, Mobiltelefone, Bild- und Videoplattformen, um nur einige zu nennen, die durch das Internet letztlich zu einer ungesteuerten Verbreitung der herabsetzenden und tyrannisierenden Darstellungen führen.

3.4 Happy Slapping

Eine besondere Art von Cyber-Mobbing ist das verharmlosend als Freizeitspaß unter Jugendlichen benannte „Happy Slapping". In seiner wörtlichen Übersetzung bedeutet es „fröhliches Schlagen". Es steht als Synonym für grundloses Verprügeln und Demütigen einer Person. Jugendliche, meist in der Überzahl, greifen willkürlich Passanten oder Gleichaltrige an und schlagen auf die überraschten Opfer ein. Die in der Folge entstehenden Gewaltszenen werden ausschließlich zu diesem Zweck inszeniert. Das Ganze wird sodann mit einem Handy als Video gefilmt und ins Internet gestellt, um die Opfer zu demütigen oder bloßzustellen.[86]

Nach Einschätzung des Forums Polizeiliche Kriminalprävention haben Gewalthandlungen, die unter Verwendung einer Handykamera aufgenommen werden, sich inzwischen zu einem bedenklichen Trend entwickelt.

84 Lagebild Cybercrime des LKA NRW 2013. Weitere Informationen entnehmen Sie dem RdErl. des MIK NRW v. 29.02.2012, betr: Bekämpfung der IuK-Kriminalität.

85 Internetportal „Polizeiliche Kriminalprävention", Stichwort Cybermobbing: Neue Formen der Gewalt, mit weiteren Informationen; www.polizei-beratung.de (Stand: Januar 2015).

86 „Happy Slapping und mehr", Hrsg. Rat für Kriminalitätsverhütung in Schleswig-Holstein, 18.09.2007, www.schleswig-holstein.de (Stand: Dezember 2014).

3.5 Strafrechtliche Relevanz

Anders als beim sogenannten Stalking[87], ist Mobbing als selbständiger Straftatbestand nicht unter Strafe gestellt.

Je nach Intensität, Dauer und Art der Mobbing/Bullying-Handlungen kann es bei den Opfern zu ernsthaften psychischen, auch körperlichen Schäden bis hin zur Selbsttötung führen, sodass Cyber-Mobbing keineswegs als „Spaßhandlung" anzusehen ist, sondern im Einzelfall zu ernsthaften strafrechtlichen Konsequenzen führen kann. Das deutsche Strafrecht weist eine Vielzahl von Straftatbeständen auf, um repressiv gegen den Missbrauch des Internets bzw. digitaler Geräte vorzugehen.

Exemplarisch sind folgende Rechtsvorschriften zu nennen:
- § 171 StGB, Verletzung der Fürsorge- und Erziehungspflicht
- § 185 StGB, Beleidigung
- § 186 StGB, Üble Nachrede
- § 187 StGB, Verleumdung
- § 223 ff. StGB, Körperverletzung
- § 240 StGB, Nötigung

3.6 Erklärung für Aggression und Delinquenz jugendlicher Gewalttäter

Jugendgewalt ist ein spezifisches Problem der Jugenddelinquenz allgemein. Entstehung, Ursachen und Erscheinungsformen sind mit den herkömmlichen Kriminalitätstheorien nur bedingt erklärbar. Eine allgemeingültige Erklärung für die Motivation gewalttätiger junger Menschen gibt es nicht. So vielfältig wie die Erscheinungsformen sind auch die Ursachen bzw. die Erklärungsansätze. In der einschlägigen Fachliteratur werden die verschiedensten Faktoren beschrieben, die offensichtlich gewaltorientiertes Handeln begründen bzw. fördern oder verstärken. Je nach den individuellen sozio-kulturellen Bedingungen ist ein Zusammentreffen von ungünstigen Konstellationen festzustellen, die zur Gewaltdelinquenz führen.

Die allgemein verbreitete Vorstellung, dass junge Menschen mit Migrationshintergrund generell eine höhere Belastung mit Gewaltkriminalität aufweisen als deutsche Jugendliche, lässt sich an Hand des Datenmaterials der PKS allein nicht nachweisen.

Unter anderem sind folgende Faktoren oder Prozesse als Erklärungsansätze zu nennen:
- Geringes Bildungsniveau und soziale Problemlagen sind signifikante Risikofaktoren für die Ausübung von jugendlicher Gewalt.

87 Als Nachstellung gem. § 238 StGB durch das 40. StrÄndG vom 22.03.2007 unter Strafe gestellt.

- Obgleich von der grundlegenden Annahme auszugehen ist, dass Gewaltneigung ihren Ursprung in subkulturellen Normen und frühkindlichen defizitären Erlebnissen hat, entsteht Gewalt auch in gesellschaftlichen und zwischenmenschlichen Lernprozessen.
- Selbst erlebte Gewalt in Form wahrgenommener Konfliktlösungsmechanismen spielt für das Risiko, ebenfalls gewalttätig zu werden, eine ausschlaggebende Rolle: ca. 25 bis 30 % der jugendlichen Gewalttäter geben an, von ihren Eltern geschlagen worden zu sein.[88]
- Gesellschaftliche Perspektivlosigkeit kann aggressive Verhaltenseinstellungen bei jungen Menschen auslösen und verstärken.
- Erhöhter Medienkonsum gewaltverherrlichender Darstellung fördert die Neigung zu aggressiven Verhaltensweisen.
- Gefördert werden jugendliche Aggressionstaten durch gruppendynamische Prozesse bei gegenseitiger Beeinflussung und mangelnder Verhaltenskontrolle.

Zusammenfassend ist festzustellen, dass die Erscheinungsformen der von Jugendlichen verübten Gewalt ein vielfältiges Spektrum von einfacher verbaler Aggression bis zu Formen schwerer Gewalt abdeckt.

Die Spannbreite der diskutierten Erklärungsansätze bewegt sich zwischen psychologischen Ursachen, Bindungsdefekten, psycho-pathologischen Persönlichkeitsstörungen und Sozialisationsdefekten.

4 Erklärung für Jugendkriminalität

4.1 Allgemeine Erklärungsansätze

Jugendkriminalität ist ein spezifisches Phänomen der Kriminalität. Entstehung, Ursachen und Erscheinungsformen sind mit herkömmlichen Kriminalitätstheorien nicht hinreichend erklärbar. Eine allgemeingültige, eindeutige Begründung jugendkriminellen Verhaltens gibt es nicht. Kriminalität und damit ein bestimmter Bereich menschlicher Verhaltensweisen ist stets ein prozesshaftes, komplexes Geschehen, innerhalb dessen die Einflussgrößen von Täter zu Täter und von Delikt zu Delikt unterschiedlich sind. Diese Feststellung trifft insbesondere auf jugendkriminelle Verhaltensweisen zu.

Jugendkriminalität ist generell ein soziales und ein gesellschaftliches Problem. Sie ist das Ergebnis des Einflusses bestimmter sozialer und gesellschaftlicher Strukturen auf den einzelnen jungen Menschen. Soziale Strukturen in einer Gesellschaft können einerseits die Entstehung kriminellen Verhaltens fördern oder auch hemmen. Bedeutsamen Einfluss hat in diesem Zusammenhang der Sozia-

88 Hintergrund: Jugendgewalt – Ein mit vielen Vorurteilen beladenes Reizthema, aus der Reihe „Entscheide Dich“, in: Planet Schule, Internetportal des WDR; www.planet-schule.de (Stand: 10. Dezember 2014).

lisationsprozess, den der einzelne junge Mensch erlebt, der seine Persönlichkeit sowie seine Einstellung zur Rechtsordnung und zur Normenakzeptanz prägt.

Umfang und Struktur der Jugendkriminalität werden wesentlich dadurch bestimmt, welche sozialen und kulturellen Werte in einer Gesellschaft einen besonderen Stellenwert haben. Sind dies materielle Werte, so ist Jugendkriminalität im Wesentlichen Bereicherungskriminalität, d. h. die Motivation zur Begehung von Straftaten ist vorwiegend materielle Begehrlichkeit, gepaart mit der Geringschätzung fremden Eigentums.

Gesellschaftliche Perspektivlosigkeit kann aggressive Verhaltenseinstellungen bei jungen Menschen verursachen und erlebte Gewalt in Form wahrgenommener Konfliktlösungsmechanismen als Handlungsmuster in ihrer Persönlichkeit verankern.

Erhöhtes Medienkonsumverhalten gewaltverherrlichender Darstellungen fördert die Neigung zur Gewaltanwendung und die Begehung von Aggressions- bzw. Gewalttaten.

Darüber hinaus wird Jugendkriminalität erklärt aus häufigen Kontakten junger Menschen mit delinquenten Gruppen. Kriminelle Verhaltensweisen werden vielfach durch Identifikation mit negativen Vorbildern übernommen, Tatbegehungsweisen werden erlernt und verstärkt, Neutralisationstechniken übernommen. Ein Jugendlicher wird dann kriminell, wenn er in bestimmten Situationen kriminelles Verhalten positiver bewertet als die von der Gesellschaft allgemein anerkannten Werte.

Junge Menschen, die bereits aufgrund mangelhafter Sozialisation bestimmte Fehlentwicklungen in ihrer Persönlichkeit aufweisen, sind gegenüber negativen Einflüssen aus delinquenten Gruppen besonders anfällig.

Die Abwesenheit fehlender informeller Verhaltenskontrolle und/oder das Versagen formeller strafrechtlicher Sozialkontrolle, das Ausbleiben angemessener staatlicher Reaktion auf strafrechtliches Verhalten verstärken die Prozesse der Verinnerlichung krimineller Verhaltensmuster.

Gefördert wird Jugendkriminalität weiterhin durch die von sog. Tatgelegenheitsstrukturen ausgehenden Tatanreize, d.h. Straftaten aufgrund günstiger Gelegenheiten, geringem Entdeckungsrisiko und folglich geringem Risiko der Bestrafung zu begehen.

Merke

Jugendkriminalität ist ein spezifisches Phänomen der Kriminalität. Entstehung von Jugendkriminalität, ihre Ursachen und Erscheinungsformen sind mit den herkömmlichen Kriminalitätstheorien nicht hinreichend erklärt.

4.2 Kriminogene Faktoren

Als Einflüsse auf die Entstehung und Verfestigung von Jugenddelinquenz haben sich aufgrund empirischer Untersuchungen folgende Prozesse und Faktoren erwiesen:

Defizitäre Sozialisation und Kriminalität

Ein wichtiger Faktor für die Sozialisation des jungen Menschen ist die Familie. Folgt man *Kaiser*, so ist Kriminalität die Folge unvollständiger (defizitärer) Sozialisation. Besonders in der primären Sozialisationsphase in der Familie erfolgten die Identifikation und das Lernen von sozialem Verhalten sowie die Vermittlung von innerem Halt und innerer Kontrolle.

Kriminologisch bedeutsam ist vor allem die Frage, wie im Laufe des Sozialisationsprozesses Rechtsbewusstsein erzeugt wird. Die intakte Familie überträgt sozial gebilligte Werte und Normen und schützt im positiven Fall vor der Übernahme abweichender Normen. Je besser der Jugendliche in der Familie integriert ist, desto eher gelingt die Abwehr antisozialer Einflüsse von außen. Mängel in der Struktur und der Funktion der Familie begünstigen die Entstehung von Sozialisationsmängeln.

Nach empirischen Untersuchungen kommt ein hoher Anteil krimineller oder dissozialer Jugendlicher aus unvollständigen Familien. Besonders auffällig ist der Anteil bei jugendlichen Mehrfachtätern.

Starke kriminelle Belastungen weisen Jugendliche bei folgender Kombination auf:

- Unehelichkeit,
- Aufwachsen in Heimen, häufiger Wechsel von Beziehungspersonen,
- ständig wechselnde Pflegestellen,
- fehlender Schulabschluss,
- abgebrochene Berufsausbildung.

Als Indikatoren, Merkmale oder kriminovalente Faktoren (nicht Ursachen) defizitärer Sozialisation werden in der Literatur u. a. angeführt:

- Die strukturell unvollständige Familie, also das Nichtvorhandensein einzelner Bezugspersonen wie Vater und/oder Mutter.
- Die funktional unvollständige Familie, die sich in einer gestörten Beziehung zwischen Eltern und Kind zeigt.
- Der Erziehungsstil, der sich besonders auf die Persönlichkeitsentwicklung auswirkt.
- Der häufige Wechsel der Bezugspersonen, Heimaufenthalt.

Beachte
Da diese Faktoren schon von der frühen Kindheit an prägen, kann davon ausgegangen werden, dass das Sozialisationskonzept von Kaiser eine besondere Erklärungskraft für soziale Randgruppen und Mehrfachtäter besitzt.

Schulische Leistung und Kriminalität

Das Bildungsniveau jugendlicher Rechtsbrecher ist erheblich niedriger als bei nichtdelinquenten Vergleichsgruppen. Ursache für ihre Delinquenz sind jedoch nicht primär schlechte schulische Leistungen, sondern vorschulische Sozialisationsdefizite, schichtenspezifische Wertordnung und schulische Misserfolge, die miteinander korrespondieren, fortgesetzt und verstärkt werden.

Beruf und Kriminalität

Auffallend hoch ist der Anteil Ungelernter oder junger Menschen mit abgebrochener Berufsausbildung. Sie zeigen Merkmale negativer Arbeitseinstellung bei geringer Anstrengungsbereitschaft.

Häufig fallen zusammen: soziale Auffälligkeit in der Familie, im schulischen Bereich und im Arbeitsleben.

Wohnumwelt und Kriminalität

Stadtjugend ist erheblich höher mit Kriminalität belastet als Landjugend. Dieses Phänomen tritt speziell in Ballungsgebieten auf. Die höhere Belastung wird erklärt durch verdichtete Wohnbebauung, Anonymität, inhumane Umwelt, fehlende Freizeitmöglichkeiten, personale Fluktuation.

Freizeit und Kriminalität

Die meisten Jugenddelikte werden in der Freizeit begangen, und zwar vorwiegend an Wochenenden.

Nachgewiesen wurde ein innerer Zusammenhang zwischen Freizeitverhalten und Jugenddelinquenz. Kriminelle Jugendliche verbringen ihre Freizeit zumeist außerhalb der Familie. Sie haben nur selten Hobbys und sind ausnahmsweise Angehörige von Sportvereinen. Oft ist bei ihnen in dem Alter, in dem selbst gestaltetes Freizeitverhalten stattfindet, der Identifikationsprozess schon gestört. Dadurch wird die vorhandene latente dissoziale Gefährdung durch die Art des Freizeitverhaltens akut. Hinzu tritt vermehrt Kinder- und Jugendalkoholismus. Frühzeitiger Alkoholmissbrauch und Dissozialität fallen regelmäßig zusammen. Sie sind Symptom für das Abgleiten Jugendlicher in Delinquenz und Drogenmissbrauch.

Fallrepetitorium

Sachverhalt

Auszüge aus Aufsätzen junger Strafgefangener (Jugendstrafe)

1.1 Werner, 19 Jahre alt:

„An meine Eltern denke ich nicht gerne. Mein Vater war früher auf dem Bau tätig. Gearbeitet hat er nur hin und wieder. Hauptsächlich hat er herumgesoffen, gespielt und krumme Sachen gemacht. Wenn er dann nach Hause kam, gab es meistens furchtbaren Krach und Hiebe; Gründe fand er immer in seinem Suff. Ich bekam häufig Schläge und das fünf Jahre lang. Auch meine Mutter hat er immer geschlagen und das vor uns Kindern!

Mein Vater war der Familienboss, der uns alle beherrschte wie Sklaven. Mit 12 Jahren kam ich dann zum ersten Mal in ein Heim, weil ich von zu Hause immer häufiger ausriss. Ich hielt es einfach nicht mehr länger aus.

Im Heim blieb ich ungefähr ein Jahr. Auch da gab es schon mal Ohrfeigen. Ich haute mit meinem Freund nach einiger Zeit ab. Wir stiegen in der Nacht an der Dachrinne aus dem 2. Stock herunter und fuhren per Autostop nach Hause. Zwei Wochen später wurden wir dann von den Bullen wieder aufgegriffen und in das Heim zurückgebracht. Dort wurden wir, wie erwartet, von den anderen Jungs richtig verprügelt. Das war so üblich und geschah auf Veranlassung der Heimleitung. Aber das hat auch nichts geholfen. Denn ich war ja Prügel gewöhnt.

Bei jeder Gelegenheit, die ich hatte, fing ich nun zu klauen an. Dann, wenn die anderen Jungs Besuche, Urlaub oder Pakete bekamen, war ich nie dabei. Ich ging immer leer aus. Da stieg in mir immer mehr Hass auf, sodass ich auch den anderen aus Rache alles stahl. Wenn es herauskam, musste ich stundenlang Strafestehen in einer Ecke, bis ich nicht mehr konnte. Danach bin ich noch 3- bis 4-mal abgehauen. Als sich meine Erzieher nicht mehr zu helfen wussten, kam ich in ein anderes Heim. Dort aber ging ich gleich nach meiner Ankunft auf Reisen. Ich machte meinen ersten Einbruch in einer Lagerhalle, wie viele es danach waren, weiß ich gar nicht mehr genau. Es war auch noch ein Raubüberfall auf eine Bank dabei.

Als mich die Polizei erwischte und ich zu Jugendarrest verurteilt wurde, ließ mich das kalt, weil ich ja gar nicht wusste, was Freiheit überhaupt ist.

Kaum aus dem Knast entlassen, machte ich meinen nächsten Einbruch. Mehrere schwere Sachen folgten. Mit der Zeit fand ich richtig Gefallen daran, irgendwo einzusteigen und alles auszuräumen. Da konnte ich zeigen, dass ich ein Kerl bin! Auch schloss ich mich einer Rockerclique an. Die dachten und fühlten in allem so wie ich. Da habe ich mich irgendwie wohl gefühlt. Wir haben uns gegenseitig immer mehr zu krummen Dingern animiert. Dass ich einen älteren Wachmann bei einem Einbruch mit einem Baseballschläger halb totgeschlagen habe, wollte ich eigentlich gar nicht. Zu meinen Eltern ging ich gar nicht mehr, denn es hatte ja gar keinen Sinn. Seitdem ich nun wieder im Knast bin, habe ich überhaupt keinen Kontakt mehr zu ihnen. Manchmal habe ich einen solchen Hass und eine ohnmächtige Wut gegen alle, dass ich mir schwöre, sie alle umzulegen, die mein Leben versaut haben.

Wenn ich rauskomme, werde ich es vielleicht mal mit ehrlicher Arbeit versuchen."

1.2 Bernd, 17 Jahre alt:

„Ich bin im Knast, weil ich an mehreren Raubüberfällen auf Passanten in einer Jugendbande teilgenommen habe. Im letzten Fall hat sich ein Junge gewehrt. Da bin ich ausgerastet und habe ihn mit mehreren Messerstichen schwer verletzt.

Man kann bei mir sicher nicht einfach sagen, mit ordentlicher Erziehung wäre es nicht so weit mit mir gekommen. Aber zum Teil doch!

Meine Eltern hätten sich mehr um mich kümmern sollen, nicht bloß immer arbeiten, immer Geld verdienen. Zeit, Aufmerksamkeit oder Liebe haben sie mir nicht gegeben. Immer bloß Geld! Damit haben sie sich von mir losgekauft, damit ich ihnen ihre Ruhe ließ. Wenn ich ihnen mehr bedeutet hätte, wäre aus mir nicht so ein in sich zusammengesunkener Mensch geworden, wie ich es heute bin. Nur so kam es zu Depressionen. Sie haben mich, ohne es zu wollen, zum Hass erzogen! Als ich verurteilt worden bin, haben sich meine Eltern von mir zurückgezogen: ‚mit einem Verbrecher wollen wir nichts zu tun haben. Heute hasse ich alle, denen es gut geht, die jemanden haben, der sie gern hat!

Vor einiger Zeit haben wir im Knast einen Film mit Marlon Brando gesehen von Tennesee Williams: ‚Der Mann in der Schlangenhaut. In diesem Film sagt Brando: ‚Wir alle sind zu lebenslänglicher Einzelhaft in unserer eigenen, einsamen Haut verurteilt'. Ja, so ist mein Leben auch. Einzelhaft in meiner Haut. Meinen Kindern würde ich aus diesen Erfahrungen heraus nicht nur Vater (das ist für mich kein gutes Wort, kein Vorbild), sondern vielmehr Freund sein. Es sollte keine Geheimnisse zwischen uns geben. Wir würden alle Probleme gemeinsam lösen. Ich würde versuchen, mich in mein Kind hineinzufühlen. Ich brauche ja nur in meine eigene Kindheit und Jugend zurückdenken. Alles, was ich damals gebraucht hätte, aber nicht bekommen habe, das würde ich meinen Kindern geben: Liebe, Verständnis, Nachsicht. Vertrauen ist alles! Würde mein Kind einmal straffällig werden, dann würde ich nicht den Stab brechen. Man muss doch bedenken, dass kein Straftäter etwas tun würde, ohne einen Grund zu haben. Würde ich mein Kind dann verstoßen, wäre ich eine echte Ratte! Denn gerade dann braucht es einen ja am notwendigsten."

1.3 Auszüge aus einem psychiatrischen Gutachten über Gerd, 20 Jahre, angeklagt wegen Körperverletzung mit Todesfolge und Verstoßes gegen das BtMG wegen gewerbsmäßigen Handelns mit Rauschgift:

„Der Angeklagte stand zur Tatzeit seiner sittlichen und geistigen Entwicklung nach einem Jugendlichen gleich. Aus seinem bisherigen Werdegang und seinen persönlichen Verhältnissen ist zu ersehen, dass er noch nicht altersgemäß gereift ist.

Der Entwicklungsprozess des Angeklagten wurde erheblich retardiert durch die bis zu seiner Verhaftung andauernde übergroße Mutterbindung. Bis zum Wechsel von der Grundschule zum Gymnasium wurden ihm die Merkmale eines Mädchens aufgezwungen. Später verbot ihm die stark erotisierte Atmosphäre, die zwischen Mutter und Sohn herrschte, eine Sicherheit in seiner Geschlechtsrolle zu finden. Weiter wirkte sich negativ auf seine Sozialisation die Uneinigkeit in Erziehungsfragen zwischen Mutter und Großmutter aus. Diese verhinderte, dass sich der Angeklagte an eine einheitliche Ordnung und an ein Wertesystem binden konnte. Er lernte es vielmehr, immer zu seinen Gunsten zwischen den beiden Positionen hin und her zu pendeln.

Er ist in seiner Realitätsbewältigung durch eine rein an der Vergangenheit orientierten Erziehung stark gehemmt. Er neigt zu Tagträumen, unrealistischen Kompensationen seiner persönlichen Defizite und zum Weglaufen vor seinen Problemen.

Seine massiven Minderwertigkeitsgefühle (uneheliche Geburt, abgebrochene Schul- und Berufsausbildung) versuchte er schließlich durch seine Position als Großdealer im Rauschgiftgeschäft zu überwinden. Das Rauschgift wirkte auf seine ungefestigte Persönlichkeit einen morbiden Reiz aus. Der Großdealer, der sich jeden Luxus leisten kann, erschien ihm als nachahmenswertes Rollenmodell. Eine vernünftige Lebensplanung konnte der Angeklagte bisher noch nicht verwirklichen. Er ist in seinen sittlichen Wertvorstellungen äußerst unsicher. Recht und Unrecht sind für ihn völlig manipulierbare Begriffe. Eine anhaltende Ordnung ist ihm unbegreiflich."

Aufgaben

1. Prüfen und erläutern Sie, ob und inwieweit in den drei Sachverhalten wesentliche Ursachen der Jugendkriminalität sichtbar werden!
2. Erörtern Sie, ob und inwieweit jugendkriminologische Kenntnisse im polizeilichen Alltag bedeutsam sind. Beziehen Sie bei Ihren Ausführungen die in der PDV 382, Bearbeitung von Jugendsachen, aufgestellten Verhaltensregeln im Umgang mit Jugendlichen, mit ein!

Lösungshinweise

Zu Aufgabe 1:

Die Lösung erfordert einige Vorbemerkungen:

- Jugendkriminalität ist ein sehr viel umfassenderes Phänomen als in diesen Berichten zum Ausdruck kommt. Dunkelfeldforschungen haben belegt, dass nahezu jeder männliche Jugendliche im Laufe seiner Entwicklung eine oder mehrere Straftaten begeht.

- Jugendkriminalität ist auch vorwiegend Massenkriminalität, d.h. sie zeigt sich nicht nur bei problematischen, sich fehlentwickelnden jungen Menschen, sondern ist ein weit verbreitetes Phänomen; sie ist im Bagatellbereich normal, nicht jedoch bei qualifizierten Delikten und bei Mehrfachtäterschaft. Jugendkriminalität ist auch Ausdruck veränderter Sozialkontrolle. Es wird häufiger angezeigt. Delikte der Jugendkriminalität finden im Fokus der Öffentlichkeit statt, sodass das Entdeckungsrisiko deutlich höher ist als bei anderen Straftaten.
- Die im Sachverhalt vorgestellten Jugendlichen haben einen vielschichtigen Selektionsprozess durchlaufen.
- Die Frage, ob die in den Sachverhalten deutlich werdenden Sozialprobleme auch Selektionskriterien für ihre negative Auffälligkeit waren, ist nicht mit Sicherheit zu beantworten, aber wahrscheinlich.
- Weiterhin ist zu fragen, ob und inwieweit die in den Darstellungen erkennbaren kriminogenen Faktoren verallgemeinerungsfähig sind.
- Jugendgerichte ordnen nur in schwer wiegenden Fällen oder bei hartnäckigen Wiederholungstätern Jugendstrafe an. Auf Jugendstrafe (§ 17 JGG) wird in ca. 12 % aller Urteile erkannt, davon werden ca. 50 % zur Bewährung ausgesetzt.

Exkurs:

Voraussetzungen nach § 17 Abs. 2 JGG:

- der Jugendliche zeigt schädliche Neigungen, die in der Tat hervorgetreten sind und Erziehungsmaßregeln (§§ 9 bis 12 JGG) oder Zuchtmittel (§§ 13 bis 16 JGG) reichen als Erziehungsmittel nicht aus oder
- wenn die Schwere der Schuld Strafe erfordert.

Methodischer Hinweis:

Dem Verfasser steht es frei, die Sachverhalte nacheinander zu prüfen und die ihm relevant erscheinenden Merkmale herauszuarbeiten. Zweckmäßiger ist es, die in diesem Zusammenhang interessanten jugendkriminologischen Theorien darzulegen und dann die Sachverhalte auf bestätigende Merkmale hin zu überprüfen.

1.1 Entwicklungspsychologische Erklärung

In den vergangenen Jahrzehnten dominierten entwicklungspsychologische Erklärungen, das JGG ist von diesen Vorstellungen geprägt.

- Gerd, 20 Jahre, Heranwachsender, gemäß § 105 JGG noch einem Jugendlichen gleichzustellen; bei ihm zeigen sich Hinweise auf Retardierung, u.a. nicht mehr altersgemäße Mutterbindung.

Exkurs:

Akzeleration: Vorauseilung der körperlichen Entwicklung

Retardierung: Zurückbleiben, Verlangsamung der Persönlichkeits (Intelligenz-)entwicklung

- Alterstypisch sind Statusunsicherheit, Minderwertigkeitsgefühle, Identifikation mit der Rolle des Großdealers im Falle Gerd.
- Schwierigkeiten, die männliche Rolle zu finden, bei Gerd.

1.2 Sozialisationstheoretische Erklärung

Viele Strafgefangene weisen erhebliche Sozialisationsmängel auf. Bei jungen Strafgefangenen ist dies besonders deutlich.

Alle 3 Fälle bieten dafür Anhaltspunkte:
- Gestörte Familie im Fall Gerd, Werner, aber auch bei Bernd (bei ca. 70 % aller jungen Strafgefangenen feststellbar).
- Übereinstimmend ist das negative Vaterbild (auch Vorbild) oder der Ausfall des Vaters. Der Vater ist in der frühen Kindheit für den Jungen ein wichtiges Identifikationsmodell.
- Mangelnde emotionale Zuwendung, deutlich im Fall Bernd, auch bei Werner.
- Sozialisationsmängel (Sozialisation: Verinnerlichung von Werten, der Rechtsordnung pp.) sind in allen drei Fällen offenkundig.
- Frühe Heimerziehung, im Fall Bernd; Fürsorgeerziehung ist Indiz für Fehlentwicklung.

Exkurs:

Nach dem Gesetz für Jugendwohlfahrt (JWG), welches bis zum 01.01.1991 in Kraft war, konnte in schwerwiegenden Fällen Fürsorgeerziehung (FE) angeordnet werden. Fürsorgeerziehung steht für die heutigen Begriffe der Jugendhilfe bzw. der Hilfe zu aktueller Erziehung nach dem SGB VIII (Kinder- und Jugendhilfe).

- Nach einer älteren Untersuchung war fast jeder 2. jugendliche Strafgefangene (Jugendstrafe) Fürsorgezögling, 75 % der FE- Zöglinge sind kriminell rückfällig geworden (spricht nicht für eine positive Wirkung der FE, sondern eher dagegen).
- Heimausbruch: Werner
- Entweichung verringert die Chancen der Legalbewährung, da zwangsläufige Folge ist, sein Leben durch Straftaten zu fristen und in negative Kontaktgruppen zu flüchten.

- Wechselhafter Erziehungsstil: soll nach kriminologischen Untersuchungen Sozialisation, Wertorientierung und Gewissensbildung erschweren.
- Vielfach beobachteter kriminogener Faktor; im Fall Gerd eindeutig.
- Anschluss (oder Zusammenschluss) an Delinquenz fördernde Jugendgruppen, Jugendbanden, an negative Subkulturen, delinquente Freunde: Bei Werner und Gerd zutreffend. Die Jugendbande ist oft die emotional stärkste Gruppe, der ein Jugendlicher angehören kann. Idealer Rückzugsort für gestörte Jugendliche; sie verstärkt Persönlichkeitsdefekte, setzt soziale Fähigkeiten weiter herab.
- Schul- und Leistungsversagen sind wesentliche Faktoren, die die Entstehung kriminogener Verhaltensweisen fördern. Sie sind deutlich bei Werner festzustellen, bei Gerd bestehen Indizien dafür.

1.3 Interaktionistische Betrachtung

Die interaktionistische Betrachtung rückt die „kriminelle Karriere" in den Mittelpunkt. Am deutlichsten ist dieser Prozess festzustellen im Fall Werner.

Exkurs:

Kernaussagen:

Eine „kriminelle Karriere" entwickelt und steigert sich in der Interaktion zwischen dem Jugendlichen und den Kontrollinstanzen (Polizei, StA, Jugendamt). Am Anfang stehen Sozialisationsmängel oder kriminelle Handlung als Problemlösung. Zunehmend verfestigt sich die Haltung, verstärkt durch Kontakte zu Delinquenten durch Ablehnung und Einengung der Lebenschancen von außen. Der junge Mensch entwickelt eine „kriminelle Identität", erlebt sich als „Krimineller".

Der Kriminalisierungsprozess schreitet umso eher voran,

- desto stärker Sozialisationsbelastung und Sozialisationsdefizite wie Unterschichtszugehörigkeit, Desintegration der Familie, Schul- und Berufsversagen sind,
- desto früher der Prozess der kriminellen Karriere beginnt,
- desto später das Problem des Jugendlichen erkannt wird und fehlgeschlagene Reaktionen auf den aktuellen Konflikt entstehen,
- desto stärker sekundäre Erfolgsmotivationen zu einer Verfestigung der delinquenten Techniken geführt haben (erfolgreiche Begehung der Straftat(en) und vermeintliche positive Problemlösung) und
- desto verständnisloser die Sanktionen der sozialen Kontrollinstanzen ausgefallen sind.

Quelle: *Quensel* in: *Kerscher*, Sozialwissenschaftliche Kriminalitätstheorien, S. 59 ff., *Beltz* 1978

1.4 Zeitkritische und kulturkritische Erklärungen

Zeitkritische und kulturkritische Erklärungen verweisen auf die Verschärfung der Entwicklungsprobleme durch die mangelnde Glaubwürdigkeit der Erwachsenengeneration, das sich rasch ändernde Wertegefüge, die Auflösung der Familie und die einseitige Ausrichtung an Besitz und Konsum.

Dies ist typisch für den Fall Bernd.

Zu Aufgabe 2:

2.1 Bearbeiterin/Bearbeiter sollte herausarbeiten oder erkennen lassen:

Kenntnisse über Umfang und Art der Jugendkriminalität bestimmen die polizeilichen Verdachts- und Handlungsstrategien bei der Bekämpfung der Straßenkriminalität und von anderen jugendtypischen Deliktsarten sowohl in präventiver als auch in repressiver Hinsicht.

Daneben ist es notwendig, dass der/die Polizeibeamte/die Polizeibeamtin auch über ein bestimmtes Wissen über Hintergründe der Jugendkriminalität verfügt. Andernfalls können präventive Gesichtspunkte nicht hinreichend zum Tragen kommen oder die Art des polizeilich falschen Einschreitens selbst wirkt sich bei dem Jugendlichen delinquenzfördernd aus (kriminelle Karriere). Solange den Beamten/-innen differenziertere Einsichten fehlen, lassen sie sich unbewusst und ungewollt von Alltagstheorien und Vorurteilen leiten.

2.2 Nachfolgende Tätigkeiten und Verhaltensweisen sollen unter jugendkriminologischen Aspekten durchdacht und berücksichtigt werden:

- Streifentätigkeit: welche Personen sind zu überprüfen, welche Orte zu überwachen, in welcher Art und Weise?
- Serienstraftaten sind jugendtypisch, dies ist im Rahmen von Ermittlungen und Vernehmungen zu berücksichtigen.
- Jugendliche werden besonders häufig in Gruppen tätig, sodass sich jeweils die Frage nach Mittätern bzw. nach dem Kontaktkreis des Tatverdächtigen stellt.
- Welche Gruppenmitglieder bilden den „Kern" einer delinquenten Gruppe? Gründliche Ermittlungen führen auf diesem Wege zur Inhaftierung der „gefährlichsten" und gefährdeten Jugendlichen und damit oft zur Auflösung der Gruppe.
- Es sollte versucht werden, auch die individuelle Problematik des Jugendlichen zu erkennen, um sich auf ihn einstellen zu können.
- Die erste Begegnung mit der Polizei kann nachhaltige positive oder negative Eindrücke hinterlassen, die Polizei verkörpert zwar die Staatsautorität – jedoch das „Wie" ist entscheidend.

Exkurs:

Die Bedeutung des Erstkontaktes delinquenter Jugendlicher mit der Polizei:

Die Polizei ist im Allgemeinen diejenige staatliche Institution, auf die der Jugendliche direkt nach der Tat oder in zeitlicher Nähe zur Tat trifft. Dies geschieht im Regelfall im Rahmen von Fahndungsmaßnahmen nach Tatverdächtigen, Personenüberprüfungen, vorläufigen Festnahmen oder polizeilichen Vernehmungen. Mit den anderen Institutionen (Jugendamt, Staatsanwaltschaft, Jugendrichter) wird der Jugendliche häufig erst nach relativ langer Zeit konfrontiert.

Der Erstkontakt des Jugendlichen nach seiner Tat mit den Instanzen der Sozialkontrolle ist erfahrungsgemäß oft von prägender Bedeutung für das zukünftige Sozialverhalten des Jugendlichen.

Die Interaktion zwischen der Polizei und dem Jugendlichen hat grundsätzlich eine deutlich stärkere Wirkung auf seine Verhaltensweise als dies möglicherweise spätere Sanktionen der Staatsanwaltschaft oder des Gerichts vermögen.

Mit Blick auf den kriminalpolitischen Grundsatz des Jugendstrafrechts, dass Erziehung vor Strafe geht, muss die Polizei im Rahmen des polizeilichen Jugendschutzes bemüht sein, den Jugendlichen nicht mehr als unabdingbar notwendig in das deliktische Geschehen zu verstricken und zu verhindern, dass durch frühzeitige Stigmatisierung und Abstempelung ein negatives Selbstbild beim Jugendlichen selbst entsteht und kriminelle Karrieren gefördert werden.

- Jugendliche mit erheblichen Sozialisationsmängeln sollten wegen ihrer oft gravierenden Straftaten nicht mit dem Feindbild des „rohen Verbrechers" abgestempelt werden. Zudem verfälschen Trotzreaktionen dieser Tatverdächtigen oft das Täterbild. Festigkeit und Zuwendung schließen sich nicht aus.
- Andererseits können Nachlässigkeit oder Oberflächlichkeit bei Durchsuchungen und Vernehmung Ansporn zu neuen Taten sein.
- Grundsätze der PDV 282, Bearbeitung von Jugendsachen, insbesondere Nr. 3 der Vorschrift, Ermittlungen im Strafverfahren, sind zu beachten.
- Verächtliche Herablassung, Bloßstellung am Arbeitsplatz, in der Schule sind zu vermeiden; sie können stigmatisierend wirken und durch Herabsetzung des ohnehin geschädigten Selbstgefühls des Jugendlichen die kriminelle Entwicklung weiter fördern.
- Wenn möglich, ist das Fehlverhalten nach außen (Schule, Arbeitsplatz, Nachbarschaft) abzuschirmen. Je mehr die Sozialkontakte gestört werden, umso geringer ist die Chance einer positiven Entwicklung.

- Der/die Beamte/Beamtin sollte prüfen, ob ein Gespräch mit den Eltern hilfreich sein kann. Evtl. sind die Eltern auf Möglichkeiten der Jugendhilfe durch das Jugendamt oder durch freie Träger der Jugendhilfe beratend und helfend hinzuweisen.
- Auch die Vernehmungen zur Person und Sache sollten sorgfältig und umfassend erfolgen; in der Vernehmung sind die persönlichen Verhältnisse des Jugendlichen zu erfragen: Entwicklung, Elternhaus, Schul- und Berufssituation, Lebenssituation.
- Bei der Vernehmung zur Sache ist auf Motivation und tatauslösende Faktoren einzugehen.
- Jugendamt (Jugendgerichtshilfe) unverzüglich verständigen, wenn erkennbar ist, dass mit Erlass eines Haftbefehls zu rechnen ist.
- Spätestens bei Abschluss der Ermittlungen ist ein Jugendamtsbericht zu fertigen.

Prüfe Dein Wissen

1. Erläutern Sie die Begriffe Delinquenz und Kriminalität!
   Wenden Sie die Begriffe auf das normabweichende Verhalten junger Mensch an.
2. Welche Altersgruppen zählen zur Jugendkriminalität?
3. Beschreiben Sie die charakteristischen Merkmale junger Menschen und deren Auswirkung auf jugendkriminelles Verhalten!
4. Was bedeutet hat der Begriff „Episode" für jugendkriminelles Verhalten? Welche Auswirkungen hat die Erkenntnis der Episodenhaftigkeit der Jugendkriminalität auf deren gesellschaftliche Bedeutung?
5. Was wird unter den Begriffen „jugendtypische Delikte" und „jugendtypische Tatbegehung" verstanden?
6. Nennen Sie einige „jugendtypische Delikte" und erläutern Sie diese unter jugendkriminologischen Aspekten!
7. Beschreiben Sie einige Erklärungsansätze für Jugendkriminalität!
8. Erläutern Sie den Begriff der Diversion im Jugendstrafrecht!
9. Was wird unter dem Begriff „jugendlicher Intensivtäter" verstanden?
10. Erläutern Sie die Phänomene der jugendlichen Gewalt!

Kapitel 6
Kriminalgeografie

1 Begriff, Entwicklung

Der Begriff Kriminalgeografie wird nach Inhalt und Zielsetzung nicht einheitlich gebraucht, denn in Wissenschaft und Praxis werden mit dem kriminalgeografischen Ansatz unterschiedliche Zwecke verfolgt.

Wesentliche Hauptrichtungen sind:

- Kriminalgeografie wird u.a. als Kriminalökonomie im Sinne eines soziologisch orientierten Forschungsansatzes verstanden. Es wird untersucht, warum abweichendes Verhalten in bestimmten geografisch definierten Gebieten unterschiedlich verteilt ist.[89]
- *Herold*[90] definiert Kriminalgeografie wie folgt: „...die Wissenschaft von den Beziehungen, die zwischen der spezifischen Struktur eines Raumes und der in ihm örtlich und zeitlich anfallenden Kriminalität bestehen".
- Nach *Schwind*[91] ist die Kriminalgeografie „ein Zweig der kriminologisch-kriminalistischen Forschung, der kriminelles Verhalten in seiner raumzeitlichen Verteilung erfasst und durch spezifische raumzeitliche Verbreitungs- und Verknüpfungsmuster demografischer, wirtschaftlicher, sozialer, psychischer und kultureller Einflussgrößen zu erklären versucht".

Erste kriminalgeografische Untersuchungen werden auf den Franzosen *Guerry* und den Belgier *Quetelet* zurückgeführt. Die von ihnen Anfang des 19. Jahrhunderts veröffentlichten Ergebnisse zur räumlichen Verbreitung der Kriminalität und der Kriminalitätshäufung stellten sie in Abhängigkeit zur sozialen und wirtschaftlichen Struktur der Bevölkerung und der Täter.[92]

Anfang bis Mitte des 20. Jahrhunderts wurden die kriminalgeografischen Ansätze in den USA aus kriminalökologischer Sicht aufgegriffen. *MacKay*, *Shaw* und *Trasher* befassten sich mit der systematischen soziologischen Erforschung der Beziehungen zwischen der Sozialstruktur des Raumes und der Entstehung von Kriminalität. Der Untersuchungsansatz ist unter der Bezeichnung Chicago-Schule in die kriminologische Literatur eingegangen. Die Ergebnisse auch in anderen Städten der USA führten zu dem Schluss, dass Kriminalität eine Folge von negativen Wohnverhältnissen, Armut und sozialer Desintegration ist.[93] Die in den zurückliegenden Jahren unter Orientierung an der Regionalstruktur entwickelten Präventionsprogramme basieren auf diesen ökologischen Erkenntnissen.

---

89 *Albrecht* (1993), S. 226
90 *Herold* (1977), S. 290
91 *Schwind* (2013), S. 326
92 Weitere Ausführungen sind nachzulesen bei: *Hofmann* (1991), S. 181 ff.
93 *Janssen* (1991), S. 181

In der Bundesrepublik haben besonders *Hellmer* (1972) mit der Veröffentlichung eines Kriminalitätsatlas auf der Grundlage statistischer Daten der Polizeilichen Kriminalstatistik, *Herold* (1977) mit dem von ihm als Polizeipräsident von Nürnberg entwickelten polizeitaktischen Ansatz einer Kriminalgeografie als reine Zweckwissenschaft und *Schwind* (1978) mit einer kriminalgeografisch umfassenden Untersuchung unter Einbeziehung sozio-demografischer Daten der Stadt Bochum die Entwicklung der Kriminalgeografie wesentlich beeinflusst.

2 Inhalt und Ziele

2.1 Inhalt

Nach Inhalt und Richtung wird die Kriminalgeografie wie folgt unterschieden:
- Deskriptive Kriminalgeografie
- Ätiologische Kriminalgeografie
- Kriminalistische Kriminalgeografie

Deskriptive Kriminalgeografie

Die deskriptive Kriminalgeografie versteht sich als Kriminalitätsverteilungslehre. Sie zählt die kriminellen Taten insgesamt und nach Delikten, die ermittelten Tatverdächtigen sowie deren Verteilung innerhalb bestimmter Gebietseinheiten, nach Tatzeiten und nach Täterwohnsitzen. Die Darstellung der Ergebnisse erfolgt in Kartografien und Tabellen.

Als klassische Beispiele gelten die Aufarbeitungen der mit der Polizeilichen Kriminalstatistik (PKS) erhobenen Kriminalitätsdaten nach räumlichen und zeitlichen Kriterien und die in geografischen Erfassungs- und Auswertungssystemen der Polizei aufbereiteten aktuellen Einsatzdaten zur Erkennung von Kriminalitätsbrennpunkten. Die PKS weist hauptsächlich die mit der räumlichen Verteilung der Kriminalität verursachte Gefährdung durch die aufgrund der statistischen Daten errechnete Häufigkeitszahl (HZ) aus.

Häufigkeitszahl (HZ)

Die Häufigkeitszahl ist ein Kriminalitätsquotient nach den Richtlinien für die Polizeiliche Kriminalstatistik. Sie ist die Zahl der bekannt gewordenen Fälle insgesamt oder innerhalb einzelner Deliktsarten, errechnet auf 100 000 Einwohner (Stichtag ist der 01.01. des Berichtsjahres, ersatzweise der zuletzt verfügbare Tag, der dann besonders benannt ist). Die Aussagekraft der Häufigkeitszahl wird dadurch beeinträchtigt, dass nur ein Teil der begangenen Straftaten der Polizei bekannt wird, und dass u. a. Stationierungsstreitkräfte, ausländische Durchreisende, Touristen, Besucher und grenzüberschreitende Berufspendler sowie Nichtdeutsche, die sich illegal im Bundesgebiet aufhalten, in der Einwohnerzahl der Bundesrepublik Deutschland nicht enthalten sind. Straftaten, die von diesem Personenkreis begangen wurden, werden aber in der Polizeilichen Kriminalstatistik gezählt.

Ätiologische Kriminalgeografie

Die ätiologische Kriminalgeografie setzt die sozialen, wirtschaftlichen und kulturellen Bedingungen des Raumes, d.h. die sozio-ökonomische Raumstruktur – soweit sie die Kriminalität beeinflusst – in Beziehung zu den sozialen und wirtschaftlichen Bedingungen der Tatverdächtigen wie Schichtzugehörigkeit, Arbeitslosigkeit, Wohndichte und Baustruktur.

Aus den Ergebnissen wird die These abgeleitet: Nicht der Raum, sondern die sozialen Bedingungen des Raumes produzieren delinquentes Verhalten. Die kriminalpolitische Forderung besteht in der Beseitigung der erkannten delinquenzfördernden Ursachen.

Kriminalistische Kriminalgeografie

Die Kriminalgeografie wird als kriminalistische Zweckwissenschaft zur effizienten polizeilichen Bekämpfung der Kriminalität in einem bestimmten geografischen Raum verstanden. Gegenstand der Kriminalgeografie ist die Feststellung und Untersuchung der örtlichen und zeitlichen Belastung bestimmter Gebiete mit raumbezogener Kriminalität, d.h. der Straßenkriminalität im weiteren Sinn. Die kriminelle Attraktivität des Raumes wird durch die ihr eigenen Tatgelegenheitsstrukturen bestimmt, d.h. durch Strukturen, die sich kriminalitätsfördernd auswirken. Weitere Untersuchungsgegenstände sind Feststellungen von Tatverdächtigenwohnsitzen und Tatverdächtigenmobilitäten.

Die Ergebnisse werden in Kriminalitätslagebildern zusammengefasst und ausgewertet. Sie sind Grundlage polizeilicher Einsatztaktik und Strategie der praktischen kriminalitätskontrolle.

Dieses Verständnis von Kriminalgeografie zielt im Schwerpunkt nicht auf die Ursachenbeseitigung im Sinne der ätiologischen Kriminalgeografie, sondern auf den pragmatischen Ansatz einer gezielten Kriminalitätsbekämpfung durch präventive und repressive Maßnahmen der Polizei ab.

2.2 Ziele

Unter Aspekten der Kriminaltaktik und -strategie werden mit dem kriminalgeografischen Ansatz (im Sinne der angewandten Kriminalgeografie) nachstehende Ziele verfolgt:

Die Gewinnung von Erkenntnissen über:

- Verteilung der Kriminalität nach Raum und Zeit
- Regionale Kriminalitätsbelastung
- Raumbezogene Gefährdung durch Kriminalität
- Tatgelegenheitsstrukturen
- Ökologische Strukturen mit Kriminalitätsbezug

- Tätermobilitäten, Beziehungen zwischen Täterwohnsitzen und Sozialstruktur
- Wirksamkeit von Maßnahmen der Kriminalitätskontrolle

Tatgelegenheitsstrukturen

Tatgelegenheitsstrukturen sind Tatanreize oder Tathemmnisse, die für den Tatentschluss des Täters bewusst oder unbewusst von Bedeutung sind. Sie können als objektive Bedingungen oder subjektiv wahrgenommene Chancen für kriminelles Verhalten angesehen werden.

System der Kriminalgeografie

Kriminalgeografie dient dem Zweck, Beziehungen zwischen
- den spezifischen Strukturen des Raumes und
- der in ihm örtlich und zeitlich anfallenden Kriminalität

zu untersuchen.

Gegenstand der Kriminalgeografie

In einem abgegrenzten geografischen Bereich Feststellungen über: – Umfang und Struktur der Kriminalität nach Delikten, Tatorten, Tatzeiten Begehungsarten, Täterwohnorten, pp. – Wandlung bzw. Entwicklung der Kriminalität	Erhebung von: Faktoren der Örtlichen Kriminalitätsbildung und deren Zusammenhänge mit natürlichen; sozialen, kulturellen; psychologischen und wirtschaftlichen Strukturen	Erkenntnisgewinnung durch: – polizeiliche Lagebilder – kriminologische Regionalanalysen über – Maßnahmen der Kriminalitätskontrolle – Maßnahmen wirtschaftlicher und sozialer Art

Ziele der Kriminalgeografie

Erkenntnisgewinnung über:
- Verteilung der Kriminalität nach Raum und Zeit, regionale Kriminalitätsbelastung, raumbezogene Gefährdung
- Tatgelegenheitstrukturen
- Tätermobilitäten
- Ökologische Strukturen mit Kriminalitätsbezug
- Wirksamkeit von Maßnahmen der Kriminalitätskontrolle

Merke

Der für die Polizei bedeutsame kriminalstrategische Ansatz liegt in der angewandten Kriminalgeografie begründet.

3 Methoden und Mittel der Erkenntnisgewinnung

Als Methoden und Mittel der Erkenntnisgewinnung kommen Datenerhebungen und Auswertungen durch strategische und operative Kriminalitätslagebilder und nach Kriminologischen Regionalanalysen in Betracht.

3.1 Kriminalitätslagebilder

Die Erstellung von Lagebildern und die Anwendung der daraus resultierenden Erkenntnisse sind Teile von polizeilichen Planungs- und Entscheidungsprozessen. Lagebilder sind Produkte systematischer und organisierter Prozesse der Informationserhebung, der Informationsauswahl, der Bewertung und der Aufbereitung von Informationen für die zielgerichtete polizeiliche Aufgabenwahrnehmung. Aussagekraft und Effizienz von Lagebildern sind weitestgehend abhängig vom Organisationsgrad und der Qualität der Informationsverarbeitung.

Polizeiliche Lagebilder sollen Informationen über die Entwicklung polizeilich relevanter Lagefelder bereitstellen und das systematische Erkennen von polizeilichen Brennpunkten in räumlicher, zeitlicher und deliktischer Hinsicht ermöglichen. Damit bieten sie u. a. die Grundlage für zeitnahes, anlassorientiertes polizeiliches Handeln. Darüber hinaus sollen Informationen für die Beurteilung der Sicherheitslage innerhalb eines Raumes für bestimmte Zeiträume bereitgestellt werden.

> ***Merke***
> *Kriminalitätslagebilder sind die Grundlage für aufgabenorientiertes, anlassbezogenes und gezieltes polizeiliches Handeln.*

Kriminalitätslagebilder sind Teil eines übergeordneten Systems von Kriminalitäts- und Verbrechensanalysen. Einen Überblick gibt die folgende Übersicht, die nach Analysefeldern, Analysemethoden und Analysezielen unterscheidet.

Analysefelder	**Strategische Analysen**	**Operative Analysen**
Staftaten	Phänomenologische Straftatenanalysen Erkennen von Tatbegehungsmustern Verteilung der Kriminalität nach Raum und Zeit Erkennen kriminalitätsfördernder Strukturen	Kriminalistische Einzelfall-Analysen Operative Kriminalitäts-Analysen
Staftäter	Allgemeine Profilanalysen von Straftätern-Tätertypen Analyse der Tätermobilitäten und von Täterwohnsitzstrukturen	Analyse von Kriminellen Täterstrukturen Bandenbildung Spezifische Profilanalysen („Profiling“)
Verbrechenskontrolle	Kontrollmethoden Analysen	Ermittlungsanalysen Erfolgskontrolle

3.2 Kriminologische Regionalanalyse

Die Kriminologische Regionalanalyse ist ein um sozio-demografische, wirtschaftliche und kulturelle Daten angereichertes mehrdimensionales Sicherheitslagebild auf regionaler Ebene.

- Sie stellt die Fortschreibung der kriminalistisch-kriminologischen Dokumentation über
- eine bestimmte regelmäßig eng begrenzte Region,
- die in ihr begangene Kriminalität unter Berücksichtigung von Untersuchungsergebnissen des kriminellen Dunkelfeldes,
- Entstehungszusammenhänge und Tatgelegenheitsstrukturen,
- die Prognose der Kriminalitätsentwicklung sowie
- Maßnahmen der Kriminalitätskontrolle und deren Wirksamkeit

dar.

Sie ist konzeptionell eine Methode der Zusammenzuführung von
- Kriminalgeografie,
- Regionalwissenschaft,
- angewandter Kriminologie
- und Kriminalistik mit Raumbezug.

Untersuchungsbereiche der Kriminologischen Regionalanalyse sowie die im Einzelnen bedeutsamen Kriterien ergeben sich aus der nachstehenden Übersicht.

Kriminologische Regionalanalyse
Übersicht der Untersuchungsbereiche

Geografischer Untersuchungsbereich	Untersuchungebereich Kriminalität	Untersuchungsberelch Krlminalitätskontrolle
Regionale Gliederung Bebauung und Nutzung – Gebiets- und Verkehrsstruktur Organisationen mit Sicherheitsrelevanz Sozlo-ökonomische Faktoren Sonstige zuständige Behörden Bevölkerung – Einwohner – Bevölkerungsdichte und -struktur – Bevölkerungsentwicklung Spezielle Indikatoren	**Registrierte Kriminalität** – Umfang nach Raum und Zeit – Struktur nach Delikten, Tatzeiten – Erscheinungsformen nach Objekten, Tatbegehung Tatverdächtige – Anzahl erm. Tatverdächtiger – Altersgruppen, Mehrfach-/ Wiederholungstäter Nationalitäten, Problemgruppen – Tätergemeinschaften – Täterwohnsitze, Tätermobilitäten Dunkelfeldaufhellung Opfer Sonstige Untersuchungen	**Überregionale und regionale Zielvorgeben der Kriminalitätskontrolle** Polizeiliche Organisationsstruktur – regionale Gliederung – Aufbau-, Ablauforganisation – Personalausstattung Schwerpunkte der Aufgabenwahrnehmung nach Einsatz, Stralverfolgung Prävention – Information- und Kommunikation – techn. Standard Zusammenarbeit mit anderen Behörden Medien, Öffentlichkeitsarbeit

Quelle: Unter Orientierung an Koch, Kriminalitätslagebilder, BKA-Forschungsreihe, Sonderband, Wiesbaden 1992

4 Erkenntnisse der Kriminalgeografie

4.1 Zusammenhänge zwischen Raum und Delinquenzbelastung

Bei der Untersuchung der räumlichen Verteilung der Kriminalität zeigt sich durchgehend eine hohe Belastung der Großstädte und Ballungsgebiete mit Kriminalität. Dagegen sind ländlich strukturierte Gebiete und Kleinstädte gering belastet.

Die PKS unterscheidet bei der räumlichen Erfassung der Kriminalität nach Gemeindegrößenklassen (Tatortgruppen). Ein Bild über die räumliche Belastung zeigen nachstehende Übersichten:

Erfassung der Kriminalität nach Gemeindegrößenklassen
Bundesrepublik Deutschland 2013

Gemeindegrößenklassen (Einwohner)	Einwohner am 01.01.2013		registrierte Fälle 2013		Häufigkeitszahl
	Anzahl	in %	Anzahl	in %	
insgesamt	**80.523.746**	**100,0**	**5.961.662**	**100,0**	**7.404**
Großstädte ab 500.000	12.647.051	15,7	1.712.685	28,7	13.542
Großstädte von 100.000 bis unter 500.000	12.183.930	15,1	1.199.018	20,1	9.841
Städte von 20.000 bis unter 100.000	21.959.682	27,3	1.597.906	26,8	7.277
Gemeinden unter 20.000	33.733.083	41,9	1.396.618	23,4	4.140
unbekannt			55.435	0,9	

Quelle: BKA, PKS 2013

Bevölkerungs- und Straftatenanteile
in den jeweiligen Gemeindegrößenklassen

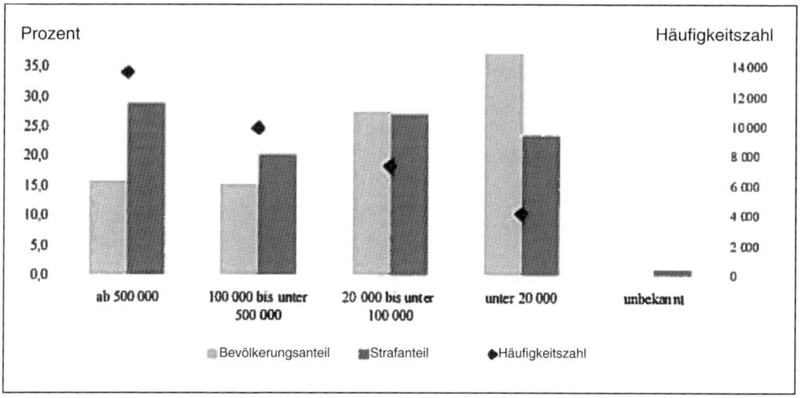

Quelle: BKA, PKS 2013

Erläuternde Hinweise bzgl. der Zuordnung der Fälle zu den jeweiligen Gemeindeklassen finden Sie in der PKS Bund 2013, S. 16.

Die Häufigkeit der nach der PKS registrierten Fälle wächst bei der Mehrzahl der Straftaten mit der Einwohnerzahl der Gemeindegrößenklassen. Dies zeigt sich bei der Verteilung der Einzeldelikte nach Tatortgruppen. Hohe Belastungen weisen Großstädte von 100.000 bis über 500.000 Einwohner mit Gewalt- und allgemeinen Aggressionsdelikten, Diebstahl, Betrug und Rauschgiftdelikten auf.

Allgemein hohe Belastungen mit Kriminalität weisen z.B. auf:
- Verdichtete Wohngebiete mit hoher Isolation des einzelnen städtischen Ballungsgebietes,
- Vorhandensein von unzureichender informeller und formeller sozialer Kontrolle, gekoppelt mit sozialer Desintegration,
- Metropolen, Großstädte und Ballungsgebiete,
- Konzentration von bestimmten Tatgelegenheitsstrukturen.
- Geringe Kriminalitätsbelastung weisen auf:
- kleine Gemeinschaften mit guter informeller Sozialkontrolle,
- Gemeinschaften mit gut ausgeprägtem Zusammenhörigkeitsgefühl,
- gut überschaubare Gebietseinheiten.

These:
Die Raumbelastung mit Kriminalität nach ihrer Häufigkeit sowie nach der Art und Schwere der Straftaten steht in Abhängigkeit von der demografischen Struktur des Raumes. Einwohneranzahl, Einwohnerdichte sowie Wirtschafts-Sozialstrukturen beeinflussen signifikant die raumbezogene Kriminalität.

4.2 Bereiche mit hoher krimineller Zugkraft

Dies sind:
- Stadtzentren, Wohngebiete mit verdichteter Hochhausbebauung für Raub, Einbruchsdiebstahl, Sachbeschädigung, Betrug,
- Vergnügungsviertel, insbesondere Rotlichtdistrikte mit OK-Strukturen und Gewaltdelikten,
- Villenviertel für Einbruchsdiebstähle und Kfz-Delikte mit hohem Sachwert,
- Stadtviertel mit Vergnügungsparks, gelegentlich auch Fußballstadien für diverse Delikte der Straßenkriminalität.

4.3 Zusammenhänge zwischen Kriminalität und sozialen Faktoren

Diese bestehen ferner:
- bei hohem Anteil sozial-strukturell gestörter Familien,
- in Bereichen mit sozial fortgeschrittener Desintegration und Slumbildung,
- bei einem hohen Anteil nicht integrierter Bürger mit Migrationshintergrund bei subkultureller Gruppenbildung,

- bei verdichteter Bebauung mit hoher Wohndichte sozialer Problemfamilien,
- bei hohem Bevölkerungsanteil von Kindern und Jugendlichen bei gleichzeitiger mangelhafter Betreuung und fehlenden Freizeiteinrichtungen.

4.4 Städtebau und Kriminalität

Als gesicherte Erkenntnis gilt die Beziehung zwischen verdichteter Bebauung mit Hochhäusern und der Entstehung von Jugendkriminalität.
Als Ursachen gelten vor allem:
- psycho-soziale Gründe wie die Entstehung von Aggression gegen Personen und Sachen, die sich in Gewalt und Vandalismus zeigen,
- sozial-strukturelle Bedingungen wie überproportional hohe Anteile sozial schwacher Bevölkerungsgruppen,
- hohe Anteile von Jugendarbeitslosigkeit, geringes Bildungsniveau und Perspektivlosigkeit und
- mangelhafte soziale Kontrolle.

4.5 Tätermobilität

Die Kriminalgeografie unterscheidet zwischen Orten, die dem Täter für die Tatbegehung und den Taterfolg bei geringem Entdeckungsrisiko besonders attraktiv erscheinen, d.h. kriminelle Zugkraft aufweisen, und Gebieten, in denen die Täter wohnen, d.h. den Tatverdächtigenwohnorten. Wohngebiete mit sozial Unterprivilegierten weisen eine hohe Tatverdächtigenbelastung auf.[94]

Die in der City wohnenden Straftäter begehen ihre Straftaten vorwiegend in der City, während auf die im übrigen Stadtgebiet wohnenden Täter die City die fast gleiche Anziehungskraft ausübt. Untersuchungsergebnisse zeigen, dass die Tätermobilität in Deutschland bei der Mehrzahl der Straftaten gering ist; ca. 60 bis 70 % der Tatverdächtigen begehen ihre Taten am Wohnsitz. Besonders Gewalt- und Sexualtäter begehen ihre Taten in unmittelbarer Nähe des Wohnortes. Unbeachtet bei diesen Untersuchungen bleibt allerdings das sog. Tatverdächtigendunkelfeld, d.h. die nicht ermittelten Tatverdächtigen, über deren Tätermobilität allenfalls geschlussfolgert werden kann. Besonders bei qualifizierten Straftaten ist die Anzahl der nicht aufgeklärten Straftaten teils besonders hoch. Hier fehlen Erkenntnisse über die Täter und deren Mobilität. Es kann nicht ausgeschlossen werden, dass gerade bei diesen Delikten die Tätermobilität besonders hoch ist und dadurch die Aufklärungswahrscheinlichkeit der Taten gemindert wird.

Beispiel:

Überörtlich tätige Einbrecherbanden, die mit hoher Professionalität vorgehen, professionelle Taschendiebe, reisende Trickbetrüger, Tätergruppierungen aus der organisierten Kriminalität.

94 *Schwind* (2013), S. 332 ff.

5 Praxisrelevanz

Die Lagebilderstellung, ergänzt durch Untersuchungsergebnisse mittels Kriminologischer Regionalanalyse, stellt ein wichtiges Instrument zur Schaffung einer umfassenden Informationsgrundlage für aussagekräftige Lagebeurteilungen im regionalen Bereich dar.

Die Aufhellung des örtlichen Straftatendunkelfeldes im Rahmen Kriminologischer Kriminalitätsanalysen führt u.a.

- zur Gewinnung von Erkenntnissen
  - über Hell-Dunkelfeld-Relationen und über
  - regional- und sozialbedingtes Anzeigenverhalten von Opfern und Opfergruppierungen.
- zum Erkennen von
  - örtlichen, deliktischen und zeitlichen Kriminalitätsbrennpunkten,
  - Bereichen mit hoher krimineller Zugkraft und deren Ursachen,
  - Zusammenhängen zwischen Täterwohnort, Sozialstruktur und Tätermobilität auf regionaler Ebene.

Die um die Kriminologische Regionalanalyse angereicherte Kriminalgeografie ist somit Planungsgrundlage für operative und strategische Entscheidungen der Polizei und für kommunale Maßnahmen in sicherheitspolitischen Bereichen. Die Ergebnisse liefern bedeutsame Hinweise für

- Zielbildungsprozesse auf örtlicher Ebene,
- gezielte Einsatzplanungen der Polizei und Schwerpunktbildung in der regionalen Verbrechensbekämpfung und
- Strukturmaßnahmen der kommunalen Kriminalprävention.

Kriminalgeografisch sowie Modus Operandi orientiere Erfassungs- und Analysesysteme unterschiedlicher Konfiguration werden seit geraumer Zeit zunehmend von den Polizeibehörden auf Länderebene eingesetzt. Optimierte Rechnerkapazitäten und mehrdimensionale Programmverknüpfungen machen die Systeme ständig leistungsfähiger.[95]

Fallrepetitorium[96]

Sachverhalt

In einer nordrhein-westfälischen Mittelstadt (110.000 Einwohner) wurde ein Kriminalpräventiver Rat gegründet. In diesem sind neben Stadtverwaltung, Justiz

95 Siehe dazu beispielhaft: *Gluba*, Predictive Policing – eine Bestandsaufnahme; in: Kriminalistik 6/2014, S. 347 ff. sowie VIVA macht das Leben leichter. Neues Vorgangsbearbeitungssystem kommt 2015; in Streife, S. 19, Ausgabe 6/7.2014, Hrsg. MIK NRW.

96 Siehe auch das Fallrepetitorium in Kapitel. 4, zum Thema: Statistische Erfassung der Kriminalität. Die Lösungshinweise weichen bei gleichem Sachverhalt und gleichen Aufgaben im Detail – je nach Themenschwerpunkt – voneinander ab.

und Polizei auch die gesellschaftlich relevanten Gruppen der Stadt, die Parteien und die Medien vertreten. Bei der Gründungsversammlung wurden folgende Punkte beschlossen:

Auszug aus dem Protokoll der Gründungsversammlung:

„1. ...

2. ...

3. Die Beteiligten waren sich einig in der Auffassung, dass zur Aufgabenwahrnehmung ein aktuelles örtliches Lagebild notwendig sei. Die vorliegenden Daten aus den unterschiedlichen Behördenstatistiken seien nicht weitreichend genug. Außerdem seien viele der Statistiken aufeinander nicht abgestimmt. Deshalb soll noch in diesem Jahr ein aktuelles Lagebild der Stadt erstellt werden. Dazu soll das Instrument der Kriminologischen Regionalanalyse genutzt werden.

4. ...

5. Kontrovers wurde die Frage diskutiert, welche statistischen Daten bei Verlautbarungen des Kriminalpräventiven Rates Anwendung finden sollen. Während der Leiter des Amtsgerichts und die Vertreter von politischen Parteien vorschlugen, die Daten der Strafverfolgungsstatistik zu nutzen, wies die Landrätin als Vorsitzende des Kriminalpräventiven Rates darauf hin, dass die Zahlen der polizeilichen Kriminalstatistik aussagekräftiger seien. Zwar gäbe es grundsätzliche Probleme, diese für ein aktuelles Lagebild zu nutzen, doch seien diese Daten für die Nutzung im Sinne der Kriminalitätsvorbeugung gehaltvoller."

Aufgaben

1. Erläutern Sie Aufgabe und Inhalt einer Kriminologischen Regionalanalyse und zeigen Sie auf, wie diese für eine aktuelle Lagebilderstellung genutzt werden kann!
2. Nehmen Sie zu der Frage Stellung, welche der genannten Statistiken zur Aufgabenbewältigung im Kriminalpräventiven Rat eher geeignet ist und gehen Sie dabei auf Aufgabe, Ziele und Umfang der Polizeilichen Kriminalstatistik ein!

Lösungshinweise

Vorbemerkung:

Die Lösung ist als Lösungsskizze konzipiert, in der die wesentlichen zu bearbeitenden Inhalte in Kurzform dargestellt werden. Die/Der Bearbeiterin/Bearbeiter ist aufgefordert, die Inhalte durch eigene ergänzende Ausführungen auszufüllen und zu formulieren.

Zu Aufgabe 1: Erläutern Sie Aufgabe und Inhalt einer Kriminologischen Regionalanalyse und zeigen Sie auf, wie diese für eine aktuelle Lagebilderstellung genutzt werden kann.

In der Lösung der Aufgabe soll deutlich werden, dass eine Kriminologische Regionalanalyse (KRA) ein Instrument der Kriminalgeografie ist, mit welchem es möglich ist, über die Aussagekraft von Kriminalstatistiken und Dunkelfeldforschungen hinaus Aussagen zur Tatgenese zu treffen. Die KRA dient damit der Schaffung einer Informationsgrundlage für Lagebeurteilungen im regionalen Bereich, mit deren Hilfe sich auch die Zusammenarbeit mit anderen Institutionen und Behörden im Bereich der Kriminalprävention initiieren und organisieren lässt.

Für die Durchführung einer KRA ist es deshalb unerlässlich, folgende Daten zu erheben:

Kriminalität

Erfassung der registrierten Kriminalität nach der Polizeilichen Kriminalstatistik (PKS) und nach eingangsstatischen Kriminalitätsdaten, Daten von Tatverdächtigen, Opfern, Erstellung spezieller Kriminalitätsanalysen, Durchführung von Bürgerbefragungen, Dunkelfelderhebungen.

Untersuchungsregion

Zu untersuchen sind: regionale Gliederung, Bebauung, Gebietsfunktion, Verkehrsstruktur, sicherheitsrelevante Einrichtungen, sozio-ökonomische Faktoren, Behördenstruktur, Bevölkerungsdaten pp.

Kriminalitätskontrolle

Erhebungen sind vorzunehmen zu Zielsystemen, der Polizei, anderen Behörden und Organisationen mit Sicherheitsaufgaben, Zusammenarbeit mit Instanzen der formellen und informellen sozialen Kontrolle, Medien, Öffentlichkeitsarbeit.

Zu Aufgabe 2: Nehmen Sie zur der Frage Stellung, welche der genannten Statistiken zur Aufgabenbewältigung im Kriminalpräventiven Rat eher geeignet ist und gehen Sie dabei auf Aufgaben, Ziele und Umfang der Polizeilichen Kriminalstatistik ein.

In der Lösung soll zum Ausdruck kommen, dass Ziel der Polizeilichen Kriminalstatistik die Beobachtung von Kriminalität, einzelner Deliktsarten, Umfang und Zusammensetzung des Tatverdächtigenkreises und Veränderung von Kriminalitätsquotienten ist, um Erkenntnisse für Prävention und Repression, Forschung, Organisation und Kriminalpolitik zu gewinnen.

In der Lösung soll herausgestellt werden, dass die Ergebnisse der PKS nur eingeschränkt aussagefähig sind. Argumentativ sollen dabei folgende Punkte Erwähnung finden:

- Dunkelfeldproblematik,
- Interpretationsprobleme

  - durch Gesetzesänderungen,
  - Änderung des Anzeigeverhaltens,
  - Änderung der Erfassungsmodalitäten,
  - polizeiliche Verfolgungsintensität,
  - Veränderung der Tatgelegenheitsstruktur und
  - demografische Aspekte,
- Überbewertung der Daten in der öffentlichen Diskussion, auch durch unkritischen Datenumgang,
- schlechte Vergleichbarkeit mit anderen Statistiken.

Dabei sollte auf die Aussagekraft der unterschiedlichen Kriminalstatistiken eingegangen werden (siehe S. 114 ff.) und das „Trichtermodell" (siehe Abb. S. 115) zur Ausfilterung der öffentlich wahrgenommenen Kriminalität Anwendung finden.

Bewertend sollte die Lösung zu dem Ergebnis kommen, dass die PKS von allen Kriminalstatistiken für die Aufgabenwahrnehmung im Kriminalpräventiven Rat nach Anreicherung der Daten, insbesondere durch Dunkelfelderhebungen, am besten geeignet ist.

Prüfe Dein Wissen

1. Beschreiben Sie den Begriff „Kriminalgeografie"!
2. Welche Anwendungsbereiche sind Inhalt der Kriminalgeografie?
3. Was wird unter dem Begriff „Kriminalitätslagebild" verstanden?
4. Welche Bedeutung haben die Erkenntnisse der Kriminalgeografie für die Erstellung von polizeilichen und außerpolizeilichen Lagebildern?
5. Erläutern Sie Begriff, Inhalt und Bedeutung der Häufigkeitszahl!
6. Nennen Sie beispielhaft Erkenntnisse der Kriminalgeografie und deren Anwendungsmöglichkeiten für die polizeiliche Praxis!
7. Erläutern Sie die wesentlichen Zielsetzungen der Kriminologischen Regionalanalyse!
8. Was ist unter „Tätermobilität" zu verstehen? Welche polizeipraktische Bedeutung haben die Erkenntnisse?
9. Warum sind Großstädte und Ballungsgebiete besonders hoch mit Kriminalität belastet?
10. In welcher Beziehung stehen Städtebau, Wohnhausarchitektur und Kriminalität?

Kapitel 7
Kriminalprävention

1 Begriff und Struktur

1.1 Begriff

Unter Prävention allgemein wird die Verhinderung einer Handlung, eines angestrebten Zieles oder von prognostizierten Folgen verstanden.

Kriminalwissenschaftlich wird mit der Prävention die Verhinderung bzw. die Vorbeugung von Straftaten im Sinne von Kriminalprävention verfolgt.

Ursprünglich bedeutete Kriminalprävention Abschreckung von Straftätern durch Strafandrohung, Strafverfolgung und Bestrafung.

Kriminalprävention ist nach allgemeinem Verständnis ein Zweckbegriff, der unter kriminalpolitischen Aspekten verschiedenen Disziplinen der Gesellschaftspolitik sowie den Strafrechtswissenschaften, der Kriminologie und der Kriminalistik zugeordnet wird.

Nach heutigem Verständnis umfasst Kriminalprävention alle Maßnahmen und Vorkehrungen, die seitens des Staates und von privater Seite eingeleitet und realisiert werden, um das Ausmaß und die Schwere der Kriminalität zu vermindern.

Die Kriminalprävention zielt im Besonderen darauf ab

- Kriminalitätsursachen,
- Kriminalitätsanreize und die
- Bereitschaft zu kriminellem Verhalten zu beseitigen oder positiv zu beeinflussen;
- die Entstehung oder Verfestigung krimineller Faktoren zu verhindern,
- Straftaten bzw. deren Erfolg zu verhindern oder zu erschweren,
- das Sicherheitsgefühl der Bürger zu stärken und objektiv nicht begründbare Kriminalitätsfurcht abzubauen,
- den Selbstschutzgedanken zu intensivieren sowie die Bevölkerung für Gefahren, die aus der Kriminalität erwachsen können, zu sensibilisieren.

Definition nach der PDV 100:

Die PDV 100, Nr. 2.1.1.1 definiert die polizeiliche Prävention wie folgt: „Prävention umfasst die Gesamtheit aller staatlichen und privaten Bemühungen, Programme und Maßnahmen, welche die Kriminalität und die Verkehrsunfälle als gesellschaftliche Phänomene oder individuelle Ereignisse verhüten, mindern oder in ihren Folgen gering halten. Zu solchen negativen Folgen zählen physische, psychische und materielle Schäden sowie Kriminalitätsangst, insbesondere die Furcht, Opfer zu werden."

1.2 Struktur der Kriminalprävention

1.2.1 Kriminalpolitische Zielsetzung

Nach kriminalpolitischer Zielsetzung wird unterschieden zwischen:

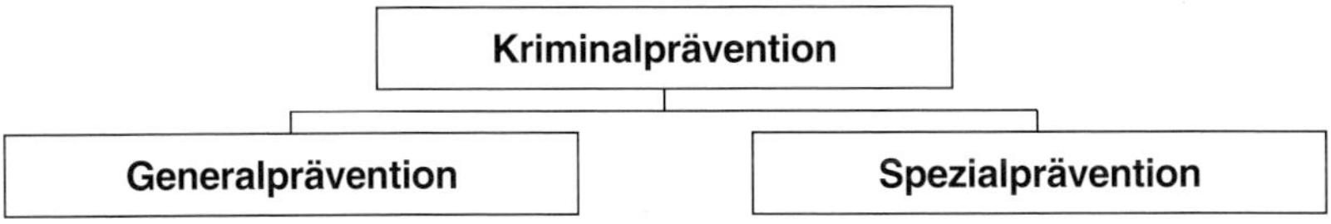

Die **Generalprävention** richtet sich an potenzielle Straftäter mit dem Ziel der Abschreckung durch Strafandrohung und Strafverfolgung. Sie wird auch als sog. negative Generalprävention bezeichnet, die von der positiven Generalprävention abzugrenzen ist, die der Stärkung und Erhaltung der Rechtstreue dienen soll.[97]

Die **Spezialprävention** zielt auf die Verhütung künftiger Straftaten durch die unmittelbare Einwirkung auf den Täter mit den Mitteln der Strafe und den Maßregeln der Besserung und Sicherung ab. Ihr Augenmerk ist besonders auf die Verhütung der Rückfälligkeit bereits straffällig gewordener Personen gerichtet. Zielobjekt ist also der individuelle Rechtsbrecher. Auch hier wird unterschieden zwischen positiver und negativer Spezialprävention. Die positive Spezialprävention bezweckt die Resozialisierung durch Erziehung, Besserung und Wiedergutmachung des Täters. Der Wiedergutmachungs- und Erziehungsgedanke kommt u.a. im Täter-Opfer-Ausgleich zum Tragen. Die negative Spezialprävention ist auf die Abschreckung des individuellen Täters gerichtet. Sie wird u.a. realisiert mit dem Verfolgungs- und Entdeckungsrisiko, dem der Täter bei Tatbegehung ausgesetzt wird.

1.2.2 Kriminologische Zielsetzung

Die grundlegende kriminologische Zielsetzung unterscheidet nach primärer, sekundärer und tertiärer Kriminalprävention.

97 *Kube/Koch* (1992), S. 8

Ziele der Kriminalprävention

Primäre Kriminalprävention	Sekundäre Kriminalprävention	Tertiäre Kriminalprävention
Merkmale: Entwicklung und Stärkung des Rechtsbewusstseins – Verinnerlichung der geltenden Rechtsnormen – Beseitigung von Sozialisationsmängeln und – sozial-strukturellen gesellschaftlichen Nachteilen – Belohnungssysteme für rechtskonforme Handlungen	Merkmale: Kriminalitätskontrolle durch – Veränderung der Tatanreize – Erhöhung des Täterrisikos bei der Tatbegehung – Erhöhung des Schwellenwertes zur Erreichung des Taterfolgs – Reduzierung des Tatertrags – Stützung sozialadäquaten Verhaltens	Merkmale: Sanktionierung, Behandlung und Wiedereingliederung des Täters durch – Verzicht auf förmliches Verfahren, z.B. Diversion, Täter-Opfer-Ausgleich – sozialtherapeutische Behandlung – Bewährungsauflagen – Resozialisierungsmaßnahmen

Die **primäre Kriminalprävention** zielt mit gesellschaftspolitischen Mitteln insbesondere auf die Normenverdeutlichung und die Stabilisierung des Rechtsbewusstseins in der Gesellschaft i.S. der positiven Generalprävention ab. Sie soll die eigentlichen, in den gesellschaftlichen und sozialen Umständen liegenden Ursachen, die für die Entstehung krimineller Verhaltensmuster maßgeblich sind, beseitigen.

Mit der **sekundären Kriminalprävention** wird angestrebt, die in der realen Wirklichkeit vorhandenen tatfördernden Strukturen zu beseitigen bzw. zu reduzieren, die Tatbegehungschwelle zu erhöhen und den Taterfolg zu minimieren. Täterbezogen sollen tatbereite Personen durch Veränderung der Tatgelegenheitsstrukturen von ihren beabsichtigten Taten abgehalten werden. Dies kann geschehen durch

- raumbezogene Verringerung erkannter krimineller Zielobjekte,
- Erhöhung des Schwellenwertes für die Tatbegehung bzw. Erschwerung der Zugänglichkeit zu bevorzugten Tatobjekten,
- Risikoverstärkung für den potenziellen Täter durch Erhöhung der Tataufklärung bzw. Täterüberführung,
- Entziehung des Tatertrages.

Weiterhin sollen potenzielle Täter durch Stützungsmaßnahmen zu sozialadäquatem Verhalten veranlasst werden.

Opferbezogen verfolgt die sekundäre Kriminalprävention die Verminderung des Opferrisikos.

Tatgelegenheitsstrukturen:

Als Tatgelegenheitsstrukturen kann man solche Umweltzustände und deren Verknüpfungen bezeichnen, die als Tatanreize bzw. als Tathemmnisse für den Tatentschluss des mehr oder weniger rational handelnden Täters relevant sind.

Tatgelegenheiten können als objektive Bedingungen und als subjektiv wahrgenommene Chancen für kriminelles Verhalten angesehen werden.

Strukturelemente der Tatgelegenheiten:

- Zielobjekte

  Potenzielle Opfer sollen aus dem Zugriffsbereich des potenziellen Täters herausgehalten werden. Dies kann rein physisch, aber auch durch Beratung und Aufklärung erfolgen.

- Zugänglichkeit, Schwellenerhöhung

  Es soll die Erhöhung der Schwelle der für die Tatbegehung notwendigen kriminellen Energie erfolgen.

  Beispiel:

  Hierzu zählen u.a. der Einsatz von Sicherungstechnik oder Überwachungskameras.

- Misserfolgsrisiko

Das Misserfolgsrisiko zielt auf eine Abschreckung von potenziellen Straftätern ab, weil diese annehmen müssen, dass sie ermittelt und überführt werden. Dadurch verwirklichen sie nicht ihr mit der Straftat angestrebtes Ziel.

  Beispiel:

  - Erhöhung des Misserfolgsrisikos durch neue Verfahren zur Aufklärung eines Sachverhalts (z.B. DNA-Analyse) oder
  - Erhöhung des Ermittlungsrisikos für den Täter generell durch hohe Aufklärungsleistung.

- Minderung des Tatertrags

  Ziel ist es, den illegalen Tatertrag den Tätern zu entziehen oder ihn zunichte zu machen.

  Beispiel:

  - Gewinnabschöpfung bei Rauschgiftdelikten,
  - Weiterentwicklung der Vermögensbeschlagnahme,
  - strafbefreiende Selbstanzeige bei Steuerhinterziehung.

Das Gebiet der sekundären Prävention ist Haupttätigkeitsgebiet präventiver polizeilicher Arbeit.

Die **tertiäre Kriminalprävention** zielt darauf ab, den bereits auffällig gewordenen Straftäter vor Rückfälligkeit zu bewahren bzw. ein dauerhaftes Abgleiten in Kriminalität zu vermeiden.

Bei der tertiären Prävention stehen im Vordergrund die

- Sanktionierung,
- Behandlung,
- Wiedereingliederung des Täters.

Formen der tertiären Prävention sind u.a.:

- die Diversion im Jugendstrafrecht als Alternative zur Strafe, Resozialisierungs- und Strafmöglichkeiten,
- der Täter-Opfer-Ausgleich,
- ambulante Resozialisierungsmaßnahmen wie soziale Trainingskurse,
- Geldstrafe, Bewährungshilfe, Verwahrvollzug in Heim, betreutes Wohnen,

- Straffälligenhilfe,
- Resozialisierungsfonds.

Beachte

Kriminalprävention ist eine gesamtgesellschaftliche Aufgabe, nicht nur Aufgabe eines bestimmten staatlichen Bereichs oder ausgewählter Institutionen, sondern Aufgabe

des Staates und seiner Einrichtungen,

privatrechtlicher Institutionen und Einrichtungen,

jedes einzelnen Bürgers.

2 Aktuelle Aspekte der Kriminalprävention

Kriminalpräventive Konzepte bestehen sowohl auf nationaler als auch auf internationaler Ebene.

Beachte

Einen kurzen Abriss der Entwicklung und des derzeitigen Standes der Kriminalprävention in Europa und Deutschland enthält der 2. Periodische Sicherheitsbericht 2006 des BMI und des BMJ.[98] *Als interdisziplinäre Einrichtung besteht in Deutschland die „Stiftung Deutsches Forum für Kriminalprävention", gegründet im Juni 2001. Die Stiftung verfolgt unter Orientierung an gesamtgesellschaftlichen und individuellen Ursachen von Kriminalität im Besonderen den Zweck, alle kriminalpräventiven Aktivitäten zu vernetzen.*[99] *In den Bundesländern bestehen Landespräventionsgremien, in denen möglichst umfassend die gesellschaftlich relevanten Kräfte in die Kriminalprävention eingebunden sind. Eine gleiche Entwicklung hat auf lokaler und regionaler Ebene stattgefunden. Den Stand der internationalen kriminalpräventiven Bemühungen stellt der Bericht des BMJ über den VII Kongress der Vereinten Nationen v. 12.–19. April 2009 zum Thema: Verbrechensverhütung und Strafrechtspflege dar.*[100]

In früherer Zeit war es üblich, Kriminalprävention und verbrechensvorbeugende Maßnahmen als polizeiliche Aufgabe der Gefahrenabwehr zu sehen. Aktuelle Präventionsansätze gehen von interdisziplinären, ressortübergreifenden Strategien aus. Diesem strategischen Ansatz folgt die kommunale Kriminalprävention[101], um bei der Polizei, kommunalen Einrichtungen und Bürgern auf örtlicher Ebene gemeinsame Aktivitäten zur Kriminalitätseindämmung zu entwickeln.

98 Abzurufen unter www.bka.de (Stand: April 2015).

99 Abzurufen unter www.kriminalpraevention.de (Stand: April 2015).

100 www.bmjv.de (Stand: April 2015).

101 Grundsätze enthält u.a. der „Leitfaden Kommunale Kriminalprävention", herausgegeben vom Landespräventionsrat NRW, 2004, sowie der Leitfaden „Impulse für das kommunale Präventionsmanagement" herausgegeben von der Stiftung Deutsches Forum für Kriminalprävention, 2. überarb. Aufl. 2012, abzurufen unter: kriminalpraevention.de (Stand: April 2015).

Grundlage des koordinierten Handelns ist die Erkenntnis, dass Kriminalität hauptsächlich ein Problem der Großstädte und Ballungsgebiete ist (siehe Kriminalgeografie) und die Ursachen in lokalen Bedingungen liegen, die effektiv auf örtlicher Ebene beeinflusst werden können. Die Gründe liegen im Wesentlichen in den vorhandenen Tatgelegenheitsstrukturen (siehe dort) und in den allgemeinen sozialen Verhältnissen der Städte, die kriminelles Verhalten in seiner Entstehung fördern.

Der Polizei kommt in der Kommunalen Kriminalprävention eine bedeutende Rolle zu, denn sie ist diejenige staatliche Institution, die über umfangreiche Erkenntnisse der Kriminalitätslage verfügt, die durch umfassende Kriminologische Regionalanalysen zu ergänzen sind.

3 Polizeiliche Kriminalprävention

3.1 Ziele

Die Ziele der Kriminalprävention werden wesentlich bestimmt und begrenzt durch den gesetzlichen Auftrag der Polizei und die ihr zur Verfügung stehenden realen kriminalpräventiven Einflussmöglichkeiten und Mittel. Sie werden realisiert durch polizeiliche Präventionsstrategien, in deren Mittelpunkt

- die Reduzierung der Kriminalität,
- die Verhinderung von Straftaten und
- die Vermeidung des Opferwerdens

stehen.

Feinziele polizeilicher Kriminalprävention sind vorwiegend:

- Reduzierung präventabler Delikte der Straßenkriminalität, der Gewaltkriminalität und der Verkehrskriminalität,
- Zurückdrängen der Kinder- und Jugenddelinquenz; Minderung krimineller Verhaltensmuster sowie Verhinderung des dauerhaften Abgleitens von jungen Menschen in Kriminalität,
- Einflussnahme und Reduzierung von erkannten kriminalitätsfördernden Strukturen,
- Verhinderung des Entstehens delinquenzfördernder Faktoren,
- Sensibilisierung der Bürger für Gefahren, die von der Kriminalität allgemein und von bestimmten Straftaten ausgehen,
- Stärkung des Selbstschutzgedankens und des sicherheitsorientierten Verhaltens der Bürger; Förderung des Verantwortungsbewusstseins und des Gemeinsinns der Bürger für ihr soziales Umfeld,
- Abbau übermäßiger Kriminalitätsangst.

3.2 Erkenntnisgrundlagen

Präventionslagebilder sind Grundlagen für alle präventiv-polizeilichen Tätigkeiten auf den unterschiedlichen Organisationsebenen. Zu diesem Zweck werden die zur Verfügung stehenden sicherheitsrelevanten Informationen unter Präventionsgesichtspunkten bewertet und in Präventionslagebildern als Erkenntnis-, Entscheidungs- und Handlungsgrundlage bereitgestellt und zielgruppenorientiert in geeignete Präventionsmaßnahmen umgesetzt.

Als Erkenntnisquellen für das (operative) Präventionslagebild sind die im Untersuchungsbereich (Inspektion, Direktion, Präsidialbereich) erhobenen und in den sonstigen polizeilichen Lagebildern verarbeiteten Informationen und Erkenntnisse zu nutzen, soweit sie Hinweise auf präventable rechtswidrige Handlungen, Zustände oder Entwicklungen geben.

In der Hauptsache kommen dafür folgende Daten in Frage (die Aufzählung ist nicht abschließend):

- Daten aus dem aktuellen Kriminalitätslagebild und dem Verkehrslagebild,
- Kriminalitätsdaten aus der Polizeilichen Kriminalstatistik unter Auswertung geeigneter PKS-Tabellen,
- statistische Sammlungen zur Verkehrsdelinquenz und zur Verkehrsunfallsituation,
- Erkenntnisse zur subjektiven Einschätzung der Sicherheit durch die Bürger in ihren Gemeinden (subjektive Sicherheitslage),
- Strukturdaten des Raumes, Objekte und Personen mit Sicherheitsbezug, potenzielle Gefahrenquellen,
- kriminalgeografische Daten des jeweiligen Organisationsbereichs wie Erkenntnisse über kriminogene Örtlichkeiten, kriminalitätsfördernde soziale Strukturen und Brennpunkte, vorhandene Tatgelegenheitsstrukturen, Kriminalitätsbelastung, Täterwohnsitze u.a.m.,
- Sammlung von Erkenntnissen über jugendliche Mehrfachtäter und Intensivtäter,
- Daten aus der Erfassung polizeilich relevanter jugendlicher Tätergruppen,
- internes Wissen von Mitarbeitern,
- Erkenntnisse aus polizeilichen Maßnahmen mit Präventionscharakter.

Aus der Zusammenführung, Bewertung und Verdichtung der Daten können präventionsrelevante Erkenntnisse gewonnen werden im Hinblick auf

- vorhandene oder sich entwickelnde Konfliktstrukturen,
- Gefahrenbrennpunkte und Störungen der öffentlichen Sicherheit und Ordnung,
- Häufung bestimmter Straftaten und Erscheinungsformen, räumliche und zeitliche Brennpunkte der Kriminalität,
- die Tatverdächtigenstrukturen und Tatverdächtigenbelastungen nach Alter, Geschlecht und bevorzugten Delikten,

- Häufung bestimmter Verkehrsdelikte und Verkehrsunfallursachen,
- gefährdete Opfer nach Alter, Geschlecht, sozialer Stellung,
- das Vorhandensein oder die Entwicklung von Opferräumen und Opferzeiten.

3.3 Schwerpunkte polizeilicher Kriminalprävention

Die Schwerpunkte polizeilicher Kriminalprävention werden in den Bundesländern unterschiedlich gesetzt.

Von Bund und Ländern gemeinsam wird das „Programm Polizeiliche Kriminalprävention" realisiert. Mit dem Programm wird das Ziel verfolgt, die Bürger, Medien, die institutionellen Träger von Kriminalprävention über Erscheinungsformen von Kriminalität und deren Verhinderungsmöglichkeiten aufzuklären. Dies geschieht u.a. durch Entwicklung von Konzepten, Empfehlung von Maßnahmen und vielfältiger Unterstützung. Die Durchführung liegt in den Händen der Kommission Polizeiliche Kriminalprävention, einem Bund-Länder-Gremium.

Auf Landesebene handelt es sich vorwiegend um zielgruppen- oder deliktsorientierte mittel- und langfristig angelegte polizeiliche Präventionskonzepte.

Im Besonderen stehen Drogen- und Suchtprävention, Prävention von Gewalt an Schulen und in Familien, delikts- oder deliktsgruppenorientierte Präventionsprojekte wie sicherungstechnische oder Verhaltensempfehlungen zur Verminderung des Opferrisikos im Mittelpunkt. Täterzentrierte Präventionskonzepte richten sich vor allem an gefährdete Jugendliche mit dem Ziel, gesetzeskonforme Verhaltensweisen zu stabilisieren bzw. ein Abgleiten in Kriminalität zu verhindern.

Die Umsetzung der Präventionskonzepte findet auf lokaler Ebene durch die Behörden des Polizeivollzugsdienstes statt. Neben der verhaltensorientierten und sicherheitstechnischen Beratung der Bürger liegen die Schwerpunkte polizeilicher Kriminalprävention in geeigneten anlassorientierten operativen Maßnahmen, wie

- gezielte Erhöhung polizeilicher Präsenz,
- verstärkter Streifentätigkeit,
- Überwachung kriminalitätsgefährdeter Räume,
- Durchführung ereignisunabhängiger Einsatzmaßnahmen mit Präventionscharakter.

Daneben stehen Bemühungen zur Reduzierung von erkannten Tatgelegenheiten und die tatzeitnahe Betreuung von Kriminalitätsopfern. Weitere Aktivitäten liegen in der Zusammenarbeit mit kommunalen und privaten Institutionen im Rahmen von Ordnungspartnerschaften, der Abgabe von Stellungnahmen zu städteplanerischen Vorhaben als Träger öffentlicher Belange und der Kooperation zwischen Bürgern und Polizei zur Stärkung des Sicherheitsgefühls der Bürger.

Merke
Die praxisorientierte Kriminalprävention auf lokaler Ebene ist neben der Repression, der Verfolgung von Straftaten, ein wichtiger Aufgabenzweig polizeilicher Tätigkeit im Rahmen der Verbrechenskontrolle und der opferorierten Polizeiarbeit.

Fallrepetitorium

Sachverhalt

Vor zwei Tagen (angenommene Tatzeit: Dezembermonat) wurde die 68-jährige Rentnerin Frau Müller (M) nach Verlassen der Sparkasse in A-Stadt gegen 17.30 Uhr im Stadtpark (Innenstadtbereich) überfallen und beraubt; Beute: 500 Euro Bargeld.

Frau M. hatte am Tattage von der Sparkasse in A-Stadt ihre Rente für den Monat Dezember abgeholt. Etwa gegen 17.20 Uhr verließ sie die Sparkasse. Das Bargeld bewahrte sie in ihrer Handtasche auf. Um den Nachhauseweg abzukürzen, es war bereits dunkel, ging sie durch den nahen Stadtpark, der zu dieser Zeit noch von vielen Passanten benutzt wird. Plötzlich kam ein jünger Mann ihr entgegen, der sie anrempelte und ihr die Tasche mit dem Geld aus der Hand riss. Dabei stieß er sie zu Boden. Durch den Sturz zog sich Frau M. einen Oberarmbruch zu.

Infolge der Tat samt Verletzung hat Frau M einen Schock erlitten.

Die Geschädigte beschrieb den Täter als ca. 20 Jahre alt mit auffallend langem bis auf die Schulter fallendem Haar. Er habe einen verwahrlosten Eindruck gemacht. Eine weitergehende Beschreibung konnte die Geschädigte nicht abgeben. Die geraubte Handtasche wurde kurz nach der Tat bei der polizeilichen Absuche des mutmaßlichen Fluchtwegs des Täters ohne Inhalt in Tatortnähe gefunden. Raubüberfälle nach ähnlichem Tatmuster waren in den zurückliegenden Wochen wiederholt im Innenstadtbereich von A-Stadt geschehen. Die Taten blieben unaufgeklärt. Die von den Geschädigten abgegebenen Täterbeschreibungen stimmen nicht in allen Merkmalen mit der von Frau M abgegebenen Beschreibung überein.

In mehreren anderen Fällen hatten Jugendliche, die in Kleingruppen agierten, in der Innenstadt von A-Stadt in den späten Nachtstunden Einzelpersonen angegriffen und unter Drohung mit Stichwaffen die Herausgabe von Bargeld und Handys erzwungen.

Überproportional zugenommen haben auch Tageswohnungseinbrüche, vorwiegend in den Randbereichen der Stadt. Tatobjekte sind einzeln stehende Villen und Einfamilienhäuser. Die Bewohner waren zur Tatzeit abwesend. Modus Operandi: Aufhebeln von Terrassentüren, Fenstern in Erdgeschoss. Diebesgut: Bargeld, hochwertiger Schmuck. Die Bürger dieses Stadtviertels sind in hohem Maße verunsichert und fordern den Einsatz von privaten Sicherheitsunternehmen, da die Polizei offensichtlich machtlos sei.

Die örtliche Presse hatte die Fälle aufgegriffen und wiederholt darüber berichtet.

Sie nahm den neuerlichen Raubüberfall auf die Rentnerin M zum Anlass, um darüber zu berichten und öffentlich die Frage zu stellen, ob denn „die Polizei untätig" bliebe und „die Sicherheit der Bürger nicht gewährleisten" könne.

Aufgaben

1. Beschreiben Sie Begriff und Inhalt und allgemeine polizeiliche Ziele der sekundären Kriminalprävention!
2. Welche polizeilichen Maßnahmen der sekundären Kriminalprävention wären zu veranlassen? Formulieren Sie Ihre Lösung als Maßnahmenkatalog!

Lösungshinweise

Zu Aufgabe 1: Beschreiben Sie Begriff, Inhalt und allgemeine polizeiliche Ziele der sekundären Kriminalprävention!

1.2 Begriff und Inhalt

Kriminalprävention wird unterschieden nach primärer, sekundärer und tertiärer Kriminalprävention.

Polizeiliche Präventionsmaßnahmen sind hauptsächlich im Bereich der sekundären Kriminalprävention angesiedelt.

Mit der **sekundären Kriminalprävention** wird angestrebt, die vorhandenen tatfördernden Strukturen und Anreize zu beseitigen bzw. zu reduzieren, die Tatbegehungsschwelle zu erhöhen und den Taterfolg zu minimieren. Täterbezogen sollen tatbereite Personen durch Veränderung der Tatgelegenheitsstrukturen von ihren beabsichtigten Taten abgehalten werden. Dies kann geschehen durch

- raumbezogene Verringerung erkannter krimineller Zielobjekte,
- Erhöhung des Schwellenwertes für die Tatbegehung bzw. Erschwerung des Zuganges zu bevorzugten Tatobjekten,
- Risikoverstärkung für den potenziellen Täter durch Erhöhung der Tataufklärung bzw. Täterüberführung,
- Entziehung des Tatertrages.

Weiterhin sollen potenzielle Täter durch Stützungsmaßnahmen zu sozialadäquatem Verhalten veranlasst werden.

Zudem zielt die sekundäre Kriminalprävention durch verhaltensorientierte Beratung auf die Stärkung potenziell gefährdeter Bürger und jener Personen ab, die bereits Opfer von Straftaten geworden sind, damit sich diese zukünftig besser gegen Straftaten durch Verhaltensänderungen schützen können, denn Täter suchen ihre Opfer bei der Mehrzahl der Delikte bewusst und gezielt aus. Hierbei spielt das Verhalten des Opfers eine nicht unerhebliche Rolle für die Entscheidung des Täters zur Tatbegehung.

Die Polizei kann aufgrund ihrer unmittelbaren Erkenntnisse über Tatbegehungsweisen, Täterverhalten und aus ihrem Wissen über Opferräume und -zeiten im

Zusammenhang mit opfergeneigten Verhaltensweisen kompetent beraten und durch operative Maßnahmen vor weiteren Straftaten schützen.

1.2 Polizeiliche Ziele

Ziele polizeilicher Kriminalprävention sind vorwiegend:

- Reduzierung präventabler Delikte der Straßenkriminalität, der Gewaltkriminalität und der Verkehrskriminalität,
- Zurückdrängen der Kinder- und Jugenddelinquenz; Minderung krimineller Verhaltensmuster sowie Verhinderung des dauerhaften Abgleitens von jungen Menschen in Kriminalität,
- Einflussnahme und Reduzierung von erkannten kriminalitätsfördernden Strukturen,
- Verhinderung des Entstehens delinquenzfördernder Faktoren,
- Sensibilisierung der Bürger für Gefahren, die von der Kriminalität allgemein und von bestimmten Straftaten ausgehen,
- Stärkung des Selbstschutzgedankens und des sicherheitsorientierten Verhaltens der Bürger; Förderung des Verantwortungsbewusstseins und des Gemeinsinns der Bürger für ihr soziales Umfeld,
- Abbau übermäßiger Kriminalitätsangst.

Zu Aufgabe 2: Welche polizeilichen Präventionsmaßnahmen wären vordringlich zu veranlassen?

Polizeiliche Maßnahmen der Kriminalprävention erstrecken sich im Schwerpunkt auf folgende taktische Ansätze:

- operative Einsatz- und Ermittlungsmaßnahmen mit Präventionscharakter,
- Belehrung der Betroffenen über Opferrechte, ggf. Opferbetreuung,
- gezielte Beratung über Maßnahmen der technischen Eigensicherung und verhaltensorientierte Beratung.

Maßnahmenkatalog

1. Nachtatbegleitende polizeiliche Opferbetreuung vor allem in den Fällen der Handtaschenraubüberfälle. Opfer sind ältere Menschen, vor allem Frauen, die aufgrund ihres Alters und ihrer Gebrechlichkeit ein hohes Opferrisiko tragen und die häufig auch noch opfergeneigte Verhaltensweisen zeigen.
2. Beratung über Opferrechte nach der StPO.
3. Veranlassung der Opferbetreuung durch Organisationen, die speziell Kriminalitätsopfer betreuen, insbesondere im Fall des Handtaschenraubüberfalles mit materiellen, körperlichen und seelischen Opferschäden und unter dem Aspekt, dass es sich bei den Raubüberfällen um Gewalttaten handelt.
4. Veröffentlichung von Warnhinweisen in öffentlichen Medien an die Zielgruppen potenziell gefährdeter Personen.

5. Verhaltensorientierte Beratung von ausgewählten Zielgruppen mit dem Schwerpunkt der Seniorenberatung.
6. Technische Sicherheitsberatung mit dem Ziel der Intensivierung der Eigensicherung sowie der Verminderung von Tatgelegenheitsstrukturen.
7. Verstärkte anlassorientierte polizeiliche Präsenz unter Schwerpunktbildung an örtlichen und zeitlichen Kriminalitätsbrennpunkten.
8. Ermittlung und Überführung der Täter; Ziel: Abschreckung tatbereiter Personen durch Erhöhung der Gefährdungsschwelle.
9. Aktuelle, anlassbezogene Zusammenarbeit mit kommunalen Dienststellen und Bürgervereinen und Bürgergruppen i.S. gemeinsamer gezielter Kriminalprävention in den kriminalitätsgefährdeten Bereichen.

Prüfe Dein Wissen

1. Was ist unter den Begriffen „Generalprävention", „Spezialprävention" und „Kriminalprävention" zu verstehen?
2. Welche Ziele werden mit der Kriminalprävention verfolgt?
3. Erläutern Sie die Begriffe „primäre, sekundäre und tertiäre Kriminalprävention"!
4. Was ist unter „Tatgelegenheitsstrukturen" zu verstehen? Nennen Sie einige Tatgelegenheitsstrukturen und deren polizeipraktische Bedeutung für die Prävention!
5. Nennen Sie einige Beispiele praktischer Kriminalprävention!
6. Welche Bedeutung kommt dem Opfer im System der Kriminalprävention zu?
7. Nennen Sie täterorientierte Möglichkeiten der Kriminalprävention!
8. Was versteht man unter „Opferräumen" und „Opferzeiten"? Welche Bedeutung haben entsprechende Erkenntnisse für die Entschließung zu präventivpolizeilichen Maßnahmen?
9. Umschreiben Sie den Begriff „technische Präventionsmaßnahmen" und benennen Sie Beispiele!
10. Umschreiben Sie den Begriff „verhaltensorientierte Präventionsmaßnahmen" und benennen Sie Beispiele!

Kapitel 8
Viktimologie

1 Grundlagen der Viktimologie

1.1 Opferrolle in Kriminalistik und Kriminologie

Der Begriff Viktimologie stammt vom lateinischen Wort „victima“ (das Opfer) und dem griechischen Wort „logos“ (die Lehre). Viktimologie ist danach in der engen Auslegung die Lehre vom Opfer. Heute bevorzugt man eine weitere Auslegung der Viktimologie. Danach ist Viktimologie die Lehre vom Opfer, der Opferwerdung und der sozialen Reaktion auf Opfer; überwiegend wird die Perspektive des Verbrechensopfers zur Geltung gebracht.

Noch vor geraumer Zeit spielte im Interaktionsprozess der Straftat der Täter die herausragende Rolle, ging es den Kriminologen doch darum, festzustellen, welche Ursachen die Kriminalität des Täters bedingten. Erst nach dem 2. Weltkrieg begann eine neue Strömung in der Kriminologie, weil man erkannte, welchen mitentscheidenden Einfluss die persönliche Rolle des Opfers beim Entstehen einer Tat, der Gestaltung der Tatgelegenheit und im Rahmen der Sozialkontrolle hat. Das Opfer ist damit erste Adresse im Rahmen der Prävention. Das Verhalten potenzieller Opfer ist unter bestimmten Umständen veränderbar, während es lange dauert, einen Täter zu resozialisieren.

In der Kriminalistik war das Opfer immer von großem Interesse. So sind Geschädigte und Opfer Träger des Personalbeweises. Sie setzen durch ihre Strafanzeige die Strafverfolgung in Gang, stellen den Strafantrag, sind Zeugen oder Auskunftspersonen. Opfer sind häufig auch Spurenträger. Nicht erst in Zeiten moderner Kriminaltechnik ist das Opfer für die naturwissenschaftliche Kriminalistik von hoher Bedeutung. Zudem dienen die Angaben des Opfers zur Rekonstruktion des Tatgeschehens und zur Feststellung der Tätermotivation. Deshalb sind für den Kriminalisten Opferangaben wesentlich für die Erstellung eines Täterprofils.

1.2 Opferbegriffe

In der Literatur, aber auch im polizeilichen Sprachgebrauch, sind sehr unterschiedliche Opferbegriffe üblich. So verbindet der Praktiker das Opfer eines Diebstahls eher mit dem Begriff eines Geschädigten und spricht vom Opfer erst dann, wenn es zu einem unmittelbaren Kontakt zwischen Täter und Opfer kommt. Nach den Richtlinien für die Führung der Polizeilichen Kriminalstatistik sind Opfer „natürliche Personen, gegen die sich die mit Strafe bedrohte Handlung unmittelbar richtete“[102].

102 LKA NRW (2015), S. 8

Dieser sehr enge Opferbegriff verkennt, dass es auch weitere Personen gibt, die im Umfeld einer Straftat Opfer werden. Nicht zuletzt forderte die Gesellschaft, etwa über Institutionen wie der „Weiße Ring“, mehr Beschäftigung mit dem Opfer und damit einen erweiterten Opferbegriff. Der weite Opferbegriff bezieht grundsätzlich jede Schädigung, Benachteiligung oder Ungleichbehandlung ein. Damit sind Opfer von Straftaten gleichermaßen erfasst wie Opfer von Unglücksfällen, aber auch Angehörige von Verstorbenen.

In der Viktimologie konzentriert man sich jedoch auf die Opfer von Straftaten. Zu Recht kritisiert Göppinger, dass „ein weiterer Opferbegriff im Sinne von Opfern von Unfällen, Ungleichbehandlung, Schädigung jeglicher Art eine Ausweitung der Disziplin ins Uferlose bedeuten“[103] würde.

1.3 Aufgaben der Viktimologie

Die Aufgaben der Viktimologie sind in den letzten Jahren deutlich erweitert worden, was auch darin begründet sein dürfte, dass das gesellschaftliche Interesse an Opferschutz und Opferhilfe deutlich gestiegen ist.

Kernaufgabe der Viktimologie ist die Erforschung der Voraussetzungen und Bedingungen, die das Opfer zur Entstehung einer Straftat setzt. Diese bestehen in der jeweiligen Disposition und im Verhalten des Opfers, durch welche die Art und die Intensität der Tat entscheidend beeinflusst werden können. Dies gilt vor allem für Beziehungsdelikte. Untersuchungen zur Opferdisposition ermöglichen es dem Kriminologen, konkrete Strategien zum Opferschutz zu entwickeln, die auf eine Vielzahl von Personen Anwendung finden können.

Beispiel:
Informationen zur Gefährlichkeit des Trampens oder von Geschäften an der Haustür.

Die Zahl der bekannt gewordenen Straftaten hängt entscheidend davon ab, ob und wann ein Opfer bereit ist, wegen einer erlittenen Handlung eine Strafanzeige zu erstatten. Die Anzeigenbereitschaft des Opfers bestimmt damit, wie realitätsnah kriminologische Lagebilder sind. Durch diese oft sehr subjektiven Entscheidungen der Opfer sind darüber hinaus viktimologische Forschungsansätze zur Diskrepanz zwischen Opferfurcht und Opferwerdung gegeben. Das Sicherheitsgefühl des Bürgers prägt damit entscheidend gesellschaftliches Verhalten und kriminalpolitische Maßnahmen.

Daneben erforscht die Viktimologie, welche Rolle das Opfer bei der Strafzumessung spielt. Hierbei sind das Opferverhalten in der gemeinsamen Interaktion, die Minimierung von Opferrisiken, aber auch Möglichkeiten und Grenzen der Schadenswiedergutmachung und Opferhilfe Schwerpunkte der viktimologischen Forschung.

103 *Göppinger* (2008), S. 165 ff.

Letztlich ist für die Viktimologie auch interessant, wie der Täter versucht, seine Tat durch die Technik der Neutralisation zu rechtfertigen, indem er dem Opfer die eigentliche Schuld an der Tat zuweist. Dadurch wird deutlich, dass das Ineinandergreifen von Täter- und Opferverhalten die eigentliche Tat auslöst und im Gesamtgefüge des Rechts und der Rechtspflege eingebunden ist.

2 Die Straftat – eine Interaktion zwischen Täter und Opfer

2.1 Opferdisposition

Ähnlich wie für Taten und Täter sind auch für Opfer Typologien entwickelt worden. Typologien sind Versuche eine erste Übersicht zu gewinnen. Dafür werden Klassifizierungen unter verschiedenen Gesichtspunkten vorgenommen. Hinter den getroffenen Einteilungen stehen offensichtlich unterschiedliche Erkenntnisinteressen. Während sich z.B. *Hans von Hentig* für Risikogruppen interessiert, betrachtet *E.A. Fattah* den unterschiedlichen Tatbeitrag der Opfer.[104]

2.1.1 Opfertypologie nach von Hentig

Eine der bekanntesten und ältesten Opfertypologie stammt von *Hans von Hentig* (1948). Er unterscheidet nach phänomenologischen Gesichtspunken zwischen Opfergruppen und legt seiner Typologie familiäre, räumliche, zeitliche, berufliche, rassische Gesichtspunkte, völkische oder religiöse Minderheitssituationen und Altersgesichtspunkte zugrunde. Er versucht dadurch, die jeweiligen besonderen Opferneigungen zu erfassen. Ziel seiner Arbeit ist es, Hilfsangebote und Unterstützung für die gefährdeten Personengruppen anzubieten.

Opfer aufgrund besonderer biologischer Konstitution

Beispiel:

Ein Betrunkener wird beraubt (Zechanschlussraub). Handtaschenraub zum Nachteil älterer Frauen.

Opfer aufgrund räumlich-zeitlicher Dimension

Beispiel:

Pkw-Aufbrüche auf Großparkplätzen bei Sportveranstaltungen. Diebstahl von Motorradteilen bei Motorrad-Messen.

Opfer aufgrund familiärer Stellung

Beispiel:

Tötung des neugeborenen Kindes. Sexueller Missbrauch von Kindern in der eigenen Familie.

104 *Göppinger*, (2008), S. 176

Opfer aufgrund der beruflichen Stellung

Beispiel:

Mord an Taxifahrern. Überfälle auf Geldtransporter. Widerstand gegen Polizeibeamte.

Opfer aufgrund eigenen aggressiven Verhaltens

Beispiel:

Tötung des Gatten, der die Familie tyrannisiert. Provozierende Fußballfans, die von Anhängern der gegnerischen Mannschaft verprügelt werden.

Opfer aufgrund von Gewinn- und Lebensgier

Beispiel:

Anleger von Schwarzgeld, die Betrügern zum Opfer fallen. Opfer im Rotlichtmilieu.

Opfer aufgrund rassischer oder religiöser Minderheiten

Beispiel:

Anschläge auf Farbige. Brandstiftungen an Synagogen oder Sachbeschädigungen auf jüdischen Friedhöfen.

Opfer mit reduziertem Widerstand

Beispiel:

Trickbetrug bei Hinterbliebenen.

2.1.2 Opfertypologie nach *Benjamin Mendelsohn*

Mendelsohn geht in seiner Typologie einen völlig anderen Weg, denn er stellt auf den Schuldanteil des Opfers am Tatgeschehen ab. Er unterscheidet zwischen dem gänzlich unschuldigen Opfer, dem Opfer aus Unwissenheit, den freiwilligen, dem aus Unvorsichtigkeiten handelnden, dem provokatorischen, dem angreifenden, dem simulierenden und dem eingebildeten Opfer:[105]

2.1.3 Opfertypologie nach *Ezzat Abdel Fattah*

Fattah (1967) betrachtet die Interaktion zwischen Täter und Opfer. Daher teilt er die Opfer nach ihrer jeweiligen Beteiligung ein. Er unterscheidet in nichtteilnehmende und teilnehmende Opfer, latente oder disponierte Opfer (z.B. ältere Frauen werden Opfer eines Handtaschenraubes), provozierende Opfer und falsche Opfer (z.B. selbstverschuldeter Unfall).

2.1.4 Theorie der erlernten Hilflosigkeit nach Martin Seligman

Diese Theorie wurde vom Amerikaner *Martin Seligman* (1975) aus Beobachtungen bei Tierversuchen entwickelt. Demnach kann die Erfahrung, Konsequenzen einer Situation nicht vorhersehen und damit auch nicht beeinflussen zu können, zu passivem Verhalten führen (= erlernte Hilflosigkeit). Dadurch könnte z.B. erklärt werden, warum eine Frau an einer gewalttätigen Beziehung festhält. Diese

105 *Schwind* (2013), S. 161

Theorie eignet sich vornehmlich zur Erklärung von Mehrfachviktimisierungen, jedoch kaum, um ein einmaliges Opferwerden zu erklären.[106]

2.1.5 Situationsorientierte Erklärungsansätze

2.1.5.1 Lebensstilkonzept

Das Lebensstilkonzept knüpft an den unterschiedlichen Lebensstil der Opfer an und die damit verbundene Wahrscheinlichkeit, Opfer einer Straftat zu werden. Zum Beispiel geht die Bankangestellte regelmäßig in die Bank, um dort zu arbeiten. Während ihrer Arbeitszeit wird sie Opfer eines Bankraubes.

2.1.5.2 Konzept der Routineaktivitäten

Bei diesem Konzept fördern bestimmte Verhaltensregelmäßigkeiten, z.B. zur Arbeit gehen, Ausgehen, eine Viktimisierung. Wobei von einem erhöhten Viktimisierungsrisiko ausgegangen wird, wenn

- eine Person vorhanden ist, die eine Straftat begehen möchte,
- das potenzielle Opfer (bzw. dessen Gegenstände) für den potenziellen Täter einen hohen Wert besitzen und
- wirkungsvolle Schutzmechanismen fehlen.

In Teilen wird angezweifelt, ob das Lebensstilkonzept und/oder das Konzept der Routineaktivitäten tatsächlich das Risiko, Opfer zu werden, erhöhen. Kritiker sagen, dass gerade dann Straftaten geschehen, wenn die Personen ihre gewohnten Wege verlassen und sich außerhalb ihrer üblichen Verhaltensroutinen bewegen.

Zielführender scheint der Hinweis auf die situativen Bedingungen zu sein, d.h. wie attraktiv ist das Angriffsobjekt und welche Schutzmechanismen sind erkennbar. Dieser Ansatz ist universell auf Viktimisierungsprozesse anwendbar und bietet zudem praxisrelevante Anknüpfungspunkte, die für die Entwicklung von Präventionsstrategien genutzt werden können.[107]

2.2 Gestaltung der Tatgelegenheitsstruktur

Unstrittig dürfte sein, dass, je näher das Opfer dem Täter steht und je intensiver die Interaktion zwischen Täter und Opfer ist, desto mehr das Opfer die Tat mitgestaltet. Taten, bei denen eine Beziehung zwischen dem Tatverdächtigen und dem Opfer bestehen, werden deshalb auch besonders in der Polizeilichen Kriminalstatistik (PKS) ausgeworfen. Dies gilt jedoch nur in der engen Opferdefinition der PKS. Von daher kann man viktimologisch unterscheiden, ob Delikte ohne oder mit persönlichem Kontakt zwischen Täter und Opfer begangen wurden.

106 *Meier* (2010), S. 207
107 *Meier* (2010), S. 210

2.2.1 Taten ohne persönlichen Kontakt zwischen Täter und Opfer

Bei der Masse der Eigentumsdelikte findet kein persönlicher Kontakt zwischen Täter und Opfer statt. Tritt dieser Fall ein, eskaliert der Tatverlauf in den meisten Fällen.

Beispiel:
Aus einem Wohnungseinbruch wird ein Raub in einer Wohnung, weil das Opfer den Täter überrascht und ihm den Weg versperrt.

Taten mit entpersonifizierten Opfern sind trotz eines Kontaktes zwischen Täter und Opfer zu dieser Deliktsgruppe zu zählen.

Von besonderem Interesse ist es herauszufinden, nach welcher Strategie ein Täter „sein" Opfer aussucht, wodurch somit die jeweilige Tatgelegenheitsstruktur bestimmt wird. Für die polizeiliche Praxis erscheint ein vierstufiges Modell der Tatgelegenheitsstruktur besonders geeignet.

Danach wird die Tatgelegenheitsstruktur bestimmt vom Vorhandensein, der Wahrnehmbarkeit und der Attraktivität einer Tatgelegenheit bei gleichzeitiger Berücksichtigung des Widerstandszeitwertes bzw. des Entdeckungsrisikos. Berücksichtigt man dabei, dass Situations- bzw. Intensivtäter diese Tatgelegenheitsstruktur für sich unterschiedlich beurteilen, ist es möglich, potenzielle Tatgelegenheiten herauszuarbeiten.

Beispiel:
Wohnungseinbruch: Eine Tatgelegenheit muss vorhanden und wahrnehmbar sein. Ein Situationstäter entdeckt möglicherweise ein Haus, bei welchem ein Fenster oder eine Terrassentür offen steht, ein Intensivtäter, auf der Suche nach hochwertiger Beute, hält nach Villen Ausschau. Das Tatobjekt muss attraktiv sein. Für den Situationstäter kommt jegliche Beute in Frage, der Intensivtäter sucht zielgerichtet nach spezieller Beute, etwa Bilder, Teppiche pp., wobei er ausnutzt, dass Opfer ihr Eigentum oft nicht ausreichend schützen, es als Statussymbol geradezu zeigen wollen. Der Widerstand, den der Situationstäter für die Tat überwinden muss, ist gering, da Terrassentür oder Fenster offen stehen. Da er die Tat schnell ausführen kann, ist damit das Entdeckungsrisiko gering. Der Intensivtäter, der in die Villa einbrechen will, muss eventuell größere Widerstände (Alarmanlage, Hunde o.ä.) überwinden. Er wird die Tat deshalb nur dann ausführen, wenn die Beute besonders attraktiv ist.

Pkw-Aufbruch: Ein Hehler beauftragt Jugendliche, ihm hochwertige Autoradios mit Navigationsgeräten zu liefern. Eine Tatgelegenheit wäre in Großparkhäusern an Flughäfen vorhanden. Dort können Fahrzeuge mit der speziellen Beute gesucht werden. Aufgebrochen werden solche Fahrzeuge, die über keine besondere Diebstahlsicherung verfügen.

An den Beispielen wird deutlich, dass ein Situationstäter eine sich ihm bietende Tatgelegenheit wahrnimmt, der Intensivtäter eine Tatgelegenheit sucht. Für die Polizei bieten sich vor diesem Hintergrund unterschiedliche Präventionsstrategien. Warnt man Autofahrer, nichts im Auto offen liegen zu lassen, nimmt man einem Situationstäter die Wahrnehmbarkeit einer Tatgelegenheit und kann die Tat verhindern. Besondere technische Sicherungen erhöhen den Widerstandszeitwert, sodass das Entdeckungsrisiko für einen Intensivtäter zu groß wird und er auch bei großer Attraktivität der Beute von der Tat Abstand nimmt.

2.2.2 Taten mit persönlichem Kontakt zwischen Täter und Opfer

Gänzlich anders gestalten sich Taten, bei denen es zu einem persönlichen Kontakt zwischen Täter und Opfer kommt. Zwischen beiden Seiten kommt es zu einer Interaktion, auf bestimmte Aktionen erfolgen Reaktionen. Dabei ist nicht immer eine eindeutige Zuordnung möglich, von wem Aktion oder Reaktion ausging.

Beispiel:
Aus einer Beleidigung entwickelt sich eine Körperverletzung.

Bei Taten mit persönlichem Kontakt zwischen Täter und Opfer spielt die Kommunikation die entscheidende Rolle. So rät man heute Frauen, die von einem Vergewaltiger angegriffen werden, mit dem Täter zu sprechen und ihn betroffen zu machen, während man in früheren Präventionsstrategien Frauen noch geraten hatte, die Tat schweigend über sich ergehen zu lassen, um eine Eskalation zu verhindern.

Von entscheidendem Einfluss ist bei dieser Gruppe von Taten auch der Umstand, ob Täter oder Opfer unter dem Einfluss von Alkohol stehen. Die Tatsache, dass Alkohol zur Selbstüberschätzung, zu erhöhtem Geltungsdrang und zum Abbau von Hemmungen führt, macht deutlich, dass die Gefahr einer Eskalation besteht.

2.3 Opferrolle in der Sozialkontrolle

Das Opfer spielt im Rahmen der Sozialkontrolle die entscheidende Rolle. Über 90 % aller Strafanzeigen gehen vom Bürger aus, wobei das Opfer oder der Geschädigte mit über 70 % den größten Anteil ausmacht. Damit bestimmt das Opfer das Bild der Kriminalität und den Umfang des Hellfeldes.

Das Opfer bestimmt, ob es eine Straftat anzeigt und setzt damit das formelle Strafverfahren in Gang. Es bestimmt durch seine Angaben die Ermittlungsrichtung und kann Einfluss auf das Ergebnis des Verfahrens nehmen.

Beispiel:
Eine Ehefrau nimmt ihre Anzeige wegen Körperverletzung gegen ihren Partner zurück, weil dieser ihr versprochen hat, sie künftig nicht mehr zu schlagen.

2.3.1 Wahrnehmung, Interpretation und Definition einer Straftat

Wenn das Opfer die entscheidende Rolle über die Qualität und Quantität des Hellfeldes hat, ist zu untersuchen, im Rahmen welchen Prozesses das Opfer eine Entscheidung über eine Anzeigenerstattung trifft.

Wahrnehmung: Zunächst muss ein Opfer wahrnehmen, dass es Opfer einer Tat geworden ist.

Beispiel:

Taschendiebstahl: Der Besucher einer Kirmes wurde bestohlen, glaubt aber, sein Portemonnaie verloren zu haben.

Interpretation

Ein Opfer muss sich als solches fühlen.

Beispiel:

Ein Kind interpretiert sexuelle Missbrauchshandlungen durch den Großvater als Zärtlichkeiten.

Definition

Das Opfer muss die verletzte Norm kennen und das Täterverhalten unter diese Norm fassen.

Damit wird die hohe Definitions- und Selektionsmacht des Opfers deutlich.

2.3.2 Anzeigenbereitschaft, Viktimisierung und Anzeigenerstattung

Anzeigenbereitschaft

Definiert ein Opfer eine Handlung als Straftat, bedeutet dies noch nicht, dass es auch eine Anzeige erstattet. Dies ist abhängig von seiner Disposition, seiner persönlichen Betroffenheit, von sonstigen Faktoren und der sekundären Viktimisierung.

Opferdisposition

Typische Beispiele, welchen Einfluss die Opferdisposition auf die Anzeigenbereitschaft hat, wären Geschlecht und Alter des Opfers, der soziale Status, Schuld- und Schamgefühle, aber auch der Umstand, ob das Opfer Angst vor dem Täter hat.

Beispiel:

Jugendliche Raubopfer erstatten selten eine Anzeige, ältere Menschen haben Angst vor Behörden. Vergewaltigte Frauen schämen sich, den Verlauf der Tat zu schildern.

Persönliche Betroffenheit

Zusätzlich ist von Bedeutung, wie groß die persönliche Betroffenheit durch die Tat ist. Diese ist etwa abhängig von der Höhe des Schadens oder der Intensität des Kontaktes.

Beispiel:

Der Diebstahl an Pkw wird wegen des geringen Schadens nicht angezeigt. Der versuchte Wohnungseinbruch wird angezeigt, da sich das Opfer in seiner engsten persönlichen Umgebung angegriffen sieht.

Sonstige Faktoren

Daneben spielen weitere Faktoren eine Rolle, warum ein Opfer eine Anzeige erstattet oder nicht. Dies wären z.B. der persönliche Aufwand, die Einschätzung eines Ermittlungserfolges, die Versicherungsbedingungen, das Bild der Polizei aus der Sicht des Opfers, der Gruppendruck in der Familie oder dem Bekanntenkreis, aber auch die Betriebsjustiz.

Beispiel:

Der Geschädigte ist der Auffassung, dass die Polizei Fahrraddiebstählen nicht nachgeht.

Spindaufbrüche in Betrieben werden durch den Werksschutz verfolgt und beim Ermittlungserfolg in Absprache mit dem Betriebsrat geahndet.

Viktimisierung nach Schneider

In der Viktimologie unterscheidet man die primäre, sekundäre und tertiäre Viktimisierung.

Unter der primären Viktimisierung versteht man die eigentliche Einwirkung auf das Opfer, wodurch es einen physischen, psychischen oder materiellen Schaden erleidet.

Beispiel:

Eine ältere Frau wird Opfer eines Handtaschenraubes. Sie erleidet einen Vermögensschaden, da ihr Geld geraubt wird, durch den Angriff erlitt sie eine Verstauchung des Handgelenks und sie hat in der Zukunft Angst davor, erneut Opfer eines Raubes zu werden.

Unter der sekundären Viktimisierung versteht man den Umstand, dass das Opfer die erlittene Tat ein „zweites Mal" erlebt. Das Opfer erfährt durch die Tat Reaktionen seitens der Familie und der Bekanntschaft, es muss im Rahmen des Ermittlungsverfahrens die Tat bei der Polizei schildern und hat im Prozess im Beisein des Täters die Handlung erneut darzulegen.

Beispiel:

Einem Vergewaltigungsopfer werden durch die Eltern Vorwürfe gemacht, weil es beim Trampen Opfer wurde.

Dem gleichen Opfer werden durch die Polizei und dem Gynäkologen Vorwürfe gemacht, da es sich nach der Tat zunächst geduscht hat, was zur Spurenvernichtung führte. Im Prozess erfragt der Verteidiger des Angeklagten schließlich, wie viele Sexualpartner das Opfer vorher bereits hatte.

Der Umstand der sekundären Viktimisierung ist Opfern oftmals aus dem Bekanntenkreis, aber auch aus den Medien bekannt. Sie fühlen sich diskriminiert, was zur Folge hat, dass sie von einer Anzeigenerstattung absehen.

Von tertiärer Viktimisierung spricht man, wenn das Opfer seinen Opferstatus in das eigene Selbstbild aufnimmt und dadurch opferanfälliger wird.[108]

- körperliche Auswirkung (Schlafstörung, Zittern)
- seelische/psychische (Angstzustände, Panik, Träume, Depression)
- soziale Auswirkung (Rückzug, Misstrauen)

108 *Göppinger (2008), S. 176*

Anzeigenerstattung

In der polizeilichen Praxis ist die Anzeigenerstattung von wesentlicher Bedeutung. Währenddessen kommuniziert ein Polizeibeamter mit dem Opfer und stellt so fest, um welche Straftat(en) es sich handelt. Gerade in dieser ersten Phase des Opferkontaktes sollte die Polizei einfühlsam und mit einer professionellen Kommunikation agieren, um eine Sekundärviktimisierung durch die Polizei zu vermeiden.

3 Viktimologie in der polizeilichen Praxis

In der polizeilichen Praxis werden viktimologische Erkenntnisse in unterschiedlichen Aufgabenbereichen herangezogen. Dies gilt besonders für strategische Planungen und Lagebilder, den Opferschutz durch verhaltensorientierte und technische Beratung sowie bei der Beurteilung des Sicherheitsgefühls des Bürgers, die entscheidend durch die individuelle und kollektive Kriminalitätsfurcht bestimmt werden.

3.1 Strategische Maßnahmen/Lagebilder

Zur polizeilichen Alltagsaufgabe gehört das Erstellen und das Vorhalten eines laufend aktualisierten Lagebildes. Dabei werden nicht nur Tatorte aufgelistet, sondern es werden Gebiete mit Opferkonzentrationen herausgestellt. Dies gilt sowohl für örtliche als auch für zeitliche Brennpunkte. Deliktsspezifische Untersuchungen zu erkannten Täter-Opfer-Beziehungen vervollständigen das Lagebild. Darüber hinaus werden über demografische Daten Prognosen über zukünftige Opferkonzentrationen angestellt.

Beispiel:

Bei der Ausweisung neuer Baugebiete ist abzusehen, dass dort ein deutlicher Anstieg von Diebstahlsdelikten während der Bauphase zu verzeichnen sein wird.

Bei Großveranstaltungen oder verkaufsoffenen Sonntagen in Einkaufszentren ist mit einem deutlichen Anstieg von Ladendiebstählen und Taschendiebstählen zu rechnen.

Diese Erkenntnisse fließen in die strategische Planung der Polizei ein. So werden Aufbau- und Ablauforganisationen angepasst oder verändert, neue Organisationseinheiten geschaffen, spezielle Fortbildungsprogramme eingeführt, aber auch verstärkt mit anderen Behörden, Handel, Industrie und auch Wissenschaft zusammengearbeitet.

Beispiel:

Bei Großveranstaltungen werden mobile Wachen eingerichtet.

Eine stärkere Ausrichtung zur Prävention führte zur Schaffung der Kommissariate Vorbeugung in NRW.

Die elektronische Wegfahrsperre wurde durch gemeinsame Anstrengungen von Industrie, Versicherungswirtschaft und Polizei initiiert.

Bei städtebaulicher Planung werden die Polizeibehörden frühzeitig beteiligt.

Im Rahmen ihres Studiums werden angehende Architekten über bauliche und technische Sicherungsmaßnahmen unterrichtet.

3.2 Opferschutz

Die früheste Umsetzung von viktimologischen Erkenntnissen erfolgte in Deutschland durch technische Prävention. In kriminalpolizeilichen Beratungsstellen, durch Medieninformationen, etwa „Die Kriminalpolizei rät", aber auch im Rahmen der Tatortarbeit wurden die Bürger darüber aufgeklärt, wie sie sich vor Straftaten besser schützen können. Im Vordergrund standen dabei Ratschläge zur Verhinderung von Diebstahl- und Einbruchskriminalität.

Nach dieser Anlaufphase wurden in den folgenden Jahren verstärkt verhaltensorientierte Ratschläge ausgesprochen. So wurde beispielsweise vor den Gefahren des Trampens gewarnt, das Programm „Nachbarn schützen Nachbarn" wurde ins Leben gerufen, vor allem aber wurden Frauen beraten, wie sie sich besser vor sexuellen Straftaten schützen können.

Daneben hat die Viktimologie auch Einfluss auf das polizeiliche Handeln. Der Erlass über die Bearbeitung von Straftaten gegen die sexuelle Selbstbestimmung[109] ist ein typisches Beispiel für viktimologische Weiterentwicklungen. In dem Erlass wird u.a. geschildert, wie sich Polizeibeamte bei Vernehmungen verhalten sollen, um eine Sekundärviktimisierung möglichst zu verhindern.

3.3 Kriminalitätsfurcht

Ein weiterer Berührungspunkt der Viktimologie mit der polizeilichen Praxis liegt in der Kriminalitätsfurcht des Bürgers. Diese besteht sowohl in einer konkreten Furcht vor einer bestimmten Straftat, z.B. erneut Opfer eines Wohnungseinbruchs zu werden, als auch in einer unbestimmten Angst vor Straftaten.

Beispiel:

Von älteren Bürgern wird immer wieder die Angst ausgesprochen, man könne sich ja nicht mehr auf die Straße wagen.

Der Staat muss aufgrund seines Gewaltmonopols für die Sicherheit seiner Bürger sorgen. Der Bürger muss dabei keine eigenen Erfahrungen als Opfer gemacht haben. Er hat durch seinen sozialen Nahraum von Opfererfahrungen gehört, durch die Medien davon berichtet bekommen oder verbindet sie mit eigenen Existenzängsten. In diesem Zusammenhang ist auch das Kriminalitätsfurcht-Paradoxon zu erwähnen. Danach fürchten sich ältere Personen beiderlei Geschlechts mehr als andere davor, Opfer von Straftaten zu werden, während junge Männer die geringste Furcht haben. Tatsächlich werden gerade junge

109 Runderlass des IM NRW v. 03.02.2004, MBl. NRW 2004, S. 229

Männer am häufigsten Opfer von Straftaten, während ältere Personen bei den Opfern unterrepräsentiert sind.

Das Sicherheitsgefühl des Bürgers beeinflusst weitere gesellschaftliche Phänomene. So boomt das private Sicherheitsgewerbe u.a. auch deshalb, weil Bürger ihren Schutz selbst in die Hand nehmen. Zudem haben die Bürger teilweise Angst vor unmittelbaren Sanktionen durch Täter. Daher kommen sie ihren Zeugen- und Hilfeleistungspflichten nicht nach. Letztlich ist das Bedrohtheitsgefühl des Bürgers und damit seine geringere Lebensqualität ein Einflussfaktor der Sicherheitslage. Dies kann zu kriminalpolitischen Forderungen bis hin zur Änderung des Wahlverhaltens führen.

Beispiel:

Dem Vorsitzenden der Hamburger Schill-Partei gelang der Sprung in den Senat, weil er die Kriminalitätsfurcht der Bürger zum Wahlkampfthema machte.

Das Sicherheitsgefühl des Bürgers ist in der Viktimologie Gegenstand zahlreicher Untersuchungen gewesen. Man unterscheidet beim Bedrohtheitsgefühl in 3 Komponenten. Unter der affektiven Phase versteht man die gefühlte Art von Sicherheit. Ihr folgt die kognitive Phase, in welcher der Bürger die Kriminalitätsentwicklung oder sein persönliches Opferrisiko gedanklich einschätzt. Beide Phasen führen letztlich zur konativen Komponente, in welcher der Bürger gezielte Abwehrmaßnahmen trifft oder Verhaltensweisen vermeidet.

Beispiel:

In heruntergekommenen Stadtteilen entsteht ein allgemeines Gefühl des Unbehagens. Durch diese gehen etwa Touristen nicht zu Fuß. Sie schützen sich bewusst, indem sie keine Wertgegenstände mitführen oder offen tragen.

4 Viktimologie im Strafprozess

4.1 Rechtsstellung der Opfer

Viktimologische Erkenntnisse sind auch in der Justiz umgesetzt worden. In der Strafprozessordnung und im Gerichtsverfassungsgesetz sind Gesetzesänderungen erfolgt, die dem Persönlichkeitsschutz des Opfers dienen, z.B. § 68a StPO, (Beschränkung des Fragerechts aus Gründen des Persönlichkeitsschutzes), § 69 StPO (Vernehmung zur Sache) oder § 172 GVG (Möglichkeit bei Gerichtsverhandlungen die Öffentlichkeit auszuschließen). Zudem hat das Opfer einen Anspruch auf Wiedergutmachung des Schadens (§ 403 StPO).

In diesem Zusammenhang sind auch Täter-Opfer-Ausgleichsprogramme (§§ 155a, 155b StPO, § 45 JGG) zu sehen. Opfer und Täter sollen sich mit Hilfe eines unparteiischen Vermittlers (Mediator) versöhnen. Der Täter soll den Schaden beim Opfer wiedergutmachen, das Opfer den Täter einschätzen lernen.

4.2 Gesetzesänderungen

Neben der Stärkung von Opferrechten im konkreten Strafverfahren sind in den letzten Jahren zahlreiche Gesetze zur Verbesserung der Opferstellung entstanden.

Im Folgenden sind diese chronologisch aufgeführt:

- **Opferentschädigungsgesetz (OEG)**
  Das OEG greift bei einer gesundheitlichen Schädigung, insbesondere durch Tötungsdelikte, Vergewaltigung, sexuellem Missbrauch und Körperverletzung. Der Antrag auf Entschädigung muss schriftlich beim Bundesversorgungsamt gestellt werden, ist allerdings an keine Form gebunden. Nach dem OEG können Opfer u.a. ärztliche Behandlung, Maßnahmen der Reha, Renten bei dauernden Gesundheitsschäden und Renten für Hinterbliebene erhalten.
- **Opferschutzgesetz[110] (OSG)**
  Die Änderungen durch das Opferschutzgesetz zielen darauf ab, dem Opfer eine verfahrensrechtlich gesicherte Rechtsposition zu verschaffen. Zum Beispiel soll das Opfer durch § 68 a StPO davor geschützt werden, dass Fragen zum persönlichen Lebensbereich gestellt werden. Zudem kann gem. § 247 Satz 2 StPO der Angeklagte unter bestimmten Voraussetzungen aus dem Sitzungssaal entfernt werden. Ergänzend hat das Opfer gem. § 395 StPO das Recht auf Nebenklage.
- **Opferanspruchssicherungsgesetz (OASG)**
  Durch das OASG sollen zivilrechtliche Ansprüche des Opfers gesichert werden. Das Opfer hat demnach ein Pfandrecht am Erlös des Täters, wenn dieser „seine" Story medial verkauft.
- **Gewaltschutzgesetz (GewSchG)**
  Das GewSchG dient der Verbesserung des zivilrechtlichen Schutzes bei Gewalttaten und Nachstellungen sowie der Erleichterung der Überlassung der ehelichen Wohnung bei Trennung. Daraus resultieren u.a. auch der § 34a PolG NRW, § 12 SPolG, § 27a PolG BW. So soll erreicht werden, dass das geschlagene Opfer in der gewohnten Umgebung bleiben kann. Der Täter wird der Wohnung verwiesen („Wer schlägt, muss gehen!"). Je nach Sachverhalt kann sich die Maßnahme auch auf den Weg zur Arbeit und/oder die Arbeitsstätte beziehen.
- **Opferrechtsreformgesetz (OpferRRG)**
  Das OpferRRG orientiert sich am EU-Rahmenbeschluss vom 25.03.2001. Es regelt die Stellung des Opfers im Strafverfahren. Die Änderungen durch das OpferRRG regeln z.B., dass ein Opferanwalt auf Staatskosten gestellt werden kann, das Recht auf Zeugenbetreuung inkl. Prozessbegleitung, eine Vereinfachung der Videovernehmung, dass Schmerzensgeldansprüche

110 BGBl. I 1986, S. 2496

grundsätzlich im Strafverfahren mitentschieden werden können (Adhäsionsverfahren, §§ 403 ff. StPO) und dass das Opfer eine Mitteilung über Haftentlassung und/oder Hafturlaub des Täters erhält.

- **2. Justizmodernisierungsgesetz**
  Durch das 2. Justizmodernisierungsgesetz wurde Opferschutz ins Jugendstrafverfahren eingeführt. Somit ist jetzt in besonders schweren Fällen auch in Verfahren gegen Jugendliche die Nebenklage zugelassen. Ergänzend hat die Wiedergutmachung durch den Täter Vorrang vor der Vollstreckung einer Geldstrafe. § 48 JGG wurde dahingehend erweitert, dass beim jugendlichen Opfer auch Erziehungsberechtigte in der sonst nicht öffentlichen Hauptverhandlung anwesend sein dürfen.
- **2. Opferrechtsreformgesetz**
  Das am 1.10.2009 in Kraft getretene 2. Opferrechtsreformgesetz eröffnet u.a. die Möglichkeit, dass die Opfer im Strafverfahren auch die Nebenklage wahrnehmen. Ebenso können sie kostenlos anwaltliche Unterstützung bekommen (z.B. bei einer schweren Körperverletzung, Raub oder Räuberischen Erpressung). Zudem muss das Opfer – wenn es gravierend bedroht ist – seinen Wohnort nicht angeben (§§ 68, 200 StPO). Schließlich ist in § 406f StPO geregelt, dass das Opfer einen Anspruch auf anwaltlichen Beistand hat, was auch für die polizeiliche Vernehmung gilt. Gem. § 406h StPO besteht die Pflicht, Opfer möglichst frühzeitig, in der Regel schriftlich und nach Möglichkeit in einer für das Opfer verständlichen Sprache über seine Rechte zu informieren. Entsprechende Merkblätter in den benötigten Sprachen sind zu erstellen und bereit zu halten. Das Opfer muss auch Informationen über das eingeleitete Strafverfahren erhalten, aber auch über einen erlassenen Strafbefehl etc. Ergänzend soll der Einsatz der richterlichen Videovernehmung stärker genutzt werden.
- **Gesetz zur Bekämpfung der Zwangsheirat und zum besseren Schutz der Opfer von Zwangsheirat ...**
  Der § 237 StGB (Zwangsheirat) wurde eingeführt. Er soll zum besseren Schutz der Opfer von Zwangsheirat führen. Bereits der Versuch ist gem. § 237 Abs. 3 StGB strafbar.
- **Gesetz zur Stärkung der Rechte von Opfern sexuellen Missbrauchs (StORMG)**
  Mit den Änderungen durch das StORMG verstärkt der Gesetzgeber den Schutz des Opfers. Er verpflichtet zu mehr Bild- und Tonaufzeichnungen von richterlichen Vernehmungen, um Sekundärviktimisierungen einzudämmen. Zudem wird die Möglichkeit, bis zum Alter von 18 Jahren einen Opferanwalt hinzuzuziehen, erweitert.

- **Ab Januar 2015 grenzüberschreitender Opferschutz**
  Ab 11.01.2015 können Opfer von Gewalt – insbesondere Opfer von häuslicher Gewalt oder Stalking – in allen EU-Mitgliedstaaten mit einem besseren Schutz rechnen. Die Umsetzung der Richtlinie 2011/99/EU über die Europäische Schutzanordnung und Verordnung (EU) Nr. 606/2013 über die gegenseitige Anerkennung von Schutzmaßnahmen in Zivilsachen wird umgesetzt. Die neuen Bestimmungen gewährleisten, dass in einem Mitgliedstaat erlassene Kontaktsperren, Schutz- und Verbotsanordnungen schnell und einfach in der gesamten EU anerkannt werden. Das schwerfällige zwischengeschaltete „Exequaturverfahren“[111] wird abgeschafft. Dadurch sollen Schutzmaßnahmen, die in einem EU-Mitgliedstaat zum Schutz einer Person vor Gewalt durch eine andere Person erlassen worden sind, auch in den anderen Mitgliedstaaten gelten.

Fallrepetitorium

Fall:

Die 17-jährige Petra schlägt während einer Party auf ihren gleichaltrigen Freund Paul ein. Sie beschimpft ihn. Danach ohrfeigt sie die daneben stehende Alina so stark, dass diese stolpert und sich beim Aufschlag auf dem Fußboden eine Platzwunde am Kopf zuzieht. Die Wunde blutet stark und verschmutzt ihre Kleidung (Jeans und Bluse) mit Blut.

Aufgrund der Handlungen von Petra könnte es zu einem Jugendstrafprozess wegen Körperverletzung, Beleidigung und Sachbeschädigung kommen. Zudem steht ein Zivilprozess wegen Schmerzensgeld im Raum. Petra ist bislang noch nicht polizeilich in Erscheinung getreten. Sie gesteht die Taten.

Aufgabe:

Zeigen Sie die Grundsätze und die Zielsetzung des Täter-Opfer-Ausgleichs auf.

Mit dem Täter-Opfer-Ausgleich (TOA) soll eine Alternative zu der rein repressiven Sanktionierung von Tätern geschaffen werden. Die schwache Position des Opfers im Strafverfahren und die Überlastung von Justiz und Strafvollzug waren Anlass für diese Alternative. Im Rahmen des TOA werden Konfliktschlichtung und Wiedergutmachung angestrebt. Durch ein Gespräch zwischen Täter und Opfer in Anwesenheit eines neutralen Vermittlers sollen die Tat, die Ursachen und die Folgen besprochen und eine Wiedergutmachung ausgehandelt werden.

Voraussetzung zur Durchführung eines derartigen Ausgleichs ist

- das Vorhandensein eines direkt betroffenen Opfers (hier: Paul und Alina),
- die Freiwilligkeit der Teilnahme von Täter und Opfer,

111 Im internationalen Zivilprozessrecht bezeichnet Exequatur die Vollstreckbarkeitserklärung im Inland eines in- oder ausländischen Schiedsspruchs oder eines ausländischen Urteils.

- die Geständigkeit des Täters (Petra gesteht die Tat) sowie
- ein vollständig aufgeklärter Sachverhalt.

Durch dieses Verfahren kann das Opfer dem Täter

- die Folgen der Tat verdeutlichen,
- Gefühle wie Wut, Ärger, Verletzung, Demütigung und Empörung aussprechen,
- eine Wiedergutmachung mit dem Täter vereinbaren und
- eine Aussöhnung erleben.

Der Täter kann dem Opfer zeigen,

- dass er für die begangene Tat eintreten will,
- dass er die Gefühle des Opfers ernst nimmt,
- dass er durch eine aktive Schadenswiedergutmachung die Sache wieder in Ordnung bringen möchte,
- dass er die Tat bedauert und
- dass er insgesamt die Versöhnungsbereitschaft des Opfers auslösen möchte.

Mit diesem Verfahren werden mehrere Zielsetzungen verfolgt, z.B.

- die Opferinteressen im Ermittlungs- und Strafverfahren sollen stärker berücksichtigt werden,
- der Täter soll durch die Gegenüberstellung mit dem Opfer mit den Konsequenzen seiner Tat konfrontiert werden,
- die Einsicht des Täters in das von ihm begangene Unrecht und die Verdeutlichung der von ihm verletzten Rechtsnorm soll verstärkt werden,
- durch die möglicherweise präventive Wirkung dieser Maßnahme wird der Schutz der Gesellschaft vor weiteren Straftaten vergrößert,
- die soziale Wiedereingliederung des Täters soll besser realisiert werden,
- Täter und Opfer sollen sich später jederzeit ohne Vorbehalte begegnen können (gerade dies ist bei jungen Menschen, die in einem Ort wohnen relevant),
- als Wiedergutmachungsleistung kommen eine finanzielle Wiedergutmachung, Zahlung von Schmerzensgeld, schriftliche oder mündliche Entschuldigung, Ableistung von Arbeit für den Geschädigten, gemeinsame Aktivitäten, Geschenk, Gesten o.ä. in Betracht (hier: Petra entschuldigt sich. Sie erklärt ihre Eifersucht und bezahlt Alina das Reinigen der Kleidung).

Kapitel 9
Phänomenologische Kriminalitätsanalysen

1 Begriffsbestimmungen

In der polizeilichen Praxis und im wissenschaftlichen Sprachgebrauch sind verschiedene Begriffe für kriminalwissenschaftliche Untersuchungsmethoden üblich und im Umlauf. Versuche, diese zu vereinheitlichen, waren bisher nicht erfolgreich.

Im Folgenden wird von den folgenden Begriffsbestimmungen ausgegangen:

Kriminologische Deliktsanalyse	Kriminologische Fallanalyse	Kriminalistische Fallanalyse

1.1 Deliktsanalyse

Die Deliktsanalyse ist eine theoretische, überwiegend phänomenologische Untersuchung eines einzelnen Straftatbestandes oder eines Deliktsfeldes mit dem Ziel, die aktuelle Lage oder die Entwicklung dieses Deliktes darzustellen und allgemeine Erklärungsansätze für die Ursachen dieser Kriminalitätsform zu bieten. Die Deliktsanalyse ist somit ein kriminologisch-kriminalistisches Hilfsmittel für die Erklärung von Straftaten und bildet die Grundlage für weitergehende Untersuchungen und Prognosen, sowie für konkrete Maßnahmen der Kriminalitätskontrolle auf allen Ebenen.

Je nach Zielsetzung und Methodik werden in den Kriminalwissenschaften – speziell im Bereich der Kriminalitätskontrolle – folgende Deliktsanalysen unterschieden:

- Kriminologische Deliktsanalyse
- Kriminologische (Einzel-)Fallanalyse
- Kriminalistische Fallanalyse.

Während die Kriminologische Deliktsanalyse und die Kriminologische (Einzel-) Fallanalyse vorwiegend Untersuchungsmethoden der Kriminologie sind, ist die Kriminalistische Fallanalyse der Kriminalistik zuzuordnen. Letztere dient vor allem der Durchdringung der noch unaufgeklärten kriminellen Tat mit dem Ziel, Ermittlungs- und Aufklärungshinweise zu erlangen.[112]

Beispiel:

Das Bundeskriminalamt und die Landeskriminalämter legen regelmäßig periodische Berichte über die Entwicklung der Kriminalität (PKS) in der Bundesrepublik Deutschland und in den Bundesländern vor. Diese werden ergänzt durch Jahresberichte und Lagebilder zu ausgewählten Delikten und Kriminalitätsfeldern wie Cybercrime, Menschenhandel, Organisierte Kriminalität, Rauschgiftkriminalität u.a., um nur einige zu nennen.

112 Weitere Ausführungen zur Kriminalistischen Fallanalyse bei *Clages* (2012), S. 20.

1.2 Kriminologische Fallanalyse

Die kriminologische Fallanalyse untersucht neben den phänomenologischen Aspekten einer Handlung vor allem die zugrunde liegenden Bedingungen eines Verhaltens im Einzelfall, um die Ursachen der Delinquenz von Personen herauszustellen.

Beispiel:

Die kriminelle Entwicklung eines jugendlichen Intensivtäters soll exploriert werden; dabei soll auf die zurückliegenden Taten, die individuelle Entwicklung des Täters und die gesellschaftlichen Faktoren eingegangen werden, durch die er kriminell wurde.

Auf die überwiegend in der Kriminalistik üblichen Methoden der kriminalistischen Fallanalyse oder der operativen Fallanalyse wird nicht weiter eingegangen.

> ***Merke***
> *Die unterschiedlichen Begriffe der Deliktsanalyse und der Kriminologischen Fallanalyse sollten beherrscht werden. Sie sollten von den in der Kriminalistik üblichen Methoden der Fallanalyse und der Operativen Fallanalyse unterschieden werden können.*

2 Methodik der Deliktsanalyse

Wie beschrieben ist die Deliktsanalyse eine überwiegend phänomenologische Untersuchung. Sie gliedert sich in die Bereiche

- Phänomenologische Faktoren
  - allgemeine Angaben zum Delikt oder Deliktsfeld
  - Tatzeit
  - Tatort
  - Tatopfer
  - Tatobjekt, Beute
  - Tatmittel
  - Tathergang
  - Tatverdächtiger
- Ätiologische Faktoren
  - individuelle Bedingungen
  - situative Bedingungen
  - normative und gesellschaftliche Bedingungen
  - Kriminalitätskontrolle

Nicht bei jedem Einzeldelikt oder Deliktsfeld werden alle Unterpunkte zu berücksichtigen sein, falls nähere Erkenntnisse hierzu in der Polizeilichen Kriminalstatistik (PKS) oder den Meldediensten fehlen.

Im Folgenden wird neben der theoretischen Darstellung die Deliktsanalyse eines Einzeldelikts am Beispiel des Bankraubes (PKS: Raubüberfälle auf Geldinstitute, Postfilialen und -agenturen; Schlüsselzahl 211000; Zahlen aus der

PKS des Bundes, aus Nordrhein-Westfalen und aus dem Kriminalpolizeilichen Meldedienst – KPMD) erläutert. Zur sprachlichen Vereinfachung wird der Begriff Bankraub benutzt.

Das System der Deliktsanalyse schließt unter polizeipraktischer Zielsetzung mit Aussagen zur Kriminalitätskontrolle ab. Das bedeutet, dass aus dem Ergebnis des Analyseprozesses kriminalstrategisch-taktische Maßnahmen der Kriminalitätskontrolle (oder anders gesagt der Kriminalitätsbekämpfung) abgeleitete werden.[113]

Im Rahmen der Bearbeitung von Einzeldelikten werden Deliktsanalysen auch als Leistungsnachweise in polizeilichen Ausbildungsprozessen abgefragt. Die Analyse des Bankraubes soll hierfür ein Beispiel sein.

2.1 Phänomenologische Faktoren

2.1.1 Allgemeine Angaben

Zunächst ist auf die strafrechtliche und kriminologische Einordnung des Delikts einzugehen. Dies wären etwa die Einordnung als Verbrechens- oder Vergehenstatbestandes oder die Kennzeichnung als Gewalt- oder Sexualdelikts, als Straßenkriminalität oder Rauschgiftkriminalität. Hilfe bieten hierbei die Summenschlüssel der PKS (ab Summenschlüssel 890000). Ebenso ist zu berücksichtigen, ob dieses Delikt polizeilich nach besonderen Strategien (PDV 100) zu betrachten ist.

Beispiel Bankraub:

Beim Bankraub handelt es sich strafrechtlich um einen Raubtatbestand. Dabei sind alle Formen des Raubes (§§ 249–252 StGB) und der Erpressung (§ 255, 239a, 239b StGB) möglich. In sämtlichen Fällen handelt es sich um Verbrechenstatbestände. Kriminologisch ist der Bankraub ein Gewalt- und Eigentumsdelikt.

Weiter ist auf den Stellenwert des Deliktes in der Statistik, auf das vermutete Dunkelfeld sowie das Öffentlichkeits- und Medieninteresse einzugehen. Zu berücksichtigen ist dabei, dass ein Anstieg oder Rückgang von Delikten auch durch Gesetzesänderungen oder Veränderungen der Erfassungsmodalitäten beeinflusst wird (z.B. Strafrechtsreform beim Vergewaltigungstatbestand, Einführung neuer Schlüsselzahlen).

Der prozentuale Anteil der Raubdelikte (Schlüsselzahl 210000) an allen erfassten Fällen beträgt 0,8 %.[114] Noch geringer wird der Anteil, betrachtet man die Überfälle auf Geldinstitute, Postfilialen und -agenturen. Hier beträgt der prozentuale Anteil an der Gesamtkriminalität 0,006 %, die der Überfälle auf Geldinstitute allein 0,005 %. Der Anteil der Banküberfälle (Schlüsselzahl 211000) an der

113 Weitere Ausführungen zu analytischen Verfahren der Kriminalitätskontrolle, speziell zu Verbrechens- und Kriminalitätsanalysen, siehe *Clages* (2012), S. 17–19.

114 Die prozentualen Anteile sind ca.-Angaben.

gesamten Raubkriminalität beträgt 0,6 %. Banküberfälle machen 0,14 % der bekannt gewordenen Gewaltkriminalität (Schlüsselzahl 892000) aus.

Obwohl der Banküberfall statistisch kaum eine Rolle spielt, nimmt er im Medieninteresse eine ganz andere Rolle ein. Es handelt sich um Schwerkriminalität, über welche ausführlich berichtet wird. Dabei gilt, dass Nachrichten umso intensiver verbreitet werden, je exotischer oder gewalttätiger der Bankraub war. Dies gilt vor allem für Bankraube, die sich zu Geiselnahmen entwickeln oder solche Fälle, bei denen die Motivation zur Tat auf ein mögliches Verständnis durch die Mehrheit der Bevölkerung rechnen kann (Robin-Hood-Effekt).

Bei den 260 erfassten Überfällen auf Geldinstitute aus dem Jahre 2013 dürfte es sich um das Hellfeld handeln. Es ist zu vermuten, dass es beim Bankraub nur ein geringes Dunkelfeld (Versuchstaten) gibt. Gründe, warum Opfer oder Zeugen die Tat nicht anzeigen sollten, sind kaum vorhanden. Somit ist die Zahl der Delikte in der PKS das (fast) vollständige Hellfeld. Ein Sonderfall ist die Bereicherung durch Angestellte, die nach einem Überfall die Beute künstlich erhöhen.

Der Versuchsanteil liegt bei den Raubdelikten, speziell beim Bankraub, deutlich höher als bei der Gesamtkriminalität. Die Aufklärungsquote (AQ) beim Bankraub liegt deutlich über der AQ der Gesamtkriminalität. Mehr als 3 von 4 Banküberfällen werden aufgeklärt. Seit 2001 beträgt die Aufklärungsquote beim Bankraub beständig zwischen 61,1 % und 84,4 %.

2.1.2 Tatzeit

Hinsichtlich der Tatzeit bietet sich zunächst ein historischer Rückblick über Zeitreihen an. So werden vom Bundeskriminalamt (BKA) Zeitreihen ab 1987 vorgehalten. Mit diesem Zahlenmaterial ist die Entwicklung eines Delikts ablesbar. Ebenso können aktuelle Tendenzen erkannt werden, wobei diese eher im Rahmen der Vorgangserfassung (Eingangsstatistik, Lageberichte) deutlich werden. Im Weiteren ist auf die zeitliche Häufigkeitsverteilung nach Jahreszeit, Monat, Wochentag und Uhrzeit einzugehen, um zeitliche Schwerpunkte, aber auch Anhaltspunkte für zeitliche Verlagerungen ablesen zu können. Da die PKS nur geringe Aussagen zur Tatzeit macht, sind nähere Einzelheiten nur durch den Kriminalpolizeilichen Meldedienst (KPMD) zu erlangen.

Tabelle zur Fallentwicklung Raubüberfälle auf Geldinstitute (Banken/Sparkassen) im 10-Jahresvergleich (SZ 211100 – Deutschland 2004–2013)

Jahr	2004	2005	2006	2007	2008	2009	2010	2011	2012	2013
Fälle	638	547	463	418	298	419	433	419	280	260

Wie kaum bei einem anderen Delikt ist die Fallzahl der Banküberfälle in den letzten Jahren deutlich zurückgegangen. Der Grund hierfür dürfte in der konsequenten Umgestaltung der Geschäftsräume der Banken und der Arbeitsabläufe zur Geldauszahlung liegen. Dadurch wurde der Sicherheitsstandard der Banken deutlich erhöht.
Aus den Lagebildern der Landeskriminalämter, z.B. des LKA NRW, zu Raubüberfällen auf Geldinstitute, Postfilialen und -agenturen geht hervor, dass jahreszeitlich der Monat März herausragt. Bei den Wochentagen dominiert der Donnerstag (längere Öffnungszeiten). Die meisten Banküberfälle werden kurz nach der Öffnung oder kurz vor der Schließung der Bankfilialen begangen.

2.1.3 Tatort

Die Analyse zum Punkt Tatort sollte, falls entsprechendes Zahlenmaterial vorliegt, mit einem internationalen Vergleich der Deliktsbelastung beginnen. Da es sehr unterschiedliche Erfassungsmodalitäten in den einzelnen Staaten gibt, ist ein Vergleich nur für besonders herausragende Delikte, z.B. Mord, möglich.
Aus der PKS sind regionale und lokale Häufigkeitsverteilungen der Tatorte ablesbar. So gibt es typische Großstadtdelikte, aber auch Taten, die überwiegend im ländlichen Bereich begangen werden. Des Weiteren sind die Raummerkmale eines Tatortes von Bedeutung, so etwa die Klassifizierung als Neubaugebiet, Freizeitgelände oder Wohngebiet.
Bei einigen Delikten gibt es einen Haupttatort, aber auch Nebentatorte, z.B. beim Kreditkartendiebstahl, bei dem der Täter die Karten später an unterschiedlichen Orten einsetzt. Letztlich ist zu untersuchen, ob Anhaltspunkte für die Verlagerung von Tatorten vorliegen. So ist etwa an und in neu errichteten Einkaufszentren mit einer deutlichen Mehrbelastung von bestimmten Delikten zu rechnen.

Beispiel Bankraub:
Die Tatortverteilung wird in der PKS nach Gemeindegrößenklassen ausgewiesen. Gleichzeitig weist die Statistik aus, wie groß der prozentuale Anteil der Gemeindegrößenklasse an der Wohnbevölkerung des jeweiligen Jahres ist.

Räumliche Verteilung der Raubkriminalität 2013 unter besonderer Berücksichtigung des Bankraubes				
Gemeindegrößenklasse	**Anteil Wohnbevölkerung in %**	**Straftaten insgesamt in %**	**Anteil Raubdelikte in %**	**Anteil Bankraub in %**
Unter 20.000 EW	41,3	23,4	12,0	39,6
20.000 < 100.000 EW	27,3	26,8	23,7	27,3
100.000 < 500.000 EW	15,0	20,1	23,9	18,1
> 500.000 EW	16,4	28,7	40,2	15,0

Quelle: BKA, PKS 2013

Räumliche Verteilung der Raubkriminalität in Deutschland

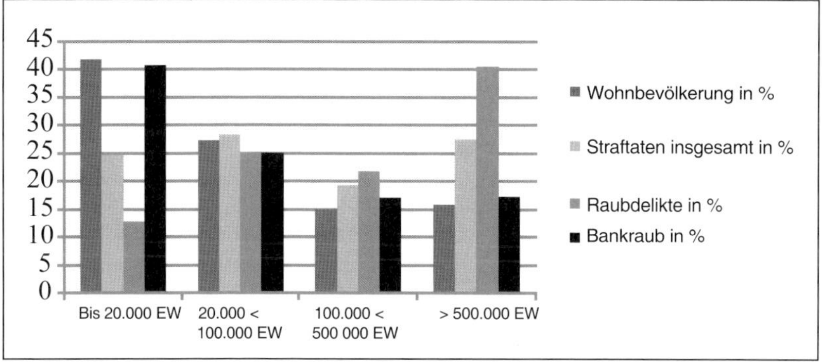

Aus der Tabelle ist ersichtlich, dass der Bankraub zu über 40 % im ländlichen Gebiet begangen wird. Großstädte sind verglichen am Anteil der Wohnbevölkerung leicht überrepräsentiert. Betrachtet man die Tatorte von Banküberfällen in den Großstädten im KPMD genauer, lässt sich feststellen, dass diese oftmals an der Peripherie der Stadt liegen. Hier finden sich noch kleinere Bankgeschäftsstellen, die oftmals nur mit einem oder zwei Angestellten besetzt sind. Daraus resultiert auch die verhältnismäßig geringe Zahl von Opfern, die in der PKS zum Bankraub ausgewiesen werden.

2.1.4 Tatopfer

Nach der PKS sind Opfer natürliche Personen, gegen die sich die mit Strafe bedrohte Handlung unmittelbar richtete. Sie werden im Straftatenkatalog durch ein zusätzliches „O“ gekennzeichnet.

Bei Deliktsanalysen sind verschiedene Opferangaben von Bedeutung. So interessiert nicht nur die Anzahl, das Geschlecht, das Alter oder die Staatsangehörigkeit des Opfers, sondern es sind auch die sonstigen physischen, psychischen, sozialen und wirtschaftlichen Faktoren der natürlichen Personen von Bedeutung. Diese könnten etwa das Aussehen (z.B. reizvolle Blondine), Charaktereigenschaften (z.B. Geldgier – Schwarzgeld), der Beruf (z.B. Geldtransportfahrer) oder auch die finanzielle Lage (z.B. Prestigeobjekte werden offen zur Schau gestellt) sein.

Von großem Interesse ist es darüber hinaus, ob eine Beziehung zwischen dem Tatverdächtigen und dem Opfer bestand. Gerade bei Tötungs- und Sexualdelikten liegt oftmals eine solche Vorbeziehung vor.

Daneben, und in der PKS leider nicht abgebildet, gibt es auch die juristische Person als Opfer. So ist es je nach Rechtsform, Branche, Umsatz oder Beschäftigtenzahl einer Firma möglich, sich an dieser zu bereichern oder in den Konkurs zu treiben (z.B. illegale Aktiengeschäfte des Vorstandes, Insider-Geschäfte).

Beispiel Bankraub:

Ausweislich der PKS für das Jahr 2013 wurden bei insgesamt 260 Raubüberfällen auf Geldinstitute 397 Personen Opfer. 279 Personen wurden Opfer eines vollendeten Banküberfalls, bei den Versuchen waren es 104 Personen. Auf jeden Banküberfall kamen somit statistisch 1,53 Opfer. Opfer sind die Angestellten und Kunden der Geldinstitute, daneben aber auch eingesetzte Polizeibeamte. Die Auswahl der Tatobjekte durch die Täter wird auch an der geringen Zahl der Opfer deutlich. Täter suchen Banken mit möglichst wenig Belegschaft aus und führen ihre Taten zu Zeiten aus, an denen nur wenig Kundschaft zu erwarten ist.

Eine Beziehung zwischen den Tatverdächtigen und den Opfern ist statistisch gering, unter dem Aspekt der kriminalistischen Relevanz unbedeutend. Am häufigsten werden Sparkassen und Volksbanken überfallen. Dies liegt darin begründet, dass diese Institute die größten Filialnetze aufweisen.

2.1.5 Tatobjekt, Beute

Im Unterpunkt Tatobjekt/Beute ist zu analysieren, warum ein bestimmtes Gebäude oder ein bestimmter Gegenstand ausgesucht wurde. In der PKS werden nur zur Schadenshöhe Angaben gemacht. Aus dem KPMD oder aus Versicherungsangaben sind darüber hinaus z.B. Feststellungen zu treffen, welche Kraftfahrzeuge besonders beliebt sind, oder in welchen Wohnungstyp (Einfamilienhaus, Reihen- oder Mehrfamilienhaus) besonders gern eingebrochen wird.

Bsp. Bankraub:

Im Jahr 2013 betrug der Gesamtschaden bei den 164 vollendeten Banküberfällen 5,7 Millionen Euro. In 71,3 % der Fälle betrug die Beute über 5.000 Euro. Dass bei nahezu 20 % der Banküberfälle die Schadenshöhe unter 5.000 Euro lag, ist auch damit zu erklären, dass die Geldinstitute vermehrt über Beschäftigtenbediente Bankautomaten (BBA) oder Automatische Kassentresore (AKT) verfügen. Es steht damit nur ein geringer Bargeldbetrag zur Verfügung, der geraubt werden kann. Eine andere Sicherungsmöglichkeit besteht in der Übergabe von Geldsicherungspaketen, die nach der Übergabe explodieren und die geraubte Beute unbrauchbar machen.

Welche Institute von Banküberfällen betroffen sind, hängt ursächlich damit zusammen, welche Banken noch klassisches Kundengeschäft betreiben.

2.1.6 Tatmittel

In diesem Abschnitt der Deliktsanalyse werden die eingesetzten Tatmittel untersucht. Aus der PKS sind dabei lediglich Angaben zum Schusswaffeneinsatz ersichtlich.

Weitergehende Angaben sind über die Meldedienste zu erfahren. In diesen sind benutzte Tatwerkzeuge nach Art und Funktion beschrieben (z.B. Ziehfixgerät, Maskierung). Darüber hinaus finden sich dort auch Angaben zur Aufbewahrung oder Trageweise (z.B. Motorradhaube, mitgeführte Plastiktüte für die Geldübergabe) und zur Handhabung und Wirkung (z.B. Zylinderschlossabdreher).

Beispiel Bankraub:

Im Jahr 2013 wurde bundesweit in 124 Fällen mit einer Schusswaffe gedroht, jedoch nur in 4 Fällen geschossen. Weitere Tatmittel sind Messer, Reizstoffe oder Bombenattrappen.

2.1.7 Tathergang

Ein weiterer Analyseaspekt ist der Tathergang. Dabei kann man in

- Vortatphase; z.B. Ausbaldowern eines Tatobjektes
- Haupttatphase; typische oder atypische Arbeitsweise, z.B. atypischer Banküberfall
- Nachtatphase; z.B. Fluchtverhalten
- neue Tatvarianten, z.B. neue Betrugsmasche

unterscheiden.

Beispiel Bankraub:

Gemäß Polizeidienstvorschrift 100 liegt ein Überfall auf ein Geldinstitut im polizeitaktischen Sinn vor, „wenn Täter unter Verwirklichung der Tatbestände des Raubes oder der räuberischen Erpressung das Leben oder die körperliche Unversehrtheit insbesondere von Bediensteten oder Kunden bedrohen und deren Willens- und Handlungsfreiheit beeinträchtigen".

Dabei wird unterschieden in **typische und atypische Überfälle**.

Typische Banküberfälle

Wissenschaftliche Untersuchungen des Bundeskriminalamtes haben ergeben, dass ca. 75 % der Banküberfälle vorgeplant sind. In der Vortatphase wählen die Täter ein Tatobjekt aus, wobei Entscheidungskriterien die Größe und Lage der Bank, die Zahl der Angestellten und Kunden, die Öffnungszeiten, aber auch die Fluchtmöglichkeiten sind. Die Bank wird nach diesen Kriterien ausbaldowert. Auffallend ist die kurze Planungsdauer, wie sie von interviewten Bankräubern geschildert wird. Von der Idee bis zur Verwirklichung der Tat vergingen in der Mehrzahl der Fälle weniger als 3 Wochen, die unmittelbare praktische Vorbereitung dauerte weniger als einen Tag.

Bezieht man diese phänomenologischen Erkenntnisse auf die Tatverdächtigen, so kann man sagen, dass Bankräuber mit geringer Planung vorgehen und wenig Vorbereitungsaufwand betreiben. Die zur Tatausführung benötigten Tatmittel (Schusswaffen, darunter auch Gas- und Schreckschusswaffen sowie Attrappen, Maskierungen) stehen ohne Schwierigkeiten zur Verfügung. Der oftmals in einer finanziellen Misere steckende Täter begeht somit eine „schnelle" Tat, für die er keine besonderen Kenntnisse benötigt, sondern nur mutig genug sein muss, um die hohe Beuteerwartung zu realisieren.

In der eigentlichen Haupttatphase maskieren sich die Täter meist unmittelbar vor der Tat. Oftmals wird ein Behältnis (Plastiktüten o.ä.) zum Transport der Beute mitgeführt. In den meisten Fällen wird der Schusswaffengebrauch nur angedroht, was zur Einschüchterung der Opfer völlig ausreicht. Kommt es zur Abgabe eines Schusses, so werden meist Warnschüsse abgegeben. Die Geldforderungen werden zumeist verbal, mitunter auch durch Überreichen von Zetteln gestellt. Die Geldübergabe ist für den Täter zumeist unkritisch, da die Angestellten ihre persönliche Sicherheit im Vordergrund sehen. Sie werden im Rahmen von Unterweisungslehrgängen zu den Unfallverhütungsvorschriften (UVV Kassen) entsprechend geschult. Besonderheiten in dieser Phase stellen das Aushändigen von Registriergeld oder „Geldsicherungspaketen" dar. Wegen der schon erwähnten Sicherheitsvorkehrungen, die heute sehr auf Zeitverzögerungen abzielen, begnügen sich Täter meist mit dem Kassenbestand, was die Beuteerwartung deutlich minimiert. Untersuchungen zur Dauer des eigentlichen Überfalles haben ergeben, dass fast zwei Drittel der Haupttatphase nicht länger als 3 Minuten dauern.

Die Nachtatphase wird überwiegend durch die Flucht bestimmt. Diese ist umso eher geplant, je größer die Anzahl der Täter ist, da es zu einer Aufgabenteilung kommt. In den letzten Jahren ist es in NRW zu keiner Geiselnahme von Angestellten oder Kunden zur Fluchtabsicherung gekommen. Dies macht deutlich, dass Geiselnahmen in Banken zumeist schon geplant sind oder durch zu frühes und falsches Verhalten der Polizei provoziert werden. Zum Fluchtmittel ist festzustellen, dass Täter oftmals zu Fuß flüchten, um später mit Pkw, öffentlichen Verkehrsmitteln und Fahrrädern die Flucht fortzusetzen. Ein geringerer Täterkreis bleibt in Tatortnähe, z.B. Kinos, Gaststätten, Wartezimmer von Arztpraxen.

Die in den Banken obligatorischen optischen Raumüberwachungsanlagen fürchten die Täter offenbar nicht sonderlich, was auch Ergebnisse des KPMD bestätigen dürften. Bei 133 Überfällen in NRW im Jahre 2006 waren in nur 55 Fällen (41 %) die Anlagen eingeschaltet. In 4 Fällen kam es zur Tataufklärung durch die Veröffentlichung von Aufzeichnungen in den Medien.

Atypische Banküberfälle

Die Zahl der atypischen Banküberfälle ist aus der PKS nicht ablesbar, da eine besondere Erfassung nicht erfolgt. Einzelheiten zu diesen Taten ergeben sich nur aus dem KPMD. Zu Geiselnahmen von Angestellten vor oder in Wohnungen oder Geschäftsräumen kam es in den letzten Jahren keinmal. Die häufigste atypische Bankraubvariante ist das Abfangen von Angestellten beim Betreten der Bank. Als Fazit ist festzustellen, dass atypische Banküberfälle eine deutliche Minderheit aller Banküberfälle ausmachen. Eine Rückschau der letzten 5 Jahre macht auch deutlich, dass keine steigende Tendenz dieser Deliktsvariante zu erkennen ist.

2.1.8 Täter

Im letzten Unterpunkt des phänomenologischen Teiles der Deliktsanalyse wird auf den Tatverdächtigen eingegangen. Neben den Täterdaten, die in der PKS aufbereitet werden, spielen auch für den Täter alle physischen, psychischen, sozialen und wirtschaftlichen Faktoren eine Rolle, um seinen Beitrag an der Deliktsentstehung analysieren zu können.

Beispiel Bankraub:

Von den 260 versuchten und vollendeten Banküberfällen im Jahr 2013 konnten 201 Fälle (77,3 %) aufgeklärt werden. Ermittelt wurden 194 Tatverdächtige. Dies zeigt, dass einigen Tätern mehrere Taten zugeordnet werden konnten. 76 (39,2 %) der bundesweit aufgeklärten Taten wurden durch einen alleinhandelnden Täter begangen. Bei den ermittelten Tatverdächtigen aller im Jahr 2013 aufgeklärten Straftaten handelte es sich zu 74,3 % um Männer und zu 25,7 % um Frauen. Betrachtet man die gesamte Raubkriminalität (SZ: 210000), so verschiebt sich der Anteil deutlich zu Ungunsten der Männer. Hier wurden ca. 90 % tatverdächtige Männer und 10,0 % Frauen ermittelt. Noch deutlicher wird die Domäne der männlichen TV beim Bankraub. Hier zeigt sich folgendes Bild: ca. 95 % männlich, ca. 5 % weiblich.

Interessant ist auch ein Vergleich der Altersstruktur der Tatverdächtigen. Diese werden in den Altersstufen Kinder (8 < 14 Jahre), Jugendliche (14 < 18 Jahre), Heranwachsende (18 < 21 Jahre), Jungerwachsene (21 < 25 Jahre) und Erwachsene (25 Jahre und älter) betrachtet.

Altersstruktur der Tatverdächtigen in Deutschland 2013

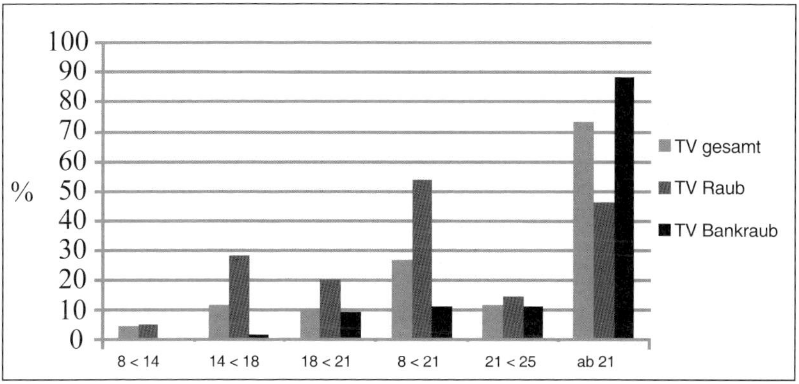

Es wird deutlich, dass Raubdelikte eine Domäne vor allem für Jugendliche im kriminologischen Sinn sind. Von der Altersgruppe der unter 21-Jährigen, die in der PKS erfasst sind, werden 53,8 % der Raube begangen, obwohl diese Altersgruppe nur einen Bevölkerungsanteil von rund 15 % haben. Die „Jugendlichen" sind damit für den Deliktsbereich Raub mehr als dreifach überrepräsentiert. Dies gilt jedoch nicht für den Bankraub. Hier sind unter 18-Jährige unauffällig, allerdings scheint der Einstieg in dieses Deliktsfeld im Alter zwischen 18 und 21 Jahren zu beginnen.

Als nächstes wird der Anteil der nichtdeutschen Tatverdächtigen genauer betrachtet. Von den etwa 2,1 Millionen ermittelten Tatverdächtigen waren 538.449 = 25,7 % Nichtdeutsche. Bei den Raubdelikten (SZ: 210 000) erhöht sich dieser Anteil auf 32,3 % (9.915 TV). Beim Bankraub wurden insgesamt 194 TV ermittelt, davon 57 Nichtdeutsche = 29,4 %.

Ergebnis: Bei den Raubdelikten sind Nichtdeutsche TV, gemessen an ihrer durchschnittlichen Kriminalitätsbelastung, deutlich überrepräsentiert.

Betrachtet man den ausländerrechtlichen Status der ermittelten Bankräuber, so fällt auf, dass sich nur zwei TV (von 194 TV) illegal in der Bundesrepublik Deutschland aufhielten. Weitere 8 der Bankräuber sind als Touristen oder Durchreisende erfasst worden.

2.2 Ätiologische Faktoren

Bei der Suche nach den Ursachen eines Deliktes ist auf die individuellen, die situativen und die normativen Bedingungen einzugehen. Dabei kann es im Rahmen einer Deliktsanalyse nur Aufgabe sein, allgemeingültige Aussagen zu den Ursachen des Deliktes zu machen. Bei jedem Tatverdächtigen liegen unterschiedliche Gründe vor, warum er die Tat begangen hat. Solche individuellen

Untersuchungen erfolgen im Rahmen einer Kriminologischen Fallanalyse. In der Deliktsanalyse werden im Gegensatz dazu nur allgemeingültigen Aussagen zu den Ursachen einer Straftat dargestellt. Die hierzu anzuführenden Theorien sind im Kapitel „Kriminalitätstheorien" dargestellt und erläutert.

2.2.1 Individuelle Bedingungen

Bei der Untersuchung der individuellen Bedingungen ist auf die Ansätze und Theorien der Kriminalitätserklärung einzugehen, die für die Tatverdächtigen des jeweiligen Deliktes oder Deliktsfeldes typisch sind. Dies ist je nach Delikt oder Deliktsfeld sehr unterschiedlich. So sind etwa die individuellen Bedingungen eines Sexualtäters völlig von denen verschieden, die für einen Betrüger gelten.

Stellt man allgemeingültige Bedingungen auf, so liegen diese in den persönlichkeitsbegründenden, persönlichkeitsentfaltenden und persönlichkeitsgestaltenden Aspekten des Tatverdächtigen.

Vor allem für die Weiterentwicklung der polizeilichen Strategie bei der Verfolgung von Banküberfällen ist von Interesse, wie groß der Aktionsradius der Täter ist. Auskunft herüber gibt die PKS, Tabelle 21 (Täter-Wohnsitz-Beziehung nach Tatverdächtigen).

Im Gegensatz zur Gesamtkriminalität und auch zu den Raubdelikten stammt der Bankräuber deutlich seltener aus der Tatortgemeinde. Ortsansässige Bankräuber bilden nur ca. ein Drittel der ermittelten Tatverdächtigen. Der Bankräuber ist damit ein sog. überörtlicher Täter. Interessant ist auch der relativ hohe Anteil von Tätern ohne festen Wohnsitz (ca. 13 %). Dies ist möglicherweise ein Beleg dafür, dass Bankräuber oftmals in einer finanziellen Misere stecken und der Bankraub die Ultima Ratio darstellt. Nahezu jeder Zehnte Bankräuber sucht sich ein Tatobjekt, das deutlich von seinem Wohnort entfernt ist. Für die polizeiliche Fahndung ist dies von besonderer Bedeutung.

Letztlich sollen noch individuelle Faktoren der ermittelten Bankräuber angesprochen werden.

Etwa 40 % sind alleinhandelnde Täter. Drei Viertel der Bankräuber sind bereits bei gleichartigen oder anderen Straftaten als Tatverdächtige in Erscheinung getreten. Dies ist ein deutlicher Hinweis darauf, dass der Bankräuber oft bereits eine kriminelle Karriere hinter sich hat. Etwa jeder 10. Täter ist als Konsument harter Drogen auffällig geworden; andererseits standen nur etwa 3 % der Bankräuber unter Alkoholeinfluss. Dieser Fakt zeigt, dass der Bankräuber im Vergleich zum Räuber oder den Tatverdächtigen insgesamt einen „klaren Kopf" behalten will.

Hinsichtlich der Ausprägung der kriminellen Energie der Täter kann der Gebrauch von Schusswaffen bei der Tatausführung ein Beurteilungskriterium sein.

Es ist festzustellen, dass in der Hälfte aller registrierten Bankraubfälle (99 Taten) die Täter eine Schusswaffe mitführten, jedoch nur in 4 Fällen geschossen wurde. Offenbar wird die Schusswaffe in erster Linie als Drohmittel eingesetzt, um der Tatforderung Nachdruck zu verleihen.

Hierbei spielen

- biologische,
- psychologische,
- soziologische und
- sozialpsychologische Faktoren

eine Rolle. Diese wurden im Abschnitt „Normabweichendes Verhalten und Kriminalitätstheorien“ näher behandelt.

Beispiel Bankraub:

Aus älteren BKA-Untersuchungen aus den 80er-Jahren geht hervor, dass bei ca. 80 % der Bankräuber folgende wesentlichen Ursachen herausgestellt wurden:

- finanzielle Notlage,
- hohe Schulden,
- Gewinnsucht,
- Arbeitslosigkeit,
- Sicherung des Lebensstandards,
- Beziehungsprobleme,
- psychische Probleme.

Bündelt man diese Aussagen, so wären etwa die Anomietheorie und die Theorie der differenziellen Gelegenheiten, auch Chancenstrukturtheorie, zur Erklärung des Bankraubes einschlägig.

Nach *Robert K. Merton* entsteht Anomie durch das Auseinanderklaffen von kulturellen Zielen und sozial vorgegebenen Möglichkeiten zur Zielerreichung. Kurz gesagt: Angehörige der Unterschicht haben die gleichen Ansprüche wie die der Ober- und Mittelschicht. Diese entstehen durch den Konsumdruck, der durch die Medien zusätzlich forciert wird. Der Run nach Statussymbolen liegt gleichermaßen in allen Schichten vor. „Haste was, biste was!“ Die Möglichkeiten, diese Ansprüche legal zu verwirklichen oder zu erlangen, liegen bei Angehörigen der Unterschicht jedoch nicht vor. „Haste nichts, biste nichts!“ Deshalb müssen die Mitglieder der Unterschicht neue Wege gehen, also innovativ werden, um mit illegitimen Mitteln ihre Ziele zu erreichen. „Haste nichts, klauste was, klauste was, haste was, haste was, biste was!“

Für den Bankraub gilt, dass dieser oft die einzige Möglichkeit ist, wie Täter glauben, aus ihrer Misere noch herauskommen zu können. Dies gilt gleichermaßen für den überschuldeten Langzeitarbeitslosen wie auch für degradierten Abteilungsleiter, der sich seiner Familie nicht offenbart hat, die Ansprüche seiner Angehörigen aber erfüllen will.

Erweitert man diese Überlegungen um den Ansatz der Theorie der differenziellen Gelegenheiten nach *Richard A. Cloward* und *Lloyd E. Ohlin* und die lerntheoretischen Ansätze, kommt man zu dem Ergebnis, dass die kulturellen Ziele (hier: Geld) nur mit illegalen sozialen Mitteln erreicht werden können, die Zugangschancen zu diesen aber nicht vorhanden sind. Anders: Auch Einbruch oder geschickter Betrug will gelernt sein. Für einen solchen Täter kommen somit nur viele Delikte der Kleinkriminalität in Frage oder das „große Ding". Zu diesem entscheidet sich der Täter, wenn er davon überzeugt ist, dass die situativen Bedingungen günstig sind.

2.2.2 Situative Bedingungen

Neben den individuellen Bedingungen spielen die situativen Bedingungen eine entscheidende Rolle für das Entstehen eines Rechtsbruchs. Dabei kann man unterscheiden in die räumlich-zeitlichen Bedingungen, die tatauslösend wirkten, und die beeinflussenden kriminogenen Faktoren, die zum Tatzeitpunkt auf den Täter einwirkten.

Im Rahmen der räumlich-zeitlichen Bedingungen sind die Tatgelegenheitsstruktur und das Opferverhalten näher zu beleuchten.

Unter Tatgelegenheitsstruktur versteht man das Vorhandensein, die Sichtbarkeit und Attraktivität einer Tatgelegenheit, die in Abhängigkeit steht zu den Schutzmaßnahmen des Opfers (Widerstandszeitwert) und der Einschätzung des Entdeckungsrisikos durch den Täter.

Unter Opferverhalten fasst man den Tatbeitrag, welchen das Opfer bewusst oder unbewusst leistet. Dieser ist umso größer, je näher das Opfer dem Täter steht (Tatverdächtigen-Opfer-Beziehung).

Zu den beeinflussenden kriminogenen Faktoren zählt man die gesellschaftlichen, soziologischen und wirtschaftlichen Verhältnise, die zum Tatzeitpunkt auf den Täter wirkten.

Beispiele hierfür wären

- Gesellschaftlicher Wertewandel
  - Konsumverhalten, Statussymbole, Anspruchsdenken, Fremdenfeindlichkeit
- Medieneinfluss
  - Werbung
  - Gewaltdarstellung
- Freizeitgestaltung
  - mangelndes Freizeitangebot
  - Langeweile
- Wohnsituation
  - Hochhausghetto, dörfliches Umfeld
  - persönliche Wohnverhältnisse

- Suchtgefährdung
  - Alkohol, Drogen, Spiel
- Gesamtgesellschaftliche Bedingungen
  - Arbeitslosigkeit
  - sozialer Frieden
  - Mobilitätsdruck
  - Technisierung

Je vielfältiger die beeinflussenden Bedingungen sind, umso größer ist die Wahrscheinlichkeit, dass sie situativ den Täter zur Delinquenz führen.

Beispiel Bankraub:

Bereits im phänomenologischen Teil wird deutlich, dass bestimmte Tatobjekte zu bestimmten Tatzeiten überfallen werden, wobei die Tatobjekte durch eine geringe Angestellten- und Kundenzahl auffallen. Geldinstitute sind in Deutschland zahlreich vorhanden. Sie sind nach außen auch als solche zu erkennen, auch wenn es sich um kleine Filialen an der Peripherie von Städten handelt. Diese sind für den Täter attraktiv, da er von Bargeld als Beute ausgeht, also keine Absatzschwierigkeiten hat. Der Täter rechnet mit einem geringen Widerstandszeitwert, denn er bedroht mit einer Schusswaffe, die er leicht besorgen kann, und geht davon aus, dass die Opfer keinen Widerstand leisten. Die Tat bedarf auch keiner besonderen Planung. Um nicht erkannt zu werden, maskiert sich der Täter. Er geht auch davon aus, dass ihm die Tat gelingen wird, da er sich cleverer als andere Bankräuber verhält. Von daher beurteilt er die Tatgelegenheitssituation als günstig.

Ein aktiver Tatbeitrag durch die Opfer ist beim Bankraub selten, sie reagieren auf die Forderungen der Täter. Bei Geiselnahmen in Banken wurde jedoch beobachtet, dass sich die Opfer oftmals mit dem Täter solidarisieren, wenn Täterforderungen durch die Polizei nicht erfüllt werden (Stockholm-Syndrom).

Der Einfluss der sonstigen kriminogenen Faktoren, die für den Bankräuber tatauslösend waren, ist individuell und wird üblicherweise im Rahmen einer Kriminologischen Fallanalyse zu beleuchten sein.

2.2.3 Normative Bedingungen

Letztlich sind im Rahmen einer Deliktsanalyse die normativen Bedingungen zu untersuchen, die zum Rechtsbruch führten. Hierunter fasst man die Normsetzung und die Normdurchsetzung.

Im Rahmen der Normsetzung ist auf die bestehende Rechtslage einzugehen, aber auch auf aktuelle Veränderungen, die eine neue Sichtweise des Deliktes bedingen. Durch den gesellschaftlichen Wertewandel kommt es dazu, dass Verhaltensweisen nicht mehr sanktionswürdig eingeschätzt werden, andererseits neue Sanktionsfälle geschaffen werden. Ob diese Normen beim Bürger bekannt sind und von ihm auch akzeptiert werden, ist ebenfalls Untersuchungsgegenstand. Die Steuerhinterziehung gilt für den Normalbürger allenfalls als Kavaliersdelikt, zumal er erleben muss, dass internationale Großunternehmen jedes mögliche steuerliche Schlupfloch sanktionsfrei nutzen.

Daneben ist die Normdurchsetzung anzusprechen. Diese erfolgt im Rahmen der formellen und informellen Sozialkontrolle.

Die formelle Sozialkontrolle erfolgt durch Polizei, Staatsanwaltschaft und Gerichte. Alle drei Behörden nehmen dabei unterschiedlichen Einfluss auf das Entstehen einer Straftat und sind entscheidend dafür, ob es zu einer Sanktionierung kommt.

Bei der Polizei ist die Ermittlungsintensität entscheidend für Art und Umfang der bekannt gewordenen Kriminalität. Handelt es sich beispielsweise um ein Kontrolldelikt (z.B. Rauschgiftkriminalität), so wird der Umfang der Taten durch den Umfang polizeilicher Aktivitäten bestimmt. Dazu kommt die Einschätzung der Erfolgswahrscheinlichkeit, was zu einer bloßen Verwaltung ganzer Deliktsbereiche (z.B. Kraftfahrzeugkriminalität) führt. Dazu kommt ein Etikettierungseffekt (labeling approach), der die Polizei oftmals immer wieder ihre gleichen „Pappenheimer“ verfolgen lässt.

Bei der Staatsanwaltschaft gelten Einstellungspraktiken, die prozessökonomisch vorbestimmt sind. Daneben verhängen Gerichte oftmals Geld- und Bewährungsstrafen, die keine nachhaltige Wirkung auf den Täter haben.

Beispiel Bankraub:

Die Strafbarkeit des Bankraubes ist in Deutschland seit Jahren unverändert in gleicher Weise gesetzlich sanktioniert. Als Kapitaldelikt wird der Bankraub mit besonderer Intensität durch die Polizei verfolgt. Sowohl die Opfer (Bank, unmittelbare Opfer) als auch die Öffentlichkeit haben ein hohes Interesse an der Aufklärung der Tat, wobei bei besonders exotischen Taten offenkundig eine Anerkennung durch die Bevölkerung erfolgt (Robin-Hood-Effekt).

Für Banküberfälle werden hohe Freiheitsstrafen ausgesprochen. Dies ist bei Bankräubern nicht immer bekannt. Im Rahmen des Strafvollzugs genießen gerade Bankräuber ein hohes Ansehen unter Strafgefangenen.

3 Kriminologische Einzelfallanalyse

Während mit einer Deliktsanalyse der Zweck verfolgt wird, allgemeingültige Aussagen zu einem Delikt oder Deliktsfeld zu treffen, geht es bei der Kriminologischen Einzelfalluntersuchung um die individuellen Ursachen der Entstehung und des Verlaufs einer Straftat, um Bedingungen und Beweggründe, die einen Menschen veranlassen, zum Straftäter zu werden. Phänomenologisch ist dabei nur interessant, welche Art von Taten (Tattypologie) vom jeweiligen Delinquenten bevorzugt begangen wurden. Im Fokus der Untersuchung stehen jedoch die Ursachen (Ätiologie) und die Motive sozial abweichenden Verhaltens des Straftäters.

Ein weiterer Untersuchungsschwerpunkt ist die Person des Opfers sowie der Prozess des Opferwerdens und die Auswirkungen der Straftat auf das Opfer, d.h. die sogenannten Opferschäden.

Nachfolgend wird ein Schema für kriminologische Einzelfallanalysen vorgestellt. Es enthält eine Vielzahl von Untersuchungsfragen, die hierarchisch nach einzelnen Gliederungspunkten geordnet sind. Es stellt keineswegs ein starres Gerippe dar, das für jeden Fall lückenlos abgearbeitet werden muss. Es ist vielmehr ein Gliederungsschema, das möglichst auf unterschiedliche Sachverhalte mit verschiedenen Problem- und Fragestellungen Anwendung finden soll und gleichzeitig dem Bearbeiter als ein Art Checkliste Hilfestellung gibt, damit bedeutsame Beurteilungskriterien nicht übersehen werden.

Es gibt beispielhaft die gedankliche Beschäftigung mit kriminologisch bedeutsamen Beurteilungsaspekten wieder. Es ist nicht lückenlos und sollte, je nach dem zu beurteilenden Fall ergänzt, gekürzt oder modifiziert werden.

In der weiteren Folge wird als exemplarisches Beispiel eine kriminologische Einzelfallanalyse eines Tötungsdelikts im familiären Umfeld dargestellt.

Schema für kriminologische Einzelfallanalyse

1. Kriminologisch-strafrechtliche Deliktsbestimmung

1.1 Charakteristische Merkmale der vorliegenden Tat

1.2 Kriminologische Bestimmung des Delikts

1.3 Strafrechtliche Bestimmung des Delikts

1.4 Kriminologische Bedeutung des Delikts

2. Die Tat

2.1 Vortatphase

2.1.1 Tatauslösende Faktoren, Tatmotiv

2.1.2 Opfer- bzw. Objektauswahl

2.1.3 Tatortwahl

2.1.4 Tatzeitwahl

2.1.5 Sicherungsmaßnahmen des Täters

2.1.6 Sonstige Planung und Tatvorbereitung

2.2 Haupttatphase

2.2.1 Tatort/Fundort

2.2.2 Tatzeit

2.2.3 Tatablauf

2.2.3.1 Modus Operandi

2.2.3.2 Tatmittel, Tatwerkzeuge

2.2.3.3 Tatbeute, Taterfolg

2.2.3.4 Abweichungen vom Tatplan

2.3 Nachtatphase

2.3.1 Tarnung, Täuschung
2.3.2 Verlassen des Tatortes, Flucht
2.3.3 Verbleib des Täters, der Beute
2.3.4 Folgetaten
2.3.5 Verhalten bei und nach Ergreifung

3. Der Täter

3.1 Geschlecht, Alter, Familienstand
3.2 Soziale Lage
3.3 Persönlichkeit des Täters
3.3.1 Entwicklung der Persönlichkeit
3.3.2 Sozialverhalten
3.3.3 Psychische Auffälligkeiten
3.3.4 Kriminelle Entwicklung
3.3.5 Ursachenerklärung
3.4. Tätertypologische Einordnung
3.4.1 Tätigkeitsbereich (geographisch)
3.4.2 Täterschaft und Teilnahme
3.4.3 Rückfall und Prognose
3.4.4 Perseveranzverhalten
3.4.5 Sonstige tätertypologische Aspekte

4. Das Opfer

4.1 Geschlecht, Alter, Familienstand
4.2 Soziale Lage
4.3 Persönlichkeit des Opfers
4.3.1 Entwicklung der Persönlichkeit
4.3.2 Sozialverhalten,
4.3.3 Psychische Auffälligkeiten
4.4 Beteiligung des Opfers an der Entstehung und dem Verlauf der Tat
4.5 Opfertypologische Einordnung

5. Zusammenfassung

(soweit geboten)

Fallrepetitorium

Sachverhalt 1: Rauschgiftkriminalität, Jugenddelinquenz, Kriminalitätstheorien

Im Zuge von Ermittlungen wegen organisierten Rauschgifthandels wird der 25-jährige Rafael F. vorläufig festgenommen. Er steht in dem Verdacht, mit Heroin gedealt zu haben. Rafael F. ist rauschgiftabhängig.

Auszug aus der Kriminalakte des Rafael F.:

1998: Vermisstenanzeige; F. war 3 Tage von zu Hause abgängig

1999: Ladendiebstahl in 3 Fällen; Diebesgut jeweils Musikkassetten

2000: Ladendiebstahl in 5 Fällen; Mittäter ist ein jüngerer Bruder; gestohlen wurden Musikkassetten, Sweatshirts und Zigaretten

2002: Wohnungseinbruch; F. brach bei Bekannten seiner Mutter in die Wohnung ein und entwendete Bargeld; der Sachbearbeiter äußert den Verdacht, dass F. Rauschgift konsumiert; F. macht keine Aussagen

2003: Gefährliche Körperverletzung; F. schlägt bei einem Discobesuch einen Gleichaltrigen zusammen, der mit seiner Freundin tanzen will

2003: Merkblatt wegen LSD-Konsums

2003: Illegale Einfuhr von 20 LSD-Trips von Holland nach Deutschland; F. wird an der Grenze kontrolliert; in seinem Pkw hat er 20 LSD-Trips versteckt

2003: Freizeitarrest; wegen der vorgenannten Rauschgiftdelikte wird F. zu einem Freizeitarrest verurteilt

2004: Illegaler Handel mit Heroin, Konsum von Heroin, Ladendiebstahl, Geschäftseinbrüche; wegen der vorgenannten Delikte wird F. zu einer Freiheitsstrafe von 18 Monaten verurteilt

2006: Nach Haftentlassung Merkblatt wegen Fahrens ohne Führerschein; F. heiratet seine frühere Freundin

2009: Merkblatt wegen gefährlicher Körperverletzung; Scheidung von der Ehefrau

2009: Merkblätter wegen illegaler Einfuhr von Heroin; eine Therapie wegen einer bestehenden Heroinsucht wird von F. abgebrochen

2011: Merkblätter wegen Konsums von Heroin

Auszug aus einem Bericht des behandelnden Arztes während der Herointherapie:

„Der ehemalige Sonderschüler F. ist seit nunmehr 13 Jahren polizeibekannt. Er ist der älteste Sohn von Frau S., die mit verschiedenen Vätern 5 Kindern das Leben geschenkt hat. F. wurde schon als Kind von seiner Mutter angehalten, durch Diebstahl den Familienhaushalt aufzubessern. Er dürfte zahlreiche Diebstähle in Kaufhäusern begangen haben, wurde jedoch nur selten entdeckt. F. musste in der Hochhaussiedlung City-Park (Nähe Innenstadt) ein Zimmer mit seinen Geschwistern teilen. Er brachte in einem Therapiegespräch zum Ausdruck, dass er nie seine Freundin mit nach Hause bringen konnte, da ihm die Geschwister immer auf die Pelle gerückt seien.

F. fand als Jugendlicher Kontakt zu LSD, das von einer Jugendbande seiner Wohngegend aus Holland besorgt wurden. Auffallend ist sein hoher Alkoholkonsum als Jugendlicher und Heranwachsender. Dieser trat immer ein, wenn er Probleme mit seiner Freundin hatte. F. rastete dann regelmäßig aus. Während dieser Phase bekam er ersten Kontakt zu Heroin.

F. steigerte seine täglichen Dosen in den Folgejahren permanent. Zur Finanzierung beging er Einbrüche und Ladendiebstähle. Auch betätigte er sich als Kleindealer.

Nach einem Haftaufenthalt heiratete er seine Jugendliebe. Erstmals hatte er nur noch lockeren Kontakt zu seiner sehr dominierenden Mutter. Er ging in den beiden nächsten Jahren einer regelmäßigen Arbeit als Bauhilfswerker (Dachdecker) nach. Er beging wegen der starken Persönlichkeit seiner Ehefrau keine Straftaten.

Während der Verlobungsfeier seiner Schwester wurde F. von seiner Mutter gehänselt. Sie machte sich über ihn lustig, da er jetzt nur mit 1.000 Euro nach Hause komme. Das habe er doch früher an einem Tag gemacht. Er solle mal sein Flittchen verlassen. Am Ende der Feier konsumierte F. Heroin, welches ihm von seinem Bruder angeboten wurde. Als seine Ehefrau den Rauschgiftkonsum bemerkte, trennt sie sich von ihm.

Nach der Scheidung begann F. erneut, Heroin zu konsumieren. Dabei steigerte er die täglichen Konsumdosen enorm. Über einen früheren Bekannten seiner Jugendbande gelangte er ins Rauschgiftmilieu. Derzeit arbeitet er als Kurier und auf der mittleren Verteilungsebene einer Rauschgiftbande."

Aufgaben

1. Nehmen Sie zu der Frage Stellung, ob Rauschgiftkriminalität typische Jugendkriminalität ist. Nutzen Sie dabei den als Anlage beigefügten Auszug aus der Polizeilichen Kriminalstatistik, Bundesrepublik Deutschland (nicht beigefügt!)
2. Erläutern Sie anhand Ihnen bekannter Theorien der Kriminalitätserklärung die Ursachen für die Kriminalität des F.

Lösungshinweise

Zu Aufgabe 1:

Der Auszug aus der PKS ist nicht beigefügt. Bei der Aufgabe 1 handelte es sich um Teilaspekte einer Deliktsanalyse, die sich mit den Schwerpunkten Jugendkriminalität und Rauschgiftkriminalität beschäftigte. Die Lösungsschwerpunkte sind deshalb nur in Kurzform angeführt.

Der Verfasser soll erkennen, dass es **die** Rauschgiftkriminalität nicht gibt. Rauschgiftdelikte sind sehr unterschiedlich nach Tatausführung und Rauschgiftart. Deshalb gibt es Rauschgiftdelikte, die besonders jugendtypisch sind, wie etwa der Konsum von Cannabisprodukten oder Amphetaminen und Amphetaminderivaten (Ecstasy), aber auch jugenduntypische Delikte, wie z.B. die illegale Einfuhr von Rauschgiften in größeren Mengen.

Bei der Lösung sollte der Verfasser die beigefügte Tabelle der PKS argumentativ einbeziehen und Kenntnisse von Rauschgiftkriminalität und Jugendkriminalität deutlich machen.

Zu Aufgabe 2:

Der Verfasser soll in seiner Lösung deutlich machen, dass er verschiedene Theorien der Kriminalitätserklärung kennt und diese sachverhaltsbezogen umsetzen kann. Dabei kommt es weniger auf die quantitative Vielfalt an, sondern eher, wie es dem Verfasser gelingt, den Sachverhalt argumentativ einzubinden.

Methodisch wäre bei der Lösung ein Mehrfaktorenansatz angezeigt, da die Kriminalität des F. aus mehreren Gründen belegbar wäre. Zur Lösung bietet sich das Integrationsmodell zur Kriminalitätserklärung an, welches die Ursachen der Delinquenz mit individuellen, situativen und normativen Bedingungen erläutert.

Individuelle Bedingungen:

Ursachen für die Delinquenz des Rafael F. könnten sein:
- Sozialisationsmängel
- Motivationsstruktur
- mangelnde Gewissensausbildung
- Neutralisationstechniken
- Handlungskompetenz
- Gruppenverhalten

Als Theorien kommen u.a. in Betracht:
- Halt- und Bindungstheorien *(Reiss, Reckless, Hirschi)*
- Theorie der defizitären Sozialisation *(Kaiser)*
- Anomietheorie (Merton), Theorie der differentiellen Gelegenheiten (*Cloward/Ohlin*)
- Lerntheorien *(Sutherland, Cressey, Glaser)*
- Subkulturtheorien *(Chicagoer Schule, Miller, Cloward, Ohlin)*
- Frustrations-Aggressions-Hypothese *(Dollard)*
- Psychoanalytische Theorien (*Freud* u.a.)
- Neutralisationstechniken *(Matza, Sykes)*

Situative Bedingungen:

Die situativen Faktoren, die auf Rafael F. einwirkten, lassen sich zusammenfassen in die Tatgelegenheitsstruktur, dem Opferverhalten und den sonstigen beeinflussenden kriminogenen Faktoren. Im Rahmen dieser Aufgabenstellung ist überwiegend auf die sonstigen beeinflussenden kriminogenen Faktoren einzugehen.

Beispiele hierfür wären
- Gesellschaftlicher Wertewandel
  - Konsumverhalten, Statussymbole, Anspruchsdenken, Fremdenfeindlichkeit
- Medieneinfluss
  - Werbung
  - Gewaltdarstellung
- Freizeitgestaltung
  - mangelndes Freizeitangebot
  - Langeweile
- Wohnsituation
  - Hochhausghetto, dörfliches Umfeld
  - persönliche Wohnverhältnisse
- Suchtgefährdung
  - Alkohol, Drogen, Spiel
- Gesamtgesellschaftliche Bedingungen
  - Arbeitslosigkeit
  - sozialer Frieden
  - Mobilitätsdruck
  - Technisierung

Im vorliegenden Fall wäre überwiegend auf die Faktoren Suchtgefährdung, Wohnsituation und Freizeitgestaltung einzugehen.

Normative Bedingungen:

Zu erläutern ist die Normsetzung und die Normdurchsetzung. Hier wäre auf die wiederholte Straffälligkeit des Rafael F. einzugehen, die offenbar nicht nachhaltig auf ihn wirkten.

Sachverhalt 2: Kindesmisshandlung, sexueller Missbrauch eines Kindes, Kindestötung

In einer Fichtenschonung in der Nähe von X-Stadt wurde verborgen unter Reisig und Laub von dem stöbernden Hund eines Försters die unbekleidete Leiche eines ca. 12 Jahre alten Mädchens entdeckt. Die Tote konnte schon kurz nach dem Auffinden identifiziert werden.

Das Kind war vor drei Tagen von ihrer Mutter, Gabriele F, als vermisst gemeldete worden. Die Mutter hatte angegeben, dass ihre Tochter am Tage des Vermisstseins am Nachmittag von der Schule nicht zurückgekehrt sei. Den Angaben der Mutter zufolge hatte sie zunächst noch bis zum Abend auf die Rückkehr des Mädchens gewartet, da Monika hin und wieder direkt nach der Schule noch zu Freundinnen gegangen und dann erst später nach Hause gekommen sei. Mit ihrem Lebensgefährten Walter P habe sie dann bis in die späten Abendstunden hinein ergebnislos nach dem Kind gesucht. Die Vermisstenanzeige erstattete die Mutter am nächsten Vormittag bei der Polizei. Nach den Gründen gefragt, warum sie solange mit der Vermisstenanzeige gewartet hätte, gab sie an, sie habe gehofft, dass ihre Tochter noch in der Nacht zurückkommen werde. Sie sei schon wiederholt von zu Hause weggeblieben. Bei der Anzeigeerstattung stand die Mutter erheblich unter Alkoholeinfluss.

Die Leiche des Kindes wurde obduziert. Die gerichtliche Leichenöffnung ergab, dass der Körper des Mädchens stark abgemagert war. Am gesamten Körper des Kindes wurden bereits ältere aber auch frische Einwirkungen stumpfer Gewalt festgestellt. Der linke Oberarm zeigte einen zwar verheilten, aber offenbar ärztlich nicht versorgten Knochenbruch. Der Schädel wies im Hinterhauptsbereich einen frischen Trümmerbruch auf. Der Tod war durch fremde Gewalt infolge eines Schädelbasisbruchs eingetreten.

Die polizeilichen Ermittlungen ergaben, dass Monika schon wiederholt über mehrere Tage von der Schule ferngeblieben war. Danach stellten ihre Lehrer mehrmals Blutergüsse im Gesicht fest. Auf Befragen blieb das Kind jedoch verschlossen. Das Jugendamt war ebenfalls bereits eingeschaltet worden.

Aufgrund der Gesamtumstände richtete sich der Tatverdacht (Täterverdacht), Monika getötet zu haben, von Anfang an gegen die Mutter, die nach zunächst hartnäckigem Leugnen, schließlich zugab, dass ihr Lebensgefährte Walter P, mit dem sie in häuslicher Gemeinschaft wohnt, das Kind getötet habe.

Als Motiv gab sie Furcht vor der Belastung durch die Aussage des Kindes in dem schwebenden Verfahren gegen Walter P wegen Kindesmisshandlung z.N. ihrer Tochter an.

Die polizeiliche Vernehmung der Mutter führte zu folgenden Ergebnissen:

Monika F war unehelich geboren worden. Wer der Vater war, hatte ihre Mutter nie erfahren. Sie ging damals der Gelegenheitsprostitution nach und konnte ihretwegen nicht mehr „anschaffen gehen" und war ständig an das Haus gebunden. Sie lebte seitdem von Sozialhilfe. Monika sei von Anfang an ein schwieriges Kind gewesen. Als sie etwa drei Jahre alt war, kam dann noch dazu, dass das „Gör" bettnässte und nicht essen wollte. Auch Prügel habe nicht geholfen.

Vor etwa drei Jahren habe sie den Gelegenheitsarbeiter Walter P kennen gelernt, eine Kneipenbekanntschaft. P sei schon nach kurzer Zeit mit in ihre Wohnung gezogen.

Monika habe sich von Anfang an renitent gezeigt und ihren Freund abgelehnt.

Eines Tages überraschte sie ihren Lebensgefährten dabei, dass er sich an Monika sexuell verging, indem sie ihn oral sexuell befriedigen musste. Er habe sie (die Mutter) gezwungen, dabei zuzusehen. Danach sei das öfter geschehen, immer, wenn er betrunken war. Er habe auch an dem Körper des Kindes sexuell manipuliert. Mit Schlägen habe er Monika dazu gebracht, die sexuellen Manipulationen über sich ergehen zu lassen und diese an ihm vorzunehmen. Zum Geschlechtsverkehr sei es jedoch nach ihrem Wissen nicht gekommen. Um ihren Lebensgefährten nicht zu verlieren, habe sie das hingenommen.

Manchmal habe ihr Freund Monika mit einem Tauende geschlagen, mit dem er selbst von seinem Vater schon verprügelt worden war. Das sei meistens geschehen, wenn er betrunken aus der Kneipe nachhause gekommen sei und sich das Kind gegen seine sexuellen Wünsche gewehrt habe.

Davon habe sie dann schon wiederholt blaue Flecke und Platzwunden im Gesicht gehabt. Die Lehrerin von Monika habe sie, die Mutter und ihren Freund, angezeigt.

Monika F wurde danach von der Kriminalpolizei wegen der Anzeige vernommen. Sie gab an, von Walter P geschlagen worden zu sein, verschwieg jedoch die sexuelle Gewalt durch Walter P. Auch ihre Mutter wurde dazu gehört, die ebenfalls schwieg und die Schläge durch Walter P als „einmaligen Ausrutscher" bagatellisierte. Walter P verweigerte bei der polizeilichen Vernehmung die Aussage.

Auszug aus der Beschuldigtenvernehmung der Gabriele F wegen Verdachts der Kindestötung:

„... Am Abend des Tattages kamen wir, mein Freund und ich, etwa gegen 21.30 Uhr aus der Kneipe „Zum Ritter" zurück. Mein Freund war stark angetrunken. Er hatte schon am frühen Nachmittag angefangen, sich voll laufen zu lassen. Monika war noch auf und sah Fernsehen. Als mein Freund meine Tochter sah, reagierte er sofort aggressiv, indem er sie anschrie, sie solle das Fernsehen abstellen und stieß sie vom Sessel. Es kam dann zu einem Streit wegen der bevorstehenden Gerichtsverhandlung gegen uns und wegen ihrer Aussage.

Wir wollten Monika überreden, ihre Aussage zurückzunehmen oder vor Gericht gar nichts zu sagen. Sie zeigte sich aber bockig. Mein Freund packte Monika und schlug sie mit dem Besenstiel. Monika schrie, sie werde alles sagen und er käme dann in den Knast, hätte ihre Lehrerin gesagt. Sie wolle lieber ins Heim gehen. Da rastete mein Freund aus. Er schrie: ‚Dir werde ich es zeigen.' Er schlug zuerst mit den Fäusten auf sie ein. Dann nahm er einen Besenstiel, den er gerade zur Hand hatte, und schlug wahllos auf das Mädchen ein. Schließlich packte er sie und schlug sie heftig mehrmals mit dem Kopf gegen die Wand. Monika sackte zusammen und blieb auf dem Boden liegen. Ich hatte Angst, dazwischen zu gehen, da mein Freund auch mir gegenüber im Suff immer wieder gewalttätig geworden war. Monika rührte sich nicht mehr, auch nach einer halben Stunde noch nicht. Sie blutete aus der Nase und aus beiden Ohren. Nach einiger Zeit waren wir sicher, dass sie tot war. Walter meinte dann: ‚Jetzt kann das Gör wenigsten nichts mehr sagen.'

Wir haben dann die Leiche entkleidet, in einen Sack gesteckt und noch in der Nacht mit dem Fahrrad in das angrenzende Waldstück gebracht. Dort haben wir sie unter Zweigen verborgen. Ich habe danach noch die Wohnung sauber gemacht. Am anderen Tag erstattete ich dann bei der Polizei Vermisstenanzeige. ..."

Zur sozialen Situation des Opfers und der Täter:

- Mutter Gabriele F:
  39 Jahre alt, Heimerziehung, keine abgeschlossene Schulausbildung, ohne Beruf, Mutter Prostituierte, wiederholt aus der Heimerziehung geflohen, bereits mit 14 Jahren als Herumtreiberin in Erscheinung getreten, ab dem 16. Lebensjahr Lebensunterhalt durch Gelegenheitsprostitution und Straßenstrich, kriminalpolizeilich in Erscheinung getreten wegen Prostitution im Sperrgebiet, Zechanschlussraubes (im Alter von 15 Jahren), Ladendiebstahls in 10 selbständigen Fällen, Beleidigung. Jugendfreizeitarrest.
- Walter P:
  40 Jahre alt, angelernter Schlosser, Gelegenheitsarbeiter, lebt von Hartz IV, kriminalpolizeilich in Erscheinung getreten wegen Vergewaltigung, Körperverletzung und Einbruchsdiebstahls. Verurteilungen: zwei Jahre Freiheitsentziehung (Gesamtstrafe), nach 18 Monaten auf Bewährung entlassen; Geldstrafe wegen Körperverletzung.

Gabriele F und Walter P sind beide alkohlabhängig.

- Opfer Monika F:
  12 Jahre alt geworden, körperlich normal entwickelt, aber untergewichtig, keine organischen Krankheiten bekannt, bis zum 7. Lebensjahr nach Aussagen von Kindergarten und Schule sowie von Bekannten keine psychosozialen Auffälligkeiten. Im Kindergarten und in der Schule sehr zurückgezogen, jedoch jähzornig. Keine besonderen Auffälligkeiten im Leistungsbereich.
- Wohnung: beengte Wohnverhältnisse, 2 ZKB, Hochhaus in einer Trabantenstadt.

Aufgabe

Nehmen Sie eine kriminologische Fallanalyse vor.

Lösung

1. Kriminologische Bestimmung der Deliktsgruppe und des Delikts

1.1 Charakteristische Merkmale der Tat

Augenscheinlich charakteristisch für die Tathandlungen sind

- Misshandlung des kindlichen Opfers und Unterlassen der notwendigen Fürsorgepflicht,
- die Anwendung von Gewalt zur Durchsetzung sexueller Wünsche,
- die Behandlung eines kindlichen Opfers als Objekt der sexuellen Begierden,
- die Unterwerfung des Opfers unter den Willen des Täters,
- die Tötung des Opfers zur Verdeckung der Taten.

Die **Besonderheit** besteht darin, dass die Mutter des Opfers die Tathandlungen der sexuellen Gewalt sowie die körperlichen Misshandlungen an ihrer Tochter einschließlich der Tötung des Kindes durch ihren Lebensgefährten hingenommen hat, ohne wirksam dagegen einzuschreiten.

Dass die Handlungen stets unter **Alkoholeinfluss** geschehen sind, ist typisch für Taten dieser Art.

1.2 Strafrechtliche/kriminologische Zuordnung

Die Tathandlungen weisen drei Tatkomplexe auf, und zwar:

- körperliche Misshandlungen und Verletzung der Fürsorgepflicht,
- sexuelle Gewalt an einem Kind,
- Tötungsdelikt.

1.2.1 Strafrechtliche Zuordnung

Der strafrechtliche Vorwurf der

- Misshandlung von Schutzbefohlenen, § 225 StGB und der
- Verletzung der Fürsorge- oder Erziehungspflicht, § 171 StGB

trifft die Mutter.

Darüber hinaus ist ihre ggf. aus einer **Garantenstellung** gegenüber ihrer Tochter zu begründende **Rechtspflicht**, die schwerwiegenden Handlungen ihres Lebenspartners z.N. des Kindes nicht hinzunehmen, sondern mit allen Mitteln abzuwenden, strafrechtlich zu bewerten, ebenfalls die ggf. strafrechtlich zu prüfende Teilnahmehandlung an der Tötung ihrer Tochter.

Walter P treffen folgende strafrechtliche Vorwürfe:[115]
- gefährliche Körperverletzung, § 224 StGB
- sexueller Missbrauch von Kindern, §§ 176, 176a StGB, in Tateinheit mit sexueller Nötigung, § 177 StGB.

Die strafrechtliche **Beurteilung der Tötung** des Kindes bedarf einer detaillierten Prüfung. Es kommen nach erster Betrachtung folgende Straftatbestände alternativ in Frage:
- Körperverletzung mit Todesfolge, § 227 StGB
- Totschlag, § 212 StGB
- Mord, § 211 StGB.

Der Sachverhalt enthält nicht genug aussagekräftige Informationen zum **inneren Tatbestand**, d.h. zu den Absichten, die der Täter bei seiner Tötungshandlung verfolgte. Bestimmte Indizien deuten darauf hin, dass Walter P das Kind **vorsätzlich** in der Absicht tötete, die für ihn belastenden Aussagen vor Gericht zu verhindern, d.h. zur Verdeckung seiner Straftaten. Folgt man dieser Argumentation, so liegt Mord, § 211 StGB, vor.

Ist die Tat als Folge einer **Affekthandlung** unter Alkoholeinwirkung strafrechtlich zu werten, ohne dass bedingter Tötungsvorsatz vorlag, dürfte es sich um eine Körperverletzung mit Todesfolge, § 227 StGB, handeln.

Hat er den Tod des Kindes billigend in Kauf genommen, liegt Totschlag nach § 212 StGB vor.

Die Billigung des Todeserfolges bedarf einer sorgfältigen Prüfung: Tatbefund, Zeugen- und Beschuldigtenvernehmung, Verletzungsfolgen, die zum Tod führten (konkrete Angriffsweise, psychische Verfassung des Täters und dessen Motivation; wichtiges Indiz: Lebensbedrohlichkeit der Handlung).

1.2.2 Kriminologische Zuordnung

Kriminologisch handelt es sich primär um Straftaten der **sexuellen Gewalt gegen Kinder** und um ein **Tötungsdelikt**, ggf. um einen **Deckungsmord** mit **Leichenbeseitigung**.

Durch die Tötung des Kindes soll die angeklagte Kindesmisshandlung und der sexuelle Missbrauch des Kindes **verdeckt** und durch die Leichenbeseitigung das Tötungsdelikt **vertuscht** werden.

Darüber hinaus ist die Kindesmisshandlung als **Rohheitsdelikt** zu werten, die Vernachlässigung der Fürsorgepflicht als **Schwächedelikt**.

Es handelt sich um Aggressionstaten der **Gewaltkriminalität**. Es liegt eine sog. **Beziehungstat** vor.

115 Die Erörterung strafrechtlicher Konkurrenzen ist nicht Gegenstand dieser Analyse. Sie würde über die Aufgabenstellung hinaus gehen.

2. Die Taten

2.1 Viktimisierungsprozess

Es handelt es sich um einen nahezu klassischen Fall eines sich lang **aufbauenden und intensivierenden Interaktionsprozesses** zwischen dem Opfer und den Tätern.

Der Verlauf wird durch folgende Stationen gekennzeichnet:

- die **Kindesmisshandlung**, die bereits im Kleinkindalter durch die Mutter ihren Ausgang hat ,
- der **sexuelle Missbrauch/die sexuelle Nötigung** des Kindes und die damit verbundenen Misshandlungen durch Walter P und
- die **Tötung des Kindes.**

Typisch für die Kindesmisshandlung im Kleinkindalter durch die Mutter ist die soziale Umgebung, in die das Kind hineingeboren wird. Es ist ungewollt und wurde von der Mutter als Störfaktor empfunden.

Die Beziehung ist hier lang, intensiv und von der **Übermacht** der Mutter geprägt. Das Kind wurde bereits bei der Geburt als Störfaktor empfunden. Die Muter konnte nicht mehr „anschaffen gehen“ und fühlte sich durch das sowieso unerwünschte Kind eingeengt. Schon von diesem frühen Zeitpunkt an dürfte Monika vernachlässigt worden sein, zumindest psychisch-pädagogisch. Spätestens vom 3. Lebensjahr an traten sogenannte schlechte Eigenschaften hinzu wie Bettnässen, Essensverweigerung.

Durch die Aufnahme des Lebensgefährten in die sowieso beengte Wohnung sind **intrafamiliäre Konflikte und Problemhäufung vorprogrammiert**. Die ungünstige wirtschaftliche Lage wie ungeregelte Einkommensverhältnisse, Sozialhilfebezug und Alkoholismus treten **konfliktbegründend und -steigernd** hinzu.

Zusätzlich wirkt sich die **Wohnlage in der Trabantenstadt** mit Anonymität und ungünstigem Sozialstatus auf aggressive Konfliktlösungen in kritischen Situationen aus. Die soziale Situation, in der die Mutter mit ihrem Lebensgefährten und dem Kind leben, fördert abweichende Verhaltensweisen in der Form des sexuellen Missbrauchs von Kindern sowie Gewalt im familiären Bereich.

Die **Abwehrreaktionen des Kindes** lösen bei der Mutter und auch bei ihrem Lebensgefährten primitiv reaktives Verhalten aus mit erheblicher Überschreitung der Züchtigung und Bestrafung: Schlagen mit Besenstiel und Tauende.

Es erfolgt eine Steigerung der Probleme und Konflikte durch Entdeckung und Anklage der Kindesmisshandlung, die sodann zu der akuten **viktimogenen Situation** führen.

2.2 Tatort

Tatort ist für alle Tathandlungen die Wohnung, gelegen in einem Hochhaus in einer Trabantenstadt mit engen Wohnverhältnissen für drei Personen und vermutlich geringem Wohnkomfort.

Erfahrungsgemäß weisen diese **Wohnverhältnisse aggressions- und konfliktfördernde Merkmale** wie geringer Entfaltungsbereich, Anonymität auf. Der Tatort Wohnung bildet im Besonderen bei Kindesmisshandlungen und sexuellem Kindesmissbrauch und anderen Gewaltdelikten Schutz vor Entdeckung der Taten. Wahrnehmbare Geräusche wie Schreie dürften in diesem Umfeld nicht auffallen bzw. als normal interpretiert werden.

Der Verbergungsort der Leiche in einem in der Nähe liegenden Waldstück bietet sich geradezu dafür an.

2.3 Tatzeit

Die Tatzeiten der Kindesmisshandlung und des sexuellen Missbrauchs ziehen sich über einen lang anhaltenden Zeitraum hin, sodass sie von der sozialen Umwelt des Opfers hätten wahrgenommen werden müssen. Der sexuelle Missbrauch und die Gewaltanwendungen geschahen meist, wenn der Täter angetrunken nach Hause kam.

Die Tatzeit des Tötungsdelikts wird bestimmt durch die unmittelbar bevorstehende Gerichtsverhandlung gegen den Täter und dem eher zufälligen Zusammentreffen zwischen Täter mit dem Opfer nach Rückkehr aus der Gaststätte.

2.4 Tatablauf

2.4.1 Vortatphase

Die Mutter befindet sich in einer schwierigen sozialen Lage. Sie wird beherrscht durch ihren Lebensgefährten und ist im offenbar hörig.

Dem Tötungsdelikt geht eine **latente Konfliktsituation** voraus, die ihre Ursache in der anstehenden Gerichtsverhandlung gegen den Lebensgefährten der Mutter wegen Kindesmisshandlung und die Aussage der Monika F vor Gericht hat.

2.4.2 Haupttatphase

2.4.2.1 Entstehung der viktimogenen Situation

Die aktuelle Tat, die Tötung des Mädchens, wurde bestimmt von dem Konflikt zwischen dem Opfer einerseits, das sich weigerte, seine belastende Aussage zurückzunehmen und dem Täter drohte, den sexuellen Missbrauch zu offenbaren, und der Mutter mit Ihrem Lebensgefährten andererseits, die mit empfindlicher Bestrafung zu rechnen hatten.

2.4.2.2 Tathandlungen des Tötungsdelikts

Die bereits vorhandene Aggression des Täters gegenüber dem Opfer steigerte sich durch die Weigerung und Drohung des Kindes und brach aus in brutaler körperlicher Gewalt gegen das Opfer, um dadurch dem Willen des Mädchens zu brechen.

Die Tötungshandlung entsteht in **situativer Eigendynamik**, ausgelöst durch das Verhalten des Kindes.

Der Täter empfindet das Verhalten des Kindes offensichtlich als Angriff auf sich selbst. Die Tat geschah **spontan und primitiv-reaktiv.** Die passive Haltung der Mutter ist typisch für derartige Abläufe, könnte aber auch Indiz für ihr Einverständnis sein.

Die Alkoholisierung des Täters wirkte **tatenthemmend** mit herabgesetzter Steuerungsmöglichkeit.

Der Tod des Opfers wurde offenbar herbeigeführt durch dass wiederholte heftige gezielte Anschlagen des Kopfes an die Wand, wodurch der Trümmerbruch im Hinterhauptsbereich und der Schädelbasisbruch verursacht worden sein dürften, die zum Tode führten.

Wenn auch der Täter die Tötung des Opfers nicht von vornherein beabsichtigte, so kann aus den Umständen des Tatablaufs und der Intensität der ausgeübten Gewalt zumindest geschlossen werden, dass er den **Tod des Kindes billigend in Kauf** genommen hat.

Inwieweit in der Vorstellung des Täters die Tötung des Mädchens letztlich der **Verdeckung seiner Straftaten** diente, kann allenfalls aus der allgemeinen Zielrichtung seiner Gewaltanwendung geschlossen werden, nämlich das Opfer zu veranlassen, die für ihn belastenden Aussagen zu widerrufen.

Typisch für einen Verdeckungsmord ist die intensive, tatfördernde und tatauslösende vordeliktische Beziehung.

2.4.2.3 Tatmittel

Tatmittel der körperlichen Misshandlung waren ein Besenstiel, d.h. stumpfe Gewalt als typisches Mittel, wahrscheinlich ein Gegenstand, den der Täter gerade zur Hand hatte. Dies deutet auf spontanen Tatentschluss hin.

Darüber hinaus wurde brutale körperliche Gewalt in Form lebensgefährlicher Behandlung gegen das Opfer angewandt.

2.4.3 Nachtatphase

Die Nachtatphase weist folgende Handlungen auf:

- Entkleiden der Leiche und Verstauen in einem Sack,
- Transport zum Ablageort und Verbergen der Leiche unter Reisig,
- Erstattung einer Vermisstenmeldung bei der Polizei.

Zum Transport der Leiche dienten ein Sack und ein Fahrrad, offenbar Mittel, die den Tätern ohne große Schwierigkeiten zur Verfügung standen.

Die Handlungen sollten die Identifizierung der Leiche nach Auffinden erschweren, das Verbringen und Verbergen der Leiche das Tötungsdelikt verdecken. Mit der Vortäuschung des Vermisstseins wurde das Ziel verfolgt, die Abwesenheit des Kindes zu erklären und den Verdacht von sich abzulenken.

Die Handlungen der Nachtatphase sind typisch für Verdeckungshandlungen von Tötungsdelikten bei Beziehungsverbrechen.

3. Die Täter

Mutter und Lebensgefährte sind zunächst als Einzeltäter zu betrachten, was typisch für das Delikte dieser Art ist. Nicht untypisch ist jedoch auch, dass die nichthandelnde Mutter offensichtlich mit zugegen war. Beide Täter entsprechen auch in Bezug auf das typische belastete Alter den statistischen Erwartungen. Mehr als die Hälfte der Täter ist zwischen 25 und 40 Jahre alt, kriminalpolizeilich bereits in Erscheinung getreten und haben einen niedrigen Sozialstatus.

In den Handlungen der beiden Täter zeigt sich die typische Projektion eigenen Versagens auf das Opfer. Erwartet wird seitens der Mutter von ihrem Kind absolut konformes, erwachsenengerechtes Betragen.

Von Seiten des Täters wird von dem Kind sofortiges, bedingungsloses Unterordnen und Gehorchen verlangt. Auf Widerworte oder Verweigerungsverhalten wird mit Gewalt reagiert.

Täterpersönlichkeiten

Walter P:

Walter P ist zum Zeitpunkt der Tat 40 Jahre alt.

Er zeigt deutliche Merkmale von psychopathologischen Persönlichkeitsstörungen wie fehlende Affekt- und Impulskontrolle. Ärger und Zorn kann er nur schlecht kontrollieren. Er ist Alkoholiker und weist Schwächen im Leistungsverhalten auf. So ist er ohne Berufsausbildung und bestreitet seinen Lebensunterhalt durch Gelegenheitsarbeit. Er zeigt primitive Verhaltensmuster der Problem- und Konfliktbewältigung. Er ist bereits früher als Sexualtäter, wegen Körperverletzung und Einbruchsdiebstahls kriminell auffällig geworden. Konfliktlösungen durch Gewalt hat er bereits in seiner Jugend am eigenen Leibe verspürt: Prügel vom Vater.

Die Persönlichkeit des P weist deutliche Sozialisationsdefekte auf, die wahrscheinlich bereits in der Kindheit und in der frühen Jugend gelegt worden sind. Er zeigt merkliche Anzeichen einer gemütlosen, gewalttätigen psychopathisch geprägten Persönlichkeit.

- Nach *Schneider*[116] ist er als aggressiver, sadistischer Tätertyp einzuordnen.
- Hinsichtlich der von ihm begangen Sexualdelikte ist er Rückfalltäter, bei dem die erhebliche Gefahr des erneuten Rückfalls besteht. Insoweit ist die Prognose für ihn äußerst ungünstig.
- Im Hinblick auf das Tötungsdelikt ist er als Konflikttäter einzuordnen.

Mutter Gabriele F:

Die Mutter ist zum Zeitpunkt der Tat 39 Jahre alt. Ihre Persönlichkeit ist durch Deprivation gekennzeichnet, deren Entstehung und Verfestigung bereits durch

116 *Schneider* (1987), S. 384–396

die Heimerziehung signalisiert wird. Emotionale Zuwendung dürfte sie nicht erlebt haben. Später tritt bereits in jungen Jahren die Ausübung einer „niedrigen" Form der Prostitution hinzu: Straßenstrich. Die Tatsache, dass sie wiederholt aus der Heimerziehung geflohen und als Herumtreiberin in Erscheinung getreten ist, lässt auf Bindungsdefizite schließen. Als Jungendliche ist sie bereits wegen Zechanschlussraubes auffällig geworden, also im Zusammenhang mit einem Gewaltdelikt.

Auch sie weist merkliche Sozialisationsdefizite auf, die sich in ihrer Persönlichkeit verfestigt haben.

Gabriele F ist als Konflikttäterin zu typisieren. Aufgrund der bei ihr verfestigten Persönlichkeitsdefizite dürfte ihr zukünftiges Sozialverhalten negativ zu bewerten sein.

4. Das Opfer

4.1 Opferrolle und Opfereignung

Das Opfer ist zum Zeitpunkt der Tötung 12 Jahre alt.

Ihre Opfereigenschaft reicht bis in das frühe Kindesalter zurück: Kindesmisshandlung durch die Mutter, Vernachlässigung der Fürsorgepflicht.

Mit 12 Lebensjahren ist sie im Hinblick auf die Taten der Kindesmisshandlung und des sexuellen Missbrauchs in einem **riskanten Altersbereich**. Nach Schneider sind Kinder vor allem im Vorpubertätsalter, also etwa 10–12-jährige, besonders gefährdet.[117]

Das Verhalten von Monika F zeigt schon in früher Kindheit Merkmale von **Deprivationsfolgen** wie Rückfall in eine frühere Entwicklungsstufe, Bettnässen. Dies dürfte auf geringe gefühlsmäßige Zuwendung und fehlende kognitive sowie soziale Anregungen durch die Mutter zurückzuführen sein, die offenbar ihrer Aufgabe als Mutter nicht gewachsen war. Ungewöhnlich ist, dass keine Störungen im Leistungsbereich festgestellt worden waren.

Monika wurde augenscheinlich in einem sich **„hochschaukelnden" Interaktionsprozess** in die Rolle des Opfers hineinsozialisiert. Dass sie Opfer von Straftaten der Kindesmisshandlung und des sexuellen Missbrauchs geworden war, mag ihr erst im Zusammenhang mit dem Ermittlungsverfahren bewusst geworden sein.

Offensichtlich hatte das Kind bis zur Vernehmung durch die Kriminalpolizei auf Grund der erlittenen psycho-sozialen Schäden, seines Alters und einer eventuell vorhandenen körperlichen Entkräftung nicht genügend Abwehrkraft und -macht, den Misshandlungen und dem sexuellen Missbrauch zu widerstehen.

Nach *Fattah*[118] ist sie als **prädisponiertes Opfer** zu typisieren.

117 Die Auswertung der PKS-Daten zur Kindesmisshandlung und zum sexuellen Missbrauch belegt diese Aussage, siehe PKS des Bundes 2013, S. 131, 148.

118 Fattah (1967), S. 97

4.2 Täter-Opfer-Beziehung

Kindesmisshandlungen finden, wie hier auch, im **engen familiären** Bereich statt. Täter und Opfer stehen in engem Kontakt, der tatbestimmend und auslösend war.

Sowohl der sexuelle Missbrauch als auch das Tötungsdelikt entstanden aus einer engen interpersonalen Beziehung. Es handelt es sich in allen Fällen um sog. Beziehungsdelikte.

4.3 Sozialkontrolle

Für das Delikt der Kindesmisshandlung ist es typisch, dass offenbar vor der Anzeige der Lehrerin keine Intervention stattgefunden hat, obwohl die Misshandlungen über einen längeren Zeitraum hinweg stattgefunden haben und Merkmale von Misshandlungen bei dem Kind offensichtlich waren. Die Erklärung liegt zum einen in der Gleichgültigkeit der Gesellschaft und in dem Bestreben der sozialen Umwelt, sich aus fremden intimen familiären Verhältnissen herauszuhalten: „Man hat ja nur Ärger und Schwierigkeiten damit." Wären die Kindesmisshandlungen zeitlich früher offenbar geworden, hätten der sexuelle Missbrauch des Kindes und letztlich das Tötungsdelikt durch Intervention von Jugendamt und Polizei möglicherweise verhindert werden können.

5. Ursachenerklärung

Die Ursachenerklärung für die vorliegenden Verbrechen, soweit sie in den Persönlichkeitsstrukturen der Mutter und ihres Lebensgefährten liegen, werden in den o.a. Ausführungen zur Persönlichkeit der Täter/-in deutlich. Es sind im Wesentlichen **Persönlichkeitsdefizite** wie **Gefühlsarmut, Schwäche** und **Gleichgültigkeit, Aggressionsneigung, psychopathologisch bedingte sexuelle Abartigkeit,** die auf **Sozialisations-** und **Erziehungsmängel** zurückzuführen sein dürften.[119]

Erklärungsansatz für das Tötungsdelikt bietet u.a. die **Frustrations-Aggressions-Hypothese** von *Dollard*[120]. In ihrer aktuellen Auslegung, wonach Frustrationen aggressives Verhalten auslösen und wie hier intensivieren kann.

Die Stärke der Aggression hängt von der Intensität der Frustration ab. Die durch Frustration hervorgerufene Aggression wirkte besonders gravierend, als sich das Opfer weigerte, seine Aussage zurückzunehmen und zusätzlich mit Anzeige drohte. Die Frustration entlud sich in zügelloser Gewalt gegen die frustrierende Person, das Opfer.

Hinzu tritt die alkoholbedingte Enthemmung gepaart mit einer gewaltorientierten Persönlichkeitsstruktur bei Walter P sowie eigene Gewalterfahrungen im Kindesalter. Auf Grund seiner Persönlichkeitsstörungen war der Täter offenbar nicht

119 Siehe dazu die Ausführungen zur „Theorie der unterschiedlichen Sozialisation" in Kapitel 2, 4.1.

120 Vgl. *Kaiser* (1996), S. 702

in der Lage, seine Handlungen rational zu steuern und zu kontrollieren, ohne dass dies auf eine strafrechtlich relevante Verminderung der Zurechnungsfähigkeit schließen ließe.

Prüfe Dein Wissen

Typische Aufgaben und Fragen im mündlichen Examen und in Fachgesprächen:

1. Beschreiben Sie, worin die Unterschiede zwischen einer Deliktsanalyse und einer Kriminologischen Fallanalyse bestehen.
2. Erläutern Sie das Integrationsmodell zur Kriminalitätserklärung.
3. Nennen Sie Beispiele, wie man ein Delikt phänomenologisch darstellen kann.
4. Was verstehen Sie unter Kontrolldelikten und welche Aussagekraft hat bei diesen Delikten die Polizeiliche Kriminalstatistik?
5. Schildern Sie, welchen Einfluss die sonstigen kriminogenen Bedingungen für das Entstehen von Jugendkriminalität haben.

Kapitel 10
Tötungsdelikte

1 Phänomenologie

1.1 Allgemeine Angaben

Gemäß Art. 2 GG hat jeder das Recht auf Leben und körperliche Unversehrtheit. Aufgrund dessen, dass das Recht auf Leben in unserem Grundgesetz unmittelbar nach der Menschenwürde aufgeführt ist, wird bereits der elementare Wert des Lebens deutlich.

Entsprechend sanktioniert § 211 StGB Mord mit einer lebenslangen Freiheitsstrafe. Wer einen Menschen tötet, ohne Mörder zu sein, wird als Totschläger gem. § 212 StGB mit einer Freiheitsstrafe nicht unter fünf Jahren bestraft.

In anderen Ländern werden Tötungsdelikte ebenfalls mit hohen Haftstrafen geahndet, in einigen Staaten der USA sogar mit der Todesstrafe.

Wie sensibel die Bevölkerung auf Tötungsdelikte reagiert, kann anhand herausragender Tötungsdelikte gesehen werden, z.B. im Zusammenhang mit dem Mord im September 2010 zum Nachteil von Mirco aus Grefrath, aber auch im Kontext mit Diskussionen zur aktiven Sterbehilfe und zum Schwangerschaftsabbruch.

Strafrechtliche Einordnung

Die Straftaten gegen das Leben sind im 16. Abschnitt des Strafgesetzbuches zusammengefasst. Neben dem § 211 Mord und § 212 StGB Totschlag zählen hierzu:

- § 213 StGB Minder schwerer Fall des Totschlags
- § 216 Tötung auf Verlangen
- §§ 218 ff. und 219a und b StGB Straftatbestände i.Z.m. dem Schwangerschaftsabbruch
- § 221 StGB Aussetzung
- § 222 StGB Fahrlässige Tötung

Bei Mord und Totschlag handelt es sich um Verbrechen, da vom Gesetzgeber eine Freiheitstrafe von mindestens einem Jahr vorgesehen ist. Zudem sind es Offizialdelikte, d.h. sie werden von Amts wegen verfolgt.

Statistische Einordnung

Die PKS wurde 2009 auf den 6-stelligen Deliktsschlüssel umgestellt, weil dieser eine differenzierte Darstellung der jeweiligen Fallentwicklungen ermöglicht.[121]

Im Jahr 2013 wurde der neue Summenschlüssel 892500 eingeführt. Dieser beinhaltet die Deliktsschlüssel für Mord (010000) und für Totschlag (020000).

In der PKS des Bundes für 2013 wurden insgesamt

- 5.961.662 Fälle erfasst (Gesamtkriminalität),
- davon 2.951 Straftaten gegen das Leben (2012: 3.028), das sind unter 0,1 % Anteil an der Gesamtkriminalität,
- darunter 647 Morde, davon 39 Morde im Zusammenhang mit Raubdelikten (Raubmorde) und 6 Morde im Zusammenhang mit Sexualdelikten (Sexualmorde),
- 1.475 Fälle von Totschlag und Tötung auf Verlangen,
- 754 Fahrlässige Tötungen,
- 75 Abbrüche der Schwangerschaft,
- bezogen auf den Summenschlüssel 892500 (Mord und Totschlag) 2.122 Fälle mit 2.550[122] Opfern erfasst,
- bei Mord 96,3 % der Fälle und bei Totschlag und Tötung auf Verlangen 95,5 % der Fälle aufgeklärt.

Bei vollendetem Mord und Totschlag waren bei mehr als zwei Dritteln der Opfer (68,2 %) Verwandte oder nähere Bekannte tatverdächtig. Es wurde bei über einem Viertel der Opfer (27,5 %) der eigene Partner als Tatverdächtiger ermittelt.[123] Gut ein Drittel (36,6 %) der Opfer bei Mord und Totschlag (einschließlich Versuche) hatte hingegen keine Vorbeziehung zum Tatverdächtigen oder diese blieb ungeklärt.[124] Auffällig ist, dass bei weiblichen Opfern wesentlich häufiger ein verwandtschaftliches Verhältnis zum Tatverdächtigen besteht.

121 BKA (2013a), S. 62
122 Der Überhang von 428 Opfern entsteht, wenn durch eine Tat mehrere Personen Opfer werden.
123 BKA (2013a), S. 32
124 BKA (2013a), S. 31

Verteilung der Opfer nach ihrer Beziehung zum Tatverdächtigen (einschl. Versuche) bei: Mord und Totschlag

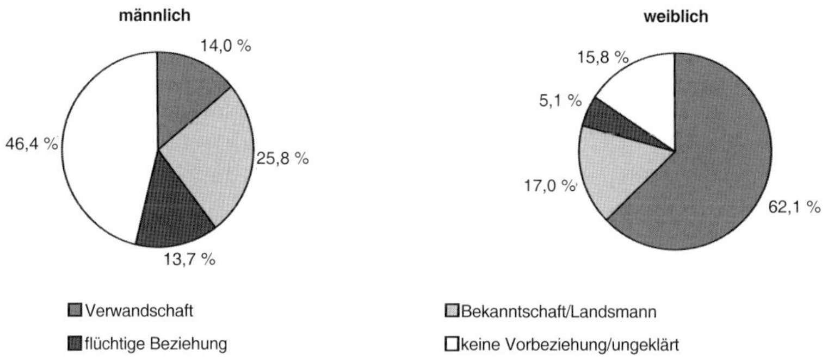

Quelle: BKA (2013a), S. 44

Beim Summenschlüssel 892500 liegt der Versuchsanteil bei ca. 77 % und der Anteil der vollendeten Taten bei etwa 23 %. Bezüglich der vollendeten Taten ist die Verteilung zwischen den männlichen und weiblichen Opfern mit 50,3 % Frauen und 49,7 % Männer nahezu gleich. Allerdings fällt auf, dass Männer wesentlich häufiger Opfer von versuchten Tötungsdelikten werden. So lag die Zahl 2013 bei 73,3 %.

Auffällig ist der **hohe Anteil an Versuchstaten**. Dies könnte daran liegen, dass eine gefährliche Körperverletzung u.U. aus ermittlungstaktischen Gründen als versuchter Totschlag eingestuft wird. Mit dem Einsatz einer Mordkommission wird regelmäßig mehr Personal eingesetzt, sodass der Fall zügiger bearbeitet werden kann. Zum anderen könnte auch ein großer Druck der Öffentlichkeit zu einer Einstufung als versuchtes Tötungsdelikt führen.

Teilweise bewertet man diesen hohen Versuchsanteil als Hinweis auf eine „polizeiliche Tendenz einer Überbewertung der Tatschwere“[125]. Im Fortgang des Strafverfahrens kann es dann zu einer Verschiebung von einem zunächst angenommenen Tötungsdelikt zu weniger gravierenden Straftaten kommen. In diesem Zusammenhang spricht man auch vom „Trichter der formellen Sozialkontrolle“[126] oder auch von dem Trichtermodell.

Bei Tötungsdelikten ist die **Aufklärungsquote** besonders hoch (konstant im Verlauf der zurückliegenden Jahre über 95 %). Dies liegt darin begründet, dass mit großem Personalaufwand ermittelt wird und die Unterstützung durch die Bevölkerung so groß ist wie bei keinem anderen Delikt. Demzufolge erhält die

125 *Eisenberg* (2005), S. 663
126 *Göppinger* (2008), S. 481

Polizei viele Hinweise und kann diese zügig bearbeiten. Zudem sind viele Taten Beziehungstaten, wodurch mehr Ermittlungsansätze vorliegen und Taten schneller geklärt werden können.

Da die **Öffentlichkeit** in der Regel an Tötungsdelikten ein besonders großes Interesse zeigt, wird in den Medien ausführlich über die Taten und die Ermittlungsarbeit berichtet. Je mehr berichtetet wird, desto stärker wirkt sich die Berichterstattung negativ auf das Sicherheitsgefühl der Bevölkerung aus. Dies trifft insbesondere dann zu, wenn ein Täter besonders grausam handelt oder wenn Kinder betroffen sind.

Hell- und Dunkelfeld[127]

Nach Untersuchungen der deutschen Gerichtsmediziner ist von einer hohen Anzahl nicht erkannter unnatürlicher Todesfälle auszugehen. Die in Wissenschaft und Medien genannte Zahlen der Dunkelzifferrelation[128] bei Tötungsdelikten reichen von 1:3 bis 1:20. Exakte Ergebnisse liegen nicht vor.[129] Aufgrund des demografischen Wandels und der immer älter werdenden Bevölkerung sind besonders Sterbefälle von Senioren hinsichtlich Fremdverschulden zu prüfen. Das gilt für verstorbene Heimbewohner gleichermaßen wie für Menschen, die zu Hause gepflegt werden und dort gestorben sind.

1.2 Tatzeit

Betrachtet man die Entwicklung der Tötungsdelikte in den letzten 15 Jahren, so erkennt man, dass im Jahr 1998 mit 3736 Fällen die höchste Zahl an Tötungsdelikten erreicht wurde. Seit dieser Zeit geht die Zahl der bekannt gewordenen Tötungen kontinuierlich zurück (2951 Fälle in 2013). Dabei ist zu beachten, dass ab 2009 die echte Tatverdächtigenzählung eingeführt wurde, sodass ein Vergleich von 2013 über 2009 hinaus nicht möglich ist.[130]

Zu bemerken ist, dass nach älteren Untersuchungen ca. die Hälfte aller Tötungsdelikte in den Abendstunden begangen wird. Ein weiterer Schwerpunkt liegt an den Wochenenden und an Feiertagen sind. Dies verdeutlicht nochmals, dass es sich häufig um Beziehungstaten handelt, einschließlich flüchtiger Vorbeziehungen, z.B. bei einem Gaststättenbesuch.

127 Die Summe der Delikte, die der Polizei und Justiz nicht bekannt werden, nennt man Dunkelfeld. Das sogenannte Hellfeld, d.h. die bekannt gewordenen Straftaten, wird in der PKS abgebildet.

128 Die Dunkelzifferrelation wir definiert als das Verhältnis der Anzahl der Straftaten, die den Strafverfolgungsbehörden bekannt werden, zu den unentdeckten Straftaten. Es handelt sich bei den unentdeckten Straftaten um eine Schätzung.

129 *Schwind* (2013), S. 30

130 BKA (2013a), S. 126

1.3 Tatort

Tatortverteilung in Prozent[131]

Städte nach Einwohnerzahl	Mord (010000)	Totschlag und Tötung auf Verlangen (020000)
Bis 20.000 Einwohner	31,5	28,2
20.000 bis 100.000 Einwohner	31,4	33,8
100.000 bis 500.000 Einwohner	16,5	18,4
Ab 500.000 Einwohner	20,4	19,5

Es ist ersichtlich, dass im Vergleich zur gesamten erfassten Kriminalität der ländliche Bereich bei Tötungsdelikten etwas höher belastet ist.

Gemessen an den absoluten Zahlen, wurden in 2013 in Bayern mit 383 Fällen die meisten Tötungsdelikte erfasst, gefolgt von NRW (347 Fälle), Baden-Württemberg (280 Fälle) und Hessen (255 Fälle). Dabei ist jedoch zu beachten, dass die ersten drei Bundesländer auch die bevölkerungsreichsten Länder in Deutschland sind. So hat NRW ca. 17,5 Millionen Einwohner, Bayern ungefähr 12,5 Millionen und Baden-Württemberg etwa 10,5 Millionen. Die Häufigkeitszahl[132] im gesamten Bundesgebiet beträgt 2,6. Wobei diese relative Zahl bei einer kleinen absoluten Fallzahl nicht sehr aussagekräftig ist und schon bei geringen Änderungen der absoluten extreme Schwankungen aufzeigt.

Von den Großstädten über 200.000 Einwohner weist Berlin mit 106 erfassten Tötungsdelikten die meisten Fälle auf, gefolgt von Hamburg (56), München (37), Köln (35) und Frankfurt a.M. (34).

Hierbei ist zu beachten, dass die besonders ausgeprägte Infrastruktur in Großstädten (Bahnhof, Flughafen, Kulturangebote etc.) viele Personen, z.B. Pendler, Touristen, Durchreisende anzieht. Auch urbane Lebensformen und Lebensstile, die abweichendes Verhalten begünstigen können, müssen bei einem Vergleich berücksichtigt werden.

Wegen der hohen Zahl von Beziehungstaten ist die eigene Wohnung ca. in der Hälfte der Fälle unmittelbarer Tatort.

1.4 Opfer

Insgesamt wurden 2013 bundesweit 2550 Opfer i.Z.m. Mord, Totschlag und Tötung auf Verlangen erfasst (Deliktsschlüssel 892500).

131 BKA (2013a), S. 126

132 Zur Häufigkeitszahl siehe Kapitel 4, 2.3.1.

Von den 814 Mordopfern waren ca. 60 % Männer und 40 % Frauen. Beim Totschlag und Tötung auf Verlangen sind die Männer sogar mit 72 % erfasst.

Betroffen sind insbesondere Personen ab 21 Jahre. Auffällig ist, dass bei den Raubmorden die über 60-Jährigen überproportional zum Opfer wurden. Das liegt vermutlich daran, dass die Wehrhaftigkeit im Alter nachlässt und ältere Menschen somit als leichte Opfer wahrgenommen werden.

Bei Sexualmorden hingegen sind die Frauen mit 85,7 % deutlich häufiger Opfer geworden. Hier sind Kinder mit 14,3 % im Vergleich zu anderen Tötungsdelikten besonders oft betroffen.

Ein Blick auf die Opfer-Tatverdächtigen-Beziehung zeigt, dass Tötungsdelikte zu einem hohen Anteil Beziehungstaten sind. Beim Mord lag der Anteil im Jahr 2013 bei 50 % (Verwandtschaft und Bekanntschaft).

Dies gilt jedoch nicht für den Raubmord. Hier bestand im Vergleichszeitraum nur in 10 % der Fälle eine Vorbeziehung. Das liegt darin begründet, dass bei Raubüberfällen in erster Linie die Bereicherungsabsicht Motiv gebend ist.[133]

Die Opfergefährdung ergibt sich aus der Anzahl der Opfer bezogen auf 100.000 Einwohner der entsprechenden Altersgruppe.[134] Dabei handelt es sich um die sogenannte Opfergefährdungszahl (OGZ). Diese bewegt sich beim Mord zwischen 1,3 (2000) und 1,0 (2013) und beim Totschlag zwischen 2,4 (2000) und 2,0 (2011); 2013 beträgt sie 2,1. Auffallend ist dabei, dass heranwachsende Männer überrepräsentiert sind.[135] Dies ist vor dem Hintergrund interessant, dass bei empirischen Untersuchungen sich gerade diese Gruppe als besonders ungefährdet einschätzte.

Seit 2011 besteht die Möglichkeit Polizeivollzugsbeamte und Vollstreckungsbeamte (Zollbeamte, Justiz-, Feuerwehr- und sonstige Rettungskräfte) als Opfer von Gewaltdelikten zu erfassen. Diese Erfassung erfolgt dann, wenn „die Tatmotivation in den personen-, berufs- bzw. verhaltensbezogenen Merkmalen begründet ist oder in Beziehung dazu steht."[136]

So wurden in 2013 in Deutschland 23 versuchte Morde z.N. von Polizeivollzugsbeamten erfasst (21 Männer, 2 Frauen). Zudem wurden 83 Totschlagsversuche erfasst und 2 männliche Polizisten wurden getötet (vollendeter Totschlag).[137]

Neben Polizeibeamten gehören auch Taxifahrer zu den besonders gefährdeten Berufsgruppen.

133 BKA (2013a), S. 42

134 Berechnungsgrundlage ist die Bevölkerungszahl auf Basis der Fortschreibung vor Zensus 2011. Mit den neuen Bevölkerungszahlen nach Zensus 2011 wäre eine Vergleichbarkeit mit den Vorjahren nicht gegeben.

135 BKA (2014), Tabelle 91, S. 2

136 BKA (2013a), S. 47

137 BKA (2013a), S. 47

1.5 Tatmittel

2013 wurde im Bundesgebiet in 6,5 % der Fälle bei Mord und Totschlag mit einer Schusswaffe geschossen (137 Fälle).

Zu sonstigen Tatmitteln finden sich in der PKS keine Angaben. Untersuchungen zu Tötungsdelikten aus den 80er Jahren in Köln hatten folgende Ergebnisse:

Studie in Köln aus dem Jahre 1988:

- 50 % Erstechen
- 20 % Erschießen
- 15 % Drosseln/Würgen
- 13 % Erschlagen

In Deutschland liegen neuere Untersuchungen zu diesem Thema nicht vor.

1.6 Tathergang

Bei der Hälfte der Tötungsdelikte besteht eine Vorbeziehung zwischen Täter und Opfer. Von daher erscheint es nachvollziehbar, dass die Tötung bzw. der Tötungsversuch oftmals das dramatische Ende einer längeren Unzufriedenheit und Frustration ist. Aufgestaute Aggressionen und Konflikte in der Zweierbeziehung führen, wenn eine verbale Konfliktlösung nicht mehr möglich ist, häufig zur Gewaltanwendung. So sind z.B. Männer teilweise nicht bereit, das Ende einer Beziehung hinzunehmen und reagieren mit Gewalt. Konflikt- und Aggressionstaten sind deshalb besonders häufig innerhalb der Familie und gegenüber Bekannten zu verzeichnen. Man spricht in diesem Zusammenhang auch „von einem ‚familiären Charakter' der Tötungsdelikte"[138]. Findet die Gewaltanwendung im häuslichen Bereich statt, spricht man von sogenannter Häuslicher Gewalt.[139]

1.7 Täter

In der Regel sind die Tatverdächtigen von Tötungsdelikten Männer. So wurden im Jahr 2013 690 Mörder (88 %) und 1.617 Totschläger (88 %) in der PKS erfasst. Ca. 85 % dieser Männer sind über 21 Jahre alt.

Beim Mord i.Z.m. Raubdelikten wurden 18,2 % Tatverdächtige unter 21 Jahren und 16,7 % Jungerwachsene[140] erfasst.[141]

138 *Göppinger* (2008), S. 480

139 Häusliche Gewalt wird angenommen, wenn es in einer häuslichen Gemeinschaft ehelicher oder nichtehelicher Art oder sonstiger Art, die entweder noch besteht oder in Auflösung befindlich ist oder seit einiger Zeit aufgelöst ist, zur Gewaltanwendung kommt. Häusliche Gewalt setzt nicht die Tatbegehung in der gemeinsamen Wohnung voraus. Tatorte können auch Geschäftsräume oder der öffentliche Raum sein (PKS NRW, 2012, S. 34).

140 Personen von 21 bis unter 25 Jahren.

141 BKA (2013a), S. 127

59,1 % der erfassten Mörder und ca. 62,2 % der Totschläger handelten bei ihren Taten allein. Bei den 5 erfassten Sexualmorden handelten alle Täter allein, wohingegen der Raubmord in nur knapp 30 % der Fälle von einem Täter begangen wurde.[142] Über ein Drittel der erfassten Tatverdächtigen beim Raubmord sind unter 25 Jahre alt, damit sind sie überproportional im Vergleich zum Bevölkerungsanteil (ca. 20 %[143]) vertreten.

Tatverdächtige – Altersstruktur

Schlüssel	ausgewählte Straftaten/-gruppen	Altersstruktur der Tatverdächtigen in %						
		insgesamt 100 %	Kinder < 14	Jugendliche 14 < 18	Heranwachsende 18 < 21	Erwachsene insgesamt ab 21	darunter Jungerw. 21 < 25	darunter Erwachs. ab 60
010000	Mord *darunter:*	784	0,5	4,2	6,9	88,4	12,6	9,6
011000	Mord i.Z.m. Raubdelikten	66	1,5	6,1	10,6	81,8	16,7	3,0
012000	Mord i.Z.m. Sexualdelikten	5	0,0	0,0	0,0	100,0	0,0	0,0
020000	Totschlalg und Tötung auf Verlangen	1.837	0,4	5,8	10,3	83,5	14,5	7,0

Quelle: BKA (2013a), S. 127

Der Anteil der nichtdeutschen[144] Tatverdächtigen beträgt etwas über 30 %, damit sind sie überproportional zum Bevölkerungsanteil[145] vertreten. Zu beachten ist dabei, dass die nichtdeutsche Bevölkerung in Deutschland zu einem großen Teil aus Männern unter 40 Jahren besteht. Dabei handelt es sich um eine stark kriminalitätsbelastete Gruppe. Hinzu kommt als weiterer kriminogener Faktor häufig eine konfliktträchtige Lebenslage, insbesondere in sozialstruktureller Hinsicht.

Die größte Gruppe der erfassten nichtdeutschen Mörder und Totschläger stellt die Gruppe der „Sonstigen“ dar, die aus nicht anerkannten Asylbewerbern mit Duldung, Flüchtlingen, Besuchern und erwerbslosen Personen gebildet wird. Dem folgt die Gruppe der Asylbewerber mit je 10,4 %. Wohingegen Schüler/Studenten, Arbeitnehmer und Gewerbetreibende, also die klassische nichtdeutsche Wohnbevölkerung lediglich 25 % der nichtdeutschen Tatverdächtigen ausmachen.

142 BKA (2013a), Tabelle 22, S. 1
143 Zensus, 2011
144 Nichtdeutsche i.S. der PKS sind Personen ohne deutsche Staatsangehörigkeit oder Staatenlose.
145 Der Anteil der Nichtdeutschen in Deutschland betrug 2012 knapp unter 10 %.

Der Anteil der nichtdeutschen Jungtäter beträgt beim Mord ca. 13 % und beim Totschlag etwa 17 %[146]. Bei den deutschen Jungtätern beträgt der Anteil der erfassten Mörder ca. 10 % und der erfassten Totschläger etwas 26 %.

Nichtdeutsche Tatverdächtige nach dem Anlass des Aufenthaltes in Deutschland

Schlüssel	ausgewählte Straftaten/-gruppen	Nichtdeutsche Tatverdächtige in %											
		Tatverdächtige insgesamt	Nichtdeutsche Tatverdächtige				erlaubt, davon						
			Anzahl	in %	unerlaubt	erlaubt insgesamt	Staatl. Streitkräfte/ Angehörige	Tourist/ Durchreisender	Studenten/ Schüler	Arbeitnehmer	Gewerbetreibender	Asylbewerber	Sonstige*)
010000	Mord	784	241	30,7	0,9	29,8	1,2	3,7	3,3	17,8	4,6	10,4	56,0
011000	Totschlag und Tötung auf Verlangen	1.837	527	28,7	0,7	28,0	0,4	1,9	3,0	23,9	1,9	10,4	56,0

**) Der Begriff „Sonstige" umfasst eine heterogene Restgruppe, z.B. Erwerbslose, nicht anerkannte Asylbewerber mit Duldung, Flüchtlinge, Besucher und andere Personengruppen*

Quelle: BKA (2013a), S. 128

Wie bei kaum einem anderen Delikte spielt Alkoholeinfluss eine entscheidende Rolle für die Tatbegehung. So standen 17,8 % der Mörder und 39,2 % der Totschläger unter Alkoholeinfluss.[147] Die enthemmende und aggressionsfördernde Wirkung des Alkohols wird dadurch deutlich.

Harte Drogen spielen eine geringere Rolle. So sind die erfassten Mörder zu 7,9 % Konsumenten harter Drogen und die Totschläger zu 10,6 %. Wobei man beachten muss, dass mehr Menschen die legale Droge Alkohol konsumieren als harte Drogen.

Mörder und Totschläger sind darüber hinaus in der überwiegenden Zahl bereits polizeilich bekannt geworden. Ihr Anteil beträgt bei den Mördern 53,1 % und bei den Totschlägern 66,8 %.[148]

Zu beachten ist bei den Tatverdächtigenzahlen, dass die Zahl der Verurteilten wegen Mordes und Totschlags deutlich niedriger liegt. Dies liegt darin begründet, dass es im Laufe des Verfahrens häufig zu einer Korrektur der Tatbestandseinschätzung kommt. Aus dem polizeilich angenommenen Mord wird dann z.B. eine Körperverletzung mit Todesfolge oder eine Rauschtat. Zudem greift auch hier das so genannte Trichtermodell, d.h. die Institutionen der formellen Verfahrenskontrolle, z.B. Staatsanwaltschaft und Gericht, entscheiden, ob und in welcher Weise Fälle erledigt werden.[149]

146 BKA, (2013a), Tabelle 50, S. 1.
147 BKA, (2013a), Tabelle 12, S. 1.
148 BKA, (2013a), Tabelle 12, S. 1.
149 *Göppinger*, (2008), S. 556.

2 Ätiologie

2.1 Individuelle Bedingungen

Es ist schwierig eine generelle Erklärung für die Begehung von Tötungsdelikten zu finden, da die Handlungen von Personen in ganz verschiedenen Zusammenhängen gezeigt werden.[150] So unterscheidet sich beispielsweise die Ursache für ein Tötungsdelikt in einer Paarbeziehung deutlich von den Ursachen i.Z.m. einer Tötung im Prostituiertenmilieu. Zu beachten ist auch, dass jede Theorie ihre Grenzen hat und Kritikpunkte aufweist.

Die konflikttheoretischen Ansätzen der Kriminalitätserklärung sehen persönliche Aspekte als ursächlich an. So spielen bei Beziehungstaten häufiger Anlässe wie Streit, Eifersucht, Habgier, Neid und/oder eine seit langem bestehende andauernde Frustration eine ausschlaggebende Rolle.

In bestimmten Tatkonstellationen benutzt man auch den Begriff „Subkultur der Gewalt", d.h. es handelt sich um ein Milieu in dem körperliche Gewalt ein legitimes Mittel zur Durchsetzung der eigenen Ziele darstellt. Dieser Erklärungsansatz greift insbesondere bei Tötungsdelikten durch Angehörige der sogenannten Unterschicht. Gewalt wird demnach mit sozialer Benachteiligung, schlechter Bildung und sozialer Desintegration eng verbunden.[151]

Bei rassistisch motivierten Tötungsdelikten ist zum Teil eine mangelnde Gewissenausprägung ursächlich für die Tatbegehung. Hinzu kommt, dass es bei fremdenfeindlichen Taten zu einer „Entmenschlichung" des Opfers kommt und der Täter darüber hinaus mit Techniken der Neutralisation das Opfer als „nicht lebenswert" betrachtet. Typisch ist solches Verhalten bei Gruppentaten, z.B. durch Rechtsradikale.

Der Umgang mit Gewalt bis hin zur Tötung wird unterschiedlich sozialisiert. So ist die Gewaltbereitschaft bei einigen Völkern deutlich größer als im Durchschnitt. Dies führt dazu, dass menschliches Leben als nichts Besonderes eingeschätzt wird, der Mensch eher auf die Stufe eines bloßen Lebewesens gestellt wird.

2.2 Situative Bedingungen

Die wenigsten Taten sind von langer Hand vorbereitet und geplant. Sie geschehen aus der aktuellen Situation heraus, somit ist für die situative Komponente eher die Affekttat typisch.

Beim größten Anteil der Tötungsdelikte besteht eine Vorbeziehung zwischen dem Opfer und dem Täter. Aus den täglichen gemeinsamen Abläufen heraus

150 *Göppinger* (2008), S. 484
151 *Göppinger* (2008), S. 485

können sich bei konfliktträchtigen Situationen Tötungsdelikte ereignen. Dies gilt insbesondere, wenn die Beziehung bereits gewaltaffin geprägt ist.

Nicht ausreichend erforscht ist die Frage des Einflusses der Gewaltdarstellung in den Medien auf die Entstehung von Gewalt. Während zum einen darauf hingewiesen wird, dass bereits die Auswahl von Gewalt verherrlichenden Spielen oder Filmen eine gewisse Tendenz erkennen lässt[152], sprechen andere davon, dass der ständige Konsum von gewalttätigen Filmen und/oder Videos den Betrachter abstumpfen lasse. Er empfinde dann Gewalt als normal und als geeignetes Mittel Probleme zu bewältigen (Habitualisierungstheorie).[153]

2.3 Normative Bedingungen

Mord und Totschlag gehören zu den Taten mit der höchsten Strafandrohung. So wird Mord gem. § 211 StGB mit lebenslanger Freiheitstrafe bestraft und der Totschläger gem. § 212 StGB mit einer Freiheitsstrafe nicht unter 5 Jahren. Dieser Umstand ist seit Jahrzehnten unverändert.

Mord und Totschlag gehören zu den Kapitaldelikten[154], die von der Polizei mit größter personeller Intensität verfolgt werden. Dies gilt im besonderen Maße für solche Taten, die besonders spektakulär sind oder bei denen besondere Opfergruppen, wie z.B. Kinder und Polizisten betroffen sind. Andererseits flacht das Aufklärungsinteresse deutlich ab, wenn es sich beim Opfer um Angehörige sozialer Randgruppen, z.B. Obdachlose handelt.

3 Kriminalitätskontrolle

Maßnahmen im Todesermittlungsverfahren

Hinweis
Das nachfolgende Maßnahmenkonzept liefert allgemeine Hinweise auf die zu treffenden Maßnahmen. Diese sind auf den jeweiligen Einzelfall anzupassen und entsprechend zu modifizieren bzw. zu ergänzen.

3.1 Grundsätze für den Ersten Angriff

- Mögliche Gefahrenquellen feststellen und beseitigen
- Ggf. Erste Hilfe leisten
- Absperrung des Tatortes (Status Quo erhalten)
- Ruhe bewahren
- Nicht von einer harmlosen Situation täuschen lassen (insbesondere bei kranken oder älteren Personen)
- Wenn erforderlich Spuren gegen Veränderungen schützen

152 *Eisenberg*, (2005), S. 809
153 *Eisenberg*, (2005), S. 810
154 Latein: capitalis – deutsch: hauptsächlich; das Haupt, der Kopf (caput)

- Wenn Veränderungen vorgenommen wurden, diese dokumentieren
- Erste Fotos fertigen
- Zeugen suchen, belehren und vernehmen
- Spurensuche
- Wenn überhaupt nur allgemeine Presseauskünfte
- Über die LSt den LvD/KvD benachrichtigen
- Information an den Kapitaldezernent der Staatsanwaltschaft (StA)
- Übergabe an die Kräfte des Auswertungsangriffes/der Mordkommission (§ 2 KHSt-VO)

3.2 Arbeit der Mordkommission

- Mordkommission (MK) einrichten (konzentrierte Ermittlungstätigkeit mit einem hohen Personalansatz; ausreichendes Personal ist insbesondere in den ersten 24 Stunden erforderlich)
- MK-Leiter ist Vorgesetzter und damit den Mitgliedern der MK gegenüber weisungsbefugt. Er koordiniert den Ablauf der einzelnen Abschnitte (Aktenführung und Hinweisaufnahme, Tatbefundaufnahme und Ermittlungen). Alle Berichte und Meldungen werden ihm zwecks Entscheidung über das weitere Vorgehen vorgelegt.
- Rechtsmediziner informieren und hinzuziehen
- Pressehoheit liegt bei der StA, dennoch Info an polizeiliche Pressestelle
- KPMD-Meldepflicht und WE-Meldepflicht nachkommen
- Qualifizierte Spurensicherung
- Fotografieren, dann beschreiben („Auge, Optik, Hand")
- Leiche vollständig entkleiden
- Leichenerscheinungen feststellen
- Leichnam identifizieren (mittels Fingerabdruck, DNA, Röntgenbild etc.)
- Fundort = Tatort?
- Tatort vermessen
- Beweismittel sicherstellen (z.B. Abschiedsbrief, Medikamente)
- Sicherstellung der Leiche
- Befragung von Zeugen, z.B. Angehörigen, Hausarzt
- Weitere Zeugen suchen und vernehmen
- Weitere Spuren suchen und sichern; Weiterleitung an das LKA
- Nachlasssicherung
- Wohnung/Haus sichern
- Todesnachricht überbringen und Hinterbliebenenbetreuung

3.3 Zusammenarbeit mit der Justiz

Ein ständiger Austausch mit der Staatsanwaltschaft hinsichtlich der Ermittlungen und auch bezogen auf die Pressearbeit ist erforderlich.

Kapitel 11
Sexueller Missbrauch von Kindern

1 Phänomenologie

1.1 Allgemeine Angaben

Der sexuelle Missbrauch war jahrelang in der Gesellschaft, der Psychologie und in der Medizin ein Tabuthema. Daher ist die empirische Forschung und die wissenschaftliche Diskussion zunächst nur mühsam vorangekommen. Mittlerweile findet man in der Literatur verschiedene Kriterien, die für die Definition des sexuellen Missbrauchs von Kindern als wesentlich erachtet werden. Einige davon werden nachfolgend angeführt.

„Unter sexuellem Missbrauch von Kindern versteht man die Interaktion zwischen einem Kind (bis unter 14 Jahre) und einem Erwachsenen, bei der das Kind als Objekt zur Befriedigung sexueller oder sexualisierter Bedürfnisse des Erwachsenen dient."[155]

„Der sexuelle Missbrauch ist immer dann gegeben, wenn ein Mädchen oder Junge von einem Erwachsenen oder älteren Jugendlichen als Objekt der eigenen sexuellen Bedürfnisse benutzt wird. Kinder und Jugendliche sind aufgrund ihrer kognitiven und emotionalen Entwicklung nicht in der Lage, sexuellen Beziehungen zu Erwachsenen wissentlich zuzustimmen. Fast immer nützt der Täter ein Macht- oder Abhängigkeitsverhältnis aus."[156]

„Zum sexuellen Missbrauch gehört nicht nur der vollendete Geschlechtsverkehr, sondern jede sexuell motivierte Handlung, die das Kind zu einem Sexualobjekt degradiert und ihm vermittelt, dass es nicht als Mensch geliebt und geachtet wird."[157]

„Sexuelle Ausbeutung von Kindern durch Erwachsene (oder ältere Jugendliche) ist eine sexuelle Handlung eines Erwachsenen mit einem Kind, das aufgrund seiner emotionalen und intellektuellen Entwicklung und aufgrund des ungleichen Machtverhältnisses zwischen Erwachsenen und Kindern nicht in der Lage ist, dieser sexuellen Handlungen informiert und frei zuzustimmen. Dabei nutzt der Erwachsene seine Autorität und die rechtliche, physische und psychische Abhängigkeit des Kindes sowie möglicherweise dessen Neugier, Zuneigung und Vertrauen aus, um das Kind zur Kooperation zu überreden oder zu zwingen. Zentral ist dabei die Verpflichtung zur Geheimhaltung, die das Kind zur Sprachlosigkeit und Hilflosigkeit verurteilt."[158]

---

155 *Schneider* (1999), S. 233 f.
156 *Endress*, (1991), S. 50 ff.
157 *Trube-Becker* (1992), S. 19
158 *Gallwitz/Paulus/Drewes* (2005), S. 31

In der Fachliteratur findet sich eine Vielzahl weiterer Definitionen, die mal enger, mal weiter ausgelegt sind. So stellen einige Autoren auf die Art des Kontaktes ab, andere sehen den Tatbestand schon beim obszönen Ansprechen erfüllt, wieder andere stellen die Traumatisierung des Kindes in den Vordergrund.

Auch wenn in einigen Kulturkreisen der sexuelle Kontakt von Erwachsenen mit Kindern als normal betrachtet wurde (z.B. antikes Griechenland – Knabenliebe) und trotz bedeutender literarischer Behandlung dieses Themas (z.B. *Nabokov, V.* – „Lolita") gilt der sexuelle Missbrauch von Kindern als massive Verletzung der sittlichen, moralischen und gesellschaftlichen Normen und unterliegt einer absoluten gesellschaftlichen Ächtung.

Strafrechtliche Einordnung

Nach der Reform des Strafgesetzbuches ist der „Sexuelle Missbrauch von Kindern" in den §§ 176, 176a und 176b StGB gesetzlich normiert.

Im Ausgangstatbestand (§ 176 StGB) werden sexuelle Handlungen mit oder vor Kindern, das Bestimmen des Kindes, sexuelle Handlungen an sich vorzunehmen, oder das Vorzeigen von pornografischen Darstellungen pp. als Vergehenstatbestand unter Strafe gestellt. Die Tat wird mit einer Freiheitsstrafe von sechs Monaten bis zu zehn Jahren bestraft.

§ 176a StGB bezieht sich auf die Durchführung des Beischlafs oder ähnlicher Handlungen, die mit einem Eindringen in den Körper des Kindes verbunden sind, die gemeinschaftlich von mehreren begangene Tat, die erhebliche körperliche oder seelische Gefährdung des Kindes und den Wiederholungstäter. Bis auf die minder schweren Fälle handelt es sich in allen Tatvarianten um Verbrechenstatbestände, die umso höher strafbewehrt sind, je schwerer sich die Misshandlung darstellte oder in der Absicht begangen wurde, sie zum Gegenstand einer pornografischen Schrift zu machen, die verbreitet werden soll. Die Tat wird mit einer Freiheitsstrafe nicht unter zwei Jahren bestraft.

Der sexuelle Missbrauch mit Todesfolge ist Gegenstand des § 176b StGB.

Der Versuch ist strafbar. Die Strafe ist lebenslange Freiheitsstrafe oder Freiheitsstrafe nicht unter 10 Jahren.

Darüber hinaus finden sich weitere Tatbestände im Strafgesetzbuch, die indirekt mit dem sexuellen Missbrauch von Kindern in Verbindung stehen. Als Beispiele seien hier die Verbreitung pornografischer Schriften oder der sexuelle Missbrauch von Schutzbefohlenen genannt.

Kriminologische Einordnung

Der sexuelle Missbrauch von Kindern ist kriminologisch ein Sexualdelikt und ein Gewaltdelikt. In der PKS wird das Delikt jedoch nicht unter dem Summenschlüssel „892000 Gewaltkriminalität" erfasst.

Statistische Einordnung

Der sexuelle Missbrauch von Kindern wird unter den PKS-Schlüssel 131000 abgebildet. Es wird in folgende Schlüsselzahlen differenziert:

131000: Sexueller Missbrauch von Kindern §§ 176, 176a, 176b StGB

131010: Handlungen gemäß § 176 Abs. 5 StGB

131100: Sexuelle Handlungen nach § 176 Abs. 1 und 2 StGB

131200: Exhibitionistische/sexuelle Handlungen vor Kindern § 176 Abs. 4 Nr. 1 StGB

131300: Sexuelle Handlungen nach § 176 Abs. 4 Nr. 2 StGB

131400: Einwirken auf Kinder nach § 176 Abs. 4 Nr. 3 und 4 StGB

131500: Vollzug des Beischlafs mit einem Kind oder anderer Handlungen nach § 176a Abs. 2 Nr. 1 StGB

131600: Schwerer sexueller Missbrauch von Kindern zur Herstellung und Verbreitung von pornografischen Schriften nach § 176a Abs. 3 StGB

131700: Sonstiger schwerer sexueller Missbrauch von Kindern nach § 176a StGB

131800: Sexueller Missbrauch von Kindern mit Todesfolge nach § 176b StGB

Im Jahr 2013 wurden bundesweit 46.793 Straftaten gegen die sexuelle Selbstbestimmung (Schlüsselzahl 100000) erfasst. Der Anteil dieser Sexualdelikte an der Gesamtkriminalität betrug damit 0,8 %.

In der gleichen Zeit wurden 12.437 Fälle des sexuellen Missbrauches von Kindern bekannt. Ihr Anteil an der gesamten Sexualkriminalität beträgt damit 21,2 %, an der Gesamtkriminalität 0,2 %. Der Anteil der Versuche lag bei 6,7 %.

Im Jahr 2013 wurden folgende Tathandlungen erfasst:

Schlüsselzahl 131100:	5.600 Fälle
Schlüsselzahl 131200:	1.889 Fälle
Schlüsselzahl 131300:	592 Fälle
Schlüsselzahl 131400:	1.464 Fälle
Schlüsselzahl 131500:	1.083 Fälle
Schlüsselzahl 131600:	132 Fälle
Schlüsselzahl 131700:	1.537 Fälle
Schlüsselzahl 131800:	1 Fall

Aus den Zahlen erkennt man, dass die Missbrauchsfälle (Deliktsschlüssel 131100) und das Exhibieren vor Kindern fast ¾ der Taten ausmachen. Im Jahr 2013 wurde ein Fall des sexuellen Missbrauchs mit Todesfolge erfasst.

Die Aufklärungsquote betrug 84,3 %. Je nach Tathandlung lag sie erheblich darüber. Eine Ausnahme bildet nur das Exhibieren vor Kindern. Diesbezüglich wuden 52,6 % aufgeklärt. Die hohen Aufklärungsquoten sind darin begründet, dass diese Taten mit großem Personalaufwand verfolgt werden, eine große Unterstützung seitens der Bevölkerung besteht und in mehr als der Hälfte der Taten eine Beziehung zwischen Tatverdächtigem und Opfer bestand.

Fallentwicklung „Sexueller Missbrauch von Kindern" (Schlüsselzahl 131000) von 2003 bis 2013 in Deutschland

Jahr	Fälle	HZ vor Zensus 2011*	HZ nach Zensus 2011*	Versuche	Versuche in %	AQ
2003	15.430	18,7		985	6,4	79,9
2004	15.255	18,5		1.006	6,6	81,3
2005	13.962	16,9		781	5,6	81,7
2006	12.765	15,5		692	5,4	81,9
2007	12.772	15,5		723	5,7	81,9
2008	12.052	14,7		804	6,7	82,1
2009	11.319	13,8		723	6,4	83,5
2010	11.867	14,5		725	6,1	83,9
2011	12.444	15,2		741	6,0	85,1
2012	12.623	15,4		792	6,3	84,7
2013	12.437	15,2	15,4	855	6,9	84,3

* *HZ (Häufigkeitszahl): Fälle pro 100.000 Einwohner*
VOR Zensus: Die Bevölkerungsdaten 01.01.2013 basieren auf der Grundlage früherer Zählungen, d.h. Volkszählung 1987 im Westen bzw. Einwohnerregister 1990 im Osten. Einwohnerregister 1990 im Osten.
NACH Zensus (keine Vergleichbarkeit mit den Vorjahren): Die Bevölkerungsdaten 31.12.2012 basieren auf der Grundlage des Zensus 2011 (Stichtag: 09.05.2011).

Quelle: BKA (2013a), Tabelle 01

Anhand dieser Tabelle ist ersichtlich, dass beim sexuellen Missbrauch von Kindern von 2003 bis 2013 ein nahezu kontinuierlicher Rückgang der erfassten Fälle zu verzeichnen ist.

Hell-/Dunkelfeld

Beim sexuellen Missbrauch von Kindern ist von einem enormen Dunkelfeld auszugehen. In der kriminologischen Literatur schwanken die Schätzungen zur Dunkelzifferrelation zwischen 1:6 bis 1:20. Dies würde bedeuten, dass statt der in der PKS erfassten 13.647 Opfer tatsächlich zwischen 80.000 und 270.000

tatsächliche Opfer zu verzeichnen wären. Das Dunkelfeld ist dabei umso größer, je enger die Vorbeziehung ist. Bei innerfamiliärem Missbrauch dürfte sie am höchsten sein, da die Einflussnahme des Täters am höchsten ist.

Häufig Schweigen die Opfer lange Zeit oder widerrufen nach der Anzeigenerstattung ihre Aussage.

Deegener[159] stellt als Gründe für dieses Schweigen Folgendes heraus:

- Die Kinder haben Angst vor einer Bestrafung durch den Täter; teilweise wird bereits mit Gewaltanwendung gedroht.
- Die Opfer fühlen sich mitverantwortlich. Sie haben Schuldgefühle und haben Sorge, moralisch verurteilt zu werden.
- Ein Erzählen wird von den Kindern als Verrat eingestuft. Sie wollen kein Verräter sein.
- Die Kinder befürchten, wenn sie sich offenbaren, dass ihre Familie auseinandergerissen wird. Dafür nehmen sie die eigene Verletzung in Kauf.
- Teilweise sind die Kinder von den Tätern abhängig, weil diese emotionale Defizite ausgeglichen haben.
- Ist der Täter der neue Partner der Mutter, entwickeln manche Kinder besondere Schuldgefühle. Wenn die sexuellen Handlungen teilweise als angenehm empfunden wurden, erhöht sich das Gefühl mitschuldig zu sein.
- Die Kinder entwickeln eine Angst, bei bekannt werden der Tat, in der Schule, der Nachbarschaft und/oder bei Freunden abgelehnt zu werden.
- Durch den sexuellen Missbrauch können sich die Opfer teilweise als „erwachsen" fühlen. Sie fühlen sich akzeptiert und entwickeln daraus einen gewissen Stolz. Dadurch wird die Geheimhaltungspflicht erhöht.

Weitere Aspekte, die zur Erhöhung des Dunkelfeldes führen sind:

- Wenn der sexuelle Missbrauch bereits im Säuglings-/Kleinkindalter beginnt, erkennt das Kind zunächst nicht, dass Unrecht geschieht.
- Mütter, denen die Taten bekannt sind, schweigen aus Angst davor, den Ernährer der Familie zu verlieren.
- Ärzte führen die Verletzungen/Verhaltensauffälligkeiten nicht auf einen sexuellen Missbrauch zurück.
- Freunde, Nachbarn und andere Kontaktpersonen, wissen nicht wie sie sich verhalten sollen. Aus Sorge vor Fehlern machen sie nichts oder sie halten den Missbrauch für ein Tabuthema und schweigen deshalb.

Öffentlichkeitsinteresse

Bekannt gewordene Fälle des sexuellen Missbrauchs von Kindern erregen großes Interesse bei der Bevölkerung. Das Delikt ist aber auch ein Tabuthema, das totgeschwiegen wird. Einerseits bilden sich „Bürgerwehren" nach einer Serie

159 *Deegener*, (2005), S. 81 ff.

von Missbrauchsfällen in der Nähe von Schulen und Kindergärten, andererseits verdächtigen Erzieher Familienmitglieder des Missbrauchs, weil Kleinkinder unreflektiert sexuell anmutende Handlungen ausführen.

Für kaum eine andere Zielgruppe gibt es so viele Hilfsangebote durch private Organisationen. Diese sind gemeinsam mit Polizei und Justiz zu einem Netzwerk gegen den sexuellen Missbrauch verbunden.

1.2 Tatzeit

Zu den exakten Tatzeiten liegen keine Untersuchungen vor. Täter aus dem sozialen Nahbereich können jede gemeinsame Minute zur Tatbegehung nutzen. Bei Fremdtätern besteht eine starke Verbindung zwischen Tatzeit und Tatort. So werden Spielplätze meist in den Nachmittagsstunden von potenziellen Opfern frequentiert, während Schulen oder Kindergärten eher in den Morgenstunden zur Tatbegehung aufgesucht werden. Exaktere Werte ergeben sich nur durch die Auswertung des Kriminalpolizeilichen Meldedienstes.

Ein besonderes Phänomen dieser Tat ist die häufige Tatwiederholung vor allem im sozialen Nahbereich. So sind langjährige Missbrauchsmartyrien keine Seltenheit.

1.3 Tatort

Die regionale Verteilung des Deliktes im Bundesgebiet ergibt sich aus der nachfolgenden Tabelle:

**Häufigkeitszahlen in den Bundesländern:
Sexueller Missbrauch von Kindern (Schlüsselzahl 131000)**

Land	erf. Fälle insges.	Häufigkeitszahl*)							
		2013	2012	2011	2010	2009	2008	2007	2006
Baden-Württemberg	1.330	12,6	11,4	12.8	10.3	10,6	11.7	12.5	12,6
Bayern	1.607	12,8	12.5	11.0	11.9	10,6	11.3	11.9	12,9
Berlin	657	19,5	20.8	21.2	16.0	19.7	18.6	17.3	18,9
Brandenburg	545	22,2	18,0	18.4	20.2	16.0	15.4	17.4	17,8
Bremen	124	18,9	17,7	23.3	19.9	13.4	18,1	21.4	22,9
Hamburg	196	11,3	113	10.0	10,4	12.1	14,2	16.4	18,0
Hessen	754	12,5.	18,4	13.2	12,4	13.0	12,7	13.6	12,5
Mecklenburg-Vorpommern	332	20,7	17,6	16.0	15,9	14.3	16.8	17.3	17,9
Niedersachsen	1.308	16.8	17,0	17.0	15,9	15.8	16.6	17.4	15,6
Nordrhein-Westfalen	2.696	15,4	15,1	15.4	14,8	14.0	15,3	15,5	15,9
Rheinland-Pfalz	654	16,4	17,2	19.4	21,3	17.0	17,4	19.8	19,6
Saarland	115	11,6	11,2	15.1	15,4	11.5	14.9	17.2	24,6
Sachsen	782	19,3	17,6	18.2	14.9	16.1	17,0	17.3	18,0
Sachsen-Anhalt	450	19.9	19,9	19.3	18.0	16.0	17,2	15.9	15,6
Schleswig-Holstein	440	15.7	15,8	16.4	18.6	16.6	17,2	21.0	17,9
Thüringen	447	20.6	19,5	17,8	17,4	15,7	16,2	21.6	14,8
Bundesgebiete insgesamt	**12.437**	**15,4**	**15,4**	**15,2**	**14,5**	**13,8**	**14,7**	**15,5**	**15,5**

*) *Anhand der Tabelle kann man erkennen, dass die Häufigkeitszahl insbesondere in den östlichen Bundesländern über dem Bundesdurchschnittt von 15,4 liegt (Ausnahme: Bremen).*

Quelle: BKA (2013a), Tabelle 09

Verteilung der Tatorte von Missbrauchsfällen mit Körperkontakt

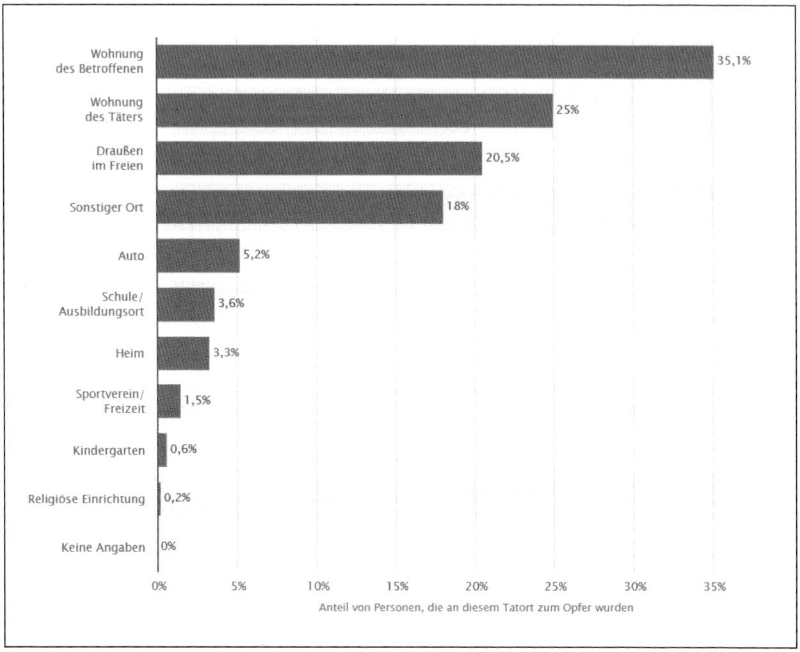

Quelle: www.statista.com, aufgerufen: Juni 2015

Anhand der Grafik ist zu erkennen, dass sich über 60 % der Missbrauchsfälle mit Körperkontakt in einer Wohnung ereignen. Dies ist ein weiterer Indikator dafür, dass die Täter häufig aus dem engeren Umfeld des Opfers stammen und daher im privaten Bereich agieren können.

1.4 Opfer

Beim sexuellen Missbrauch waren von den insgesamt 14.610 Opfern (2013) 3.498 Jungen und 11.112 Mädchen. Bei den unter 6-jährigen Opfern (1.716) waren 504 männlich und 1.212 weiblich. Von den 12.823 Opfern von 6 bis unter 14 Jahren waren 2.977 Jungen und 9.846 Mädchen.[160]

Es wird deutlich, dass Mädchen deutlich häufiger Opfer von sexuellen Missbrauchshandlungen werden.

Beim sexuellen Missbrauch von Kindern wird von einer hohen Tatverdächtigen-Opfer-Beziehung ausgegangen. Diese Annahme wird durch die Daten der PKS

160 BKA, (2013a), Tabelle 91

bestätigt. 2013 bestand bei 3.474 Opfern eine verwandtschaftliche Beziehung zum Täter (einschließlich Partner nichtehelicher Lebensgemeinschaften) und bei 4.149 Opfern bestand eine Bekanntschaft mit dem Täter. Lediglich bei 4.333 Opfern bestand keine Vorbeziehung.[161]

1.5 Tatmittel

Das Mitführen von Schusswaffen oder gar der Einsatz von Waffen spielt bei diesem Delikt keine Rolle (0,2 % der Fälle).

Welche Anreize im Rahmen der Anbahnung vom Täter genutzt werden, ist stark täterabhängig. Bei Fremdtätern kommen allgemeine altersgemäße Anreizgegenstände in Betracht (z.B. Süßigkeiten, Spielzeuge pp.). Bei Tätern aus dem sozialen Nahbereich sind Kenntnisse über die individuellen Wünsche ihrer Opfer vorhanden, variieren demzufolge besonders stark.

1.6 Tathergang

Der Modus Operandi variiert je nach Neigung der Täter.

Der Tatverlauf ist sehr stark abhängig vom bestehenden sozialen Kontakt zwischen Täter und Opfer.

Vortatphase

- Inzestuöser oder intrafamiliärer Missbrauch:
  Die Annäherung an das Kind ist für die Täter unproblematisch. Es besteht ein Vertrauensverhältnis zwischen Opfer und Täter. Das Kind hat darüber hinaus gelernt, Älteren zu gehorchen.
  Der Täter nähert sich dem Kind in der Nacht während der Schlafphase, der Missbrauch wird in den normalen Tagesablauf eingebaut (z.B. Baden des Kindes), die Handlungen werden als normal suggeriert oder dem Kind wird ein „Geheimnis" eingeredet.
- Fremdtäter oder weitläufig bekannter Täter:
  Diese Täter müssen vor der Missbrauchshandlung zunächst das Vertrauen des Kindes gewinnen. Dies geschieht durch Geschenke, sonstige Anreize (z.B. Reiten lassen auf Pferdehöfen), aber auch durch vorgetäuschte Hilflosigkeit. Nur in seltenen Fällen kommt es zu direkter Gewaltanwendung.

Haupttatphase

In der Literatur wird häufig nach der Schwere der Gewaltanwendung in Kategorien differenziert.

1. Kategorie: Taten ohne körperlichen Kontakt
   Diese Taten bilden meist den Beginn des sexuellen Kontaktes. Die Missbrauchshandlung besteht nicht im körperlichen Kontakt; die Befriedigung der

161 BKA (2013a), Tabelle 92

Täter liegt in der Art und Weise der kindlichen Reaktion. Den Tätern kommen die allgemeine Neugierde der Kinder und ihre Unbefangenheit zugute. Trotz des fehlenden körperlichen Kontaktes ist den Kindern der Übergriff meist bewusst.

Beispiel:

- Exhibitionistische Handlungen vor Kindern
- Vorzeigen von pornografischen Darstellungen
- Altersunangemessene Aufklärung
- Heimliches Beobachten der Kinder beim Ausziehen, Baden pp.

2. Kategorie: Taten mit Körperkontakt, aber ohne Eindringen in Körperöffnungen
   Neben der psychischen kommt es bei diesen Taten auch zu physischen Misshandlungen. Der Täter benutzt den Körper zu seiner sexuellen Befriedigung (Reiben, Masturbation). Das anzuwendende Druckmittel ist stärker, meist jedoch psychischer Natur.

   Beispiel:

   - Berühren, auch gegenseitig, der Genitalien
   - Masturbation des Täters vor dem Kind
   - Intimküsse

3. Kategorie: Eindringen in Körperöffnungen des Kindes
   Diese Form des Missbrauchs führt neben seelischen Schädigungen häufig auch zu körperlichen Verletzungen. Diese sind umso massiver, je heftiger der körperliche Kontakt war.

   Beispiel:

   - Vaginale, anale und orale Penetration des Opfers
   - Einführung von Gegenständen in Körperöffnungen

4. Kategorie: gewaltsam durchgeführter Geschlechtsverkehr
   Diese Missbrauchsform trifft überwiegend pubertierende Mädchen, die zuvor sexuelle Neugierde gezeigt haben. In selteneren Fällen kommt es zu analen Vergewaltigungen an Jungen.

5. Kategorie: Tötung des Kindes nach der Missbrauchshandlung

Diese Tatvariante dient in der Regel der Verdeckung der vorherigen Missbrauchshandlung. Der Lustmord an Kindern zur Befriedigung des Geschlechtstriebes ist eher seltener. Ebenso zählen hierzu Fälle, in denen die erlittenen Verletzungen so schwer sind, dass die Opfer daran sterben. Diese Fälle betreffen vor allem besonders junge Opfer.

Nachtatphase

Nach der Tat, damit meist auch nach der sexuellen Befriedigung der Täter, ist es ihr erstes Ziel, die Tat zu verheimlichen. Dies erfolgt über das Schweigen des Kindes. Die Täter nutzen dabei unterschiedliche Strategien, die mit Versprechen beginnen und im schlimmsten Fall in der Tötung des Kindes enden.

- Inzestuöser oder intrafamiliärer Täter

  Beispiel:
  - Gemeinsames Geheimnis als etwas Besonderes
  - Geschenke oder Vergünstigungen, durch welche sich die Kinder verpflichtet fühlen
  - Ausnutzen des kindlichen Mitgefühls
  - Zuweisung der Schuld auf das Kind
  - Missbrauch wird als etwas Normales dargestellt (z.B. „Papas kleine Frau")
  - Persönliche Drohungen (z.B. Mutter wird krank, Vater muss ins Gefängnis, Opfer ins Heim o.Ä.)
- Fremdtäter
  - Bedrohungen (z.B. Zufügen von Verletzungen o.Ä.)
  - Bedrohungen von anderen Personen (z.B. Eltern umzubringen)
  - Zufügen von Verletzungen und ähnliches

1.7 Täter

Auffallend bei der Täterstruktur ist, dass nur ein veschwindend geringer Teil der Tatverdächtigen Frauen sind.[162] In 2013 waren deutschlandweit unter den erfassten 9.232 Tatverdächtigen nur 413 Frauen. Ein großer Anteil der Tatverdächtigen war unter 21 Jahren (2.998 Männer und 131 Frauen).

Die männlichen Tatverdächtigen handelten zu 91,1 % allein. Bei den Frauen lag dieser Anteil bei 55,7 %. Dies lässt den Schluss zu, dass die Täterinnen häufiger mit Männern gemeinsam agierten.

Knapp jeder 2. Tatverdächtige (43,8 %) war bereits kriminalpolizeilich in Erscheinung getreten. Bei Tatausführung standen 2013 6,4 % der Tatverdächtigen unter Alkoholeinfluss und lediglich 1,4 % unter dem Einfluss harter Drogen.[163]

Auffällig ist der hohe Anteil von jugendlichen Tatverdächtigen. Bei einem Bevölkerungsanteil von rund 3,9 % der deutschen Wohnbevölkerung stellten sie einen Tatverdächtigenanteil von 18,2 % und waren damit mehr als 4-fach überrepräsentiert. Der Grund hierfür dürfte in der sexuellen Neugierde in der Pubertät liegen. Zu belegen ist dies dadurch, dass die 14- bis 16-jährigen Tatverdächtigen zahlenmäßig vor den 16- bis unter 18-jährigen Tätern rangieren. Ältere Opfer sind für diese Tätergruppe unerreichbar oder uninteressant. Um sich sexuell zu befriedigen, suchen sich diese Täter jüngere Opfer.[164]

Der Anteil der ermittelten nichtdeutschen Tatverdächtigen beträgt 12,16 % und liegt damit leicht über dem Bevölkerungsanteil (9,9 %). Im Verhältnis zur Gesamtkriminalität sind Nichtdeutsche bei diesem Delikt unterrepräsentiert. Dies liegt möglicherweise in der unterschiedlichen Sozialisation und ihrer Einstellung

162 *Eisenberg* (2005), S. 678
163 BKA (2013a), Tabelle 22
164 BKA (2013a), Tabelle 20

zu Kindern und Familie begründet. Größere Familien, auch über mehrere Generationen, sind üblich und erschweren eine Täterschaft.

Neben den Tätern aus dem unmittelbaren sozialen Nahbereich spielen vor allem Täter eine Rolle, die im näheren Umfeld der Opfer wohnen. Ca. 80 % der Täter haben ihren Wohnsitz am Tatort oder im Landkreis des Tatortes.

2 Ätiologie

2.1 Individuelle Bedingungen[165]

Vom Grundsatz kann man zwischen dem fixierten und dem regressiven Tätertyp unterscheiden.

Der fixierte Tätertyp

Diese Täter sind mit ihren Gedanken und Fantasien auf Kinder fixiert. Gerade die Kinderkörper zu Beginn bzw. in der Pubertät ziehen sie an. Aber auch die Welt des Kindes entspricht ihnen. Daher sind diese Täter auch häufiger in Berufsgruppen anzutreffen, die sich mit Kindern befassen. Gleichaltrige Partner werden aus Minderwertigkeitsgefühlen, Angst- oder Schuldgefühlen gemieden. In der Regel haben diese Täter „nur sehr selten stabile und überdauernde Beziehungen zu erwachsenen Sexualpartnern“[166]. In den medizinischen Klassifikationssystemen spricht man einmal von einer Störung der Sexualpräferenz (ICD-10) oder aber von Paraphilie (DSM-IV[167]). Letztere Bezeichnung meint eine von kollektiven Erwartungen abweichende Sexualität.[168] Teilweise wird dieser Tätertyp auch Pädokrimineller genannt.

In ihren Handlungen können diese Täter durchaus unterschiedlich vorgehen. Es gibt Täter, die ihre Opfer umwerben, auch über längere Zeit und so ein Vertrauensverhältnis aufbauen. Dabei gehen sie geduldig auf die Kinder ein. Andere Täter führen kurze sexuelle Übergriffe aus, indem sie z.B. Kinder auf einem Spielplatz beobachten und dann übergriffig werden.

Der regressive Tätertyp

Diese Täter wenden sich erst im Verlauf ihrer Biografie sexuell Kindern zu. Sie haben häufig ein gestörtes Selbstwertgefühl, z.B. durch Misserfolgserlebnisse im Beruf (Kündigung etc.) oder im privaten Bereich (z.B. Scheidung, Schulden). In der sexuellen Beziehung zum Kind suchen diese Tätertypen Ersatz und

---

165 *Nisse* (2012), S. 43 ff.

166 *Göppinger* (2008), S. 530

167 DSM-IV besagt, dass über einen Zeitraum von mindestens sechs Monaten intensive sexuell erregende Fantasien, sexuell krankhafte Bedürfnisse oder Verhaltensweisen wiederkehren, die auf nicht menschliche Objekte (Fetischismus, Sodomie), Leiden, Demütigung, Schmerz und Erniedrigung (Masochismus, Sadismus) oder auf Kinder (Pädophilie) bzw. nicht Einwilligungsfähige bezogen sind.

168 *Göppinger* (2008), S. 507

Bestätigung. Sie fühlen sich den Kindern überlegen und nutzen das ungleiche Machtverhältnis aus.

2.2 Situative Bedingungen

Der hauptsächliche Unterschied in den situativen Bedingungen liegt darin, ob die Tat innerhalb oder außerhalb des unmittelbaren sozialen Umfeldes begangen wird. Diese Situation bestimmt die Vortatphase.

Daneben ist das Opferverhalten von entscheidender Bedeutung. Überwiegend werden solche Kinder Opfer eines sexuellen Missbrauches, die eher schüchtern und zurückhaltend sind und nicht gelernt haben „Nein!“ zu sagen.

Eine erhöhte Opferanfälligkeit liegt bei den folgenden Bedingungen vor:

- In sozial rückständigen und isolierten Familien scheint es – neben Gewalthandlungen – auch häufiger zum sexuellen Missbrauch zu kommen.
- Die Kinder sind sozial isoliert (allein gelassen, keine Beaufsichtigung).
- Die Mutter fehlt häufig in der Familie.
- Die Anwesenheit eines Stiefvaters oder eines Lebensgefährten der Mutter führt zu einer größeren Opferwahrscheinlichkeit.
- Die Kinder erfahren in ihrem Umfeld wenig Zuneigung, Aufmerksamkeit, Anerkennung und Bestätigung. Sie sind emotional verunsichert. Oftmals geht dies mit physischer oder psychischer Labilität der Eltern, Depressionen oder Alkoholismus der Eltern einher.
- Die Kinder wissen über Sexualität sehr wenig oder haben viele Ängste.
- Geistig behinderte Kinder sind für den sexuellen Missbrauch besonders prädestiniert.[169]

2.3 Normative Bedingungen

Spektakuläre Fälle in der Vergangenheit, eine Besorgnis erregende Zunahme von Fällen der Herstellung und Verbreitung von Kinderpornografie oder der internationale Sextourismus haben die öffentliche Diskussion dieses Themas in den letzten Jahren beherrscht. Dies führte zu deutlichen Strafverschärfungen geltenden Rechts, aber auch zur Schaffung neuer strafbewehrter Tatbestände.

Wie in kaum einem anderen Deliktsbereich haben sich private Vereine und Organisationen gebildet, die sich zum Ziel gesetzt haben, Opferhilfe zu leisten.

Daneben werden neue Behandlungsmethoden für die (meist) rückfälligen Täter in der Wissenschaft kontrovers diskutiert.

In die polizeiliche Alltagsarbeit sind neue Bearbeitungsmodelle integriert worden. So wird bei der Bearbeitung von Sexualstraftaten weitgehend darauf abgestellt, eine sekundäre Viktimisierung zu verhindern. Es wurden kindgerechte

169 *Göppinger* (2008), S. 529 ff.

Anhörungszimmer eingerichtet, um im spielerischen Umfeld Anhörungen von Kindern zu gewährleisten. Sicher spielt auch die Aufnahme und Speicherung von molekular genetischem Tätermaterial bei der Verfolgung und Verhütung des sexuellen Missbrauchs von Kindern eine große Rolle. Entscheidend wird für die zukünftige Entwicklung dieses Delikts aber die öffentliche Diskussion dieses Themas, die Zusammenarbeit staatlicher Stellen mit Opfer-Hilfeorganisationen und das Schaffen gemeinsamer Netzwerke zur Verhinderung von Sexualstraftaten sein.

3 Kriminalitätskontrolle

Maßnahmen im Zusammenhang mit dem sexuellen Missbrauch von Kindern

Das nachfolgende Maßnahmenkonzept liefert allgemeine Hinweise auf die zu treffenden Maßnahmen. Diese sind auf den jeweiligen Einzelfall anzupassen und entsprechend zu modifizieren bzw. zu ergänzen:

- Mögliche Gefahrenquellen feststellen und beseitigen
- RTW/NAW hinzuziehen (je nach Art und Schwere der Verletzungen)
- Wesentlich ist eine vollständige Befunderhebung unter Berücksichtigung der besonderen Situation des Kindes. Daher sind Spurenträger zu sichern/zu fotografieren; ebenso vergängliche Spuren (Veränderungen dokumentieren).
- Spuren am/vom Täter sichern
- Zustand der Wohnung dokumentieren
- Alle kriminaltechnischen Möglichkeiten ausschöpfen
- Einschaltung eines erfahrenen Mediziners (unter Umständen den Gerichtsmediziner hinzuziehen)
- Zeugen suchen, belehren und vernehmen
- Erforderliche Vernehmung/Anhörung nur durch Angehörige der Fachdienststelle vornehmen (Hierbei auch beachten, dass die Tat durch Unterlassen strafrechtlich geahndet werden kann, da beiden Elternteilen die Pflicht obliegt, eine sexuelle Misshandlung des Kindes zu verhindern.)
- Mehrfachvernehmungen aus Gründen der Sekundärviktimisierung vermeiden
- Durchführung einer Videovernehmung/-anhörung gem. § 58a StPO prüfen
- Einschaltung des Jugendamtes und des Vormundschaftsgerichtes/Unterbringung des Kindes prüfen
- Traumatisierung des Kindes bedenken/Hinzuziehung von Spezialisten (Psychologen u.a.)

Kapitel 12
Vergewaltigung und sexuelle Nötigung

1 Phänomenologie

1.1 Allgemeine Angaben

Sexuelle Normen sind überaus wandelbar und werden in den verschiedenen Kulturen sehr unterschiedlich betrachtet. Handlungen, die früher als Straftaten galten (Strafbarkeit des Ehebruchs in Deutschland), werden heute nicht mehr als kriminell eingeschätzt. Die Vergewaltigung gilt jedoch als das klassische Sexualdelikt überhaupt. Bereits in Schriften des Altertums wird darüber berichtet. Die Vergewaltigung zählt deshalb zu den wenigen Straftaten, die fortdauernd mit Strafe bedroht werden. Eine vermehrte öffentliche Diskussion über die Rolle der Frau mit einer gleichzeitig einhergehenden Verbesserung des Opferschutzes führte nach jahrelangen politischen Diskussionen dazu, dass neue Tatbestandshandlungen als Vergewaltigungen eingeschätzt und definiert wurden. Zudem wurde die Stellung der Opfer im Strafprozess entscheidend verbessert.

Strafrechtliche Einordnung

Mit dem 33. Strafrechtsänderungsgesetz vom 1.7.1997 wurden die Tatbestände der sexuellen Nötigung und der Vergewaltigung zusammengefasst. Außerdem wurden neue Tatbestände geschaffen.

Der Grundtatbestand des § 177 I StGB umfasst 4 Tathandlungen.

- Der Täter zwingt das Opfer zu dulden, dass er an ihm sexuelle Handlungen vornimmt.
- Der Täter zwingt das Opfer, dass es an ihm sexuelle Handlungen vornimmt.
- Der Täter zwingt das Opfer zu dulden, dass ein Dritter an dem Opfer sexuelle Handlungen vornimmt.
- Der Täter zwingt das Opfer, an einem Dritten sexuelle Handlungen vorzunehmen.

Bereits der Grundtatbestand ist als Verbrechen mit Strafe bedroht.

Mit Freiheitsstrafe nicht unter 2 Jahren sind im Absatz 2 der Vollzug des Beischlafs oder ähnliche sexuelle Handlungen bedroht, die das Opfer besonders erniedrigen, weil sie mit dem Eindringen in den Körper verbunden sind, oder die von mehreren gemeinsam begangen werden. Mit dieser Neuregelung ist nunmehr auch der orale oder anale Verkehr als Vergewaltigung strafbar. Gleichzeitig wird deutlich, dass auch Männer Opfer von Vergewaltigungen werden können. Die alte gesetzliche Regelung hatte zur Konsequenz, dass die orale oder anale Vergewaltigung lediglich als sexuelle Nötigung bestraft werden konnte. Gleichzeitig waren diese Handlungen nicht vom Straftatenkatalog der Gewaltkriminalität (Schlüsselzahl 892000) der PKS erfasst. Neu ist auch die Regelung, dass die Vergewaltigung in der Ehe nunmehr strafbar ist.

Die Absätze 3 und 4 regeln die schweren Fälle, in welchen Waffen oder ähnliches mitgeführt oder eingesetzt, oder die Opfer bei den Taten schwer misshandelt oder in die Gefahr des Todes gebracht werden.

Der Absatz 5 regelt letztlich die minder schweren Fälle. Der § 178 StGB schließlich ist Tatbestand für die Sexuelle Nötigung und Vergewaltigung mit Todesfolge.

Kriminologische Einordnung

Bei der Vergewaltigung handelt es sich um ein Sexual- und ein Gewaltdelikt. Es ist in der PKS zusätzlich in den Deliktskatalog der Gewalttaten aufgenommen (Schlüsselzahl: 892000).

Statistische Einordnung

Durch die strafrechtlichen Normveränderungen musste die Polizeiliche Kriminalstatistik ab 1998 angepasst werden. Nunmehr werden Vergewaltigungen bzw. sexuelle Nötigungen wie folgt erfasst.

Schlüsselzahl 111000:	Vergewaltigung und sexuelle Nötigung §§ 177 Abs. 2, 3 und 4, 178 StGB
Schlüsselzahl 111100:	Vergewaltigung überfallartig (Einzeltäter) nach § 177 Abs. 2 Nr. 1, Abs. 3 und 4 StGB
Schlüsselzahl 111200:	Vergewaltigung überfallartig durch Gruppen nach § 177 Abs. 2 Nr. 2 StGB
Schlüsselzahl 111300:	Vergewaltigung durch Gruppen nach § 177 Abs. 2 Nr. 2 StGB
Schlüsselzahl 111400:	sonstige Straftaten nach § 177 Abs. 2 Nr. 1, Abs. 3 und 4 StGB Vergewaltigung/sexuelle Nötigung mit Todesfolge § 178 StGB + 1999
Schlüsselzahl 112000:	sonstige sexuelle Nötigung § 177 Abs. 1 und 5 StGB

Die PKS unterscheidet somit die Vergewaltigung, die überfallartige Vergewaltigung durch Einzeltäter und Gruppen und die Gruppenvergewaltigung.

Im Jahr 2013 wurden 46.793 Straftaten gegen die sexuelle Selbstbestimmung (Schlüsselzahl 100000) begangen. Der Anteil der erfassten Sexualdelikte an Gesamtkriminalität betrug damit 0,8 %.

Im gleichen Zeitraum wurden 7.408 Vergewaltigungen und sexuelle Nötigungen (Schlüsselzahl 111000) und 4.868 sonstige sexuelle Nötigungen (Schlüsselzahl 112000) erfasst. Der Anteil der Vergewaltigungen an der gesamten Sexualkriminalität betrug damit 15,8 %.

Der Anteil der Vergewaltigungsversuche lag 2013 bei 14,5 %. Interessant ist es, dass der Versuchsanteil 1987 noch bei 44,4 % lag und seit dieser Zeit kontinuierlich zurückgegangen ist. Dies mag darin zu erklären sein, dass früher Handlungen der sexuellen Nötigung als versuchte Vergewaltigungen erfasst wurden.

Im Einzelnen wurden 2013 für Deutschland folgende Fallzahlen registriert:

- Schlüsselzahl 111000: 7.408 Fälle
- Schlüsselzahl 111100: 1.305 Fälle
- Schlüsselzahl 111200: 136 Fälle
- Schlüsselzahl 111300: 287 Fälle
- Schlüsselzahl 111400: 5.679 Fälle
- Schlüsselzahl 111500: 1 Fall

Die Aufklärungsquote betrug 2013 für die Schlüsselzahl 111000 82,0 %. Sie konnte seit 1987 kontinuierlich um über 10 % gesteigert werden. Der Grund für die hohe Aufklärungsquote liegt zum einen in dem Umstand, dass diese Taten mit großem Personalaufwand verfolgt werden, zum anderen, dass es sich zu einem großen Teil um Beziehungstaten (74,8 %) handelt.

Fallentwicklung Vergewaltigung und sexuelle Nötigung (Schlüsselzahl 111000) von 2003 bis 2013 in Deutschland

Jahr	Fälle	HZ vor Zensus 2011*)	HZ nach Zensus 2011*	Versuche	Versuche in %	AQ
2003	8.766	10,6		1.489	17,0	81,7
2004	8.831	10,7		1.326	15,0	83,0
2005	8.133	9,9		1.275	15,7	83,7
2006	8.118	9,8		1.360	16,8	82,9
2007	7.511	9,1		1.117	14,9	82,9
2008	7.292	8,9		1.123	15,4	82,2
2009	7.314	8,9		1.186	16,2	81,6
2010	7.724	9,4		1.207	15,6	81,7
2011	7.539	9,2		1.194	15,8	82,5
2012	8.031	9,8		1.315	16,4	80,7
2013	7.408	9,0	9,2	1.076	14,5	82,0

*) *HZ (Häufigkeitszahl): Fälle pro 100.000 Einwohner*
VOR Zensus: Die Bevölkerungsdaten 01.01.2013 basieren auf der Grundlage früherer Zählungen, d.h. Volkszählung 1987 im Westen bzw. Einwohnerregister 1990 im Osten.
NACH Zensus: (keine Vergleichbarkeit mit den Vorjahren): Die Bevölkerungsdaten 31.12.2012 basieren auf der Grundlage des Zensus 2011 (Stichtag: 09.05.2011).

Quelle: BKA (2013a), Tabelle 01

Hell-/Dunkelfeld

Bei der Vergewaltigung und der sexuellen Nötigung ist von einem enormen Dunkelfeld auszugehen. In der Literatur zu diesem Thema wird von einer Dunkelzifferrelation von 1:5 bis 1:20 ausgegangen. Dies bedeutet bei vorsichtiger Schätzung, dass in Deutschland jährlich mindestens 44.000 Menschen Opfer einer Vergewaltigung oder sexuellen Nötigung werden. Bezieht man die Taten in der Ehe ein, muss man von über 100.000 Opfern ausgehen. Exakte Untersuchungsergebnisse zu diesem Thema kann und wird es nicht geben. Die Bereitschaft der Opfer, sich als solches zu outen und eine Anzeige zu erstatten, ist von vielen subjektiven Faktoren abhängig, die der Einflussnahme staatlicher Organe entzogen sind.

Vorgetäuschte Taten

Als besonderes Phänomen stellen sich vorgetäuschte Straftaten in diesem Deliktsbereich dar.

Eine 2005 in Bayern durchgeführte Studie[170] kommt diesbzgl. zu folgenden Ergebnissen:

Von den Verfahren die seitens der Staatsanwaltschaft gem. § 170 Abs. 2 StPO[171] eingestellt wurden, waren nach Einschätzung der Sachbearbeiter 64 % eher bzw. mit hoher Wahrscheinlichkeit vorgetäuscht oder es wurden falsche Verdächtigungen erhoben. Bezogen auf alle Anzeigen (Vergewaltigung/sexuelle Nötigung) schätzen die Sachbearbeiter den Anteil der vorgetäuschten Taten auf ca. ein Drittel. Sie machen ihre Zweifel u.a. an dem geschilderten Vor- und Nachtatverhalten der vermeintlichen Opfer fest, ebenso wie an widersprüchlichen und wenig detaillierten Aussagen. Berücksichtigt man für die Berechnung nur die Fälle, bei denen tatsächlich eine Anzeige wegen Vortäuschung/falsche Verdächtigung erstellt wurde, so sind dies 7,4 %.[172] Addiert man die Fälle, die nach § 170 StPO eingestellt wurden und bei denen die Sachbearbeiter eine Vortäuschung für wahrscheinlich halten, hinzu, kann man in ca. einem Fünftel der Fälle von einer Vortäuschung/falschen Verdächtigung ausgehen.

Der soziale Status der Frauen, die eine Anzeige vorgetäuscht haben, war zumeist niedrig. 4/5 besuchten eine Haupt- oder Förderschule und ein Großteil war ohne Beschäftigung. Sie waren im Schnitt 26 Jahre alt. Zudem haben 4/5 eine familiäre Vorbelastung, wie z.B. Gewalt, Vernachlässigung, funktionale Unvollständigkeit der Familie. Ein gezielter Einsatz der falschen Verdächtigungen, z.B. um sich an einem Mann zu rächen, war die absolute Ausnahme.

170 *Elsner/Steffen* (2005), 282 ff.

171 Einstellung mangels hinreichenden Tatverdachts.

172 *Burgheim/Friese (2007)* kommen in einer Studie, die sich mit der Vortäuschung von Vergewaltigungen befasst (es wurden 415 Ermittlungsakten aus den Jahren 2003–2006 ausgewertet), zu dem Ergebnis, dass 9,4 % dieser Fälle vorgetäuscht waren.

Öffentlichkeitsinteresse

Vergewaltigungen und herausragende sexuelle Nötigungen genießen ein hohes Öffentlichkeitsinteresse. Trotz eines Anteils von gerade 0,12 % an der Gesamtkriminalität berichten die Medien über nahezu 100 % der Taten, die der Presse seitens der Polizei bekanntgegeben werden. Die Berichterstattung beeinflusst entscheidend das Sicherheitsgefühl der Bürger. Kriminalität wird quasi in den eigenen Lebensbereich importiert. Daher ist die Pressearbeit der Polizei darauf ausgerichtet, nur ausgesuchte Delikte (z.B. wenn eine konkrete Täterbeschreibung vorhanden ist) an die Presse zu geben. Dies geschieht auch im Interesse des Opferschutzes.

Das große Öffentlichkeitsinteresse hat dazu geführt, dass sich in den letzten Jahren zahlreiche Vereine und Verbände mit diesem Thema beschäftigt haben, die sich alle zum Ziel gesetzt haben, die Stellung des Opfers im Verfahren zu verbessern. Heute gibt es Selbsthilfegruppen, die sofort bereit sind, das Opfer tatkräftig zu unterstützen oder bereits unmittelbar nach der Tatbegehung Hilfestellung leisten.

1.2 Tatzeit

Vor dem Hintergrund einer, durch die Medien geschürten, Kriminalitätsfurcht von Frauen, wird immer wieder die Frage nach den Zeiten, in denen es ein erhöhtes Risiko gibt, Opfer einer Vergewaltigung oder einer sexuellen Nötigung zu werden, gestellt.[173]

Über den Tag verteilt zeigen sich Unterschiede zwischen den angezeigten Vergewaltigungen und den sexuellen Nötigungen. Die Tatzeiten der sexuellen Nötigungen sind über den ganzen Tag verteilt (Ausnahme: in den frühen Morgenstunden). Zudem sind die Werte in der Nacht nur leicht erhöht.

Die erfassten Fälle der Vergewaltigungen konzentrieren sich stark auf die Nachtstunden zwischen 22:00 und 6:00 Uhr. Ca. zwei Drittel (64,3 %) der polizeilich registrierten Taten fanden in diesem Zeitraum statt. Die meisten Taten ereigneten sich zwischen 22:00 und 3:00 Uhr. Selten wurden Vergewaltigungen mit der Tatzeit von 6:00 bis 15:00 Uhr erfasst.

Am häufigsten werden Vergewaltigungen in den Nächten von Freitag auf Samstag und von Samstag auf Sonntag erfasst. Dabei ist die Samstagnacht in der Zeit von 0:00 bis 6:00 Uhr am stärksten belastet. Die Fallzahlen der Vergewaltigungen im öffentlichen Raum sind in den Nächten von Freitag auf Samstag und von Samstag auf Sonntag etwas höher, was sicherlich auf das Freizeitverhalten am Wochenende zurückzuführen ist. Ebenso sind am Wochenende die Tatbeteiligten (Tatverdächtiger und/oder Geschädigte) häufiger alkoholisiert.[174]

---

173 *Elsner/Steffen,* (2005), S. 79
174 *Elsner/Steffen,* (2005), S. 80

1.3 Tatort

Die regionale Verteilung der Vergewaltigungen in Deutschland (2013) ergibt sich aus der nachfolgenden Tabelle:

Gemeindegrößenklassen*	Häufigkeitszahl (Fälle pro 100.000 Einwohner) für:
bis unter 20.000 Einwohner	6,1
20.000 bis unter 100.000 Einwohner	9,4
100.000 bis unter 500.000 Einwohner	11,7
500.000 und mehr Einwohner	14,4

* *Die Zahlen beziehen sich auf die Einwohnerzahlen nach Zensus*

Quelle: BKA (2013a), Tabelle 01_S-HZ

Aus den Zahlen wird deutlich, dass auch dieses Gewaltdelikt in den Großstädten ab 500.000 Einwohner überproportional bekannt wird. Dies mag daran liegen, dass dort größere Möglichkeiten vorhanden sind, am Abend neue Bekanntschaften zu schließen, in deren Verlauf es zu Vergewaltigungen kommt (flüchtige Bekannte).

Elsner & Steffen stellen in ihrer Untersuchung fest, dass 59,9 % der registrierten Vergewaltigungen und sexuellen Nötigungen im privaten Raum stattgefunden haben (Wohnungen, Häuser, Gebäude und Flächen, die privat genutzt werden.)

Im „halböffentlichen" Raum (allgemein zugängliche Örtlichkeiten, wie z.B. Bahn, Behörden, Schulen, Gaststätten) wurden 16,3 % registriert.

Auf Straßen, Wegen und Plätzen („öffentlicher Raum") wurden 24,1 % der Fälle erfasst. Betrachtet man die Fälle der Vergewaltigungen separat, so fanden 69,7 % im privaten Raum statt (43,6 % bei sexueller Nötigung).

Dies hängt sicherlich auch damit zusammen, dass seit 1997 die Vergewaltigung in der Ehe unter Strafe gestellt wurde und dass es sich häufig um Beziehungstaten handelt.

Gemessen an den Häufigkeitszahlen der Bundesländer sind die Stadtstaaten Bremen und Berlin am stärksten mit Vergewaltigungen belastet. Bei den Städten über 200.000 Einwohner rangiert Köln (19,3 %) vor Düsseldorf (18,2 %) und Stuttgart (18,1 %) in der Liste der am stärksten belasteten Großstädte.

1.4 Opfer

Wie bei kaum einem anderen Delikt gibt es erhebliche Vorurteile gegen vergewaltigte Opfer. Ziel ministerieller Erlasse zur Bearbeitung von Straftaten gegen die sexuelle Selbstbestimmung ist deshalb immer eine vorurteilsfreie, sachorientierte Ermittlungsarbeit, um eine Sekundärviktimisierung zu vermeiden. Gleichwohl wird Frauen nach wie vor eine Mitschuld an Vergewaltigungen gegeben. Ihnen wird vorgeworfen, sich aufreizend gekleidet, mit fremden Männern geflirtet oder sich leichtsinnig verhalten zu haben. Ferner wird teilweise die Ansicht vertreten, dass von einer Vergewaltigung nur die Rede sein kann, wenn man an der Frau deutliche Spuren eines Kampfes sieht. Andere unterstellen den Frauen einen heimlichen Wunsch nach Vergewaltigung, stellen die Anzeige als Rache der frustrierten Frauen dar oder unterstellen den Opfern einen fragwürdigen Lebenswandel. Diese weit verbreiteten Vorurteile bergen die Gefahr, dass es in der Gerichtsverhandlung zu Fehleinschätzungen und sehr milden Urteilen kommen kann.

Die Opferbelastung ergibt sich aus der nachfolgenden Tabelle:

	Opfer	männl.	weibl.	< 6 J.	6 < 14 J.	14 < 18 J.	18 < 21 J.	> 21 J.
Vergewaltigung und sexuelle Nötigung (Schlüsselzahl 111000)	7.501	348	7.153	20	247	1.615	1.107	4.512

Quelle: BKA (2013a), Tabelle 91

Wie nicht anders zu erwarten, sind Frauen mit knapp 95,4 % die meisten Opfer. Besonders belastet, gemessen an ihrem Bevölkerungsanteil, sind dabei jugendliche Mädchen, gefolgt von den Heranwachsenden. Im Verhältnis zu ihrem Bevölkerungsanteil sind jugendliche Vergewaltigungsopfer in allen Tatvarianten mindestens 4-fach überrepräsentiert. Mädchen zwischen 14 und 18 Jahren sind somit die gefährdetste Altersgruppe der Vergewaltigungsopfer. Naturgemäß ist damit der Anteil der ledigen Opfer besonders groß.

Vergewaltigungen und sexuelle Nötigungen sind zu einem großen Teil Beziehungstaten. Bei 26,8 % der Opfer bestand eine verwandtschaftliche Beziehung zum Täter, Bekanntschaften bestanden zu 32,8 % (einschließlich Partner nichtehelicher Lebensgemeinschaften) und in 14,8 % der Fälle bestand eine flüchtige Vorbeziehung. Damit bestand nur in einem Viertel der erfassten Fälle keine Vorbeziehung oder diese war ungeklärt.

Zum sozialen Status der Opfer ist zu sagen, dass sie aus den verschiedensten Berufen stammen. Bestimmte Berufsgruppen (z.B. Kellnerinnen) sind gefährdeter. Entscheidender Faktor scheint das Auftreten und das Selbstbewusstsein der Frauen zu sein. Entschieden auftretende Frauen sind deutlich geringer gefährdet, Opfer von Vergewaltigungen zu werden. Dagegen sind soziale Randgruppen (z.B. Streunerinnen, Prostituierte, Vermisste, Alkoholikerinnen pp.) deutlich überbelastet.

Auffallend ist, dass ein hoher Anteil der Opfer zum Zeitpunkt der Tat unter Alkoholeinfluss steht.

1.5 Tatmittel

Das Mitführen und der Einsatz von Schusswaffen spielen bei der Vergewaltigung nur eine untergeordnete Rolle. Bei den 7.408 erfassten Fällen wurde nur 48-mal eine Schusswaffe mitgeführt. Offenbar reicht die körperliche Überlegenheit der Männer gegenüber ihren Opfern völlig für die Tatbegehung aus.

1.6 Tathergang

Vortatphase

Die Vorbereitung der Tat ist davon abhängig, ob zwischen Täter und Opfer bereits eine Vorbeziehung bestand oder nicht. Bei Beziehungstaten ist die Vergewaltigung oft von langer Hand geplant und der Täter wartet auf eine günstige Gelegenheit. Bei Gelegenheitstaten handeln die Täter oft spontan ohne eigentliche Vorplanung. Klassische Orte der Anbahnung zwischen Täter und Opfer sind Discos, Kneipen, aber auch Vereine.

Haupttatphase

Beim Tatverlauf ist in Vergewaltigungen, überfallartige Vergewaltigungen durch Einzeltäter und Gruppen und Gruppenvergewaltigungen zu differenzieren. Auffällig ist zunächst, dass der Anteil der Versuche bei den überfallartigen Taten höher ist, bei Gruppenvergewaltigungen jedoch deutlich niedriger. Dies bedeutet, dass Spontantäter eher die Tatvollendung abbrechen. Bei Gruppenvergewaltigungen, die sich oft situativ im Freundes- oder Bekanntenkreis ergeben, wird die Tat deutlich häufiger konsequent gemeinsam zu Ende geführt (Gruppendynamik).

Von entscheidender Bedeutung ist das Verhalten des Opfers während der Tat. Je jünger das Opfer ist, umso eher reicht die Androhung von körperlicher Gewalt. Ältere Opfer leisten eher Gegenwehr, damit steigt meist die Gefahr stärkerer Verletzungen. Zudem ist eine der wesentlichen Fragen im Ermittlungsverfahren, ob sich das Opfer gewehrt hat. Teilweise wird das Opfer als nicht glaubwürdig angesehen, wenn es sich nicht zur Wehr gesetzt hat. Bei der Untersuchung von *Elsner & Steffen* aus 2005 haben $^1/_3$ der Opfer ausgesagt, sich nicht körperlich gewehrt zu haben; 12,6 % hatten sich verbal gewehrt.

Als Gründe für die fehlende Gegenwehr sowohl körperlich als auch verbal gaben die Frauen u.a. an:

- mit einer Waffe bedroht worden zu sein,
- Angst vor der Eskalation der Situation gehabt zu haben,
- geschockt (bis hin zu einer Art Lähmungszustand) gewesen zu sei.

Interessant ist, dass sich in den untersuchten Fällen die Intensität der Gegenwehr auf die Anklageerhebung ausgewirkt hat. Wenn sich die Opfer – im Rahmen ihrer Möglichkeiten – körperlich stark und verbal gewehrt hatten, dann war mit 56,4 % die Quote der Anklageerhebung überduchschnittlich (Durchschnitt = 35,9 %).

Im Rahmen eines Projektes der Universität Bielefeld und der örtlichen Polizei, die potenziellen Opfer den Verhaltensgrundsatz: „Wehren statt Stillhalten" mit auf den Weg gegeben hatten, wurden 286 Vergewaltigungsfälle nach dem Gegenwehrverhalten der Opfer untersucht. In 28 % der Fälle leisteten die Opfer keine Gegenwehr, diese Taten wurden zu 81,3 % vollendet. 47,6 % der Frauen leisteten leichte Gegenwehr, was zu einer Senkung der Vollendungsrate auf 31,6 % führte. 24,5 % der Opfer wehrten sich massiv. Bei diesen Taten kam es nur zu 14,3 % zur Vollendung. Diese Zahlen haben erheblichen Einflusswert auf polizeiliche Präventionsstrategien.

In nur ca. 5 % der Fälle nehmen Täter während der Tatausführung dem Opfer zusätzlich Wertgegenstände weg. Dabei handelt es sich zumeist um Bargeld.

Nachtatphase

Das Verhalten von Tätern und Opfern nach der Tat ist ebenfalls erheblich davon abhängig, ob es sich um Beziehungstaten oder Gelegenheitstaten handelte. Bei Taten im sozialen Nahbereich wird oft auf eine formelle Ahndung verzichtet. Der Täter kann ohne Drohung mit weiteren Gewaltanwendungen das Tatgeschehen beenden. Bei Gelegenheitstaten droht der Täter häufiger mit weiteren Folgen, falls das Opfer die Tat anzeigen sollte. Die Fälle, in welchen der Täter nach der Vergewaltigung das Opfer tötet, sind eher selten.

1.7 Täter

Im Jahr 2013 wurden bundesweit 6.277 Täter wegen Vergewaltigung und sexueller Nötigung ermittelt.

Davon waren 98,82 % Männer.

Die männlichen Tatverdächtigen handelten dabei zu 86,4 % allein. Bei den wenigen Frauen (74), die in diesem Deliktsbereich erfasst sind, lag dieser Anteil bei 31,1 %. Dies lässt den Schluss zu, dass die Frauen häufiger als Mittäterinnen mit Männern gemeinsam agierten.

57,7 % der Tatverdächtigen waren bereits kriminalpolizeilich in Erscheinung getreten. Eine Studie des Bundeskriminalamtes belegt jedoch, dass die Täter in den allermeisten Fällen nicht einschlägig in Erscheinung getreten sind. Meist sind sie vorher wegen Eigentums- und Körperverletzungsdelikten bekannt geworden.

26,5 % der Täter standen bei der Tatausübung unter Alkoholeinfluss. Bei den überfallartigen Vergewaltigungen ist der Anteil der alkoholisierten Täter noch höher. Konsumenten harter Drogen spielen bei diesem Delikt keine Rolle (4,1 %).

Auch wenn Jugendliche und Heranwachsende entsprechend ihres Bevölkerungsanteils als Vergewaltigungstäter überrepräsentiert sind, liegt ihr prozentualer Anteil unter dem anderer Sexualdelikte. Dies gilt vor allem für den sexuellen Missbrauch von Kindern. Gleiches gilt für die überfallartige Vergewaltigung durch Einzeltäter. Völlig anders ist dies bei der überfallartigen Gruppenvergewaltigung. Hier sind 43,56 % der Täter unter 21 Jahren. Die gemeinsame Tatausführung scheint hier das entscheidende Kriterium zu sein. Die sexuelle Neugierde dieser Altersklasse und die geringere Hemmschwelle bei gemeinsamen Taten werden auch durch die Zahlen der Gruppenvergewaltigung belegt. Hier bilden Männer unter 21 Jahren mit 56,05 % den größten Anteil der ermittelten Tatverdächtigen.

Der Anteil nichtdeutscher Tatverdächtiger ist bei der Vergewaltigung mit 28 % besonders hoch. Dabei ist zu berücksichtigen, dass die Altersstruktur der nichtdeutschen Bevölkerung einen erheblich höheren Anteil jüngerer Männer aufweist.

Vergewaltigung und sexuelle Nötigung
§§ 177 Abs. 2, 3 u. 4, 178 StGB

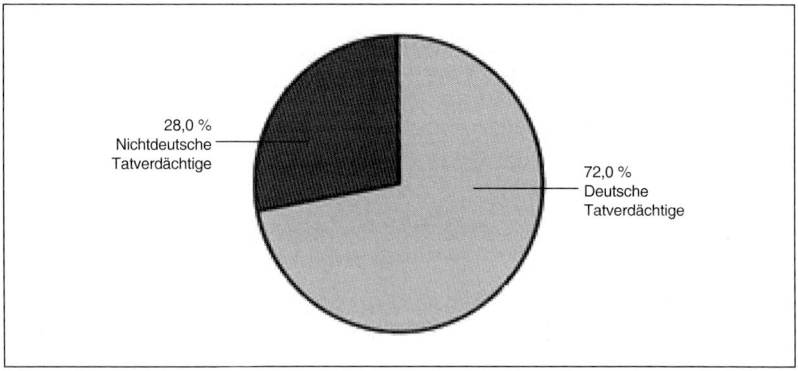

Quelle: BKA (2013a), S. 50

Noch größer ist der Anteil nichtdeutscher Täter bei der Gruppenvergewaltigung (33,94 %). Taterklärend könnten Handlungen in gemeinsamen Wohnheimen pp. sein.

Vergewaltiger werden überwiegend im unmittelbaren sozialen Nahbereich tätig. 63,8 % der Täter haben ihren Wohnsitz am Tatort oder im Landkreis des Tatortes.

2 Ätiologie

2.1 Individuelle Bedingungen

Sexualstraftäter sind in ihrer Person und bezogen auf ihre sozialen Bezüge sehr unterschiedlich. Es finden sich unterschiedliche Sozialisationsdefizite, psychopatische Auffälligkeiten oder aber spezielle Wertmuster, z.B. wenn die Frau als Eigentum angesehen wird. Dem entsprechend wird zur Erklärung der Sexualdelinquenz auf die gesamte Breite der Kriminalitätstheorien zurückgegriffen.

Im Rahmen von evolutionstheoretischen Ansätzen wird die Vergewaltigung als Überbleibsel einer unzivilisierten Arterhaltung gesehen, bei der das männliche Interesse an häufigen und oberflächlichen Sexualkontakten mit wechselnden Sexualpartnerinnen zum Ausdruck komme.[175] Bezogen auf die biologischen Ursachen wird verstärkt über die zentralen Botenstoffe, wie Dopamin und Serotonin diskutiert. Ihnen wird eine Wirkung auf Sexualität, Dominanz und Aggressionen zugeschrieben. „Biologisch orientiert sind auch die Vermutungen, dass es bestimmte Gehirnareale mit einer besonderen Verantwortung für die sexuelle Orientierung gibt (sogenannte lovemaps)."[176]

Psychoanalytisch betrachtet ist die Sexualdelinquenz Ausdruck intrapsychischer Konflikte, bei denen vor allem die Abwehr von Angst eine Rolle spielt. Gleichzeitig wird der Blick auf die familiäre Situation gelenkt, insbesondere wenn Gewalt als Mittel zur Konfliktlösung eingesetzt wurde und/oder eine emotionale Zuwendung der Eltern fehlte. Daher könnte ein verführerisches Verhalten der Mutter oder ein übertriebenes Bemuttern zu Aggressionen führen. Frauen werden für die eigene soziale Inkompetenz verantwortlich gemacht. Durch die Vergewaltigung soll die Frau bestraft werden.

Orientiert an den Halt- und Bindungstheorien entsteht die Vorstellung, dass mittels der sexuellen Aggressionen versucht werde, das instabile Selbstwertgefühl wieder herzustellen. Der Täter strebt nach Bestätigung seiner Männlichkeit. Durch die Tat will er Macht über die Frau ausüben.

Je nach den gesellschaftlichen Gegebenheiten werden Aggressionen gegenüber Frauen begünstigt. So sind die Vergewaltigungsraten in den Gesellschaften besonderes hoch, in denen Gewalt als Mittel zur Problemlösung ausgeprägt ist. Auch hat man einen Zusammenhang zwischen dem Konsum pornografischen Materials und der Bereitschaft zu sexuell motivierten Delikten festgestellt. Zudem werden in den Massenmedien Gewalt fördernde Szenen und Frauen als Lustobjekte gezeigt. Ebenso verstärken Alkoholgenuss, Stress und Angst sexuelle Aggressionen.[177]

175 *Wößner* (2006), S. 138 ff.
176 *Göppinger* (2008), S. 515
177 *Göppinger* (2008), S. 515

Die integrativen Theorien versuchen verschiedene Erklärungsansätze miteinander zu verbinden. Dennoch bleibt festzuhalten, dass das Wissen über die Ursachen der Sexualdelinquenz immer noch lückenhaft ist. Das liegt u.a. an methodischen Schwierigkeiten des Untersuchungsdesigns (z.B. niedrige Probandenzahlen), aber auch daran, dass ein Kausalzusammenhang offen bleibt.

Gruppenverhalten

Gerade bei der Gruppenvergewaltigung zeigt sich, dass gemeinsames Vorgehen oft der auslösende Tatfaktor ist. Man will als Mitglied seiner Gruppe nicht auffallen und in der Gruppe integriert sein. Außerdem herrscht bei von Männern dominierten Gruppen ein überzeichnetes Männlichkeitsbild. Aus anfänglichen sexuellen Spielen, in die die Opfer noch eingewilligt hatten, wird so die von mehreren gemeinsam und hintereinander begangene Vergewaltigung. Hierbei spielt der Einfluss von Alkohol eine große Rolle.

2.2 Situative Bedingungen

Zu den meisten Taten kommt es im eigenen sozialen Umfeld. Vergewaltigungen sind oftmals Beziehungstaten. Darüber hinaus entstehen Kontakte zwischen Tätern und Opfern an den klassischen Anbahnungsorten, an welchen sich Männer und Frauen suchen und zusammentreffen. Dies sind bei jungen Menschen häufig Diskotheken oder Jugendtreffs. Da der Anteil von Singles in der heutigen Gesellschaft gerade in der Großstadt besonders hoch ist, liegen hier besonders häufig situative Möglichkeiten zur Tatausführung vor.

Von Interesse ist auch der Beitrag, den das Opfer liefert. Hierbei ist zu differenzieren in Opferattraktivität und Abwehrverhalten. Dabei spielt das Aussehen eine untergeordnete Rolle. Vielmehr ist die Art und Weise des Auftretens relevant. Somit sind es eher unscheinbare und schüchterne Frauen, die sich in dieser Weise auch durch ihre Körpersprache offenbaren, die Opfer einer Vergewaltigung werden.

Die Abwehrhaltung des Opfers ist häufig entscheidend dafür, ob es zur Vollendung der Tat kommt oder der Täter den Vergewaltigungsversuch abbricht. Wie bei kaum einem anderen Delikt haben sich hier die Meinungen zur Präventionsstrategie verändert. Während man vor wenigen Jahren den potenziellen Opfern noch von Seiten der Polizei geraten hat, sich eher in die Tat zu fügen und möglichst keinen Widerstand zu leisten, weil dies zu einer Tötung führen könnte, zielen moderne Präventionsstrategien darauf ab, sich aktiv zu wehren und/oder Betroffenheit beim Täter zu erzeugen. Dass dieses Opferverhalten bei einem sadistischen Täter eher kontraproduktiv wäre, darf nicht über die Tatsache hinwegtäuschen, dass die meisten Taten, bei denen sich Opfer wehrten, vom Täter abgebrochen wurden.

2.3 Normative Bedingungen

Der große Umfang des Dunkelfeldes ist durch die geringe Anzeigenbereitschaft der Opfer begründet. Die Opfer haben Scheu davor, sich zu offenbaren. Nicht nur das private Umfeld erfährt von der Tat, das Opfer muss auch meist fremden Menschen die Einzelheiten des gewaltsamen sexuellen Kontakts schildern. Opfer fürchten, dass man ihnen eine Mitschuld unterstellt, was vor allem für Beziehungstaten gilt, sie haben Angst vor der gynäkologischen Untersuchung, werden dem Täter – spätestens in der Hauptverhandlung – gegenübergestellt und vom Verteidiger diskreditiert. Daher suchen sie nicht den Weg zu den Ermittlungsbehörden und versuchen die Tat allein zu verarbeiten. Nicht selten führt das zu der Folge, dass sich die Opfer die Schuld für die Tat geben und eine Tertiärviktimisierung stattfindet.

In der öffentlichen Diskussion spielt die Vergewaltigung zwar eine große Rolle, doch anders als beim sexuellen Missbrauch von Kindern bewerten die Bürger subjektiv den Tatanteil, der ihrer Meinung nach vom Opfer bewusst oder unbewusst eingebracht wurde. Vergewaltigungsanzeigen durch unbeteiligte Dritte sind daher selten. Der Bürger hält sich heraus. So wurde in Düsseldorf eine junge Frau an einer Bushaltestelle vergewaltigt, ohne dass sich andere Fahrgäste darum gekümmert, geschweige denn eingegriffen hätten.

Die polizeiliche Ermittlungsintensität bei Vergewaltigungen ist groß. Um zu gewährleisten, dass sich Opfer durch polizeiliche Ermittlungshandlungen nicht diskreditiert fühlen, wurden Regeln für den Umgang mit Opfern von Straftaten gegen die sexuelle Selbstbestimmung erlassen, die für die Beamten bindend sind, z.B. dass dem Wunsch von einer Polizeibeamtin vernommen zu werden, nachgekommen wird. Auf diese Weise will man den Effekt der sekundären Viktimisierung weitgehend vermeiden. Darüber hinaus sind in den letzten Jahren umfangreiche gesetzliche Neuregelungen in Kraft getreten, um die Stellung des Opfers zu verbessern. So kann das Opfer unter anderem als Nebenkläger auftreten und Schmerzensgeld verlangen. Es kann eine Vernehmung videografiert werden und das Opfer kann sich durch Selbsthilfegruppen beraten lassen. Des Weiteren wurden Anstrengungen unternommen, um die situativen Bedingungen für die Tat zu verändern. Der Discobus, die öffentliche Videoüberwachung, Frauentaxis und die seit Langem eingerichteten Frauenparkplätze sind nur einige Beispiele für die öffentlichen Bemühungen um einen verbesserten Opferschutz.

3 Kriminalitätskontrolle

Maßnahmen im Zusammenhang mit der Vergewaltigung

Das nachfolgende Maßnahmenkonzept liefert allgemeine Hinweise auf die zu treffenden Maßnahmen. Diese sind auf den jeweiligen Einzelfall anzupassen und entsprechend zu modifizieren bzw. zu ergänzen:

- RTW/NAW hinzuziehen (je nach Art und Schwere der Verletzungen)
- Wenn gewünscht, Vertrauensperson der Geschädigten hinzuziehen
- Wesentlich ist eine vollständige Befunderhebung unter Berücksichtigung der psychischen Belastung der Frau
- Spurenträger fotografieren/sichern; ebenso vergängliche Spuren (Veränderungen dokumentieren)
- Spuren am/vom Täter sichern
- Zustand des Tatortes dokumentieren
- Alle kriminaltechnischen Möglichkeiten ausschöpfen
- Körperliche Untersuchung veranlassen
- Zeugen suchen, belehren und vernehmen
- Erforderliche Vernehmung nur durch Angehörige der Fachdienststelle vornehmen
- Mehrfachvernehmungen aus Gründen der Sekundärviktimisierung vermeiden
- Hinweis geben, dass die Vernehmung von einer gleichgeschlechtlichen Person durchgeführt werden kann
- Durchführung einer Videovernehmung gem. § 58a StPO prüfen
- Traumatisierung des Opfers bedenken/Hinzuziehung von Spezialisten (Psychologen u.a.)
- Verantwortliche Vernehmung des Beschuldigten (falls bekannt)
- Belehrung des Beschuldigten nach § 163a Abs. 4 StPO i.V.m. § 136 StPO
- Erlangung eines Geständnisses/Aussagen zu einem möglichen Alibi prüfen
- Ggf. Hinweisen auf weitere Taten nachgehen
- Sicherstellung der getragenen Kleidung
- Abgleich mit Faserspuren auf der Kleidung des Opfers
- ED-Behandlung des Beschuldigten
- Abgleich mit den gefundenen daktyloskopischen Spuren (Abgleich/Speicherung AFIS)
- DNA-Probenentnahme

- Abgleich mit den aufgefundenen DNA-Spuren (Abgleich/Speicherung in der DAD)
- Gegenüberstellung mit dem Opfer (visuell und/oder akustisch)
- Wiedererkennung durch die Zeugin als vorweggenommener Teil der gerichtlichen Beweisaufnahme (Verfahren richtet sich nach Abschnitt 18 RiStBV)
- Vorlage bei früheren Opfern (wenn der Verdacht einer Serienvergewaltigung besteht)
- Sicherstellung von Fasern für eine Vergleichsuntersuchung (Fasern auf der Kleidung des Opfers/des Täters)
- Falls ein Pkw benutzt wurde: Durchsuchung des PKW
- Alibi-Überprüfung zur Tatzeit
- Bestätigung/Widerlegung eines Serienzusammenhangs
- Bestätigung/Widerlegung der Aussagen in der verantwortlichen Vernehmung
- Meldedienste
- ViCLAS-Meldung
- Erkenntnisanfrage an andere KPB
- Ggf. Ermittlung weiterer Taten
- Information der Pressestelle und ggf. Einschaltung der Medien
- Suche nach möglichen Zeugen und weiteren Geschädigten
- Vorführung des Beschuldigten
- Bei flüchtigem Täter unmittelbar eine Fahndung veranlassen

Kapitel 13
Straßenraub durch Jugendliche

1 Phänomenologie

1.1 Allgemeine Angaben

Zu den Delikten, die seit Beginn der 90er-Jahre enorm boomten, zählt vor allem auch der „sonstige Raubüberfall auf Straßen, Wegen und Plätzen" (Schlüsselzahl 216000), im Folgenden Straßenraub. Wie kaum bei einem anderen Delikt wurde eine steigende Gewaltbereitschaft in der Gesellschaft durch dieses Phänomen belegt. In 10 Jahren verdreifachte sich der Straßenraub und erreichte mit nahezu 33.000 Fällen im Jahr 1997 einen Negativrekord. Danach sind die Deliktszahlen kontinuierlich gefallen. Mit 21.349 Taten im Jahr 2013 ist die Zahl der Straßenraube um ein Drittel geringer als im Rekordjahr 1997.

Gleichzeitig wurden in dieser Zeit enorme Präventionsversuche initiiert, es wurde versucht, erkannte Mehrfachtäter zu resozialisieren und zu integrieren, und es begannen die Versuche, durch verstärkten Kontakt zu den Jugendlichen, etwa durch Präventionsprogramme vorwiegend auf Länderebene, den negativen Trend zu stoppen. Die Entwicklung der Fallzahlen sind ein Indiz dafür, dass die polizeiliche Strategie in diesem Deliktsbereich offenbar erfolgreich war.

Nachfolgend beziehen sich die Daten auf den Straßenraub durch Jugendliche. Nicht beleuchtet wird der Handtaschenraub, bei welchem Jugendliche auch den typischen Tatverdächtigenkreis bilden.

Der Begriff „Jugendliche" wird kriminologisch interpretiert, soll also auch ermittelte Kinder und Heranwachsende beleuchten, da Taten des Straßenraubes typisch für den Altersbereich der 12 bis 21-Jährigen sind, die sich in dieser Zeit im kriminell aktivem Alter befinden.

Strafrechtliche Einordnung

Raub- und Erpressungsdelikte sind im 20. Abschnitt des Strafgesetzbuches (StGB) zusammengefasst. Kennzeichnend für diese Delikte sind die Anwendung von Gewalt oder Bedrohung mit Gewalt. Dabei werden sehr unterschiedliche Gewaltformen angewandt. So wird bei den Raubdelikten eher die physische Gewaltausübung bevorzugt, während bei den Erpressungsdelikten die psychische Gewaltanwendung dominiert. Weiter wird bei den Delikten des Abschnittes des StGB differenziert in die Schwere der Gewaltausübung, das Mitführen bestimmter Tatmittel oder in gemeinsam von mehreren begangene Tatausführung.

Typisch für den Straßenraub sind die Deliktsformen Raub und räuberische Erpressung. Zu schweren Formen dieser Tatbestände kommt es beim Straßenraub durch Jugendliche eher selten.

Kriminologische Einordnung

Der Straßenraub zählt kriminologisch zu den Gewaltdelikten. Ebenso handelt es sich um „Straßenkriminalität“. Hierunter versteht man die Straftaten, „die sich im öffentlichen, d.h. der Polizei in normaler Dienstausübung ohne Inanspruchnahme polizeirechtlicher oder strafprozessualer Befugnisse zugänglichem Raum ereignen oder in diesen hineinwirken und durch präventiven Einsatz der Polizei verhindert oder rasch aufgeklärt werden können“.[178]

Daneben zählen Raubtaten, vor allem auch der Straßenraub, zu den Delikten, die das Sicherheitsgefühl der Bürger entscheidend beeinflussen. So bewerten Bürger in Befragungen aus den 90er-Jahren Straßenraube als „besonders schlimm“ (69 %) und schätzen das Risiko, selbst Opfer eines Straßenraubes zu werden, als „wahrscheinlich“ und „sehr wahrscheinlich“ ein (> 30 %).

Straßenraub nach der PKS

Straftatenanteile an Raubdelikten insgesamt

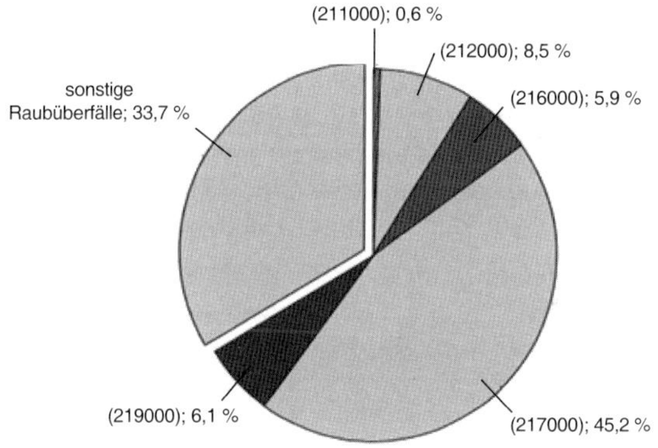

(217000)	sonstige Raubüberfälle auf Straßen, Wegen oder Plätzen
(212000)	Raubüberfälle auf sonstige Zahlstellen und Geschäfte
(216000)	Handtaschenraub
(219000)	Raubüberfälle in Wohnungen
(211000)	Raubüberfälle auf Geldinstitute, Postfilialen und -agenturen

Quelle: BKA, PKS 2013

Der Straßenraub wird mit der Schlüsselzahl 217000 in der Polizeilichen Kriminalstatistik erfasst. Zudem erscheint er unter dem Summenschlüssel 892000

178 Definiton AG Kripo, Sondersitzung 17./18.11.77. Weitere Ausführungen siehe Kapitel 16, Straßenkriminalität.

als Gewaltkriminalität und unter dem Summenschlüssel 899000 als Straßenkriminalität.

Im Jahr 2013 wurden 21.349 Fälle des Straßenraubes erfasst. Der Anteil dieses Deliktes an der Gesamtkriminalität beträgt etwa 0,3 %, der Anteil an der gesamten Raubkriminalität 33,7 %. Der Anteil des Straßenraubes an der Straßenkriminalität betrug 1,6 %, der Anteil an der Gewaltkriminalität 11,5 %.

Der Anteil der Versuche liegt bei ca. 18 %, d.h., dass jeder 5. Raubüberfall abgebrochen wird.

Die Aufklärungsquote betrug 2013 39,7 %. Sie liegt unter der Aufklärungsquote für den gesamten Raub (51,7 %), aber deutlich über der des für Jugendliche ebenfalls typischen Handtaschenraubes (28,4 %).

Bei Raubdelikten ist das Dunkelfeld sehr unterschiedlich einzuschätzen. So dürfte beim Bankraub nahezu kein Dunkelfeld vorliegen, während dieses beim Straßenraub im Mittelfeld der Delikte liegen dürfte. Vor allem bei einer vorhandenen Bekanntschaft zwischen Täter und Opfer, und dies ist beim Straßenraub durch Jugendliche signifikant, werden zahlreiche Taten nicht angezeigt.

Der Anteil vorgetäuschter Taten ist bei Raubdelikten (Schlüsselzahl 624100) eher gering. Wie viele der in der PKS erfassten vorgetäuschten Raube sich auf den Straßenraub beziehen, ist aus der Statistik nicht ablesbar.

Auch wenn der Straßenraub wie kaum ein anderes Delikt das Sicherheitsgefühl des Bürgers beeinträchtigt, ist das Medieninteresse beim Straßenraub eher gering. Dies ändert sich schlagartig bei besonders spektakulären Tatbegehungen oder bei außergewöhnlichen Täterstrukturen (Fall Mehmet in München).

Entwicklung der Raubkriminalität gesamt in der Langzeitentwicklung mit den Unterfällen des Straßenraubes und der Raubüberfälle in Wohnungen

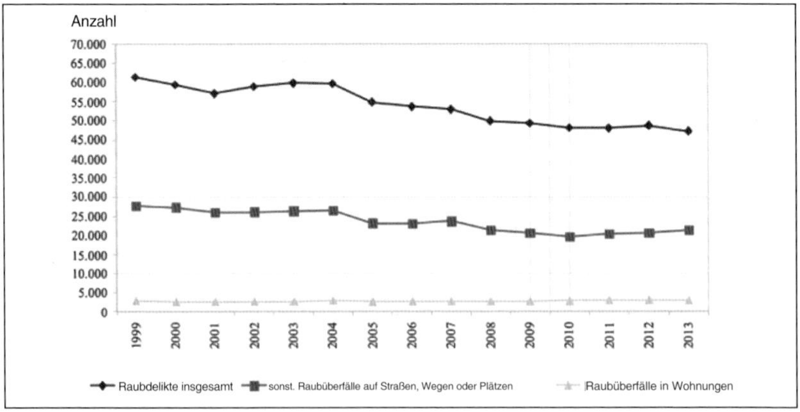

Quelle: BKA, PKS 2013

Die Entwicklung der statistisch erfassten Fälle der Raubkriminalität zeigt in der Langzeitentwicklung einen kontinuierlichen Rückgang. Gleiches ist auch für die Fälle des Straßenraubes zu vermerken, wenn auch die rückläufige Tendenz hier geringer ausfällt.

Die exakte Verteilung der Tatzeiten ist nur aus dem Kriminalpolizeilichen Meldedienst (z.B. FINDUS) ablesbar. Zeitliche Schwerpunkte liegen in den Sommermonaten und vor Weihnachten. Die tageszeitlichen Schwerpunkte liegen in den frühen Nachmittagstunden (Schulschluss) und den frühen Abendstunden.

1.2 Tatort

Die regionale Verteilung ergibt sich aus der nachfolgenden Tabelle:

Gemeinde-größenklasse	Anteil Wohn-bevölkerung %	Anteil Straftaten insgesamt %	Anteil Straßenraub %
bis 20.000 Einwohner	41,9	23,4	7,5
20.000 < 100.000 EW	27,3	26,8	20,3
100.000 < 500.000 EW	15,1	20,1	25,4
> 500.000 EW	15,7	28,7	46,0

Tabelle zum Straßenraub – räumliche Verteilung, Deutschland 2013

In den Großstädten ist der Straßenraub deutlich überrepräsentiert, während im eher ländlichen Bereich, vermutlich mangels Tatgelegenheit, das Delikt kaum begangen wird. Engere Tatorte sind bei den Raubtaten der Öffentliche Personennahverkehr, Parks, Spielplätze und Einkaufszentren.

1.3 Opfer/Schaden

Bei den 21.349 vollendeten Fällen des Straßenraubes in Deutschland im Jahr 2013 wurden insgesamt 10.347.658 Euro erbeutet. Dabei lag in etwa 90 % der Fälle die Schadenshöhe unter 500 Euro. Geraubt werden neben Bargeld vor allem Handys, Elektronikartikel und die jeweils aktuellen Statussymbole der Jugendlichen. Dies können bestimmte Schuhe genauso sein wie Sportbekleidung oder Armbanduhren.

Betroffen von den vollendeten und versuchten Straßenrauben waren insgesamt 23.474 Personen. 19,2 % der Opfer waren weiblich. 6,1 % der Opfer waren Kinder, 20,8 % Jugendliche und 14,9 % Heranwachsende. Damit machte die Altersgruppe der unter 21-Jährigen 45,7 % der Opfer des Straßenraubes aus.

Die über 60-Jährigen, die sich selbst als besonders opferrelevant einschätzen, wurden dagegen in lediglich 7,10 % Opfer eines Straßenraubes (ohne Handtaschenraub).
Ca. Zweidrittel der Opfer hatten keine Vorbeziehung zum Tatverdächtigen oder diese war ungeklärt. Opfer werden danach bei Gelegenheit ausgesucht. Oftmals spielt dabei der Umstand eine Rolle, dass die Täter in der Überzahl sind oder eine deutliche körperliche Überlegenheit des Täters gegenüber dem Opfer gegeben ist.

1.4 Tatmittel

Schusswaffen spielen bei der Begehung eines Straßenraubes nur eine untergeordnete Rolle. In der Regel reicht körperliche Gewalt oder auch nur das Androhen körperlicher Gewalt aus, um den Straßenraub zu vollenden. Es ist jedoch eine Tendenz zu erkennen, dass sich gerade Jugendliche zunehmend bewaffnen. Dies erfolgt meist mit Messern. Schlagwerkzeuge, z.B. Baseballschläger, spielen eher bei Straßenrauben eine Rolle, die von mehreren Tätern gemeinsam begangen werden.

1.5 Tathergang

Vortatphase

Beim Straßenraub handelt es zumeist um spontan ausgeführte Taten. Das Opfer wird situativ erkannt und beraubt. Dabei spielen Prestigeobjekte oder Statussymbole, die vom Opfer erkennbar mitgeführt werden, eine große Rolle, da sie auf die Täter anziehend wirken.

Haupttatphase

Einzeltäter suchen sich in der Regel Opfer aus, denen sie körperlich erheblich überlegen sind. So werden Schüler aus tieferen Jahrgangsstufen als Opfer gesucht, die einerseits eher schüchtern wirken, andererseits über Barmittel o.ä. verfügen. Bei Taten durch Tätergruppen werden die Opfer meist zunächst gehänselt oder herumgestoßen. Die Bedrohung mit weiterer Gewalt reicht in der Regel aus, dass die Opfer ihre Wertgegenstände herausgeben. Dabei schrecken die Täter auch nicht davor zurück, dass sich die Opfer entkleiden müssen, falls Kleidung, speziell auch Schuhe, bestimmter Markenhersteller getragen wird, die für die Täter von Interesse sind.

Nachtatphase

Nach der Tat verschwinden die Täter zumeist in der Menschenmenge. Bei Taten in der Nähe von Schulen bleiben Täter aus Angst vor weiteren Taten meist unbehelligt.
Straßenräuber werden vorwiegend im sozialen Nahbereich tätig.

1.6 Täter

Im Jahr 2013 wurden bundesweit 11.948 Tatverdächtige eines Straßenraubes ermittelt. Davon waren 93,2 % Männer. Der Straßenraub ist eine Domäne junger Männer.

Die Tatverdächtigen handelten nur zu 28,4 % allein. Daraus wird deutlich, dass dieses Delikt oft von mehreren Tätern gemeinsam und arbeitsteilig begangen wird. Noch besser wird dieser Trend bei weiblichen Tatverdächtigen deutlich, denn von diesen begehen nur 15,9 % die Tat allein. Mehr als drei Viertel der Tatverdächtigen waren bereits kriminalpolizeilich in Erscheinung getreten. Ca. 20 % der Täter standen bei der Tatausübung unter Alkoholeinfluss, aber lediglich ca. 6 % der Tatverdächtigen waren Konsumenten harter Drogen.

Nur 2,5 % der Tatverdächtigen führten bei der Tatausübung eine Schusswaffe mit sich. Das lässt den Schluss zu, dass es sich hier vorwiegend um Gelegenheitstäter handelt. Nicht der geplante Raub, sondern der spontane Tatentschluss auf Grund einer sich bietenden günstigen Gelegenheit ist maßgeblich.

Für diese Annahme spricht auch die Tatsache, dass ca. 56 % der TV Jugendliche und Heranwachsende sind. Diese zeigen allerdings auf Grund ihrer sonstigen kriminellen Merkmale Anzeichen für dissoziale Neigungen.

Straßenraub
Altersverteilung Tatverdächtige – Opfer
Deutschland 2013

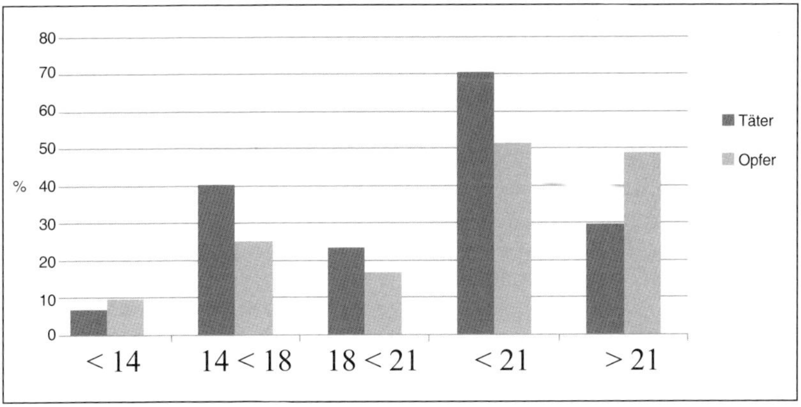

Der Anteil nichtdeutscher Tatverdächtiger betrug 32,3 %. Der Straßenraub gehört damit zu den Taten, bei welchen der Nichtdeutschenanteil deutlich über dem Nichtdeutschenanteil an der Gesamtkriminalität (25,7 %) liegt.

Nur eine verschwindend geringe Anzahl der nichtdeutschen Straßenräuber hielten sich illegal in Deutschland auf. Differenziert man den Anteil nichtdeutscher Tatverdächtiger nach dem Aufenthaltsgrund, so macht die Gruppe der Asylbewerber lediglich einen Anteil von ca. 2 % aus.

2 Ätiologie

2.1 Individuelle Bedingungen

Sozialisationsmängel

Typisch für Straßenräuber ist es, dass in der Regel Sozialisationsmängel vorliegen. Sie stammen aus Familien, in welchen Gewalt vorherrscht (Sozialisationsdefekt), in denen inkonsequent erzogen wird, damit Bestrafungen und Belohnungen völlig willkürlich erfolgen, wodurch Kinder keinen Zusammenhang zwischen ihrem Verhalten und der elterlichen Reaktion herstellen können, oder sind Mitglieder von sozial schwachen, chaotischen Großfamilien, in welchen aggressives Verhalten weniger korrigierbar ist als in fest gefügten Kleinfamilien (Sozialisationsdefizit).

Aggressives Verhalten beginnt meist damit, wenn Kinder Feindseligkeiten bevorzugt vor neutralen Ereignissen wahrnehmen; sie reagieren umso eher wieder aggressiv, je häufiger sie früher mit Aggressionen erfolgreich waren; sie werden aggressives Verhalten immer wieder anwenden, wenn früher keine negative Konsequenzen auf Aggressionen erfolgten, und ihre Gewaltbereitschaft wird deutlicher ansteigen, je weniger sie selbst über Reaktionen und Spätfolgen nachdenken.

Anomietheorien

Anomietheorien sind besonders geeignet, gewaltsame Eigentumsdelikte, speziell durch Jungtäter, zu erklären. Der anomische Druck entsteht bei diesen Tätern aus der Diskrepanz zwischen ihrem Anspruchsdenken und der tatsächlichen Möglichkeit, diese zu verwirklichen. Der Wunsch nach Prestigeobjekten (Statussymbol) ist bei den Tätern vorhanden, sie haben jedoch nur geringe legale Möglichkeiten (geringes Einkommen, Arbeitslosigkeit pp.) diese zu erwerben. Sie müssen sich deshalb etwas einfallen lassen (Verhaltensweise der Innovation), wie sie sich ihre Wünsche erfüllen können und verfallen in die Kriminalität. Das Handy, die Uhr o.Ä. werden nicht erspart, es wird geraubt.

Gruppenverhalten

Der Straßenraub ist ein Delikt, welches überproportional oft von Jungtätern begangen wird. Diese sind oft Mitglied in Cliquen oder Gruppen Gleichaltriger (Peergroups). Hier gilt es, sich durch Mutproben oder Statussymbole zu beweisen. Man muss seine Einzigartigkeit nachweisen, andererseits kann man sich in der Gruppe auch verstecken. Gewalttätigkeiten, zu denen man sich allein nicht traut, werden in der Gemeinschaft mit anderen verwirklicht.

Weitere Erklärungsansätze

Der Straßenräuber gehört zu den Tätertypen, bei welchen eine Vielzahl von kriminologischen Erklärungsmodellen zutrifft. Diese sind im Kapitel 2 näher beschrieben. Erwähnenswert ist das hohe Gewaltpotenzial jugendlicher Täter mit Migrationshintergrund. Diese haben zum Teil einen gänzlich anderen Umgang mit Gewalt sozialisiert. Darüber hinaus sind sie oftmals noch völlig isoliert von der deutschen Gesellschaft, da sie nur im geringen Umfang bereit und in der Lage sind, die deutsche Sprache zu erlernen, was zu einer starken Ghettoisierung dieser Bevölkerungsgruppe führte. Die aggressiven Verhaltensweisen, wie sie auch in der Kulturkonflikttheorie beschrieben werden, sind für diesen Personenkreis besonders typisch.

2.2 Situative Bedingungen

Tatgelegenheitsstruktur

Auffällig oft werden Straßenraube in Ballungszentren begangen. Hier spielen Orte, an denen sich viele Personen aufhalten (Bahnhöfe, Fußgängerzonen pp.), für Überfälle eine besondere Rolle, zumal es auch die Orte sind, an denen sich die überwiegend jugendlichen Opfer überproportional oft aufhalten.

Ein weiterer Brennpunkt für Straßenraube durch Jugendliche liegt im Umfeld und der nahen Umgebung von Schulen vor.

Opferverhalten

Wie bereits erwähnt, ist Ziel des Raubes oft ein Statussymbol oder Prestigeobjekt, das von den Tätern erstrebt wird. Diese werden von den Opfern jedoch bewusst offen zur Schau getragen. Dieses Opferverhalten verstärkt den Tatanreiz.

2.3 Normative Bedingungen

Durch den Strukturwandel und die Veränderung der gesellschaftlichen Rahmenbedingungen in den letzten 15 Jahren wurde die Entstehung einer stabilen eigenständigen Identität der Jugendlichen deutlich erschwert. Dies wird durch Umfrageergebnisse aus den 90er-Jahren eindrucksvoll belegt. Mehr als drei Viertel der befragten Jugendlichen brachten zum Ausdruck,

- dass heute alles so in Unordnung geraten ist, dass niemand mehr weiß, wo er steht,
- dass den meisten Menschen ein richtiger Halt fehlt,
- dass man in der heutigen Zeit nicht mehr durchschaut, was eigentlich läuft,
- dass in diesen Tagen alles so unsicher geworden ist, dass man auf alles gefasst sein muss.

Den Jugendlichen werden zwar immer mehr Möglichkeiten des Handelns – eigenes Auto, eigenes Geld, eigener Stil – eingeräumt, sie werden aber auch immer mehr aus ihren sozialen Bezügen herausgerissen. Die Folgen sind:

Mobilitätsdruck:

- Man kann neue Beziehungen aufbauen, die in der Regel aber nicht dauerhaft sind.

Ausweitung der Konkurrenz:

- Um die eigene Einzigartigkeit herauszustellen, wird zunehmend der Zwang deutlich, sich gegen andere abzuschotten.

Ausweitung der Technik:

- Der einzelne Mensch wird austauschbar, da erworbene Qualifikationen durch Maschinen übernommen werden.
- Ökonomisierung aller Lebensbereiche:
- Der Einzelne kann mehr kaufen, aber er muss auch mehr kaufen, so auch soziale Beziehungen.

3 Kriminalitätskontrolle

Kriminalitätslage

Straßenraub (Sonstige Raubüberfälle auf Straßen, Wegen oder Plätzen, SZ 217000) ist eine spezielle Erscheinungsform des Raubes und ist kriminalphänomenologisch sowohl der Straßenkriminalität als auch der Gewaltkriminalität zuzuordnen.

Das Kriminalitätslagebild Straßenkriminalität ist gekennzeichnet durch folgende sicherheitsrelevante

Merkmale:

- Fälle des Straßenraubes zeigen in der statistischen Langzeiterfassung zwar einen leichten Rückgang, bleiben jedoch auf hohem Niveau stasbil.
- Ca. 45 % der Raubdelikte (insgesamt) sind Fälle des Straßenraubes. Damit bestimmt diese Begehungsform quantitativ das Bild der Raubkriminalität.
- Straßenraub wird dominiert von männlichen Tätern im jugendlichen Alter (Sammelbegriff für den Altersbereich der 12–21-Jährigen) Daraus folgt, das dieser Deliktsbereich der Jugendkriminalität zuzuordnen ist.
- Kriminalpolitische Relevanz: Prinzipiell kann jeder Bürger, der sich im öffentlichen Raum bewegt Opfer des Straßenraubes werden mit teils erheblichen körperlichen, psychischen und wirtschaftlichen Schäden.
- Täter und Opfer sind vorwiegend im gleichen jugendlichen Alter, mit Ausnahme des Handtaschenraubes.

Strategisch-taktisch

- Strategisch-taktische Maßnahmen der Kriminalitätskontrolle des Straßenraubes haben unter Orientierung an der Kriminalitätslage folgerichtig auf der Basis der Maßnahmenkonzepte „Straßenkriminalität" und „Gewaltkriminalität" zu erfolgen (siehe dort).
- Vorbereitung, Durchführung und Folgemaßnahmen der Kriminalitätskontrolle sind primär darauf auszurichten, das durch Gewaltkriminalität verursachte Gefährdungspotenzial im Tatortbereich Straße weitgehend zu minimieren.
- Polizeiliche Maßnahmen gegen die Gruppe jugendlicher Täter haben grundsätzlich unter Beachtung der Rechtsgrundsätze nach dem Jugendgerichtsgesetz und der PDV 382 – Bearbeitung von Jugendsachen – zu erfolgen; Grundsatz: Prävention geht vor Repression.

Ermittlungstaktik

Nach Eingang der Ereignismeldung:

- Einleitung von Sofortmaßnahmen zur Fahndung nach dem/den Täter(n), der Tatbeute,
- Sorge um das Opfer,
- umfassende Tatbefunderhebung.

Weitere Maßnahmen richten sich nach den kriminalistischen Grundsätzen des Ersten Angriffs und der Ermittlungspraxis.

Maßnahmen der Kriminalprävention

Zielgruppen der Kriminalprävention im Deliktsbereich des Straßenraubes sind sowohl Täter als auch deren Opfer.

Projekte der Gewalt- und Delinquenzprophylaxe richten sich sowohl an potenzielle Täter mit dem Ziel der Tatvermeidung als auch an überführte Täter mit dem Ziel der Rückfallvermeidung.

Verhaltensorientierte Beratungen der Opfervermeidung richten sich an die Zielgruppe mit potenzieller Opferdisposition auf Grund von tatfördernden Verhaltensweisen.

Im Bereich der Jugenddelinquenz zielen die Sanktionen nach dem JGG auf Erziehung und Vermeidung erneuter Straffälligkeit ab.[179]

Präventionsmöglichkeiten im Vorverfahren bieten das Diversionsverfahren und der Täter-Opfer-Ausgleich.[180]

Eine weitere Maßnahme der Kriminalprävention ist das Erkennen und Beseitigen von sogenannten Opferräumen, d.h. von räumlichen Bedingungen mit tatfördernden Strukturen.

179 *Clages/Nisse* (2009), S. 52 ff.
180 *Clages/Nisse* (2009), S. 49 ff.

Kapitel 14 Rauschgiftkriminalität

1 Phänomenologie

1.1 Vorbemerkungen

Drogen sind geschichtlich gesehen schon immer Bestandteil unserer Gesellschaft. In traditionell organisierten Gesellschaftsordnungen sind die mit dem Drogenkonsum verbundenen Gefahren durch feste Rituale gemindert. In modernen, offenen Gesellschaften besteht dieser Regelungsmechanismus nicht. In Deutschland ist Alkohol die Droge Nr. 1. Es besteht traditionell eine Tendenz zur Unterbewertung der vom Alkoholkonsum ausgehenden Gefahren. Gewalt und Alkohol stehen häufig in Beziehung zueinander. Der Konsum anderer Drogen ist nach dem Betäubungsmittelgesetz weitestgehend kriminalisiert. Wobei es sich bei der Drogenkriminalität um sogenannte Kontrolldelikte handelt. Das bedeutet, je aktiver in dem Bereich ermittelt wird, desto mehr steigen die Fallzahlen an.[181] Die Gefahren des illegalen Drogenmissbrauchs liegen sowohl in der Verelendung und gesellschaftlichen Ausgrenzung sowie im körperlichen Verfall des Abhängigen als auch in den Folgen der indirekten Beschaffungskriminalität.

1.2 Begriff Rauschgiftkriminalität

Phänomenologisch ist der Begriff „Rauschgiftkriminalität" Sammelbegriff für

- Straftaten nach dem Betäubungsmittelgesetz,
- direkte und indirekte Beschaffungskriminalität.

Der Summenschlüssel „891000" erfasst phänomenologisch sowohl die Rauschgiftkriminalität nach dem BtMG als auch die Straftaten, die der direkten Beschaffungskriminalität, Summenschlüssel „891100", zugeordnet sind; jedoch ohne die Schlüsselzahl 730000 „Rauschgiftdelikte nach BtMG". Darunter werden Straftaten subsumiert, die mit dem Ziel der unmittelbaren Erlangung von BtM begangen werden.[182]

181 *Eisenberg* (2005) S. 246
182 LKA NRW (2015) S. 12

Summenschlüssel „891000 Rauschgiftkriminalität“	
Schlüsselzahl (SZ)	
730000	Rauschdelikte nach dem BtMG
	Summenschlüssel „891100“ Direkte Beschaffungskriminalität
218000	Raub zur Erlangung von BtM
*71000	Diebstahl von BtM aus Apotheken
*72000	Diebstahl von BtM aus Arztpraxen
*73000	Diebstahl von BtM aus Krankenhäusern
*74000	Diebstahl von BtM bei Herstellern und Großhändlern
*75000	Diebstahl von Rezeptformularen
542000	Fälschung zur Erlangung von BtM

Quelle: LKA NRW (2015), S. 12

Die Untergliederung der Rauschgiftdelikte nach dem BtMG (Schlüsselzahl 730000) stellt sich nach Hauptgruppen wie folgt dar:

730000	Rauschgiftdelikte nach dem BtMG
731000	Allgemeine Verstöße nach § 29 BtMG (soweit nicht unter 7340 pp. zu erfassen)
732000	Illegaler Handel mit und Schmuggel von Rauschgiften nach § 29 BtMG
733000	Illegale Einfuhr von BtM nach § 30 Abs. 1 Nr. 4 BtMG (in nicht geringer Menge)
734000	Sonstige Verstöße gegen das BtMG

Quelle: LKA NRW (2015), S. 57 f.

Zur indirekten Beschaffungskriminalität zählen Straftaten, die der Erlangung von Geld oder Sachwerten zum Erwerb von Betäubungsmitteln dienen.

Im Gegensatz zur direkten Beschaffungskriminalität, die nach der PKS durch den Summenschlüssel „891100“ fest umrissen ist, ist eine vergleichbare Festlegung der Delikte, die für die indirekte Beschaffungskriminalität in Frage kommen, aus der Natur der Sache nicht möglich. Nach kriminalistisch-kriminologischen Erkenntnissen zählen in erster Linie zur indirekten Beschaffungskriminalität Delikte des einfachen und schweren Diebstahls, wie vorwiegend Ladendiebstahl, Diebstahl aus Kfz, Einbruchsdiebstähle sowie Delikte des Straßenraubes.

1.3 Strukturen der Rauschgiftkriminalität

Kriminologisch ist die RG-Kriminalität nach Tatmotiven und Begehungsarten wie folgt strukturiert:

- Profitorientierte RG-Kriminalität: Anbau, Produktion, Herstellung, Handel, Schmuggel von illegalen Drogen
- Konsumorientierte RG-Kriminalität
- Straftaten zur direkten Erlangung von Drogen (direkte Beschaffungskriminalität)
- Straftaten zur Erlangung von Geld oder Sachwerten zur Beschaffung von Drogen (indirekte Beschaffungskriminalität)
- Begleit- und Folgestraftaten: Straftaten, die losgelöst vom Konsum sind. Bestrafung, Racheakt, Bestechung, unerlaubter Waffenbesitz, Zollvergehen, Verstöße gegen Ausfuhrbestimmungen beim Export chemischer oder pharmazeutischer Substanzen werden als Begleitkriminalität bezeichnet. Straftaten infolge von Rauscheinwirkung sind sog. Folgestraftaten.

In der Praxis treten häufig Mischformen der dargestellten Phänomene auf.

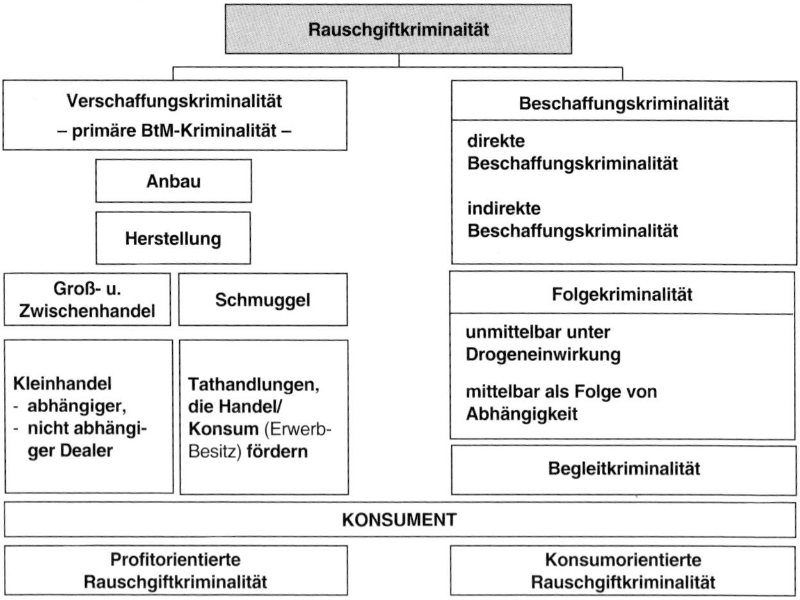

1.4 Strafrechtliche Einordnung

Die Delikte der Rauschgiftkriminalität sind wie folgt unter Strafe gestellt:

- nach dem Betäubungsmittelgesetz §§ 29 bis 31,
- nach den einschlägigen Bestimmungen des StGB zum Diebstahl, Raub und Urkundenfälschung.

Straftatbestände nach dem BtMG sind Handel, Besitz, Verabreichung, Ein- und Ausfuhr, Weitergabe, Genussüberlassung, Weiterverbreitung, Anbau, Herstellung, Werbung, Verschaffen einer Gelegenheit zum Konsum.

Mit Strafe bedrohte Handlungen nach dem BtMG können mit Freiheitsentzug und/oder mit Geldstrafe bestraft werden.

Besondere gesetzliche Verfahrensregelungen:

Die Staatsanwaltschaft kann nach § 31a Abs. 1 BtMG bei „geringer Menge" von einem Strafverfahren absehen, wenn

- der Besitz des BtM ausschließlich zum Eigenverbrauch bestimmt war,
- öffentliches Interesse an der Strafverfolgung verneint wird,
- die Schuld des Täters/der Täterin als gering bewertet wird.

Die Festlegung der „geringen Menge" ist je nach Bundesland verschieden.

Das Gericht kann im BtM-Verfahren nach § 29 Abs. 5 BtMG bei „geringer Menge" von einer Strafe absehen, wenn der Täter/die Täterin das BtM lediglich zum Eigenverbrauch verwendet. Gemäß § 31 BtMG kann das Gericht die Strafe nach § 49 Abs. 1 StGB mildern oder, wenn der Täter keine Freiheitsstrafe von mehr als 3 Jahren verwirkt hat, von der Strafe absehen, wenn

- der Täter durch feiwilliges Offenbaren seines Willens zur Aufdeckung einer Tat nach den §§ 29 bis 30a StGB beigetragen hat, oder
- freiwillig und rechtzeitig auf eine in § 31 Satz 1 Nr. 2 BtMG angeführte Straftat hingewiesen hat, sodass diese verhindert werden kann.

2 Entwicklung und Stand

2.1 Fallentwicklung

Entwicklung nach Drogenarten

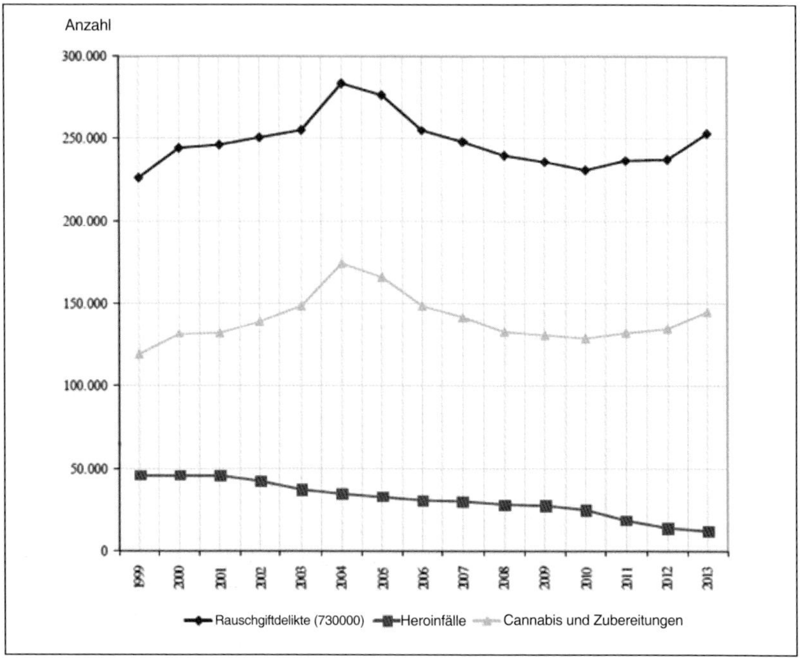

Quelle: BKA (2013a), S. 242

Anhand des Diagramms wird deutlich, dass die Heroinfälle in den letzten Jahren kontinuierlich zurückgegangen sind. Dahingegen sind bei Cannabis und Zubereitungen Zuwächse zu verzeichnen.

Vergleicht man die letzten Jahre, so ist festzustellen, dass die registrierte Rauschgiftkriminalität von 2004 bis 2010 kontinuierlich zurückgegangen ist. Seit 2010 ist eine leichte Zunahme der Fallzahlen zu verzeichnen und zugleich eine moderate Erhöhung der aufgeklärten Fälle. Dies lässt den Rückschluss zu, dass mehr Kontrollen im Zusammenhang mit der Bekämpfung der Rauschgiftkriminalität durchgeführt worden sind (Kontrolldelikt).

Entwicklung Rauschgiftkriminalität

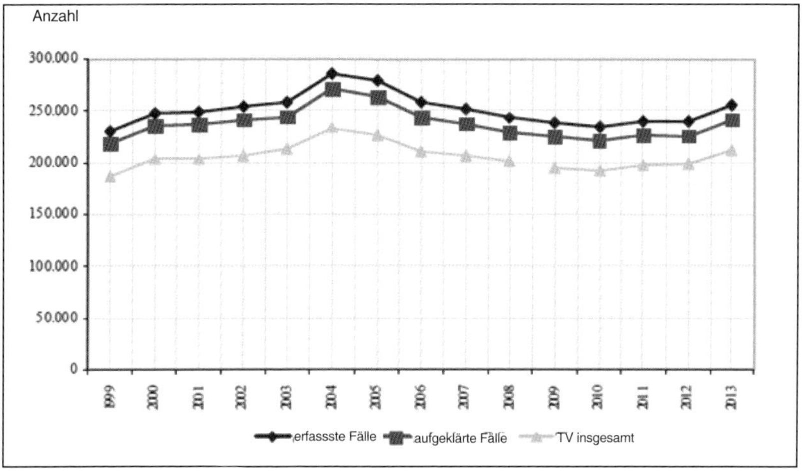

Hinweis: Aufgrund der Einführung der „echten Tatverdächtigenzählung auf Bundesebene" im Jahr 2009 ist ein Vergleich mit den Vorjahren nicht möglich.

Quelle: BKA (2013a), S. 239

2.1.1 Rauschgiftdelikte nach dem BtMG und direkte Beschaffungskriminalität

Die RG-Kriminalität wird quantitativ bestimmt von den allgemeinen Verstößen nach § 29 BtMG (sogenannte Konsumentendelikte – Schlüsselzahl 731000), die gut 70 % der Straftaten ausmachen. Hier ist im Vergleich zu den Vorjahren ein leichter Anstieg zu verzeichnen. Beim illegalen Handel und Schmuggel (Schlüsselzahl 732000) ist eine moderate Abnahme zu verzeichnen: 44.555 (2013) zu 45.040 (2012). Seit dem Jahr 2000 liegt der Anteil der Rauschgiftdelikte an der Gesamtkriminalität gleichbleibend bei ca. 4 %.

Die Fallzahlen der direkten Beschaffungskriminalität (Schlüsselzahl 891100) unterliegen von 2003 bis 2013 stets leichten Schwankungen. 2011 war mit 3.013 erfassten Fällen der Höhepunkt erreicht und 2013 mit 2.091 Fällen der niedrigste Stand seit 10 Jahren.

Die Delikte werden vorwiegend von Rauschgift- bzw. Medikamentenabhängigen zur Beschaffung von Ersatzdrogen begangenen. Etwa zwei Drittel der Straftaten stehen im Zusammenhang mit Rezeptfälschungen.

Die in der PKS ausgewiesenen Falldaten sind für die Beurteilung der RG-Kriminalität aufgrund des hohen Dunkelfeldes problematisch. Festzustellen ist, dass es sich bei der Rauschgiftkriminalität um einen Deliktsbereich der Kontrollkriminalität handelt. Die statistische Sichtbarkeit dieser Straftaten einschließlich der ermittelten Tatverdächtigen ist wesentlich abhängig von der Intensität des Kontrollverhaltens von Polizei und Zoll. Bei in etwa gleichbleibender Intensität der Kriminalitätskontrolle der RG-Kriminalität während des o.a. Erfassungszeitraumes lässt die Fallentwicklung nach der PKS jedoch zumindest eine Trendaussage zur Entwicklung zu. Seit 2011 ist ein Rückgang zu verzeichnen. Wobei der 10-Jahres-Trend zeigt, dass Schwankungen nach oben und unten durchaus von Jahr zu Jahr möglich sind. Somit kann eine konkrete Aussage nicht getroffen werden.

2.1.2 Indirekte Beschaffungskriminalität

Die Beurteilung des Umfangs der indirekten Beschaffungskriminalität ist problematisch.

Da das Tatmotiv bei der indirekten Beschaffungskriminalität im Vordergrund steht, ist die Erschließung der Tat in aller Regel nur über den ermittelten Tatverdächtigen (TV), d.h. über die aufgeklärte Straftat möglich. Weiterhin ist entweder das Geständnis des ermittelten TV über das Tatmotiv oder aber die Kenntnis über seine Drogenabhängigkeit erforderlich, aus denen sodann auf das Motiv geschlossen werden kann.

Erfahrungsgemäß ist die Aufklärungsquote der in Frage kommenden Straftaten – mit Ausnahme des Ladendiebstahls – relativ gering. Das heißt, die Zahl der ermittelten TV und somit die Beurteilungsbasis für die Aussage, ob ein Fall der indirekten Beschaffungskriminalität vorliegt, ist so klein, dass verlässliche Aussagen nicht erreichbar sind. Hinzu tritt häufig die Tatsache, dass im konkreten Fall der Polizei die Kenntnis über die Drogenabhängigkeit eines TV fehlt.

Es ist zwar wahrscheinlich, dass eine relativ hohe Anzahl der Täter aus dem Bereich der Eigentums- und Raubkriminalität drogensüchtig ist und aus dem Erlös der Straftaten ihren Drogenkonsum finanziert. Aussagekräftige und abgesicherte Untersuchungsergebnisse mit Ausnahme von Sekundäruntersuchungen liegen jedoch bisher nicht vor.

Der Anteil der indirekten Beschaffungskriminalität wird, je nach Deliktsart, zwischen 30 % und 50 % geschätzt. Es wird vielfach ein unmittelbarer Zusammenhang zwischen der Entwicklung der Zahl der Hartdrogenabhängigen und dem Ausmaß der indirekten Beschaffungskriminalität hergestellt, der erklärt wird mit dem hohen finanziellen Bedarf der Hartdrogenabhängigen für die Finanzierung ihrer Drogensucht. Es sollte bei dieser Sicht nicht unbeachtet bleiben, dass Drogenabhängige ihren Drogenbedarf häufig auch durch Kleindeal decken.

Insgesamt erscheint die Erklärung jedoch folgerichtig, wonach die nach wie vor hohen Fallzahlen der Eigentumskriminalität im ursächlichen Zusammenhang mit Drogenmissbrauch stehen.

2.1.3 Fallentwicklung nach Drogenarten

Drogenart	2013		2012	
	Fälle	%	Fälle	%
Erfasste Fälle insgesamt	236.617		221.988	
Cannabis u. Zubereitungen	145.013	61,3	131.951	59,7
Heroin	12.064	5,1	18.589	8,4
Amphetamin/Methamphetamin u. deren Derivate einschl. Ecstasy	48.497	20,5	42.577	19,3
Kokain	14.129	6,0	13.930	6,3
Sonstige BtM	16.577	7,0	13.786	6,2
LSD	337	0,1	255	0,1

Quelle: BKA (2013a), S. 242

Den höchsten Anteil an den festgestellten Drogenarten weisen nach wie vor Cannabisprodukte auf, die mit gut 60 % deutlich an der Spitze stehen, gegenüber dem Vorjahr (2012) sogar noch leicht angestiegen sind (von 59,7 % auf 61,3 %). Insgesamt sind bei den bevorzugten Drogenarten keine wesentlichen Veränderungen festzustellen.

Die Aussagekraft des Zahlenmaterials ist ebenfalls wie bei den Fallzahlen unter dem Vorbehalt des Dunkelfeldes zu bewerten.

2.2 Tataufklärung und ermittelte Tatverdächtige

2.2.1 Tatverdächtige

Die Aufklärungsquote bei Rauschgiftdelikten ist durchgehend für alle Deliktsformen ausgesprochen hoch. Sie liegt im Durchschnitt bei ca. 95 %. Die Erklärung liegt darin begründet, dass aufgrund der besonderen ermittlungstaktischen Ausgangssituation praktisch mit jedem erkannten Fall auch ein Tatverdächtiger bekannt wird.

Im Jahr 2013 wurden 211.458 Tatverdächtige ermittelt. Nahezu die Hälfte der ermittelten Tatverdächtigen bei Rauschgiftdelikten sind unter 25 Jahre alt. Rauschgiftkriminalität ist ferner eine Domäne junger Männer. So sind von den registrierten Tatverdächtigen unter 25 Jahre (103454) 90.625 männliche Tatverdächtige. Dies entspricht einem Prozentsatz von 87,6 männlichen Tatverdächtigen. Bei der Bewertung des Zahlenmaterials ist auch hier das Tatverdächtigendunkelfeld zu beachten, das ein wirklichkeitsgetreues Bild der Gruppe der Tatverdächtigen der RG-Kriminalität nicht zulässt.

2.2.2 Nichtdeutsche Tatverdächtige

Im Jahr 2013 wurden im Zusammenhang mit RG-Delikten bundesweit 43.400 nichtdeutsche Tatverdächtige erfasst. Ihr Anteil beträgt gut 20 %. Die Anzahl der nichtdeutschen Tatverdächtigen bei den Konsumentendelikten ist im Vergleich zum Vorjahr geringfügig gestiegen. Bei den sogenannten Handelsdelikten (SZ 732000) im Zusammenhang mit Heroin und Kokain blieb ihr Anteil nahezu unverändert hoch, bei Heroin (Schlüsselzahl 732100) ca. 30 %, bei Kokain (Schlüsselzahl 732200) 51,9 %. 21,4 % der registrieten nichtdeutschen Tatverdächtigen stammen aus der Türkei, 7,1 % aus Italien und 6,2 % aus Polen.

2.3 Tatorte

Orientiert an den Gemeindegrößen sind Städte von 20.000 bis unter 100.000 Einwohner am stärksten mit Rauschgiftkriminalität belastet. Großstädte mit 500.000 und mehr Einwohnern liegen auf einem ähnlichen Level wie kleine Gemeinden unter 20.000 Einwohner. Großstädte sind jedoch mit Heroin- und Kokainfällen überrepräsentiert.

Gemeindegrößenklassen	**Fälle Rausgiftkriminalität (Schlüsselzahl 891100)**
bis unter 20.000 Einwohner	64.983
20.000 bis unter 100.000 Einwohner	75.321
100.000 bis unter 500.000 Einwohner	49.282
500.000 und mehr Einwohner	65.352

Quelle: BKA (2013a), Tabelle 01

Im örtlichen Erscheinungsbild der RG-Kriminalität kann nach

- offenen RG-Szenen und nach
- verdeckten RG-Szenen

unterschieden werden.

Offene RG-Szenen sind vorwiegend in Städten und Ballungsräumen festzustellen. Treffpunkte sind meist Parkanlagen, öffentliche Plätze, Unterführungen und ähnliche Örtlichkeiten. Sie sind hauptsächlich Umschlagplätze von illegalen Drogen, an denen der Kleinhandel zwischen Dealern und Drogenabhängigen stattfindet. Der Einzugsbereich erstreckt sich meistens auch auf das städtische

Umland mit einer Fluktuation der Drogenkonsumenten. Offene RG-Szenen stehen häufig im Blickpunkt der Öffentlichkeit und führen zur Beunruhigung der Bevölkerung.

Verdeckte RG-Szenen bilden sich überwiegend im privaten Bereich. Häufig sind Cliquenbildungen zu beobachten, deren Mitglieder sich kennen. Die Versorgung mit BtM geschieht nicht von außen, sondern regelmäßig aus der Gruppe heraus.

Eine Mischform stellt die Drogenszene in Diskotheken und vergleichbaren Treffs von Szenenpublikum dar. In ihnen werden Kontakte geknüpft, RG-Geschäfte mehr oder weniger konspirativ abgesprochen und mit BtM gehandelt.

2.4 Besondere Phänomene

2.4.1 Erstauffällige Konsumenten harter Drogen

Als Konsumenten harter Drogen werden BtM-Konsumenten erfasst, die die in den Anlagen I–III des BtMG aufgeführten Stoffe und Zubereitungen zu sich nehmen. Es sind hauptsächlich Heroin, Kokain, Amphetamine einschl. Ecstasy und LSD.

Erstauffällige Konsumenten harter Drogen (EKhD) werden in der Falldatei Rauschgift (FDR) erfasst. Konsumenten harter Drogen werden grundsätzlich nur in dem Jahr als EKhD registriert, in dem sie der Polizei erstmals als Konsumenten harter Drogen bekannt werden. Eine Mehrfacherfassung für mehrere verschiedene Drogenarten ist möglich.

Von den im Jahr 2013 ermittelten 211.458 Tatverdächtigen der RG-Kriminalität waren ca. 9 % erstauffällige Konsumenten harter Drogen. In den zurückliegenden fünf Jahren lag die Anzahl der registrierten EKhD ziemlich konstant bei etwa 20.000 Personen. Die Erfassung ist jedoch aufgrund von Erfassungsmodalität und des Tatverdächtigendunkelfeldes lückenhaft.

2.4.2 Rauschgifttote

Unter dem Begriff „Rauschgifttote“ sind gem. PDV 386 Todesfälle erfasst, die in einem kausalen Zusammenhang mit dem missbräuchlichen Konsum von Betäubungs- oder Ausweichmitteln stehen. Darunter fallen insbesondere

- Todesfälle infolge Überdosierung,
- Todesfälle infolge langzeitigen Missbrauchs,
- Selbsttötungen aus Verzweiflung über die Lebensumstände oder unter der Einwirkung von Entzugserscheinungen,
- tödliche Unfälle von unter Drogeneinfluss stehenden Personen.

Im Jahr 2013 wurden in Deutschland insgesamt 1.002 Personen als Rauschgifttote registriert (2012: 944). „Meldepflichtig sind alle Todesfälle, die in einem kausalen Zusammenhang mit dem missbräuchlichen Konsum von Betäubungsmitteln oder als Ausweichmittel verwendeten Ersatzmitteln stehen. Darunter fallen insbesondere Todesfälle infolge von Missbrauch, Selbsttötung aus Verzweifelung über die Lebensumstände oder unter Einwirkung von Entzugserscheinungen sowie tödliche Unfälle von unter Drogeneinfluss stehenden Personen.“[183] In den Bundesländern verläuft die Entwicklung uneinheitlich. Die Zahl der Drogentoten ist kein sicheres Indiz für den Umfang oder die Entwicklung des Rauschgiftmissbrauchs. Die tatsächliche Anzahl der an den Folgen des Drogenmissbrauchs Gestorbenen dürfte jedoch wesentlich höher liegen, da viele Todesfälle als kausale Drogentodesfälle gar nicht erkannt werden. Die Gründe liegen sowohl in Zuordnungsschwierigkeiten nach den o.a. Kriterien als auch in Defiziten des Leichenschauwesens. Rauschgifttote sind überwiegend Männer (83 %) im Alter von etwa 30 Jahren. Die Ursachen sind u.a. der körperliche Verfall nach dem Missbrauch illegaler Drogen über viele Jahre sowie der Konsum unterschiedlicher Drogenarten mit verschiedenen Wirkstoffen. Nicht zuletzt ist der Wirkstoffgehalt von illegalen Drogen schwer einschätzbar, sodass es zu einer Überdosis kommen kann.

2.4.3 Legal Highs

Psychoaktive Substanzen, die (noch) nicht dem Betäubungsmittelgesetz unterstellt sind, werden auf dem Schwarzmarkt mit dem rechtlich irreführenden und verharmlosenden Ausdruck „Legal Highs“ umschrieben. Sie werden häufig im Internet als Kräutermischungen, Lufterfrischer, Reiniger oder Badesalze angeboten. Die Gesundheitsgefährdung durch die Einnahme des Legal Highs ist noch nicht erforscht. Delikte mit Legal Highs werden in der PKS als „Verstoß gegen das BtMG mit sonstigen BtM“ unter dem Deliktsschlüssel 73.900 erfasst.

Bis zu dem Urteil des EuGH am 10.07.2014 waren Legal Highs noch nicht dem BtMG unterstellt. Daher wurde das Arzneimittelgesetz (AMG) herangezogen. Der EuGH entschied, dass Substanzen, die konsumiert werden, um einen Rauschzustand zu erzeugen und nicht der menschlichen Gesundheit dienen, keine Arzneimittel sind. Dies hatte zur Folge, dass das Arzneimittelgesetz nicht herangezogen werden konnte und in Deutschland der Handel mit Legal Highs nicht strafbar war. Allerdings trat am 13.12.2014 die 28. Verordnung zur Änderung betäubungsmittelrechtlicher Vorschriften (28. BtMÄndV) in Kraft, woraufhin im BtMG 32 weitere psychoaktive Substanzen aufgeführt wurden, die als Wirkstoff sogenannter „Legal-High“-Produkte oder als Reinsubstanz auftauchten.

Mit der 29. Betäubungsmittelrechts-Änderungsverordnung (29. BtMÄndV) wurden zum 22.05.2015 die Anlagen des Betäubungsmittelgesetzes dem aktuellen

183 BKA (2013), S. 249

Stand der wissenschaftlichen Erkenntnisse angepasst. Es wurden neun neue Stoffe in die Anlage II des Betäubungsmittelgesetzes aufgenommen. Es handelt sich um sieben synthetische Cannabinoide und zwei weitere psychoaktive Stoffe.

2.4.4 Rauschgifthandel über das Internet

Eine kontinuierliche Zunahme des Rauschgifthandels über das Internet, lässt sich u.a. an der steigenden Zahl der sichergestellten Postsendungen mit BtM erkennen. In 2014 ermittelte die Europäische Beobachtungsstelle für Drogen und Drogensucht (EMCDDA) insgesamt 651 Websites, über die „Legal Highs“ in Europa verkauft wurden.

Der Verkauf von Rauschgift über das Internet ist für Endkunden und Händler gleichermaßen attraktiv und wird in der Zukunft erheblich an Bedeutung gewinnen. So hat zum Beispiel das Cybercrime-Kompetenzzentrum des LKA NRW 2014 nach Initiativermittlungen 25 Ermittlungsverfahren gegen Online-Shops wegen Verstößen gegen das Betäubungsmittelgesetz oder das Arzneimittelgesetz eigeleitet. In fünf Fällen konnten Tatverdächtige ermittelt werden.[184]

2.4.5 Kristallines Methamphetamin

Kristallines Methamphetamin, auch „Crystal Meth“ genannt, gehört wie Amphetamin zur Gruppe der Phenethylamine, weist jedoch eine größere Wirkstärke und längere Wirkdauer auf. Die zunehmende Verbreitung der Droge vor allem in Sachsen, Bayern und Thüringen machte es erforderlich, Methamphetamin in kristalliner Form (Crystal) seit dem 01.01.2014 in der Polizeilichen Kriminalstatistik gesondert zu erfassen.“[185]

3 Ätiologie

3.1 Individuelle Bedingungen

Drogenkonsum ist meist eines von mehreren Merkmalen negativ sozialer Auffälligkeit. Ein großer Teil der Tatverdächtigen war schon vor dem Erstgebrauch illegaler Drogen mit Straftaten in Erscheinung getreten. Nach *Göppinger*[186] kann der Drogenmissbrauch eine Fortsetzung einer bereits begonnenen kriminellen Karriere sein und als Symptom fehlgeschlagener Sozialisation gelten.

184 LKA NRW (2014), S. 8
185 LKA NRW (2014), S. 8
186 *Göppinger* (2008), S. 463

Darüber hinaus wird im Rahmen der allgemeinen Kriminalitätstheorien auf psychoanalytische, lerntheoretische, soziologische und sozialpsychologische Erklärungsansätze zurückgegriffen.[187]

Untersuchungen hatten zum Ergebnis, dass der Konsum von Betäubungsmitteln und Alkohol eng mit Delinquenzkarrieren verbunden ist. Dieser Zusammenhang scheint insbesondere dann zu bestehen, wenn die Personen ein unstrukturiertes Freizeitverhalten an den Tag legen und in gefährdete Peergroups eingebunden sind.[188]

3.2 Situative Bedingungen

Als gesellschaftlich bedingte Erklärungen für Drogenkriminalität (RG-Kriminalität und Alkoholmissbrauch) werden angeführt: Allgemeine Neigung zur Drogeneinnahme aufgrund von Perspektivlosigkeit im beruflichen und privaten Alltag, Frust, Flucht vor Problemen, Verführung durch andere, besonders in der Jugendszene, Neugier, Fehleinschätzung der Gefährlichkeit von Rauschmitteln.[189]

3.3 Normative Bedingungen

Die normativen Bedingungen der Rauschgiftkriminalität werden dadurch bestimmt, dass bestimmte Rauschdrogen und deren Besitz und Erwerb unter Strafe gestellt sind, um aus gesundheitspolitischen Gründen den Genuss zu unterbinden. Es besteht allgemeiner Konsens darüber, dass mit gesetzlichen Mitteln allein die Rauschgiftkriminalität nicht wirksam zurückgedrängt werden kann. Dies führt auch seit Jahren schon zu der Diskussion, die Rauschgiftkriminalität zumindest in Teilbereichen zu entkriminalisieren bzw. zu liberalisieren, d.h. einige der nach dem BtMG verbotenen Substanzen wie z.B. Cannabis freizugeben. „In einer modernen Drogen- und Suchtpolitik ergänzen sich Prävention, Beratung und Behandlung, Maßnahmen zur Schadensminimierung sowie gesetzliche Regelungen zur Angebotsreduzierung."[190] In diesem Zusammenhang wird auf die Ausführungen im Drogen- und Suchtbericht der Drogenbeauftragten der Bundesregierung verwiesen.

187 *Schwind* (2013), S. 565 ff.
188 *Meier* (2010), S. 163
189 *Schwind* (2013), Rn. 12 ff.
190 Bundesministerium für Gesundheit (2014), S. 2

4 Kriminalitätskontrolle

Maßnahmen im Zusammenhang mit Rauschgiftdelikten

Das nachfolgende Maßnahmenkonzept liefert allgemeine Hinweise auf die zu treffenden Maßnahmen. Diese sind auf den jeweiligen Einzelfall (konkreter Hinweis auf einen Dealer, Durchsuchung etc.) anzupassen und entsprechend zu modifizieren bzw. zu ergänzen:

- Zusammenarbeit mit dem Zoll, der Bundespolizei und der Stadt
- Schwerpunkteinsätze planen und durchführen
- Observation
- Hinzuziehung eines Rauschgiftspürhundes prüfen
- Fachdienststelle informieren/hinzuziehen
- Kennzeichen überprüfen
- Personalienfeststellung
- Beobachtungs- und Feststellungsbericht fertigen
- Aufenthaltsverbot prüfen
- Zeugen suchen, trennen, belehren und vernehmen (Achtung: Zusicherung der Vertraulichkeit i.S.v. § 96 StPO)
- Durchsuchung von Personen
- Wohnungsdurchsuchung (Beschluss des Richters/Durchsuchung auch auf Kfz beziehen)
- Beschlagnahme von BtM (ggf. auch Waffen, Geld)
- Beschuldigten belehren und vernehmen; erkennungsdienstliche Behandlung
- Drogenkonsum nachweisbar? Urinnachweis/Blutnachweis
- Vorläufige Festnahme, Haftrichter vorführen
- Wenn Beschuldigte flüchtig sind, eine Fahndung einleiten
- Prüfen, ob der Einsatz einer V-Person zielführend ist
- Finanzermittlungen
- Meldedienste erfüllen (FDR)

Kapitel 15
Wohnungseinbruch

1 Phänomenologie

1.1 Allgemeine Angaben

In der Bundesrepublik werden jährlich rund 6,3 Millionen Straftaten registriert. Der prozentuale Anteil der Diebstahlsdelikte an der Gesamtkriminalität beträgt ca. 40 %, davon sind etwa die Hälfte Diebstähle, die unter erschwerenden Umständen begangen werden. Der Wohnungseinbruchsdiebstahl hatte im Jahr 2013 mit 149.500 (2012: 144.117) registrierten Taten einen Anteil von ca. 13 % an den sogenannten schweren Diebstählen und ca. 2,4 % an der Gesamtkriminalität. Es ist zu beobachten, dass in den zurückliegenden Jahren die registrierten Diebstähle unter erschwerenden Umständen deutlich zurückgegangen sind. Dies traf zunächst auch auf den Wohnungseinbruch zu. Hier ist die Entwicklung der Fallzahlen in den zurückliegenden Jahren allerdings gegenläufig. Siehe dazu die folgenden weitergehenden Ausführungen zu Ziff. 1.2, Fallentwicklung und Aufklärung.

Für Betroffene eines Einbruches wiegen die Verletzung der Privatsphäre und damit der Verlust des Sicherheitsgefühles oft schwerer als der materielle Schaden. Auch wenn der Anteil des Wohnungseinbruchs an der Gesamtkriminalität gering ist, führt die Tat bei den Opfern häufig zu einer erheblichen Beeinträchtigung des subjektiv empfundenen Sicherheitsgefühls.[191] Zu beobachten sind psychische Folgen wie

- Opferfurcht, erneut Opfer einer kriminellen Tat zu werden,
- Schock über den Einbruch und die Verletzung der Privatsphäre,
- Verlust von Wertgegenständen und Erinnerungsstücken.

1.1.1 Kriminologische Einordnung

Der Wohnungseinbruch ist unter Opferaspekten ein Delikt der Eigentumskriminalität, da durch die Tat primär das Eigentum des Opfers rechtswidrig beschädigt wird. Von Seiten der Täter handelt es sich, ihren Motiven nach, um Bereicherungskriminalität unterschiedlicher Zielsetzung oder um Delikte der indirekten Beschaffungskriminalität. Notkriminalität dürfte die Ausnahme sein.

Angegriffene Tatobjekte, Tataufwand und Beuteerwartung sind sehr unterschiedlich. Sie sind abhängig von den heterogenen Täterstrukturen des Woh-

---

191 Ausführlich setzen sich *Hermanutz/Lasogga*, in KR 3/98, S. 171 ff. mit der Problematik auseinander; dort auch weitere Quellenhinweise. Mit der Problematik „Phänomen Wohnungseinbruch – Taten, Täter, Opfer", befassen sich in neueren Untersuchungen *Bartsch*, et al., in KR 8–9/2014, S. 483 ff.

nungseinbruchs. Ein besonderes Phänomen stellt der Tageswohnungseinbruch dar. Tageswohnungseinbruch ist dann gegeben, wenn die Tatzeit zwischen 06.00 und 21.00 Uhr liegt.

Wesentlichen Einfluss auf den Tatentschluss, die Tatzeit, das Tatobjekt, den Modus Operandi und die Beute haben die typischen Tatgelegenheitsstrukturen des Wohnungseinbruchs.

1.1.2 Strafrechtliche Einordnung

Der Wohnungseinbruchsdiebstahl ist nach § 244 Abs. 1 Nr. 3 StGB unter Strafe gestellt. Es handelt sich in Bezug auf § 243 StGB, Besonders schwerer Fall des Diebstahls, um einen Qualifikationstatbestand, der 1998 aus den Regelfällen des § 243 StGB herausgenommen worden ist. Der Wohnungseinbruch stellt einen Vergehenstatbestand dar. Eine Strafverschärfung erfährt der Wohnungseinbruch bei Bandendiebstahl, § 244a Abs. 1 StGB. Die Vorschrift wurde speziell aufgenommen, um die organisierte Eigentumskriminalität unter erhöhte Strafandrohung zu stellen. Die Tat nach § 244a StGB stellt einen Verbrechenstatbestand dar. Durch die Verweisung in § 244a Abs. 3 StGB auf § 73d StGB ist die Möglichkeit des erweiterten Verfalls gegeben.

1.2 Fallentwicklung und Aufklärung

Entwicklung des Wohnungseinbruchs einschl. des Tageswohnungseinbruchs im Langzeitvergleich

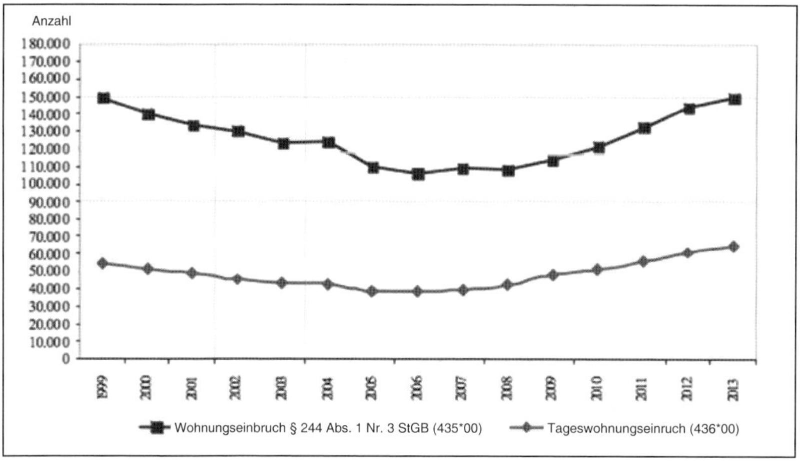

Quelle: BKA, PKS 2013

Die Verlaufskurve des statistisch erfassten Wohnungseinbruchsdiebstahl (SZ 435*00) weist zunächst bis zum Jahr 2006 einen langjährigen kontinuierlichen Rückgang auf und entspricht damit bis zu diesem Zeitpunkt tendenziell der Gesamtentwicklung des sogenannten schweren Diebstahls (SZ 4***00).

Ab dem Jahr 2007 ist allerdings bundesweit ein stetiger Anstieg der Wohnungseinbrüche festzustellen, in den einzelnen Bundesländern jedoch mit unterschiedlichen Verläufen. So zeigt eine Sekundäranalyse aus dem Jahr 2013[192], dass der Wohnungseinbruch nicht in allen Regionen Deutschlands ein sicherheitspolitisches Problem darstellt. Gemessen an den Häufigkeitszahlen (HZ)[193] weisen die Flächenländer im Jahr 2013 folgende Belastungen auf: Nordrhein-Westfalen = HZ 268,4; Schleswig-Holstein = HZ 210,7; Niedersachsen = HZ 202,4. Mit deutlichem Abstand folgen Mecklenburg-Vorpommern = HZ 95,0; Sachsen = HZ 89,4; Bayern = HZ 51,0. Extrem hoch sind die Stadtstaaten Berlin, Bremen und Hamburg belastet.

Fallentwicklung und Aufklärung der Jahre 2009–2013

	Diebstahl unter erschw. Umständen	Wohnungseinbruchsdiebstahl			davon: Tageswohnungseinbruch		
		gesamt:	Versuche	AQ	gesamt:	Versuche	AQ
2009	1.108.766	113.800	38,0 %	16,9 %	48.401	33,0 %	16,5 %
2010	1.067.974	121.347	38,1 %	15,9 %	51.065	32,9 %	15,5 %
2011	1.113.279	132.595	38,5 %	16,2 %	55.877	33,4 %	16,0 %
2012	1.098.426	130.055	39,1 %	15,7 %	61.200	30,6 %	15,7 %
2013	1.084.198	123.280	40,2 %	15,5 %	64.754	30,4 %	15,6 %

Quelle: BKA, PKS 2013

Für den Erfassungszeitraum der Jahre 2014/2015 verzeichnete die PKS des Bundes einen deutlichen Anstieg der Wohnungseinbrüche. Im Vergleich der Jahre 2013 zu 2015 sind die registrierten Wohnungseinbruchsdiebstähle (SZ 435*00) von 149.500 auf 167.136 Fälle gestiegen. Das bedeutet ein Plus von 10,6 % innerhalb eines Zeitraums von zwei Jahren. Nach wie vor liegt der Versuchsanteil bei ca. 42 %.

Ob die hohen Versuchsanteile beim Wohnungseinbruch auf Präventionsmaßnahmen, insbesondere auf technische Sicherungsmaßnahmen zurückzuführen sind, kann nicht mit Sicherheit gesagt werden. Der Anschein spricht für

192 *Bartsch*, et al., Wohnungseinbruchsdiebstahl – aktuelle Befunde und Skizzen eines Forschungsvorhabens, in: KR 7/13, S. 473–477.

193 Zur Häufigkeitszahl siehe Kapitel 4, 2.3.1.

diese Annahme. Das Straftatendunkelfeld dürfte aus versicherungstechnischen Gründen in diesem Deliktsbereich eher gering sein.

Die Aufklärungsleistung beim Wohnungsdiebstahl und ebenso beim Tageswohnungseinbruch ist gering. Sie liegt beim Wohnungseinbruch im Durchschnitt bei ca. 16 %. Wird von der kriminalistischen Erkenntnis ausgegangen, dass beim Einbruchsdiebstahl u.a. zwangsläufig materielle Spuren der Tat entstehen, die prinzipiell kriminaltechnisch auswertbar sind und Ansätze zur Tataufklärung bieten, sind die Aufklärungsleistungen als äußerst schwach zu bewerten. Über die Gründe kann allenfalls spekuliert werden. Nach allgemeinen Erkenntnissen der Praxis dürften sowohl Mängel in der Tatortbefunderhebung, in der Qualität der Ermittlungsarbeit als auch Personalengpässe ursächlich sein.

1.3 Tatorte

1.3.1 Tatortverteilung nach Gemeindeklassen

Die Tatortverteilung des Wohnungseinbruchs einschließlich des Tageswohnungseinbruchs nach kriminalgeografischen Aspekten hat sich in den zurückliegenden Jahren nur unwesentlich geändert.
Großstädte über 500.000 Einwohner sind mit Wohnungseinbruchskriminalität hoch belastet wie die vorstehenden Ausführungen zur flächenmäßigen Deliktsverteilung zeigen. Insbesondere der Tageswohnungseinbruch ist ein Phänomen der Großstadt. Die Gründe dürften in den sich bietenden Tatgelegenheiten der Großstadt und der gering ausgeprägten informellen sozialen Kontrolle liegen. (Siehe hierzu die ergänzenden Ausführungen in Kapitel 6 Kriminalgeografie zu den kriminogenen Strukturen der Großstadt.)

1.3.2 Tatobjekte

Tatobjekte sind vorzugsweise

- Ein- und Zweifamilienhäuser besonders in Stadtrandlagen und ländlichen Bereichen, die vorzugsweise schwer einsehbar sind und über gute verkehrsmäßige Straßenanbindungen verfügen,
- Wohnungen in Mehrfamilienhäusern im Erdgeschoss mit Terrassen- oder Balkonzugang oder die in oberen Etagen liegen.

Professionell agierende Täter bevorzugen Einfamilienhäuser in bevorzugten Wohnlagen. Für die Auswahl des Tatobjektes ist erstes Beurteilungskriterium der äußere Eindruck des Objektes und die damit verbundene Erwartung der Tatbeute.
Spontantäter lassen sich bei der Entscheidung über das Tatobjekt eher von günstigen Gelegenheiten leiten.

In Großstädten wird in Wohnungen in Mehrfamilienhäusern deutlich häufiger eingebrochen als in Einfamilienhäuser. Dies scheint u.a. aus der Sozial- und Baustruktur von Großstädten erklärbar.

1.4 Tatausführung[194]

Erkundung des Tatobjektes

Bei planmäßigem Vorgehen wird das Tatobjekt vor der Tatausführung ausgespäht, und zwar vorwiegend nach

- Erscheinungsbild,
- zu erwartender Beute,
- Zugangsmöglichkeiten zum Objekt,
- erkennbaren Sicherungen gegen Einbruch,
- Einsehbarkeit durch Nachbarn,
- Einbruchsmöglichkeiten,
- Fluchtmöglichkeiten,
- Verhaltensweisen der Bewohner und deren Ab- bzw. Anwesenheit,
- Vorhandensein von Wachhunden pp.

Eindringen in das Tatobjekt[195]

Die Art des Einbruchs in das Tatobjekt ist im Wesentlichen abhängig von dem Tatobjekt selbst, den zu überwindenden Sicherungsmaßnahmen und der Professionalität der Täter.

Vorwiegend werden folgende Einbruchsarten gewählt:

- Aufhebeln oder Aufbrechen von Terrassen- oder Balkontüren sowie von Fenstern,
- in Mehrfamilienhäusern in Obergeschossen, Eindringen über die Wohnungsabschlusstür,
- Aufbrechen von Kellertüren auf Erdniveau,
- Eindringen über Kellerschächte,
- Abbrechen von Schließzylindern,
- Öffnen gekippter Fester oder Türen im Erdgeschoss,
- Eindringen durch Einschlagen von Fenster- oder Türglasscheiben ist selten zu beobachten.

(Die Aufzählung ist nicht abschließend.)

Fast die Hälfte der Einbrüche findet in Erdgeschosswohnungen statt.

Tatmittel

Als Tatmittel kommen vorwiegend in Betracht: Schraubendreher, Hebelwerkzeuge, Zangen, Glasschneider, Bohrwerkzeuge, Nachschlüssel, speziell angefertigte Brechwerkzeuge, z.B. zum Abdrehen von Schließzylindern. Zum

194 Ausführliche Darstellungen zur Tatausführung bei *Kawelovski* (2014).

195 Weitere Ausführungen zum Eindringen in Tatobjekte und zu den Tatmitteln bei *Meyr*, in KR 2/06, S. 118–120.

überwiegenden Teil tragen die Täter bei der Tatbegehung zur Vermeidung von Fingerabdruckspuren Handschuhe.

Verhalten nach Eindringen

- Verschaffen eines Überblicks über die Räumlichkeiten,
- Sicherung gegen Entdeckung und Erkundung von Fluchtmöglichkeiten, insbesondere durch professionelle Täter,
- gezieltes, teils auch systematisches Durchsuchen der Räume nach Beute.

Erfahrungen zeigen, dass den Tätern die allgemeinen Verstecke im Haushalt bekannt sind wie Schreibtisch, Geschirrschrank, Wäscheschrank, Bücherschrank pp. Spontan handelnde Täter lassen Tresore in der Regel unbeachtet; professionelle Täter machen mehrheitlich zumindest den Versuch, Tresore gewaltsam zu öffnen. Handkassetten werden mitgenommen und später aufgebrochen.

Verhalten bei Störungen

Nach einer 1991 veröffentlichten Studie[196] ergreifen ca. 80 % der Täter die Flucht, wenn sie während der Tatausführung von Personen überrascht werden. Das Drohen mit Gewalt oder die Anwendung von Gewalt durch den Täter soll die Ausnahme sein.

Bei Antreffen durch die Polizei auf frischer Tat flüchten ca. drei Viertel aller Täter sofort. Nur ein kleiner Teil versucht, sich zu verstecken. Nach der PKS Bund ist 2008 kein Fall registriert, bei dem mit der Schusswaffe gedroht oder geschossen wurde. Dem gegenüber hat eine Täterbefragung ergeben, dass knapp 30 % der Täter bei einem Einbruch bewaffnet waren. Die Hälfte der Bewaffneten führte bei der Tat eine Schusswaffe mit sich.[197]

1.5 Bevorzugte Beute

Die von den Tätern bevorzugte Beute richtet sich hauptsächlich nach den Tatmotiven und den Möglichkeiten der Beuteverwertung. Bevorzugt werden Bargeld, Schmuck und sonstige Wertsachen, die einen relativ hohen Erlös versprechen und risikolos abzusetzen sind. Je nach der Organisationsstruktur der Täter werden aber auch wertvolle Teppiche, Kunstgegenstände, technische Geräte wie Computer oder Musikanlagen entwendet.

Ein besonderes Phänomen ist das sogenannte Homejacking. Die Täter brechen ein und entwenden die Kraftfahrzeugschlüssel, um den Diebstahl des hochwertigen Kfz zu ermöglichen. Tatzeiten sind überwiegend die Nachtzeiten bei Anwesenheit der Besitzer. Bevorzugt sind Kfz der Hersteller Mercedes, BMW und Audi. Vielfach bleiben die Fahrzeuge auf Dauer verschwunden, was für eine organisierte Fahrzeugverschiebung ins Ausland spricht.

---

196 Die Polizei, 10/91, S. 256

197 Untere Bezugnahme auf *Rehm/Sevay*, in: Die Polizei 10/91, S. 255

1.6 Schaden

Der durch Diebstähle verursachte volkswirtschaftliche Gesamtschaden lässt sich nur schwer beziffern.

Der beim Wohnungseinbruch verursachte Gesamtschaden liegt deutlich höher als der nach der PKS erfasste Deliktsschaden, denn es wird lediglich die Höhe des Geldwertes der entwendeten Güter erfasst, nicht aber die sonst durch den Einbruch verursachten Schäden. Die erfassten Schäden pro Fall liegen zu ca. 28 % zwischen 50–500 € und zu ca. 40 % zwischen 500–5.000 €, bei ca. 16 % bei mehr als 5.000 €.

1.7 Tatzeiten

Ergebnisse von Sekundäruntersuchungen zeigen folgendes Bild:

Einbrüche in Einfamilienhäuser finden vorwiegend in den frühen Abendstunden statt. Bevorzugt werden Dämmerung und Dunkelheit. Einbrüche in Mehrfamilienhäuser werden in den späten Vormittagstunden sowie nachmittags bzw. in den frühen Abendstunden ausgeführt.

1.8 Tatverdächtige

1.8.1 Tatverdächtige nach Alter und Geschlecht

Geschlechts- und Altersstruktur der Tatverdächtigen des Wohnungseinbruchsdiebstahls (WED) im Vergleich der Jahre 2009–2013

Erfassungsjahr	Ermittelte Tatverdächtige des WED	m %	w %	Kinder < 14 Jahre %	Jugendl. 14<18 Jahre %	Heranw. 18<21 Jahre %	Erw. 21 Jahre und älter	Nichtdeutsche %
2009	16.658	85,1	14,9	3,2	18,5	18,0	60,3	23,0
2010	16.769	85,3	14,7	2,7	17,0	18,3	61,9	24,0
2011	17.952	85,3	14,7	2,6	15,5	17,2	64,7	26,1
2012	17.791	86,0	14,0	2,3	14,2	16,9	66,7	28,8
2013	17.703	85,6	14,4	2,4	14,3	13,8	69,4	31,1

Quelle: BKA, PKS 2013

Aufgrund des vorliegenden Datenmaterials ist der Wohnungseinbruch eine Domäne männlicher Täter. Frauen als Tatverdächtige sind deutlich unterrepräsentiert. Dies wird auch durch polizeiliche Alltagserkenntnisse bestätigt. Jugendliche und Heranwachsende sind, gemessen an ihrem Bevölkerungsanteil, besonders belastet. Dies zeigt auch die nachfolgende Abbildung der Tatverdächtigenbelastungszahlen der einzelnen Altersgruppen beim Wohnungseinbruch.

Die Tatverdächtigenstruktur des WED – ist bei Betrachtung der vorstehenden statistischen Daten – im 5-Jahres-Vergleich (2009–2013) mit geringfügigen Schwankungen im Wesentlichen gleichbleibend.

Tatverdächtigenbelastung beim Wohnungseinbruchsdiebstahl nach Altersgruppen (Datenbasis sind die Tatverdächtigenbelastungszahlen [TVBZ] des Jahres 2012)

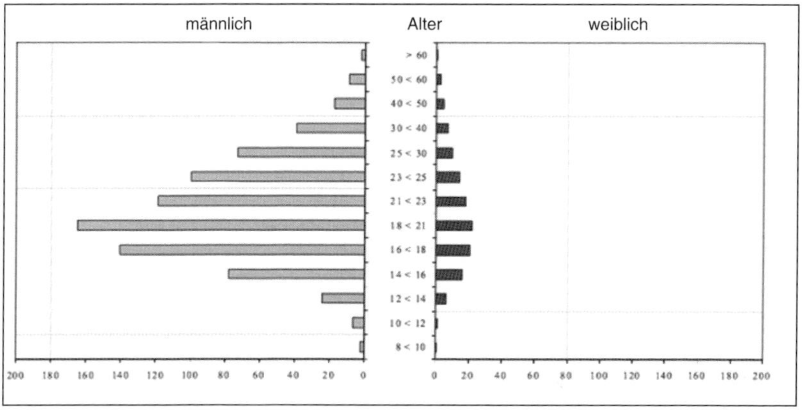

Quelle: BKA, PKS 2013

1.8.2 Sonstige Angaben zu den Tatverdächtigen

Aufgrund der relativ geringen Aufklärungsleistung beim Wohnungseinbruch (ca. 18 %) sind die Erkenntnisse über die Tatverdächtigen (TV), so weit sie sich auf statistisches Zahlenmaterial begründen, nur bedingt aussagefähig, da der weit überwiegende Teil der Täter im Dunkelfeld bleibt. Auch unter Berücksichtigung der ermittelten Tatverdächtigenzahlen von durchschnittlich 18.000 TV pro Jahr fehlen in mehr als 80 % der Fälle auswertbare Daten für eine umfassende und aussagekräftige Analyse. Exakte Erkenntnisse über den Gesamttäterkreis und dessen Zusammensetzung liegen nicht vor. Die hier gemachten Aussagen sind also stets unter dieser Einschränkung zu bewerten. Ein Zeitreihenvergleich über mehrere Jahre würde auch hier kein aussagefähigeres Bild über die Täter des Wohnungseinbruchs bringen.

- Von den 2013 festgestellten 17.703 Tatverdächtigen des Wohnungseinbruchs (TWE) waren ca. 60 % alleinhandelnde Täter.

- Wohnungseinbruch ist ein Delikt von Wiederholungstätern, ca. 85 % waren bereits zu früheren Zeiten mit Straftaten in Erscheinung getreten.
- Ca. zwei Drittel der Tatverdächtigen kamen aus der Tatortgemeinde. Unter Einbeziehung der Landkreise der Tatortbehörden begehen etwa 75 % der Täter in ihrem Einzugsgebiet Wohnungseinbruchsdiebstähle.
- Knapp die Hälfte waren allein handelnde Tatverdächtige. Das lässt in Verbindung mit anderen Indikatoren und polizeilichen Alltagserfahrungen den Schluss zu, dass mehr als 50 % der Taten in Mehrtäterschaft begangen werden.
- Konsumenten harter Drogen sind mit ca. 14 % auffällig geworden.
- Der Anteil von registrierten nichtdeutschen Tatverdächtigen ist im 5-Jahresvergleich in den Jahren 2009 – 2013 kontinuierlich gestiegen, und zwar von 23,0 % (2009) auf 31,1 % (2013), beim Tageswohnungseinbruch auf 40,0 %. Er liegt damit deutlich über der durchschnittlichen Kriminalitätsbelastung dieser Bevölkerungsgruppe, die ca. 22 % beträgt. Nach polizeilichen Praxiserfahrungen ist der WED, im Besonderen der Tageswohnungseinbruch, zunehmend eine Domäne nichtdeutscher Täter, die für ihre Tatbegehung die in Europa offenen Grenzen missbrauchen.

1.8.3 Tätergruppierungen

In der kriminalistischen Praxis treten beim Wohnungseinbruch folgende Tätergruppierungen in Erscheinung:

- Jugendliche und heranwachsende Gelegenheitstäter, die vorwiegend aus der Gruppe heraus Straftaten begehen, so auch Wohnungseinbrüche. Anlass zur Tat sind sich bietende günstige Gelegenheiten, die den spontanen Tatentschluss beeinflussen. Es handelt sich sowohl um Episodentäter, d.h. um sog. Mitläufer, als auch um Mehrfachtäter, die aufgrund von Gruppenprozessen sich an der Begehung von Wohnungseinbrüchen beteiligen. Es sind in der Regel minder schwere Fälle des Wohnungseinbruchs.

Für Gelegenheitstäter sprechen:

- brachiales Aufbrechen, offenbar in Eile,
- wahllose Mitnahme von zufälligen Beutestücken,
- Mitnahme weniger wertvoller oder sperriger Beute,
- Übersehen von Bargeld in üblichen Verstecken,
- Hinterlassen von Spuren, die der Identifizierung dienlich sind,
- laienhafte Verwertung der Beute.
- Jugendliche, heranwachsende und jungerwachsene Intensivtäter, die wiederholt und als Mehrfachtäter Wohnungseinbrüche, aber auch andere Straftaten wie Straßenraub pp. begehen.

Die Tatbegehungsmerkmale sind im Allgemeinen die gleichen wie oben.

Spezielle Merkmale sind:
- Suche nach günstigen Gelegenheiten,
- gesteigerte Energie bei der Begehung des Wohnungseinbruchs,
- vandalistische Handlungen am Tatort,
- organisierte Beuteverwertung über Hehler.

Hier finden sich auch jugendliche Tätergruppen aus ethnischen Minderheiten.
- Einzeltäter aus der Drogenszene, die als Wiederholungstäter Wohnungseinbrüche, aber auch leichte Formen des Straßenraubes zur Finanzierung ihrer Drogenabhängigkeit begehen. Es handelt sich um indirekte Beschaffungskriminalität. Zu beachten ist auch hier, dass es sich um Erkenntnisse aus dem Tatverdächtigenhellfeldes handelt. Die Aussagekraft des Zahlenmaterials wird zusätzlich zu der geringen Aufklärungsleistung noch durch die eingeschränkte Erkenntnisgrundlage hinsichtlich der Drogenabhängigkeit relativiert.
- Minderjährige Mehrfachtäter ethnischer Minderheiten. Die „Täter" sind häufig Kinder oder Jugendliche, die von delinquenzorientierten Familienverbänden zur Begehung von Wohnungseinbrüchen, häufig auch bei Taschendiebstählen gezielt eingesetzt werden. Die Tatbegehung erfolgt in vielen Fällen im Zusammenhang mit Bettelei an der Haustür, Zugang durch offene Terrassentüren oder Fenster ohne besonderen Kraftaufwand. Diebesbeute sind meistens Bargeld oder Schmuck bzw. leicht zu transportierende Gegenstände.

Bei den vorgenannten Tätergruppen handelt es sich regelmäßig um örtliche Täter, die mit ca. 60 % die Mehrzahl der ermittelten Tatverdächtigen stellen.

Professionell arbeitende Einzeltäter, die sich auf die Begehung von Wohnungseinbrüchen spezialisiert haben. Hier sind vorwiegend sogenannte Gewohnheits- oder Hangverbrecher tätig.

Tatbegehungsmerkmale:
- professionelle Tatbegehung, Vermeidung von individualisierbaren Tatspuren, die der Täteridentifizierung dienen können,
- sorgfältige Auswahl der Tatobjekte und deren Erkundung,
- Spezialisierung in der Tatbegehung,
- Konzentration auf bestimmte, tatbegünstigende Tatzeiten,
- gezielte Beuteauswahl und organisierte Beuteverwertung.
- Überwiegend agieren diese Täter überörtlich.

Professionell organisierte Banden mit heterogener personeller Zusammensetzung aus deutschen und nichtdeutschen Tätern, teils auch zusammengesetzt nach ethnischen Minderheiten. Daneben sind in der Einbruchskriminalität Tat- und Täterstrukturen der Organisierten Kriminalität (OK) zu beobachten. Es ist festzustellen, dass der Übergang von der einen zur anderen Begehungsform häufig fließend ist.

Folgende Tat- und Tätermerkmale zeichnen sich hier ab:
- die Täter agieren ausschließlich überörtlich,
- überwiegend sind internationale Täterbezüge vorhanden,
- nichtdeutsche Täter kommen zu einem hohen Anteil aus osteuropäischen Staaten,
- typisch ist das systematische Erkunden von Tatobjekten sowie die profitorientierte Tatobjekte- und Beuteauswahl,
- hinsichtlich der Organisationsform und des Organisationsgrades im Bereich der Eigentumskriminalität haben die kriminellen Verbindungen vorwiegend Netzwerkcharakter, d.h. die illegalen Kontakte sind nicht von bestimmten Organisationsschemata geprägt, sondern sind mehr oder weniger untereinander verflochten.

1.9 Geschädigte

Opferdaten für den Wohnungseinbruchsdiebstahl werden mit der PKS nicht erfasst. Die Gruppe der Geschädigten ist hinsichtlich ihrer sozialen Schichtzugehörigkeit heterogen. Geschädigt sind sowohl Personen bzw. Haushalte aus wirtschaftlich gehobenen Schichten als auch Bewohner von Mietwohnungen in Klein- und Großwohnanlagen. Daneben sind indirekt geschädigt die Versicherungskonzerne aufgrund von Schadenregulierungspflichten für aufgetretene Schäden aus Wohnungseinbruchsdiebstählen.

2 Ätiologie

2.1 Individuelle Bedingungen

Individuelle Erklärungen für Tatmotivation und Triebfedern sind nach Täterstrukturen verschieden.
- Soweit es sich bei den Tätern um jugendliche oder heranwachsende Gelegenheitstäter handelt, sind Erklärungsansätze aus der Jugendkriminalität heranzuziehen (siehe Kapitel 5).
- Bei drogenabhängigen Tätern dürfte der Wohnungseinbruch hauptsächlich der indirekten Beschaffungskriminalität zuzuordnen sein, d.h. dass der Erlös aus der Beute des Wohnungseinbruchs vorwiegend zur Finanzierung des Drogenkonsums dient.
- Kommen die Täter aus der Gruppe von ethnischen Minderheiten, liegen die Ursachen im Wesentlichen in deren Sozialstatus und in gesellschaftlicher Benachteilung, mangelhafter oder fehlender Sozialisation und Anerkennung der geltenden Rechtsordnung. Kulturkonfliktsprobleme spielen u.a. auch eine Rolle bei ausländischen Jungtätern, die obwohl in Deutschland geboren und aufgewachsen, gesellschaftlich und sozial nicht integriert sind.

- Bei den Tätern der professionellen Bandenkriminalität bzw. der organisierten Kriminalität handelt es sich um kriminelle Täterpersönlichkeiten, die profitorientiert ihren Lebensunterhalt mit der Begehung von Straftaten bestreiten.

2.2 Situative Bedingungen

Auffällig ist, dass Wohnungseinbrüche nicht nur in Ballungszentren, sondern in hoher Anzahl auch in ländlich strukturierten Gebieten begangen werden. Erklärungen dafür liefern die für Täter in allen Wohnlagen vorhandenen günstigen Tatgelegenheiten.

Eine große Anzahl der Taten findet tagsüber bis in die Abendstunden hinein statt. Ursächlich dafür dürfte die häufig berufsbedingte Abwesenheit der Wohnungsinhaber sein. Weitere tatbegünstigende Umstände liegen in fehlenden oder mangelhaften Eigensicherungsmaßnahmen gegen Einbruchsdiebstahl und in leichtfertigen Verhaltensweisen von Geschädigten, die den Zugang der Täter zu den Tatobjekten erleichtern, wie z.B. offen stehende Türen und Fenster.

2.3 Normative Bedingungen

Zwar wurde die Strafandrohung für den Wohnungseinbruch durch Einführung des § 244a StGB erheblich verschärft, ohne jedoch eine durchgreifende generalpräventive Wirkung zu entfalten.

Das geringe Entdeckungsrisiko für die Täter, das in der niedrigen Aufklärungsquote des Wohnungseinbruchs deutlich wird, ist nach Ergebnissen von Täterbefragungen ein wesentlicher Faktor für den Tatentschluss und die Wiederholungstat.

Hinsichtlich der grenzüberschreitenden Kriminalität im Hinblick auf die Täter und die organisierte Beuteverwertung erleichtert der Wegfall von Grenzkontrollen im innereuropäischen Bereich die Einbruchskriminalität.

3 Kriminalitätskontrolle

Aktuelle Kriminalitätslage

Die Kriminalitätslage im Deliktsbereich Wohnungseinbruchsdiebstahl ist bundesweit aktuell gekennzeichnet durch einen permanenten Anstieg der Fallzahlen nach der Polizeilichen Kriminalstatistik[198]. Die mit der Tat verbundene Verletzung der Privatsphäre der Opfer führt regelmäßig zur Verunsicherung der Bürger und fördert die Kriminalitätsfurcht. Nicht nur die statistisch ausgewiesene Kriminalitätsentwicklung allein in dem Deliktsbereich, vielmehr auch die Berichterstattung in den Medien weist in diesem Kriminalitätsbereich ein erhebliches sicherheitspolitisches Problem aus mit der Folge, dass ein permanenter Druck auf der Praxis der Kriminalitätskontrolle lastet.

Symptome

- Gravierender Anstieg der Fallzahlen des Wohnungseinbruchsdiebstahls,
- geringe Aufklärungsquoten,
- teils gravierende Erkenntnislücken über Täter, Täterstrukturen, Tätermobilität, Beuteverwertung,
- fehlende Personal- und Sachressourcen in der Strafverfolgung,
- geringe Verurteilungsrate ermittelter und überführter Täter[199],
- hoher volkswirtschaftlicher Schaden.

Strategisch-taktisch

- Tatzeitnahe Informationssammlung und Auswertung von Daten aus polizeilichen Informationssystemen,
- überörtliche und grenzüberschreitende Zusammenarbeit,
- Bildung von Einsatztrupps zur Kriminalitätsbekämpfung (ETK) und Einsatz operativer Kräfte an erkannten Brennpunkten,
- Beobachtung von Tätermobilitäten,
- überörtliche gezielte Fahndungsmaßnahmen der Personen- und Sachfahndung.

Ermittlungstaktik

- Tatortbefunderhebung, systematische und umfassende kriminaltechnische Spurenauswertung,
- Durchführung kriminalistischer Fallanalysen zur Gewinnung von Ermittlungshinweisen,
- Spurenauswertungen, Zusammenführung der Ergebnisse zur Informationsoptimierung,

198 Sekundäranalysen zeigen hier jedoch eine unterschiedliche Entwicklung in den einzelnen Bundesländern.

199 Ein Vergleich der Verurteilungsraten nach Bundesländern zeigt teils deutliche Abweichungen.

- Gewinnung von Erkenntnissen durch Opfer- und Zeugenvernehmungen,
- Erkennen örtlicher Brennpunktbildungen und Gewinnung von Ermittlungshinweisen durch Erhebung und Auswertung von Tatörtlichkeiten, Tatobjekten, Tatzeiten, bevorzugtem Diebesgut, Täterverhalten in der Vor- Haupt und der Nachtatphase,
- Gewinnung von Informationen durch V-Personen pp,
- Sachfahndungsmaßnahmen in Internetportalen.

Maßnahmen der Kriminalprävention

- Feststellung potenziell gefährdeter Tatobjekte,
- Beseitigung von Tatgelegenheitsstrukturen des Wohnungseinbruchsdiebstahls,
- sicherheitstechnische und verhaltensbedingte kriminalistische Beratung,
- Zusammenarbeit mit Einrichtungen der kommunalen Kriminalprävention, Vereinen und Einrichtungen.

Anmerkung

Das vorstehende Maßnahmenkonzept zur Kriminalitätskontrolle des Wohnungseinbruchsdiebstahls (WED) weist kriminalistische Elemente auf, die folgerichtig auch auf die Bekämpfung anderer Kriminalitätsphänomene Anwendung finden, d.h. nicht spezifisch nur auf den WED zutreffen.

Es ist darüber hinaus keineswegs abschließend, sondern jederzeit nach den individuellen Erfordernissen modifizierbar.

Kapitel 16
Straßenkriminalität

1 Phänomenologie

1.1 Allgemeine Angaben

Die Bekämpfung der Straßenkriminalität hat für die Polizei besondere Bedeutung, denn

- etwa jede 4. Straftat geschieht im öffentlichen Straßenraum,
- die Taten haben teils eine hohe Sozialgefährlichkeit und -schädlichkeit,
- sie beeinflussen das subjektive Sicherheitsgefühl der Bevölkerung und
- fördern Verbrechensfurcht,
- nur etwa jede 5. Tat wird aufgeklärt.

Die Delikte der Straßenkriminalität haben damit auch wesentlichen Einfluss auf die Meinung über den Erfolg/Misserfolg der polizeilichen Verbrechensbekämpfung.

So stellt die Straßenkriminalität eine besondere Herausforderung für die Polizei dar.

Die Delikte der Straßenkriminalität prägen aus der Sicht des Bürgers zunehmend, zumindest in quantitativer Hinsicht, das Bild der Kriminalität.

1.1.1 Begriff „Straßenkriminalität"

Straßenkriminalität umfasst nach einer 1977 als Arbeitsbegriff von der AG Kripo verabschiedeten Definition alle „Straftaten, die sich im öffentlichen, der Polizei in schlichthoheitlicher Aufgabenwahrnehmung, d.h. ohne Inanspruchnahme polizeirechtlicher oder strafprozessualer Eingriffsbefugnisse, zugänglichem Raum ereignen oder in diesen hineinwirken und durch den Einsatz der Polizei prinzipiell verhindert oder rasch aufgeklärt werden können". Nach dieser Festlegung des Arbeitsbegriffes nutzten die Bundesländer die Interpretationsmöglichkeiten, die durch zahlreiche Veröffentlichungen ergänzt wurden. Wesentlich für die Aufbereitung des Themas „Straßenkriminalität" erscheint die Ausdehnung auf die Vor- und Nachtatphase, ohne deren Einbeziehung die repressive und präventive Verbrechenskontrolle kaum Aussicht auf Erfolg versprechen. Über den Begriffsinhalt „Straßenkriminalität" herrschte in der Bundesrepublik in Polizeikreisen über Jahre hinweg keine Einigkeit. Die wünschenswerte Festlegung eines Deliktskatalogs „Straßenkriminalität" auf Bundesebene wurde erst in der 112. Tagung der AG Kripo Ende 1988 erreicht. Mit der Festlegung eines bundeseinheitlichen Straftatenkatalogs „Straßenkriminalität" werden im Wesentlichen zwei Ziele verfolgt:

- Gewinnung eines (auch) bundesweiten Lagebildes „Straßenkriminalität“.
- Auf der Erkenntnisbasis des Lagebildes, Entwicklung von Bekämpfungsstrategien und -taktiken sowie Beeinflussung von kriminalpolitischen Entscheidungen zur Gewährleistung der öffentlichen Sicherheit im Tatortbereich „Straße“.

Unter Orientierung und Weiterentwicklung des 1977 definierten Arbeitsbegriffes werden heute unter dem Begriff „Straßenkriminalität“ verstanden:

Alle Straftaten, deren Tatausführungen mehrheitlich in der Vortatphase, der Haupttatphase und der Nachtatphase auf der Straße i.w.S., d.h. im öffentlichen Raum geschehen oder die unmittelbar in die Öffentlichkeit hineinwirken und somit im unmittelbaren Zugriffsbereich der Polizei verübt werden. Sie können deshalb meist mit allgemeinen und/oder gezielten polizeilichen operativen Maßnahmen wirksam bekämpft werden.

Der Deliktskatalog „Straßenkriminalität“ wurde ab 1. Januar 1989 als Summenschlüssel „8990“ Straßenkriminalität bundeseinheitlich in die Richtlinien für die Führung der Polizeilichen Kriminalstatistik aufgenommen, mit Einführung des bundeseinheitlichen 6-stelligen Straftatenschlüssels als Summenschlüssel „899000 Straßenkriminalität“. Die zugeordneten Einzeldelikte blieben bis auf die Erweiterung der Schlüsselzahlen (SZ) unverändert. Damit ist nunmehr die Möglichkeit eines bundesweiten statistischen Vergleichs zum Stand und der Entwicklung der Straßenkriminalität gegeben.

Deliktskatalog Straßenkriminalität

Summenschlüssel „899000 Straßenkriminalität“ nach der Polizeilichen Kriminalstatistik	
Schlüssel-Zahl (SZ)	**Delikt**
111100	Vergewaltigung überfallartig (Einzeltäter), § 177 II Nr. 1, III u. IV StGB
111200	Vergewaltigung überfallartig (durch Gruppen), § 177 II Nr. 2 StGB
132000	Exhibitionistische Handlungen und Erregung öffentlichen Ärgernisses
213000	Raubüberfall auf Geld- und Werttransporte
214000	Räuberischer Angriff auf Kraftfahrer, § 316a StGB
216000	Handtaschenraub
217000	Sonstige Raubüberfälle auf Straßen, Wegen oder Plätzen
222100	Gefährliche und schwere Körperverletzung auf Straßen, Wegen oder Platzen

Summenschlüssel „899000 Straßenkriminalität" nach der Polizeilichen Kriminalstatistik	
Schlüssel-Zahl (SZ)	**Delikt**
233300	Erpresserischer Menschenraub i.V.m. Raubüberfall auf Geld- und Werttransporte
234300	Geiselnahme i.V.m. Raubüberfall auf Geld- und Werttransporte
*50*00	Diebstahl insgesamt an/aus Kraftfahrzeugen
*90*00	Taschendiebstahl
*00100	Diebstahl insgesamt von Kraftwagen
*00200	Diebstahl insgesamt von Mopeds und Krafträdern
*00300	Diebstahl insgesamt von Fahrrädern einschl. unbefugte Ingebrauchnahme
*00700	Diebstahl insgesamt von/aus Automaten
623000	Landfriedensbruch
674100	Sachbeschädigung an Kraftfahrzeugen
674300	Sonstige Sachbeschädigung auf Straßen, Wegen oder Plätzen

Quelle: BKA, PKS 2013, S. 356

1.1.2 Strafrechtliche, kriminologische Einordnung

Der Summenschlüssel zählt 19 verschiedenartige Straftaten, die sowohl Verbrechens- als auch Vergehenstatbestände darstellen.

Nach kriminologischen Deliktsgruppen gegliedert handelt es sich um
- schwerwiegende Delikte der Freiheitsberaubung und Erpressung,
- Raubstraftaten unterschiedlicher Art und Schwere,
- Sexualdelikte in verschiedenen Begehungsformen nach Schwere und Rechtsgutverletzung,
- Aggressionsdelikte verschiedener Art,
- „einfache" und „schwere" Diebstahlsdelikte.

Hinsichtlich der Tatmotive überwiegt die illegale Bereicherung, teils gepaart mit Anwendung von Gewalt gegen Personen, daneben sexuell orientierte Gewalt.

Fraglich ist, ob der Straftatenkatalog unter der formulierten Zielsetzung und der Begriffsdefinition vollständig und umfassend ist.

1.2 Umfang und Entwicklung

Entwicklung der Straßenkriminalität im Langzeitvergleich

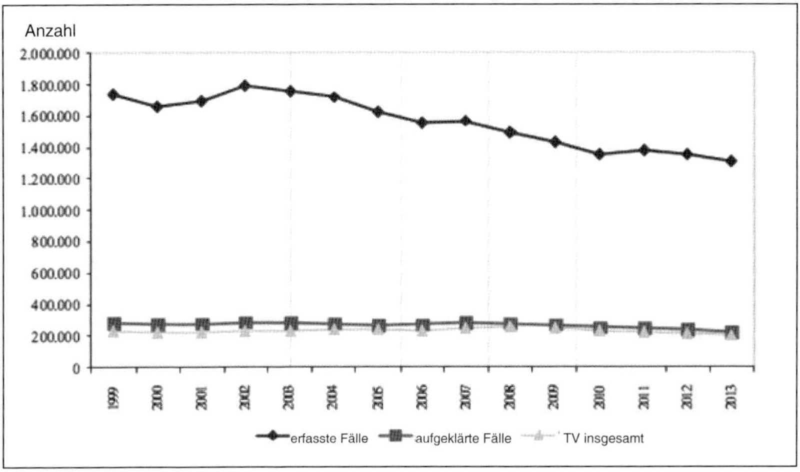

Quelle: BKA, PKS 2013

Im Erfassungszeitraum von 15 Jahren (1999–2013) haben die Fallzahlen der registrierten Straßenkriminalität von 1.740.270 auf 1.309.807 Delikte abgenommen. Das bedeutet einen Rückgang von ca. 25 %. Damit setzt sich die seit einigen Jahren zu beobachtende Entwicklung der kontinuierlichen Verringerung der nach der PKS erfassten Fälle der Straßenkriminalität fort. Erklärt wird diese Entwicklung hauptsächlich mit der Abnahme der Diebstähle an/aus Kraftfahrzeugen.

Inwieweit verändertes Kontrollverhalten der Polizei nach Häufigkeit und Intensität auf den Rückgang der registrierten Straßenkriminalität mit ursächlich ist, kann nicht verifiziert werden. Die Annahme ist rein spekulativ.

1.2.1 Fallentwicklung und Aufklärung

Die durchschnittliche Aufklärungsleistung aller Delikte der Straßenkriminalität liegt seit Jahren zwischen 16 bis 18 % und damit auf dauerhaft niederem Niveau. Bei dieser Betrachtungsweise bleibt die heterogene Deliktsstruktur der Straßenkriminalität und deren deliktsspezifisch differenziertes Aufklärungspotenzial unbeachtet. Es ist eine kriminalistische Binsenweisheit, dass bestimmte Straftaten nach der Art ihrer Tatbegehung eine höhere Aufklärungswahrscheinlichkeit aufweisen als andere. So bewegt sich die Aufklärungsquote der einzelnen Delikte oder Deliktsgruppen zwischen 10 % und knapp 80 %, je nach Art der

Straftat. Dies zeigt auch die nachstehende Übersicht. Hinzu kommt die nicht zu übersehende Tatsache, dass bei sog. Massendelikten der Bagatellkriminalität, z.B. beim Fahrraddiebstahl, allein aus arbeitsökonomischen Gründen diese Art der Kriminalität von den Strafverfolgungsorganen eher verwaltet als bekämpft, d.h. aufgeklärt wird. Die Gesamtaufklärungsquote der Straßenkriminalität hat folglich nur eine eingeschränkte kriminalpolitische Bedeutung.

Eine merkliche Steigerung der Aufklärungsleistung der Delikte der Straßenkriminalität, im Besonderen der Massendelikte, ist nach den polizeilichen Praxiserfahrungen nur dann zu erreichen, wenn

- für die Fallbearbeitung in hinreichendem Maße qualifiziertes Ermittlungspersonal zur Verfügung steht,
- die kriminalistisch-naturwissenschaftlichen Ressourcen der Täterermittlung und -überführung voll umfänglich genutzt werden und
- ermittlungsökonomische Zwänge den Personal- und Mitteleinsatz nicht unverhältnismäßig bestimmen.

Ausgewählte Straftatengruppen der Straßenkriminalität nach Fallzahlen, Straftatenanteil und Aufklärungsquote

SZ	Straftatengruppen – ausgewählte Fallgruppen –	Erfasste Fälle	Straftatenanteil * 2013 in %	AQ 2013 in %
899000	Straßenkriminalität darunter:	1.309.807	100%	17,0
216000	Handtaschenraub	2.796	0,2	28,4
217000	Sonstige Raubüberfälle auf Straßen, Wegen oder Plätzen	21.349	1,6	39,7
222100	Gefährliche und schwere Körperverletzung auf Straßen, Wegen oder Plätzen	57.875	4,4	74,9
*50*00	Diebstahl insgesamt an/aus Kraftfahrzeugen	332.605	25,3	9,7
***300	Diebstahl von Fahrrädern (inkl. unbefugte Ingebrauchnahme)	316.857	24,1	9,6
*90*00	Taschendiebstahl	135.617	10,3	5,7
674100	Sachbeschädigung an Kraftfahrzeugen	208.398	15,9	35,3
674300	Sonstige Sachbeschädigung auf Straßen, Wegen oder Plätzen	159.298	12,1	22,8

** Straftatenanteil an der Straßenkriminalität*

Quelle: BKA, PKS 2013

1.2.2 Dunkelfeld

Das Straftatendunkelfeld ist wegen der heterogenen Binnenstruktur der Straßenkriminalität nicht eindeutig bestimmbar. Die registrierte Straßenkriminalität ist deshalb kein proportional verkleinertes Bild der tatsächlich begangenen Straftaten. Allgemein gültige Angaben verbieten sich. Bei den Delikten, bei denen die Sachversicherer als Bedingung für die durch die Straftat verursachte Schadensregulierung eine Strafanzeige seitens des Geschädigten verlangen, wie dies in der Regel bei den Kfz-Delikten der Fall ist, kann davon ausgegangen werden, dass das Dunkelfeld relativ klein ist. Alle anderen Aussagen zur Hell-Dunkelfeld-Problematik sind unter den Aspekten des deliktsspezifischen Dunkelfeldes zu betrachten, auf die in diesem Zusammenhang nicht weiter eingegangen werden kann. Auf die Hell-Dunkelfeld-Problematik bei Vergewaltigungstaten, Körperverletzungsdelikten, Taschendiebstählen u.ä. soll nur beispielhaft hingewiesen werden. Unter dieser Einschränkung sind alle weiteren Feststellungen und Aussagen zur Phänomenologie der Straßenkriminalität zu sehen.

1.3 Struktur der Straßenkriminalität

Besondere Tatanreize gehen vom Kraftfahrzeug als Tatobjekt aus. Unter Einbeziehung der Sachbeschädigungen am Kfz umfasst die Kriminalität „rund um das Kraftfahrzeug" ca. 50 % der Straßenkriminalität.

Straßenkriminalität ist zum großen Teil ein Phänomen der Massenkriminalität, bei der hauptsächlich der verursachte volkswirtschaftliche Schaden eine Rolle spielt.

Die Gewaltdelikte der Straßenkriminalität, besonders Vergewaltigung, Handtaschenraub, sonstige Raubüberfälle auf Straßen, Wegen oder Plätzen, gefährliche und schwere Körperverletzung auf Straßen, Wegen oder Plätzen, richten sich in ihren Tathandlungen gegen die körperliche Integrität der Opfer. Sie beeinflussen dadurch das subjektive Sicherheitsgefühl der Bevölkerung nachhaltig, obwohl sie „nur" etwa 3 % der registrierten Gesamtkriminalität ausmachen.

1.4 Tatortverteilung

Straßenkriminalität ist in Großstädten ab 500000 Einwohnern deutlich überrepräsentiert. Dies gilt in besonderem Maße für den Straßenraub (SZ 216000 und 217000) und den Taschendiebstahl. Ländlich strukturierte Gebiete sind dagegen gering belastet. Hier wirken sich offenbar die Sozialstruktur und die unterschiedliche soziale Kontrolle der Tatortbereiche einerseits kriminalitätshemmend und andererseits kriminalitätsfördernd aus. Der Diebstahl von Fahrrädern ist ein Delikt von kleinstädtisch strukturierten Gemeinden. Relativ hohe Belastungen haben ländliche Gebiete bei den Delikten „rund um das Kfz" und den gefährlichen und schweren Körperverletzungen.

1.5 Tatzeiten

Die unterschiedlichen Begehungsformen der als Straßenkriminalität erfassten Taten lassen eine allgemein gültige Aussage zu den Tatzeiten nicht zu. Es bleibt festzuhalten, dass ein großes „Tatgelegenheitsangebot", vor allem bezogen auf das Kraftfahrzeug als Tatobjekt, in den Abend- und Nachtstunden liegt. Darüber hinaus ergeben sich zu unterschiedlichen Tageszeiten zeitliche und örtliche deliktsspezifische Kriminalitätsbrennpunkte.

Wesentlich für eine gezielte und erfolgreiche Kriminalitätskontrolle der Straßenkriminalität ist deshalb die Erhebung aktueller örtlicher Kriminalitätsdaten nach Delikt, Raum, Zeit und Opfer sowie die Erstellung von Kriminalitätslagebildern auf der Grundlage der erhobenen Daten.

1.6 Tatverdächtige

Tatverdächtige ausgewählter Fallgruppen der Straßenkriminalität nach Alter und Geschlecht

Schlüssel zahl	Ausgewählte Fallgruppen	Tatverdächtige 2013							
		insgesamt	männl. %	weibl. %	Kinder %	Jugendl. %	Heranw. %	Erw. %	Nichtdeutsche %
899000	Straßenkriminalität darunter:	198.808	88,6	11,4	6,1	18,3	16,0	59,7	22,9
216000	Handtaschenraub	934	89,3	10,7	2,1	28,1	21,0	48,8	31,9
217000	Sonstige Raubüberfälle auf Straßen, Wegen oder Plätzen	11.948	93,3	6,7	4,8	33,6	22,6	39,0	32,3
222100	Gefährliche und schwere Körperverletzung auf Straßen, Wegen oder Plätzen	65.507	87,7	12,3	5,4	17,3	17,5	59,8	24,8
*50*00	Diebstahl insgesamt an/aus Kraftfahrzeugen	18.535	92,8	7,2	1,8	13,0	15,9	69,3	30,9
*90*00	Taschendiebstahl	6.305	70,1	29,9	3,3	16,8	15,3	64,7	66,0

Quelle: BKA, PKS 2013

Die Straßenkriminalität ist ein Deliktsbereich männlicher Jungtäter (Jugendliche/Heranwachsende). Zwar liegt der prozentuale Anteil der ermittelten tatverdächtigen Jungtäter zu den Erwachsenen deutlich darunter (34,3 % zu 59,7 %), gemessen an ihrem Bevölkerungsanteil sind die sogenannten Jungtäter jedoch überrepräsentiert, wie die nachstehende Übersicht der Tatverdächtigenbelastung dies zeigt.

Bei der Bewertung der Tatverdächtigenzahlen ist jedoch zu beachten, dass sich die Aufklärungsquoten bundesweit seit Jahren nur um etwa 16–18 % bewegen, so dass das Basismaterial für eine gesicherte Aussage zur Tatverdächtigenstruktur folglich äußerst gering ist. Dennoch kann gefolgert werden, dass sich auch bei einer Aufhellung des Tatverdächtigendunkelfeldes durch Steigerung der Aufklärung und damit einhergehend der Erhöhung der Zahl der ermittelten Tatverdächtigen das Gesamtbild der Tatverdächtigenstruktur nicht wesentlich verändern wird.

Bei Betrachtung der Einzeldelikte zeigt sich folgendes Bild:

Der Handtaschenraub und die sonstigen Fälle des Straßenraubes sind eine Domäne männlicher jugendlicher Täter.

Frauen als Täterinnen der Straßenkriminalität treten nur in geringem Umfang in Erscheinung. Ihre Belastung liegt deutlich unter ihrem Anteil an der Gesamtkriminalität von ca. 24 % aller ermittelten Tatverdächtigen.

Auffallend hoch ist die Beteilung von Kindern am Straßenraub (SZ 217000) und an den gefährlichen und schweren Körperverletzungen (SZ 222100). Beim Straßenraub dürfte es sich hauptsächlich um das sogenannte Abziehen handeln. Kinder sind ebenfalls überproportional auffällig beim Taschendiebstahl vertreten. Die „tatverdächtigen" Kinder dieses Delikts gehören häufig ethnischen Minderheiten an.

Die Tatverdächtigenbelastung der einzelnen Altergruppen nach Tatverdächtigenbelastungszahlen zeigt die nachstehende Abbildung aus dem Jahr 2012.

Neuere Erkenntnisse zu den TVBZ ergeben kein wesenlich anderes Bild.

Tatverdächtigenbelastung im Bereich der Straßenkriminalität 2012

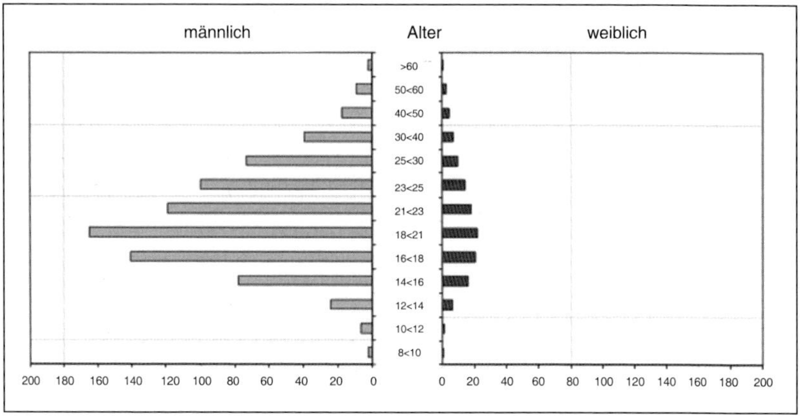

Quelle: BKA, PKS 2013

Der Tatverdächtigenanteil Nichtdeutscher liegt bei der Straßenkriminalität mit 22,9 % in etwa im Durchschnitt ihrer Gesamtbelastung an den ermittelten Tatverdächtigen. Eine deutlich überdurchschnittliche Kriminalitätsbelastung weisen Nichtdeutsche bei den Delikten des Straßenraubes (32,3 %) und des Taschendiebstahls (66,0 %) auf. Bei der Beurteilung der Kriminalitätsbelastung Nichtdeutscher ist allerdings zu beachten, dass der Anteil junger, aktiver Jahrgänge an der Bevölkerungsstruktur nichtdeutscher Bürger wesentlich höher ist als dies bei der deutschen Bevölkerung der Fall ist. Da junge Menschen erfahrungsgemäß generell eine relativ höhere kriminelle Aktivität aufweisen als ältere, muss dies allgemein zwangsläufig zu einer Verzerrung zu Ungunsten nichtdeutscher Mitbürger führen.

2 Ätiologie

Straßenkriminalität ist in weiten Bereichen Jugendkriminalität, sodass zu ihrer Erklärung jugendkriminologische Erklärungsansätze heranzuziehen sind (siehe Kapitel 5, Jugendkriminalität). Es überwiegt die Tatbegehung durch delinquente Gruppen bei wechselnder Tatgenossenschaft. Bestimmte Formen der Straßenkriminalität werden von professionellen Tätern, entweder als Bandendelikt oder als organisierte Kriminalität, begangen. Dies ist z.B. seit geraumer Zeit beim Diebstahl von Kraftfahrzeugen mit anschließender Kfz-Verschiebung ins Ausland oder beim Diebstahl hochwertige Beute aus Kfz mit organisierter Beuteverwertung zu beobachten.

Die Phänomenologie der Straßenkriminalität wird – wie bereits erwähnt – durch delinquente Jungtätergruppen entscheidend geprägt. In der Gruppe kann sich jeder Einzelne selbst beweisen. Es erfolgen auch gegenseitige Tatanreize. Einstiegs- und/oder Mutdelikte spielen hier ebenfalls eine Rolle. Eine bedeutsame Ursache stellt die indirekte Beschaffungskriminalität dar.

Straßenkriminalität ist auch weit überwiegend, wegen der Überrepräsentanz der Eigentumsdelikte, Begehrlichkeitskriminalität. Die Tat- und Tätermotivation wird im Wesentlichen durch den illegalen (durch die Begehung von Straftaten ermöglichten) Besitzerwerb bestimmt. Diese Feststellung trifft auch auf die Fälle des Raubes zu, die in der Tätervorstellung in erster Linie auf die Erlangung von Geld oder Sachwerten als Tatbeute, weniger auf die Anwendung von Gewalt gegen das Opfer gerichtet ist.

Die massenweise Begehung von Straftaten der Straßenkriminalität wird durch vorhandene Tatgelegenheitsstrukturen begünstigt, die Ergebnisse unserer Gesellschafts- und Wirtschaftsordnung sind. Die Polizei allein hat deshalb nur sehr begrenzte Möglichkeiten, auf diese Kriminalität wirksam Einfluss zu nehmen. Wenn auch Straßenkriminalität quantitativ überwiegend Eigentumskriminalität ist, die von einem hohen Teil von Jungtätern begangen wird, dürfen bei der Bewertung der Straßenkriminalität die Gewaltdelikte nicht außer Acht bleiben. Das Ausmaß an Gewalt, das durch diese Straftaten deutlich wird, spiegelt ganz wesentlich das in unserer Gesellschaft vorhandene Aggressionspotenzial wider.

3 Kriminalitätskontrolle

Kriminalitätslage

Das Kriminalitätslagebild Straßenkriminalität ist gekennzeichnet durch folgende sicherheitsrelevante Phänomene:

- Ca. jede 4. Straftat findet im öffentlichen Straßenraum statt,
- die Entwicklung der Fallzahlen allgemein zeigt rückläufige Tendenz seit mehreren Jahren,
- der Deliktskatalog subsumiert eine Gemengelage von Rechtsgutverletzungen unterschiedlicher Art und Schwere und beeinflusst die subjektive Kriminalitätsfurcht der Bevölkerung,
- die Deliktsstruktur wird quantitativ wesentlich bestimmt durch Straftaten der Massenkriminalität, und zwar vor allem durch Straftaten „rund um das Kfz",
- Straßenkriminalität ist mit Blick auf die Täter in hohem Maße Jugendkriminalität,
- die Vielfältigkeit von Tätern, Taten, Opfern, Tatorten und Begehungsweisen stellt an die Effizienz der polizeilichen Kriminalitätskontrolle hohe Anforderungen.

Strategisch-taktisch

Grundlage für eine effektive Kriminalitätskontrolle der Straßenkriminalität ist ein aktuelles, aussagekräftiges Kriminalitätslagebild. Die Kenntnis über Täterstrukturen, Deliktsbrennpunkte, Tatörtlichkeiten und Tatgelegenheitsstrukturen eines Raumes sind notwendige Voraussetzungen für Planung, Entscheidung und Durchführung sowohl von operativen als auch von Ermittlungs- und Präventionsmaßnahmen im Deliktsbereich Straßenkriminalität.

Wesentliche Parameter sind:

- Tatbegehungsweisen (Modi Operandi),
- bevorzugte Tatorte und Tatzeiten,
- Opfer, Tatobjekte,
- Täterbeschreibungen,
- Tätermobilität, Täterwohnsitze,
- Beziehungen zwischen Tatorten und Sozialstruktur,
- bevorzugtes Beutegut und dessen Verwertung,
- strukturbedingte und verhaltensbedingte Tatanreize,
- Täterzu- und Abstrom.

Maßnahmen mit vorwiegend einsatztaktischem Charakter

- Einsatztaktischer Grundsatz: delikts-, orts- und täterbezogene Einsatzformen wählen!
- sichtbare polizeiliche Präsenz, verstärkte Streifen- und Kontrolltätigkeit an erkannten Kriminalitätsbrennpunkten,
- Observation von Kriminalitätsbrennpunkten nach Delikten, Tatorten, Tatzeiten, von Umschlagplätzen im Rahmen von Beuteverwertung,
- Kontrollen und Observation von Verkehrslokalen und Treffpunkten Tatverdächtiger,
- Observation offener Drogenszenen,
- Verdeckte Informationsgewinnung bei Intensivtätern und delinquenten Gruppen,
- Gezielte Verkehrskontrollen (auch auf BAB) an wechselnden Orten zu wechselnden Zeiten unter Beachtung von Erkenntnissen über Täterzu- und -abstrom sowie Täterwohnorte, Abtransport der Beute pp.

Maßnahmen mit vorwiegend ermittlungstaktischem Charakter

- Umfassende Erhebung des Tatbefundes und dessen analytische Auswertung,
- kriminaltechnische Datenerhebung und Auswertung,
- exakte Vernehmung von Tatverdächtigen, Gegenüberstellung, Wiedererkennungsverfahren,

- Zusammenführung von Erkenntnissen aus unterschiedlichen Ermittlungsverfahren und Verdichtung des Informationspotenzials,
- Zusammenführung des Ermittlungspotenzials auf örtlicher und überörtlicher Ebene,
- Überwachung und Auswertung von Portalen der Beuteverwertung.

Maßnahmen der Kriminalprävention

- Erfassung der Opferdaten in einem Präventionslagebild,
- Erfassung und Reduzierung von sogenannten Opferräumen,
- Beseitigung oder Reduzierung von Tatgelegenheitsstrukturen,
- Polizeiliche Beratung und Aufklärung von Opfern sowie potenziellen Opfern und Opfergruppen zur Verhinderung weiterer Straftaten,
- Sicherheitstechnische Beratung gefährdeter Personen und Objekte, von Geschädigten,
- Verhaltensorientierte Beratung bestimmter Opfer-Zielgruppen,
- Unterstützung der Maßnahmen durch gezielte Öffentlichkeitsarbeit,
- aktuelle, anlassbezogene Zusammenarbeit mit kommunalen Dienststellen und Bürgervereinen und Bürgergruppen im Sinne gemeinsamer gezielter Kriminalprävention in kriminalitätsgefährdeten Bereichen.

Das Maßnahmenkonzept zur Kriminalitätskontrolle der Straßenkriminalität ist keineswegs abschließend, vielmehr jederzeit nach den kriminaltaktischen Erfordernissen modifizierbar.

Kapitel 17
Gewaltkriminalität

1 Phänomenologie

1.1 Charakterisierung der Gewaltkriminalität

Gewalt ist im unserer Gesellschaft ein vieldiskutiertes Phänomen. Dies wird deutlich an den häufig wiederkehrenden Begriffen: wie „Politische Gewaltkriminalität, Gewalt in der Familie, Gewalt gegen Frauen und gegen Kinder, Jugendgruppengewalt, Gewalt an Schulen, Gewalt im Sport, Gewalt gegen Sachen, Gewaltdarstellungen in den Medien". Im Strafrecht gehört der Begriff Gewalt zu den umstrittenen Begriffen des Besonderen Teils, ohne jedoch eine Legaldefinition zu bieten. Auch im Bürgerlichen Recht wird der Begriff der Gewalt z.B im Zusammenhang mit der elterlichen Gewalt gebraucht. Daneben verwendet die Soziologie den Begriff „strukturelle Gewalt"[200], der alle gesellschaftlichen Vorgänge beinhaltet, die Menschen so negativ beeinflussen können, dass sie unter dem Entfaltungsniveau ihrer Möglichkeiten bleiben.

Gewaltdelinquenz ist durch eine hohe Individual- und Sozialschädlichkeit gekennzeichnet.

In vielen Fällen schädigen Gewalttaten die Opfer sowohl in physischer, in psychischer als auch in finanzieller Hinsicht, entweder auf Grund unmittelbarer Tatfolgen, wie z.B. bei Raubdelikten oder durch mittelbare Folgen.

1.1.1 Kriminologisch-soziologische Gewaltbegriffe

Die Begriffe „Aggression und Gewalt" werden in unterschiedlichen Bedeutungen verwendet. In der wissenschaftlichen Tradition ist der Aggressionsbegriff dem Gewaltbegriff übergeordnet. Nach diesem Verständnis ist Gewalt eine besonders extreme Form von Aggression. Gewalt lässt sich als absichtliches Handeln von Individuen und Gruppen beschreiben, das auf die zielgerichtete Schädigung eines Dritten ausgerichtet ist.

Galtung[201], Friedensforscher, beschriebt drei unterschiedliche Formen von Gewalt:

- personale oder direkte Gewalt,
- kulturelle Gewalt,
- strukturelle Gewalt.

200 *Galtung* (1998), Bundeszentrale für polit. Bildung, Internetpräsenz: bpb.de, (Stand: April 2015).
201 *Galtung* (1998), Bundeszentrale für polit. Bildung, Internetpräsenz: bpb.de, (Stand: April 2015).

Die von ihm beschriebenen Formen der Gewalt sind voneinander abhängig, treten gemeinsam auf und beeinflussen sich gegenseitig.

Als personale Gewalt bezeichnet Galtung die Gewaltform, bei der es einen Akteur gibt, durch den direkte Gewalt angewandt wird und die wir in der Gewaltkriminalität abgebildet finden.

Unter kultureller Gewalt wird jede Eigenschaft einer Kultur verstanden, mit deren Hilfe direkte oder strukturelle Gewalt legitimiert werden kann. Diese Form trägt zur Rechtfertigung der Gewalt unmittelbar bei.

Gewalt ohne einen Akteur wird als strukturelle oder indirekte Gewalt bezeichnet. Hier tritt niemand als Akteur unmittelbar in Erscheinung, der einem anderen direkt Schaden zufügen könnte. Die Gewalt ist systemimmanent. Sie äußert sich in ungleichen Machtverhältnissen und Lebenschancen.

Schwind[202] definiert den Gewaltbegriff wie folgt: Gewalt ist die „zielgerichtete, direkte Schädigung von Menschen durch Menschen". Er bezieht in einer erweiterten Definition den körperlichen Angriff auf Sachen in den Gewaltbegriff mit ein. In diesem Sinne lässt sich der Gewaltbegriff wie folgt beschreiben: Gewalt ist die zielgerichtete Schädigung von Menschen durch Menschen sowie der körperliche Angriff auf Sachen.

Bereits die angeführten Beispiele zeigen die unterschiedlichen Begrifflichkeiten. Ein allgemeingültiger Konsens über den Inhalt des Begriffs „Gewalt" hat sich bislang nicht herausgebildet.

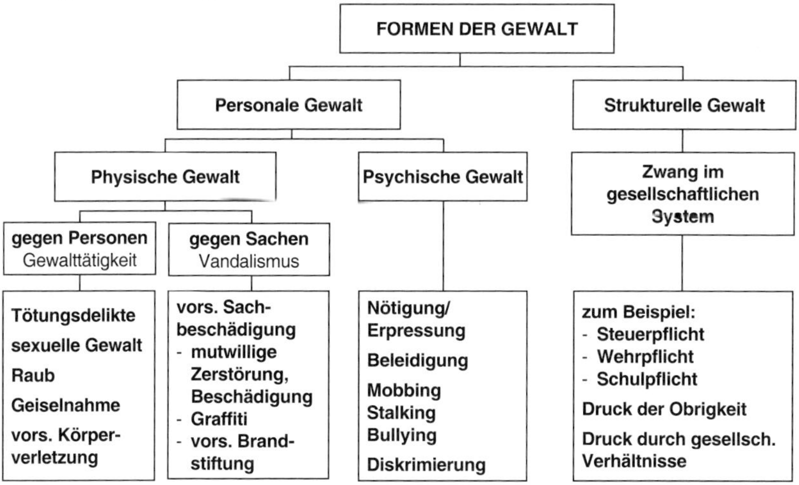

Quelle: Unter Orientierung an Schwind (2005), S. 30

202 *Schwind* (2013), S. 34

1.1.2 Strafrechtliche Gewaltbegriffe

Zwar hat der Gesetzgeber eine Vielzahl unterschiedlicher gewalttätiger Handlungen im Strafgesetz unter Strafe gestellt, Konsens über den Gewaltbegriff besteht jedoch auch im Strafrecht nicht.

Hier ist die Anwendung von Gewalt bei Straftaten, die sich gegen die körperliche Integrität und die Freiheit der Person richten, wesentliches Tatbestandsmerkmal. Nach herrschender Rechtsauffassung ist Gewalt gegen eine Person die Ausübung eines erheblichen körperlichen Zwanges auf einen Menschen, der dazu bestimmt ist, Widerstand zu überwinden oder auszuschließen. Nicht erforderlich ist die unmittelbare Einwirkung; die mittelbare physische Einwirkung genügt, z.B. das Einsperren einer Person. Begrifflich beschränkt sich diese Sicht der Gewalt auf die personale Gewalt (siehe auch Abschnitt 1.1.1 Kriminologisch-soziologische Gewaltbegriffe).

Der strafrechtliche Gewaltbegriff schließt die sog. Gewalt gegen Sachen dann mit ein, wenn „sich die Sachgewalt zuminderst mittelbar physisch auf die Person des Genötigten auswirkt“ .

Artverwandt dem Gewaltbegriff gegen Personen ist der Begriff der „Gewalttätigkeit“ nach §§ 113 Abs. 2 Nr. 2 StGB, Widerstand gegen Vollstreckungsbeamte; 121 Abs. 1, Abs. 3 Nr. 3 StGB, Gefangenenmeuterei; 124 StGB, Schwerer Hausfriedensbruch; 125 Abs. 1 Nr. 1 StGB; Landfriedensbruch; 125a Nr. 3 StGB. Ziel des Täters/der Täterin ist auch hier die Anwendung von Gewalt gegen Personen.

Gegenstand der nachstehenden Ausführungen sind gewaltorientierte Handlungen, die sich gegen die Person richten. Gewalthandlungen gegen Sachen werden nicht behandelt.

1.1.3 Kriminalphänomenologische Schwerpunkte

Rechtlich hat der Gesetzgeber eine Vielzahl von Gewaltstraftaten unterschiedlicher Art unter Strafe gestellt. Die Strafandrohung richtet sich im Wesentlichen nach der Intensität der Gewaltanwendung und nach der Schwere der Tatfolgen.

Die folgenden Abhandlungen zum Thema Gewaltkriminalität befassen sich im Schwerpunkt mit

- den in dem Summenschlüssel 892000 der Polizeilichen Kriminalstatistik (PKS) zusammengefassten Delikten der Gewaltkriminalität,
- den Straftaten gegen die körperliche Unversehrtheit nach dem 17. Abschnitt des StGB und
- ausgewählten speziellen Phänomenen der Gewaltkriminalität.

Als ausgewählte spezielle Phänomene der Gewaltkriminalität werden abgehandelt:

- Gewalt im sozialen Nahraum
- sexueller Missbrauch von Minderjährigen
- Nachstellung (Stalking)
- Gewalt an Schulen
- Aggression in Form von Bullying

Die Themen: Gewalt an Schulen und Aggression in Form von Bullying sind in Kapitel 5 Jugendkriminalität dargestellt.

Weitere spezielle Phänomene der Gewaltkriminalität sind

- Amoktaten
- fremdenfeindliche Gewalt
- Gewalt im Zusammenhang mit Sportveranstaltungen
- extremistisch orientierte Gewaltkriminalität
- Jugendgruppengewalt

Diese Formen der Gewalt sind nicht Gegenstand der vorliegenden Veröffentlichung.

2 Gewaltkriminalität nach der Polizeilichen Kriminalstatistik

2.1 Charakterisierung

Unter dem Begriff „Gewaltkriminalität" fasst die PKS die in dem „Summenschlüssel 892000" aufgeführten Deliktsgruppen bzw. Delikte zusammen.

Gewaltkriminalität nach der Polizeilichen Kriminalstatistik

Schl.-Zahl	Deliktsgruppe/Delikt
892000	**Gewaltkriminalität** darunter:
010000	Mord
020000	Totschlag, Tötung auf Verlangen
111000	Vergewaltigung und sexuelle Nötigung §§ 177 Abs. 2, 3 u. 4, 178 StGB
210000	Raubdelikte
221000	Körperverletzung mit Todesfolge
222000	Gefährliche und schwere Körperverletzung
233000	Erpresserischer Menschenraub
234000	Geiselnahme

Die unter der Schlüsselzahl 892000 der PKS ausgewählten und abschließend festgelegten Delikte und Deliktsfelder haben den Zweck, eine bundeseinheitliche kriminalstatistische Erfassung bekannt gewordener schwerer Gewaltstraftaten zu ermöglichen. Die erfassten Daten sind Grundlage für das Lagebild Gewaltkriminalität, das der Beobachtung und Beurteilung schwerwiegender Gewalttaten dient.

Wesentliche Kriterien der Deliktsauswahl sind

- die durch die Tat in erheblichem Maße beeinträchtigte körperliche Integrität der potenziellen Opfer sowie
- die damit verbundene Schwere der Tat.

Die vorsätzliche Gewalt gegen Sachen, einfache Körperverletzungen oder Vandalismustaten sowie bestimmte andere gesellschaftliche Phänomene vorsätzlicher Gewalt, die unstrittig Gewaltkomponenten enthalten, werden mit dem Deliktskatalog nicht erfasst. Ein umfassendes Lagebild über die Gewalt in der Gesellschaft leistet der Deliktskatalog „Gewaltkriminalität" demnach nicht, sondern beschränkt sich nur auf die oben genannten Straftaten.

2.2 Strafrechtliche Einordnung

Die strafrechtliche Einordnung der unter der SZ 892000 zusammengefassten Delikte der Gewaltkriminalität stellt sich wie folgt dar:

(Die angegebenen Paragrafen sind Bestimmungen des StGB.)

- § 211 Mord (SZ 010000), § 212 Totschlag, § 213 minder schwerer Fall des Totschlags, § 216 Tötung auf Verlangen (SZ 011000) zählen zu den Straftaten gegen das Leben. Sie sind im 16. Abschnitt des StGB zusammengefasst, weitere Ausführungen siehe Kapitel 10 Tötungsdelikte.
- Die Tatbestände der sexuellen Nötigung und der Vergewaltigung sind in § 177 zusammengefasst. § 178 enthält die Erfolgsqualifikation der sexuellen Nötigung und Vergewaltigung mit Todesfolge. Die in § 177 Abs. 2, 3, und 4 aufgeführten Tathandlungen sind nach der PKS der Gewaltkriminalität zugeordnet (SZ 111000).
- § 177 Abs. 2 stellt als besonders schweren Fall der sexuellen Nötigung die Vergewaltigung unter Strafe. Abs. 3 und 4 enthalten tatbestandliche Qualifikationen der Absätze 1 und 2, weitere Ausführungen siehe Kapitel 12, Vergewaltigung und sexuelle Nötigung.
- Unter den strafrechtlichen Bestimmungen des Raubes (SZ 210000) sind die §§ 249, 252, 255 und 316a aufgeführt. § 249 definiert den Grundtatbestand des Raubes, nämlich den mit Mitteln der Nötigung ermöglichten Diebstahl.[203] Der schwere Raub nach § 250 sowie der Raub mit Todesfolge nach § 251 stellen Qualifikationen des Grundtatbestandes nach § 249

203 *Fischer* (2014), § 249 Rn. 2

dar. § 252, Räuberischer Diebstahl, ist ein raubähnliches Delikt. Hier dient das Mittel der Nötigung nicht der Wegnahme, sondern der Sicherung des Weggenommenen.

- SZ 221000 enthält die Delikte nach §§ 227, Körperverletzung mit Todesfolge, 231, Beteiligung an einer Schlägerei. § 227 stellt ein erfolgsqualifiziertes Delikt der Tathandlungen der vorsätzlichen Körperverletzung, §§ 223–226, dar, wenn dadurch mindestens fahrlässig der Tod eines Menschen verursacht worden ist. § 231 stellt die Beteiligung an einer Schlägerei oder an einem Angriff (sog. Raufhandel) unter Strafe, wenn dabei ein Mensch zu Tode gekommen ist oder eine schwere Körperverletzung erlitten hat.
- Gefährliche und schwere Körperverletzung (SZ 222000). Hierunter werden Straftaten nach den §§ 224, 226, 231 subsumiert. Es handelt sich um qualifizierende Tatbestände der Körperverletzung.
- Erpresserischer Menschenraub, § 239a, (SZ 233000) enthält die Tathandlungen der Entführung oder des Sichbemächtigen eines Menschen in der Absicht der Erpressung (§ 253 StGB).
- Geiselnahme, § 239b, (SZ 234000). Tathandlungen sind ebenfalls das Entführen oder Sichbemächtigen eines Menschen in der Absicht, durch Drohung mit dem Tod, einer schweren Körperverletzung oder einer länger andauernden Freiheitsentziehung das Opfer oder einen Dritten zu nötigen.

2.3 Umfang und Entwicklung

Nachdem die registrierte Gewaltkriminalität in der Langzeitentwicklung der zurückliegenden Jahre einen permanenten Anstieg der Fallzahlen verzeichnete, ist ab 2008 ein Rückgang festzustellen. Für 2013 wurden 184.847 Fälle statistisch erfasst. Im Vergleich zum Vorjahr (195.143 Gewaltdelikte) beträgt die Abnahme 5,3 % = 10.296 Fälle. Die rückläufige Entwicklung wird hauptsächlich auf den Bereich der Raubkriminalität (– 3,0 % = 1.477 Fälle) sowie der gefährlichen und schweren Körperverletzung (–6,0 % = 8.208 Fälle) zurückgeführt

Auch die übrigen Delikte der Gewaltkriminalität verzeichnen eine zahlenmäßige Abnahme. Ob damit eine dauerhaft rückläufige Entwicklung bei der Gewaltkriminalität einhergeht, bleibt abzuwarten. Die Aufklärungsleistung liegt nach wie vor bei ca. 75 %.

Der Anteil der registrierten Gewaltkriminalität an der Gesamtkriminalität beträgt jedoch seit Jahren konstant nur ca. 3 %. Gewaltkriminalität ist hauptsächlich ein qualitatives, nicht ein quantitatives Problem, denn beurteilt nach der Schwere der Straftaten und der Wirkung auf die Opfer und auf das subjektive Sicherheitsgefühl der Bürger, ergibt sich ein anderes Bild als bei der ausschließlichen Betrachtung der Fallzahlen.

Beispiel:
Die PKS zählt numerisch z.B. ein Tötungsdelikt ebenso wie einen Fahrraddiebstahl als eine Straftat.

Ungeachtet dieses geringen Anteils an der Gesamtkriminalität wirken sich diese Delikte infolge der oft gravierenden Folgen für die Opfer und einer nachhaltigen Medienresonanz besonders negativ prägend auf das Sicherheitsempfinden der Bevölkerung aus.

2.4 Struktur der Gewaltkriminalität

Die Deliktsstruktur der Gewaltkriminalität im Detail einschließlich der erfassten Fälle und der Aufklärungsquoten zeigt die nachstehende Abbildung.

Deliktsstruktur (ausgewählte Begehungsweisen) und Tatverdächtige der Gewaltkriminalität										
Schl.-Zahl	**Deliktsgruppe/Delikt**	**Tatverdächtige**								
		erfasste Fälle	AQ %	ermittelte Tat-verdächtige	m. %	w. %	Jugendl. %	Heranw. %	Erw. %	Darunter Jungerw. 21 < 25
892000	**Gewaltkriminalität darunter:**	184.847	74,5	172.071	85,5	14,7	13,9	14,2	67,7	16,0
010000	**Mord**	647	96,3	784	88,0	12,0	4,2	6,9	88,4	12,6
020000	**Totschlag, Tötung auf Verlangen**	1.475	95,5	1.837	88,0	12,0	5,8	10,3	83,5	14,5
111000	**Vergewaltigung und sexuelle Nötigung §§ 177 Abs. 2, 3 u. 4, 178 StGB**	7.408	82	6.277	98,8	1,2	10,8	11,4	76,5	14,8
210000	**Raubdelikte** (ausgewählte Begehungsarten) darunter:	47.234	51,7	30.650	89,8	19,2	21,3	17,9	57,6	16,4
211000	- Raubüberfälle auf Geldinstitute, Postfilialen, und -agenturen	260	77,3	194	90,7	9,3	2,6	6,7	89,2	13,9
212000	- Raubüberfälle auf sonstige Zahlstellen und Geschäfte	3.997	49,6	2.388	95,9	4,1	14,3	25,5	60,1	23,3
	darunter:									
212100	- auf Spielhallen	1.098	50,8	755	96,6	4,4	11,5	28,7	59,6	28,6
212200	- auf Tankstellen	682	58,7	484	97,1	2,9	15,9	28,7	55,4	91,3
216000	- Handtaschenraub	2.796	28,4	934	89,3	10,7	28,1	21,0	48,8	14,9
217000	- sonstige Raubüberfälle auf Straßen, Wegen oder Plätzen	21.349	39,7	11.948	93,3	6,7	33,6	22,6	39,0	15,1
219000	- Raubüberfälle in Wohnungen	2.891	75,2	3.501	88,8	11,2	9,5	16,1	74,0	21,9
221000	**Körperverletzung mit Todesfolge**	92	85,9	102	74,5	25,5	1,0	0,0	99,0	3,9
222000	**Gefährliche und schwere Körperverletzung** darunter:	127.869	82,1	147.184	84,8	15,2	13,2	13,8	68,4	16,0
222100	- auf Straßen, Wegen oder Plätzen	57.875	74,9	72.825	87,9	12,1	17,3	17,5	59,8	17,8
233000	**Erpresserischer Menschenraub**	85	80,0	155	92,9	7,1	5,2	11,6	83,2	14,8
234000	**Geiselnahme**	35	91,4	54	92,6	7,4	0,0	9,3	90,7	24,1

Quelle: BKA, PKS 2013

In quantitativer Hinsicht wird die Gewaltkriminalität von gefährlicher und schwerer Körperverletzung mit 127.869 registrierten Straftaten = 69,1 % dominiert. Es folgen in weitem Abstand die Raubdelikte mit 25,5 %. Auf diese beiden Deliktsgruppen entfielen 2013 ca. 94 % aller registrierten Fälle von Gewaltkriminalität. Unter den Raubdelikten überwiegen die „sonstigen Raubüberfälle auf Straßen, Wegen und Plätzen" und der „Handtaschenraub" mit insgesamt 24.145 registrierten Fällen. Von der Höhe der Beute her betrachtet, handelt es sich überwiegend um Kleinräubereien.

Eine Erklärung für die hohe Aufklärung bei den Delikten der Vergewaltigung und der gefährlichen und schweren Körperverletzung ist darauf zurückzuführen, dass die Opfer auf Grund der unmittelbaren Konfrontation mit dem Täter oft in der Lage sind, die Täter beweiskräftig zu identifizieren. Aber auch gesteigerte Anzeigebereitschaft und Sensibilisierung der Bürger, z.B. bei häuslicher Gewalt, sind hier mitbestimmend. Bei einem Teil der betrachteten Delikte haben auch neue Methoden der Beweisführung, wie z.B. die DNA-Analytik, zu vermehrten Ermittlungserfolgen beigetragen.

2.5 Tatorte

Insbesondere Großstädte sind mit Gewaltkriminalität überproportional belastet.

Noch deutlicher wird die Belastung von Großstädten mit bestimmten Delikten der Gewaltkriminalität, wenn man die Häufigkeitszahlen (HZ) betrachtet. Hier weisen die Großstädte mit über 500.000 Einwohnern. eindeutig die höchste Kriminalitätsbelastung auf. Besonders hohe Belastungen sind bei den Raubdelikten und den gefährlichen und schweren Körperverletzungen zu verzeichnen. Da diese beiden Deliktsgruppen gleichzeitig quantitativ die Gewaltkriminalität dominieren, ist die Gewaltkriminalität vorwiegend ein Phänomen der Großstadt. Die Gründe dürften in der gesellschaftlichen Anonymität von Großstädten, der damit verbundenen geringeren sozialen Kontrolle – im Vergleich zu ländlich strukturierten Gebieten – in den sich bietenden Tatgelegenheiten und in gewaltfördernden Sozialstrukturen der Großstadt liegen. (Siehe hierzu die ergänzenden Ausführungen in Kapitel 6: Kriminalgeografie zu den kriminogenen Strukturen der Großstadt.)

Knapp 50 % der schweren und gefährlichen Körperverletzungen werden auf Straßen, Wegen und Plätzen (SZ 222100) begangen, ebenso ca. 50 % der Raubdelikte (SZ 216000 und 217000), die damit zweifelsfrei der Straßenkriminalität zuzuordnen sind.

Die kriminologische Relevanz dieser Feststellung liegt darin begründet, dass prinzipiell jeder Bürger Opfer der Gewaltkriminalität werden kann, sodass diese Taten allgemein ein relativ hohes Gefährdungspotenzial haben.

2.6 Tatverdächtige

Die Anzahl der ermittelten Tatverdächtigen (TV) der Gewaltkriminalität lag im Jahr 2013 bei 172.071. Das bedeutet einen Rückgang der Anzahl der registrierten Tatverdächtigen um ca. 15 % in einem Zeitraum von 5 Jahren (2009 = 204.265 TV; 2013 = 172.071 TV). Die Aufklärungsleistung (AQ) ist in dem Vergleichszeitraum in etwa gleich geblieben. Zu beachten ist, dass von 2009 bis 2013 die statistisch erfasste Gewaltkriminalität ebenfalls abgenommen hat (um ca. 12 %); ergo: wo keine Tat – da kein Täter. Ob sich hier ein dauerhafter Trend abzeichnet, bleibt abzuwarten. In diesem Zusammenhang könnten die gesellschaftlichen Anstrengungen zur Ächtung von Gewalt ebenso wie intensive polizeiliche Maßnahmen zur Reduzierung von Jugendgewalt zu einer positiven Entwicklung führen.

Von den TV waren rund 85 % männlichen und 15 % weiblichen Geschlechts. Die Anzahl der tatverdächtigen Frauen liegt dabei deutlich unter ihrem Anteil der TV an der Gesamtkriminalität (ca. 24 %). Gewaltkriminalität ist eindeutig eine Domäne männlicher Täter.

Bezogen auf ihren Bevölkerungsanteil sind männliche Jugendliche und Heranwachsende bei den Tatverdächtigen der Gewaltkriminalität überrepräsentiert.

Die hohen Tatverdächtigenanteile zeigen sich hauptsächlich bei den Raub- und den Körperverletzungsdelikten. Bei Raubdelikten ist die Altersgruppe der 14- bis unter 21-Jährigen mit knapp 50 % und bei Delikten der gefährlichen und schweren Körperverletzung mit etwa 38 % vertreten.

Schl.-Zahl	Deliktsgruppe/Delikt	Jugendliche	Heranw.
210000	Raubdelikte		
	2009	26,8 %	20,5 %
	2013	21,3 %	17,9 %
222000	Gefährliche und schwere Körperverletzung		
	2009	19,0 %	17,6 %
	2013	13,2 %	13,8 %

Der Anteil Nichtdeutscher an den Tatverdächtigen der Gewaltkriminalität stieg von 2009 bis 2013 von 23,5 % auf 26,8 %.

Hohe Tatverdächtigenanteile weisen nichtdeutsche Bürger bei Tötungsdelikten, Vergewaltigungen, Raubstraftaten sowie bei Geiselnahme und erpresserischem Menschenraub auf.

2.7 Opfer

Bei den Opfern der Gewaltkriminalität lassen sich eindeutige geschlechts- und altersspezifische Unterschiede feststellen. Das größte Risiko, Opfer einer Gewalttat zu werden, besteht für heranwachsende Männer. Überwiegend männliche Opfer wurden bei Raubdelikten – mit Ausnahme des Handtaschenraubes – sowie bei Körperverletzungen, Mord und Totschlag registriert. Weibliche Opfer sind bei den Sexualdelikten überrepräsentiert. Jugendliche und heranwachsende Opfer werden besonders bei Raub und Körperverletzungen festgestellt. Ältere Frauen tragen ein besonderes Risiko, Opfer des Handtaschenraubes zu werden. Erwachsene zwischen 21 und 60 Jahren überwogen bei den Tötungsdelikten und den Delikten der Körperverletzung. Die Entwicklung der hohen Opferbelastung bei der Opfergruppe der 25- bis unter 60-jährigen Frauen lässt darauf schließen, dass dies insbesondere auf die zunehmende Anzeigebereitschaft bei häuslicher Gewalt zurückzuführen ist.

3 Straftaten gegen die körperliche Unversehrtheit

3.1 Charakterisierung

Die Verletzung der körperlichen Unversehrtheit hat der Gesetzgeber im 17. Abschnitt des Strafgesetzbuches als Körperverletzungsdelikte unter Strafe gestellt. Geschützte Rechtsgüter sind die körperliche Unversehrtheit und die Gesundheit eines Menschen. Als Tathandlungen kommen in Frage die körperliche Misshandlung oder die Schädigung der Gesundheit, d.h. die Verletzung der körperlichen Integrität.

Körperverletzungsdelikte sind kriminologisch gewaltorientierte Straftaten. Sie zählen nach der Deliktsstruktur der PKS zu den Rohheitsdelikten (SZ200000) und sind hier speziell in der Untergruppe SZ 220000, Körperverletzungen, §§ 223–227, 229, 231 StGB, ausgewiesen. Besonders schwer wiegende Delikte der Körperverletzung sind der Gewaltkriminalität nach dem Summenschlüssel 892000 zugeordnet (weitere Ausführungen siehe dort). Gefährliche und schwere Körperverletzung auf Straßen, Wegen oder Plätzen (SZ 222100) sind außerdem Straftaten der Straßenkriminalität (Summenschlüssel 899000) – siehe dort.

Zur strafrechtlichen Einordnung der qualifizierten Körperverletzungsdelikte wird ergänzend auf die Ausführungen zur Gewaltkriminalität gem. Summenschlüssel 892000 hingewiesen.

Körperverletzungen werden in ganz unterschiedlichen Situationen und aus verschiedenartigen Anlässen heraus begangen. Im Regelfall sind Konfliktsituationen jedweder Art zwischen den Handelnden tatauslösend.

3.2 Strafrechtliche Einordnung

Im Einzelnen nennt das StGB die nachfolgend aufgeführten strafrechtlichen Bestimmungen der Körperverletzungsdelikte, deren Struktur mit dem 6. Strafrechtsänderungsgesetz vom 26.01.1998 umgestaltet worden ist. Ergänzend dazu ist das Gewaltschutzgesetz[204] von 2001 zu nennen, das den Opfern Schutz vor Gewalt und Nachstellungen bieten soll und bei Zuwiderhandlungen Freiheitsstrafe oder Geldstrafe androht.

(Aufzählung in der Reihenfolge der Nennungen nach dem StGB.)

§ 223 StGB Körperverletzung

Unter Strafe gestellt ist die vorsätzliche körperliche Misshandlung oder die Schädigung einer anderen Person. Die körperliche Misshandlung kann sich als Beeinträchtigung des körperlichen Wohlbefindens oder der körperlichen Unversehrtheit darstellen.

Die Schädigung der Gesundheit ist das Hervorrufen oder Steigern eines krankhaften Zustandes einer Person.[205] Strafandrohung ist Freiheitsstrafe bis zu 5 Jahren oder Geldstrafe. Der Versuch ist strafbar.

§ 224 StGB Gefährliche Körperverletzung

Die Vorschrift stellt einen Qualifikationstatbestand der Körperverletzung nach § 223 StGB dar. Abs 1 zählt abschließend 5 Formen der Tatbegehung auf:

Herbeiführung der Körperverletzung

- durch Beibringung von Gift oder anderen gesundheitsschädlichen Stoffen,
- mittels einer Waffe oder eines anderen gefährlichen Werkzeugs,
- mittels eines hinterlistigen Überfalls,
- gemeinschaftlich mit einem anderen Beteiligten,
- mittels einer das Leben gefährdenden Behandlung.

Einziges Qualifikationsmerkmal ist die gefährliche Art der Ausführung und nicht der Taterfolg.[206]

§ 225 StGB Misshandlung von Schutzbefohlenen

Geschützt wird durch § 225 StGB folgender besonderer Personenkreis:

- Minderjährige (Personen unter 18 Jahren),
- wehrlose Personen auf Grund von Gebrechen oder Krankheit,

soweit dieser Personenkreis zu den Tätern in einem besonderen Schutz- oder Abhängigkeitsverhältnis stehen (Abs. 1 Nr. 1.–4.).

---

204 Gesetz zum zivilrechtlichen Schutz vor Gewalttaten und Nachstellungen v. 11.12.2001 (GewSchG), in Kraft getreten am 01.01.2002 (BGBl. I S. 3513)

205 Nähere Ausführungen zum Tatbestand bei *Fischer* (2014), § 223 Rn. 8

206 *Fischer* (2014), § 224, Rn. 2

Als Tathandlungen kommen in Betracht: quälen, roh misshandeln, böswillige (verwerfliche) Vernachlässigung und als Folge die Schädigung der Gesundheit. Abs. 3 nennt als Qualifikationstatbestand besonders schwere Folgen der Tat wie Tod oder schwere Gesundheitsschädigung oder andere erhebliche Schädigung der körperlichen oder seelischen Entwicklung.
Im Fall des Abs. 3 handelt es sich um Verbrechenstatbestände.

§ 226 StGB Schwere Körperverletzung
Die Vorschrift stellt in Abs. 1 bestimmte durch Tathandlungen der Körperverletzung, §§ 223, 224 StGB, verursachte besonders schweren Folgen der Tat unter Strafe, soweit diese unmittelbar auf Fahrlässigkeit (erfolgsqualifiziertes Delikt) zurückzuführen sind. Als besonders schwere Folgen sind aufgeführt: Verlust des Sehvermögens, des Gehörs, der Sprache, Verlust oder dauernde Gebrauchsunfähigkeit eines Körpergliedes, dauernde Entstellung, Siechtum, Lähmung, Geisteskrankheit oder Behinderung.
Sind die schweren Folgen der Tat absichtlich oder wissentlich verursacht worden, ist die Tat nach Abs 2 als Verbrechen qualifiziert.

§ 227 Körperverletzung mit Todesfolge
Die Vorschrift stellt den Tod eines Menschen unter Strafe, soweit die Tatfolge als Erfolgsqualifikation durch eine vorsätzliche Körperverletzung (§§ 223, 224 StGB) zumindest fahrlässig verursacht worden ist.
Das Delikt stellt ebenfalls einen Verbrechenstatbestand dar.

§ 229 StGB Fahrlässige Körperverletzung
Unter Strafe gestellt ist die durch Fahrlässigkeit[207] begangene Körperverletzung einer anderen Person.

§ 230 StGB Strafantrag
Straftaten nach §§ 223, 229 StGB werden nur auf Antrag verfolgt, es sei denn, dass die Strafverfolgungsbehörde (Staatsanwaltschaft) ein besonderes öffentliches Interesse von Amts wegen an der Strafverfolgung für geboten hält. Zur Antragsberechtigung wird auf § 77 StGB verwiesen.

§ 231 StGB Beteiligung an einer Schlägerei
Bestraft wird die Beteiligung an einer Schlägerei oder an einem von mehreren verübten Angriff, wenn dadurch der Tod oder eine schwere Körperverletzung eines Menschen verursacht worden ist. Gemäß Abs. 2 ist die Beteiligung nicht strafbar, wenn sie dem Beteiligten nicht vorzuwerfen ist.

§ 340 StGB Körperverletzung im Amt
Die Vorschrift stellt als Tathandlung die durch einen Amtsträger in Ausübung seines Amtes begangene Körperverletzung nach § 223 StGB unter Strafe, es sei denn, dass ein Rechtfertigungsgrund auf Grund staatlicher Eingriffsbefugnisse vorliegt.

207 Zum Begriff der Fahrlässigkeit siehe *Fischer* (2014), § 15 Rn. 12 ff.

3.3 Umfang und Entwicklung der Körperverletzung

Die Entwicklung der Fallzahlen der Körperverletzungsdelikte in den zurückliegenden Jahren zeigt die nachstehende statistische Übersicht.

Entwicklung der Körperverletzung in der Langzeitübersicht von 15 Jahren

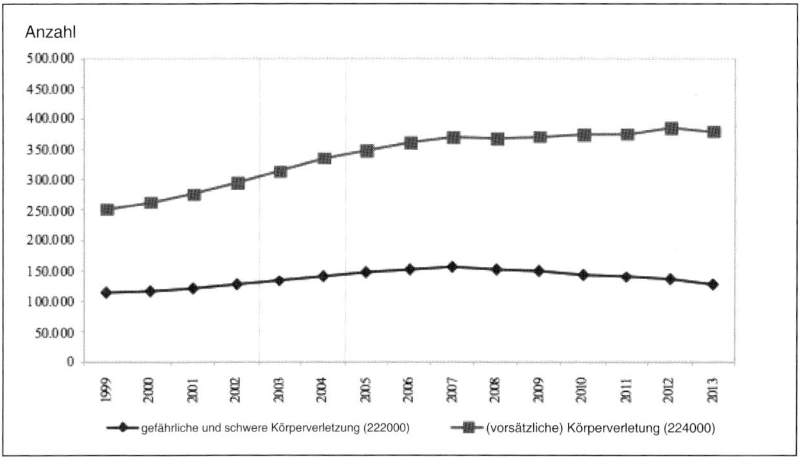

Quelle: BKA, PKS 2013

Nachdem die registrierten Körperverletzungsdelikte in der Langzeitentwicklung der zurückliegenden Jahre zunächst einen permanenten Anstieg der Fallzahlen verzeichneten, ist erstmals ab dem Jahr 2008 eine Stagnation festzustellen. Gegenüber der vorsätzlich leichten Körperverletzung zeigt sich für die gefährlichen und schweren Körperverletzungen sogar tendenziell ein leichter Rückgang. Wurden für 2008 noch 543.514 Fälle (Körperverletzung insgesamt) statistisch erfasst, waren es 2013 nur noch 533.590 Delikte. Im 5-Jahresvergleich beträgt die Abnahme nur ca. 2 %. Die rückläufige Entwicklung ist bei realistischer Betrachtung eher marginal. Sie dürfte u.a. auf ein gering verändertes Anzeigeverhalten zurückzuführen sein. Hier bleibt die zukünftige Entwicklung abzuwarten, zumal nach polizeilichen Praxiserfahrungen Körperverletzungsdelikte insgesamt ein relativ hohes Straftatendunkelfeld aufweisen. Insbesondere ist die Anzeigebereitschaft der Opfer deliktsspezifisch unterschiedlich ausgeprägt. Dort, wo die Körperverletzungsdelikte auf gewalttätige Auseinandersetzungen im Bereich der Jugendkriminalität zurückzuführen sind, d.h. Täter und Opfer der gleichen Altersgruppe angehören und aus der gleichen sozialen Schicht stammen, ist die Anzeigebereitschaft der Tatopfer eher eingeschränkt bzw. zufällig. Gleiches gilt, wenn die Tat im familiären Bereich geschieht.

Der Deliktsbereich der Körperverletzungen (SZ 220 000) wird quantitativ von den vorsätzlichen leichten Körperverletzungen nach § 223 StGB (SZ 224 000) beherrscht. Von den 2013 registrierten Fällen waren ca. 2/3 (378.747) Straftaten nach § 223 StGB.

Davon werden wiederum etwa die Hälfte im öffentlichen Straßenraum begangen, soweit es sich um Daten aus dem Straftatenhellfeld handelt. Ein überaus hoher Anteil der gefährlichen und schweren Körperverletzungen sind Taten der Straßenkriminalität, welche die Gefährdung der Bürger, Opfer einer schweren Gewalttat im öffentlichen Raum zu werden, wesentlich bestimmen.

Die Misshandlung von Schutzbefohlenen (SZ 223000) wird 2013 mit 4.650 der registrierten Straftaten ausgewiesen. Ihr Anteil an den Körperverletzungen insgesamt ist äußerst gering, er beträgt knapp 8 %, davon etwa ¾ Misshandlungen von Kindern (3.525). Im Vergleich der zurückliegenden Jahre haben sich die registrierten Fallzahlen nur unwesentlich verändert. Misshandlung von Schutzbefohlenen, insbesondere die Kindesmisshandlung, sind Taten, die vorwiegend im engeren sozialen Umfeldes geschehen. Soziale Problemfamilien scheinen hier besonders belastet zu sein.[208]

Ein aussagekräftiges Lagebild lässt das in der PKS erfasste Zahlenmaterial nicht zu. Die Kriminologie vermutet für diesen Deliktsbereich ein hohes Dunkelfeld.[209] Da die Taten meist im abgeschotteten Bereich der Kernfamilie geschehen, sind sie ermittlungsmäßig auch schwer nachweisbar.[210]

3.4 Tatorte

Die Tatorte der Körperverletzung sind nach kriminalgeografischen Kriterien nicht überall gleich verteilt. Die Tatörtlichkeiten stehen ganz wesentlich in Abhängigkeit von der Art des Delikts und von den situativen Gegebenheiten. Die gefährliche und schwere Körperverletzung auf Straßen, Wegen oder Plätzen (SZ 221000) ist ein typisches Delikt der Großstadt. Gleiches trifft auf die Misshandlung von Kindern und die (vorsätzlich leichte) Körperverletzung zu. Hier scheinen die besondere Häufung von Problemfamilien und das soziale Umfeld tatfördernd zu sein. Ein spezieller Bereich ist der Tatort Schule (siehe dort).

208 *Kaiser* (1996), § 61 Rn. 9. Ergänzend wird auf die folgenden Ausführungen zur Gewalt im sozialen Nahbereich hingewiesen.

209 Ältere Untersuchungen gehen von einem Hellfeld von etwa 5 % aus; *Schneider* (1987), S. 671.

210 *Schneider* (1987), S. 670

3.5 Tatverdächtige

Körperverletzungsdelikte insgesamt weisen eine überaus hohe Aufklärungsquote auf. Sie liegt im Durchschnitt bei knapp 90 %, zum Teil auch höher, so bei der Misshandlung von Kindern (SZ 223000) mit einer AQ von fast 98 %.

Die hohe Aufklärungsleistung, d.h. der hohe Anteil der ermittelten Tatverdächtigen, ist darauf zurückzuführen, dass auch hier die Opfer auf Grund der unmittelbaren Konfrontation mit dem Täter im Regelfall in der Lage sind, die Tatverdächtigen beweiskräftig zu identifizieren oder dass enge vordeliktische Opfer-Täter-Beziehungen vorliegen, die die Täterüberführung begünstigen.

Der weit überwiegende Teil der Tatverdächtigen ist männlichen Geschlechts (deutlich über 80 %), anders bei der Kindesmisshandlung, bei der Frauen mit etwa 40 % beteilig sind.

Jugendliche und Heranwachsende sind mit Delikten der Körperverletzung zu etwa 25 % der ermittelten TV belastet. Erheblich höher liegt ihr Anteil bei der gefährlichen und schweren Körperverletzung, insbesondere beim Tatort Straße (SZ 222100). Dies zeigt sich mit Blick auf die Tatverdächtigenbelastungszahlen (TBZ).[211]

Tatverdächtigenbelastung von Deutschen bei gefährlicher und schwerer Körperverletzung auf Straßen, Wegen oder Plätzen (SZ 22100)

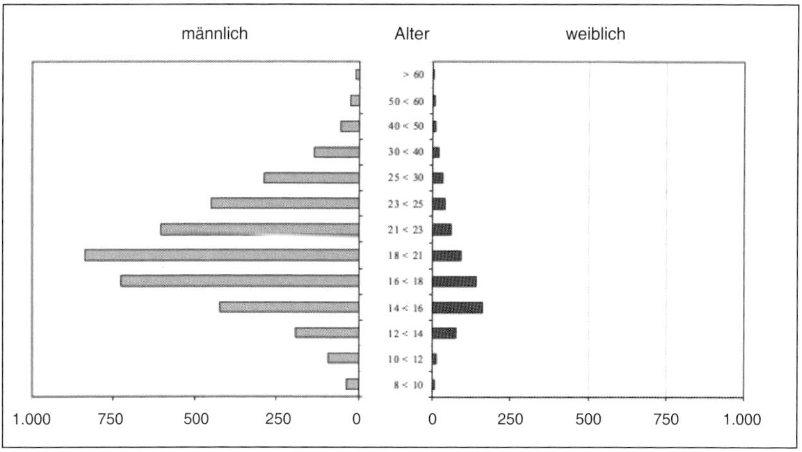

Quelle: BKA, PKS 2012, S. 152

211 PKS Bund (2012), S. 193

Bei etwa 30 % der Tatverdächtigen wurde bei der Tat Alkoholeinfluss festgestellt. Diese Feststellung ist insoweit von Bedeutung, als Alkoholisierung allgemein die Steuerungsfähigkeit herabsetzt, sich enthemmend auf den Täter auswirkt und dadurch die Tatbegehung fördert und den Tatablauf negativ beeinflusst. Dieses Phänomen ist vermehrt bei Gewalttaten im sozialen Umfeld zu beobachten.

3.6 Opfer

Opfergefährdung anhand der Opfergefährdungszahlen bei vollendeter gefährlicher und schwerer Körperverletzung, darunter auf Straßen, Wegen und Plätzen

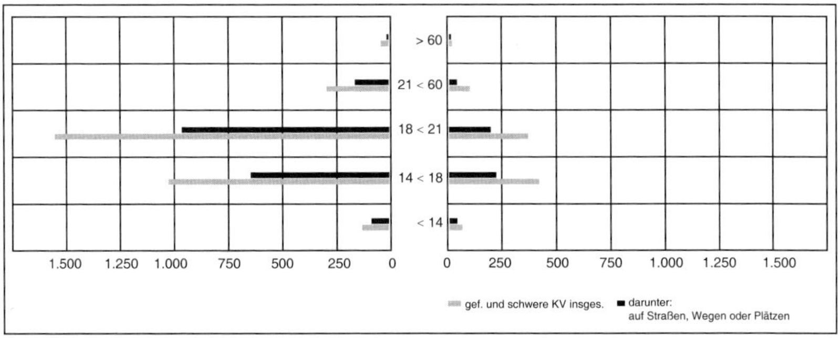

Quelle: BKA, PKS 2008

Hinweis: Aktuelles Datenmaterial zur Opfergefährdung lag zum Zeitpunkt der Manuskriptbearbeitung nicht vor, sodass auf das Zahlenmaterial aus 2008 zurückgegriffen wird. Die Entwicklung der statistischen Opfergefährdung nach der Opfergefährdungszahl über mehrere Jahre ist im Wesentlichen unverändert, d.h. marginal.

2013 wurden in der BRD 557.303 Personen Opfer von vollendeten Körperverletzungsdelikten (SZ 220000). Davon sind ca. 65 % (392.761) Opfer der vorsätzlichen leichten Körperverletzung nach § 223 StGB (SZ 224000) geworden. Es folgen mit einigem Abstand die Opfer der gefährlichen und schweren Körperverletzung mit mehr als 30 % (135.076). In der Gesamtsicht sind etwa Zweidrittel der Tatopfer männliche Erwachsene. Nach Altersgruppen ohne geschlechtsspezifische Differenzierung tragen Jugendliche/Heranwachsende zusammen mit ca. 20 % ein nicht unerhebliches Opferrisiko. Einem deutlich höheren Opferrisiko sind sie ausgesetzt bei der gefährlichen und schweren Körperverletzung auf Straßen, Wegen oder Plätzen (SZ 222100) mit einem Anteil von fast 30 %. Dies zeigt sich auch in der vorstehenden Grafik der Opfergefährdung anhand der Opfergefährdungszahlen. Jugendliche/Heranwachsende weisen hier nicht nur die höchste Opfergefährdung aus, sondern zeigen auch die höchste Tatverdächtigenbelastung anhand der TVBZ. Daraus kann gefolgert werden, dass in diesem Deliktsbereich Täter und Opfer der gleichen Altersgruppe angehören.

Bei der Kindesmisshandlung ist die statistische Opfergefährdung bei männlichen etwas höher als bei weiblichen kindlichen Opfer.

4 Gewalt im sozialen Nahraum

4.1 Charakterisierung

In der sozialen Wirklichkeit treten Handlungen personaler Gewalt in vielfältiger Weise in Erscheinung. Ihre Entstehungsprozesse und deren Verlauf haben teils völlig unterschiedliche Ursachen oder Anlässe. Sie sind darüber hinaus gekennzeichnet durch verschiedenartige Täter- und Opferstrukturen, d.h. Täter und Opfer stellen keine homogenen Gruppierungen dar, sondern stehen in Abhängigkeit von individuellen Tatmotiven und Zielsetzungen sowie von dem sozialen und gesellschaftlichen Umfeld, in dem die Taten geschehen. Die Tathandlungen zeigen weiterhin individuell ausgeprägte Gewaltorientierungen auf, die besonders im sozialen Nahraum häufig geprägt sind von Interaktionsprozessen zwischen den Beteiligten und die zur Viktimisierung der Opfer führen.

Das Phänomen: „Gewalt im sozialen Nahraum“ ist begrifflich und vom Inhalt her sehr weit gefasst. In der einschlägigen Literatur werden auch die Bezeichnungen: „Häusliche Gewalt“, „Gewalt in der Familie“ oder „Familiäre Gewalt“ gebraucht, die jedoch diesen Konfliktbereich nur eingeschränkt beschreiben, da er auf die Familie beschränkt wird. Unter dem umfassenden Begriff „Gewalt im sozialen“ Nahraum fallen sowohl Gewalthandlungen, die dem engeren familiären Bereich zuzuordnen sind, als auch Taten außerhalb des engen Familienverbundes, bei denen interpersonale soziale Beziehungen bestehen, die für bestimmte Gewalthandlung ursächlich sind oder sie fördern. Dazu gehören sowohl straflose Verhaltensweisen gegenüber den Opfern, wie Unterdrückung, Ausbeutung, Demütigung, Erniedrigung u.ä., als auch mit Strafe bedrohte Taten unterschiedlicher Art.

Es sind Handlungsweisen, die der physischen und auch der psychischen Gewalt zuzuordnen sind. Hierzu zählen auch verschiedene Formen sexualisierter Gewalt, wie der Zwang zu erniedrigenden sexuellen Handlungen, aber auch Sexualdelikte verschiedener Begehensweisen.

4.2 Strafrechtliche Einordnung

- Beispiele für Delikte psychischer Gewalt:
  Nötigung (240 StGB) Bedrohung (§ 241 StGB), Beleidigung (§§ 185, 186, 186 StGB), Nachstellung – Stalking – (§ 238 Abs. 1 StGB).
- Hauptsächliche Strafrechtsnormen physischer Gewalt gegen die körperliche Unversehrtheit:
  - Körperverletzungsdelikte nach §§ 223, 224, 226, 227 StGB
  - Misshandlung von Schutzbefohlenen § 225 StGB
  - Totschlag § 212 StGB
- Hauptsächliche Strafrechtsnormen sexueller Gewalt:
  - sexueller Missbrauch nach §§ 174, 176 ff., 182 StGB
  - sexuelle Nötigung, Vergewaltigung §§ 177, 178 StGB

Weitere Ausführungen zu den o.a. Tatbestandsmerkmalen und Begehungsweisen enthalten: Nr. 2.2, 3.2 sowie Kapitel 12 Vergewaltigung und sexuelle Nötigung.

Einige der Straftaten werden nur auf Antrag verfolgt, teils sind es Privatklagedelikte (§ 374 StPO), so z.B. die Delikte der Beleidigung oder die (vorsätzliche leichte) Körperverletzung, die jedoch in vielen Fällen wegen öffentlichen Interesses an der Strafverfolgung von Amts wegen verfolgt werden.

4.3 Entstehung und Verlauf familiärer Gewalt

Kennzeichnend für die Entstehung und den Verlauf von Gewalthandlungen im sozialen Nahbereich sind Interaktionsprozesse, an denen Opfer und Täter in unterschiedlicher Weise beteiligt sind und die fortschreitend insbesondere bei körperlicher Gewalt zur Viktimisierung der Opfer führen, so insbesondere bei Gewalthandlungen im familiären oder partnerschaftlichen Bereich.

Häufig sind es auch Konfliktlagen wirtschaftlicher oder partnerschaftlicher Art, die sich zwischen den Beteiligten zunehmend verschärfen und letztendlich die Auslösung und den Verlauf der Taten bestimmen, so insbesondere bei Körperverletzungsdelikten bis hin zur Tötung.

Häusliche Gewalt ist kein eigener Straftatbestand.

4.4 Opfer-Täter-Interaktion

Mit Blick auf die Opfer-Täter-Beziehungen nach der Polizeilichen Kriminalstatistik, Tabelle 92, sind für das Erfassungsjahr 2013 insgesamt 557.303 Opfer von Körperverletzungen registriert; 211.458 waren weiblich. Von den weiblichen Opfern wiesen etwa die Hälfte verwandtschaftliche Beziehungen zu den Tätern auf und bei jeder fünften Frau kamen der oder die Täter aus dem Bekanntenkreis. Es ist davon auszugehen, dass diese Körperverletzungsdelikte der Gewalt im sozialen Nahbereich bzw. der familiären Gewalt zugeordnet werden können, d.h. enge interpersonale Konflikte waren bestimmend für die Auslösung der Gewalthandlungen.

Die verschiedenen Formen familiärer Gewalt wie z.B. sexueller Missbrauch, sexuelle Nötigung oder Vergewaltigung, Körperverletzungen pp. stehen im Regelfall nicht separat nebeneinander. Meist liegen mehrere Gewaltformen vor. Es handelt sich um eine komplexe bedrohliche Gesamtssituation innerhalb des engeren familiären Umfeldes.[212]

4.5 Sexueller Missbrauch im sozialen Nahbereich

Ein besonderes Phänomen sexueller Gewalt im Nahbereich stellt der sexuelle Missbrauch von Schutzbefohlenen und Kindern sowie die sexuelle Nötigung und die Vergewaltigung von Ehefrauen in der Partnerschaft oder im engen Bekanntenkreis dar. Die Tathandlungen finden zwar vor allem in der Familie und im Bekanntenkreis statt. Jedoch auch außerhalb des engen familiären Umfeldes werden Kinder und Jugendliche Opfer sexuellen Missbrauchs, z.B. im Freizeitbereich, in der Schule oder in Ausbildungsverhältnissen. Zwar geschehen etwa zwei Drittel aller Fälle im Verwandten- oder Bekanntenkreis,[213] die Taten sind jedoch nicht ausnahmslos dem engen sozialen Umfeld zuzuordnen. So bestanden nach Auswertung der Daten der PKS bei knapp 30 % der Fälle zwischen Tätern und Opfern keine Vorbeziehung (siehe Nr. 4.5.4 Opfer).

4.5.1 Strafrechtliche Einordnung

Geschütztes Rechtsgut der Strafrechtsnormen des sexuellen Missbrauchs nach §§ 174, 176 ff., 182 StGB ist die selbst bestimmte ungestörte sexuelle Entwicklung von Kindern und Jugendlichen im Rahmen ihrer Persönlichkeitsentwicklung. Gegenüber § 176 StGB ff., sexueller Missbrauch von Kindern, ist § 174 StGB, sexueller Missbrauch von Schutzbefohlenen, ein Sonderdelikt. § 174 StGB schützt Kinder und Jugendliche, die in einem besonderen Obhuts- oder Abhängigkeitsverhältnis stehen und aus dem sich eine besondere Verpflichtung des Täters gegenüber dem Opfer ergibt.

4.5.2 Umfang und Entwicklung

Die Anzahl der registrierten Straftaten des sexuellen Missbrauchs (SZ 131000) ist seit dem Jahr 2002 rückläufig. Für 2013 sind 12.437 Delikte ausgewiesen. Gegenüber 2012 stellt dies einen Rückgang um 1,5 % dar. Festzustellen ist, dass es sich hier um Zahlen des Hellfeldes handelt. Einerseits wird der dauerhafte Rückgang der Fallzahlen mit der demografischen Entwicklung bei Kindern

212 http://www.weisser-ring.de (Stand: 4. Juli 2015).
213 Polizeiliche Kriminalprävention, http://www.polizei-beratung.de (Stand: 11. August 2016).

und Jugendlichen erklärt, andererseits zeigen frühere Studien ein ausgeprägtes Dunkelfeld auf Grund der Opfer-Täter-Beziehungen.[214] In der einschlägigen Literatur werden Dunkelzifferrelationen von 1:5 bis 1:20 genannt.[215]

4.5.3 Tatverdächtige

Die Aufklärungsquote liegt recht hoch zwischen ca. 80 % bei sexuellem Missbrauch von Kindern und ca. 95 % bei sexuellem Missbrauch von Schutzbefohlenen. Die Erklärung dürfte in der Tatsache liegen, dass bei Bekanntwerden der Taten bei den Strafverfolgungsbehörden im Regelfall auch der Tatverdächtige bekannt ist. Für 2013 wurden insgesamt 9.232 Tatverdächtige ermittelt, bei denen es sich zu ca. 95 % um Männer handelte. Zwei Drittel der Tatverdächtigen waren Erwachsene. Die Altergruppe der 30- bis 50-Jährigen zeigte sich besonders belastet. Die 14- bis 18-jährigen Tatverdächtigen hatten immerhin einen Anteil von ca. 18 %. Als Fazit ist festzustellen, dass der sexuelle Missbrauch von Minderjährigen hauptsächlich ein Delikt erwachsener Männern ist.

4.5.4 Opfer

Von den 2013 registrierten 13.647 Opfern (SZ 131000) sind ca. 75 % weiblichen und 25 % männlichen Geschlechts.

Bei der Gegenüberstellung der Fall- und der Opferzahlen des sexuellen Missbrauchs von Schutzbefohlenen (SZ 113000) zum sexuellen Missbrauch von Kindern (SZ 131000) zeigt sich ein Verhältnis von 1:8. Kinder tragen folglich ein besonders hohes Risiko, Opfer sexueller Gewalt zu werden. Dies zeigt sich auch bei den Opfern des sexuellen Missbrauch von Schutzbefohlenen. Hier stellen Jugendliche ca. zwei Drittel der Opfer.

Bei Betrachtung der Opfer-Täter-Beziehungen nach der PKS, Tabelle 92: Opfer-Tatverdächtigen-Beziehung, zeigt sich folgendes Bild:

- Verwandtschaft und Bekanntschaft ca. 53,0 %
- flüchtige Vorbeziehung ca. 8,5 %
- ohne Vorbeziehung ca. 30,0 %
- Landsmann ca. 2,0 %
- nicht feststellbar ca. 6,5 %

Die Ergebnisse sind jedoch unter Hinweis auf die Hell-Dunkelfeld-Problematik sowie auf die sehr grob strukturierten Erfassungskriterien nur bedingt aussagekräftig. Sie widersprechen auch anderen Sekundäruntersuchungen zu den Opfer-Täter-Beziehungen des sexuellen Missbrauchs bei Minderjährigen, die einen wesentlich höheren Anteil an Beziehungsstraftaten nachweisen.

214 *Göppinger* (2008), § 29 Rn. 59
215 *Schwind* (2013), § 19 Rn. 22 mit weiteren Nachweisen

5 Nachstellung (Stalking)

5.1 Charakterisierung

Der strafrechtliche Tatbestand der Nachstellung wurde durch das 40. Strafrechtsänderungsgesetz (StÄG) vom 22.03.2007 (BGBl. I S. 354) in das Deutsche Strafrecht eingeführt. Die Vorschrift stellt das unter dem angloamerikanischen Begriff Stalking bekannt gewordene beabsichtigte und wiederholte hartnäckige Verfolgen und „Belästigen eines Menschen, so dass dessen Sicherheit und er in seiner Lebensgestaltung schwer wiegend beeinträchtigt wird“[216], unter Strafe.

5.2 Strafrechtliche Einordnung

Geschützes Rechtsgut der Strafrechtsnorm ist der individuelle Lebens- und Gestaltungsbereich eines Menschen und damit verbunden die Freiheit der Willensentschließung und -betätigung, weiterhin aber auch die körperliche Unversehrtheit und das Leben.

§ 238 Abs. 1 StGB beschreibt die Tathandlungen der Nachstellung. Tatbestandsvoraussetzung der mit Strafe bedrohten Nachstellung sind die Merkmale:

- unbefugt und
- beharrlich.
- Die Aufzählung der einzelnen Tathandlungen enthält Abs 1, Nr 1.–5.
- Dies sind im Einzelnen:
- Aufsuchen der räumlichen Nähe des Opfers;
- Kontaktaufnahme unter Verwendung von Telekommunikationsmitteln oder sonstigen Mitteln der Kommunikation oder über Dritte,
- unter missbräuchlicher Verwendung personenbezogener Daten des Opfers die Aufgabe von Bestellungen oder Dienstleistungen oder die Veranlassung Dritter, mit dem Opfer Kontakt aufzunehmen;
- Bedrohung des Opfers oder ihm nahe stehender Person mit Gewalttaten.

Die Aufzählung ist nicht abschließend („... oder eine andere vergleichbare Handlung ...“)

Eine ausführliche Erläuterung der Tatbestandsmerkmale nach Abs. 1 ist bei *Fischer*[217] unter 5) Tathandlungen zu finden.

Abs. 2 der Vorschrift stellt verschärfend Tathandlungen unter Strafe, die den im Gesetz genannten Personenkreis in die Gefahr des Todes oder einer schweren Gesundheitsschädigung bringt. Es handelt sich hier um eine klassische Qualifi-

216 Was ist Stalking? Merkblatt Polizeiliche Kriminalprävention, http://www.polizei-beratung.de (Stand: April 2015).

217 Fischer (2014), § 238 Rn. 9 ff.

kation als konkretes Gefährdungsdelikt, Abs. 3 StGB ist ein erfolgsqualifizierter Tatbestand bei Verursachung des Todes.

Das Grunddelikt aus Abs. 1, Nr. 1.–5. (siehe oben) ist gemäß § 238 Abs. 4 StGB Antrags- bzw. Privatklagedelikt, soweit nicht eine Verfolgung der Tat im öffentlichen Interesse liegt. Die Qualifikationstatbestände nach den Absätzen 2 und 3 stellen Offizialdelikte dar. Das Delikt ist in seiner Grundform ein Erfolgsdelikt, d.h. dass der Versuch nicht unter Strafe gestellt ist.

5.3 Fallentwicklung

Mit Inkrafttreten von § 238 StGB am 31.03.2007 wurde die Falldaten des Delikts der Nachstellung für 2007 unter der SZ 232400 erstmals statistisch erfasst. Für den Erfassungszeitraum des Jahres 2013 wurden 23.831 Straftaten registriert. Über die Hell-Dunkelfeld-Problematik sind verlässliche Daten nicht vorhanden. Es kann angenommen werden, dass die Anzeigebereitschaft der Opfer eher gering ist, da die Täter nach den erhobenen statistischen Daten[218] zu etwa zwei Drittel der Fälle aus dem sozialen Umfeld der Opfer kommen.

5.4 Tatverdächtige

Die Aufklärungsquote beträgt kapp 90 %. Für 2013 wurden 19.775 Tatverdächtige ermittelt. Nachstellung ist ein Delikt erwachsener Täter (91 %) vorwiegend im Alter zwischen 30 bis 50 Jahren. Davon waren ca. 80 % Männer und ca. 20 % Frauen. Etwa 55 % der ermittelten Tatverdächtigen waren bereits kriminell in Erscheinung getreten. Eine bestimmte Hemmschwelle gegenüber kriminellen Handlungen war von dieser Gruppe offensichtlich bereits früher überschritten worden.

5.5 Stalkinghandlungen und Intervention

Wondrak beschreibt in ihrer Veröffentlichung zum Phänomen „Stalking" unter Rückgriff auf einschlägigen Untersuchungen u.a. typische Tathandlungen von Stalkern und deren Motive. Nach einer Sekundäruntersuchung zur Häufigkeit von Stalker-Handlungen[219] sind Telefonanrufe und andere Arten von Kommunikationsversuchen, z.B. per SMS oder E-Mail, häufige Mittel, die Opfer zu terrorisieren. In einer Vielzahl der Fälle wurden direkte Annäherungsversuche berichtet.

Eine wirksame Kriminalitätskontrolle des Stalking erfordert gesichertes Wissen über die Phänomenologie der Tathandlungen und die strafrechtlich relevanten unbestimmten Rechtsbegriffe der einzelnen Tatbestände des § 238 StGB.[220]

218 Tabelle 92: Opfer-Tatverdächtigen-Beziehung

219 *Wondrak* (2008), S. 22 ff., mit einer ausführlichen Darstellung von Stalkerhandlungen

220 *Fischer* (2015), § 238, Rn. 9 ff.

Es wird erforderlich sein, Stalkingopfer genau zu instruieren und sie so an der Beweiserhebung zu beteiligen, da sonst eine Verurteilung nicht zu erwarten ist. Zudem ist es zwingend geboten, dass das Opfer gegenüber den Stalkern deutliche beweiskräftige Stopp-Signale tätigt, um Einwänden des Täters hinsichtlich der Unbefugtheit der Kontaktaufnahmen vorzubeugen. Einen ausführlichen Katalog von Verhaltensempfehlungen bietet das „Informationsblatt für Betroffene von Stalking" im Programm der Polizeilichen Kriminalprävention.[221]

Im konkreten Einzelfall werden polizeiliche Maßnahmen nach dem Gefahrenabwehrrecht der Länder zu tätigen sein, je nach Art und Grad der Gefahren, die von dem Stalker für das Opfer ausgehen. Eine ausführliche Darstellung polizeirechtlicher Eingriffsmaßnahmen stellen Vogel und Keller vor. Weitere Möglichkeiten des gerichtlichen Schutzes gegen Stalker bietet § 1 des Gewaltschutzgesetzes durch Annäherungs- und Kontaktverbote. Zuwiderhandlungen können mit Geldstrafe oder Freiheitsstrafe belegt werden. Für den Fall des Strafverfahrens gelten die besonderen Opferrechte nach der Strafprozessordnung.

6 Ätiologie

6.1 Individuelle Bedingungen

- Gewalttäter zeigen bestimmte, für sie eigentümliche Persönlichkeitsmerkmale, die u.a. *Schneider* (1987) beschreibt. Danach wird die Neigung zur Anwendung von Gewalt vorwiegend mit Sozialisationsmängeln bei den Tätern erklärt. Der Mehrheit der gewalttätigen Personen fehlen die verbalen und sozialen Fähigkeiten, zwischenmenschliche Konflikte friedlich und mit Worten beizulegen. Die Gewaltanwendung ist bei ihnen häufig ein Ausdruck von Hilflosigkeit.

  Sie zeigen einen ausgeprägten Selbstbehauptungs- und Selbstverteidigungsdrang auf Grund eines übertriebenen Selbstwertstrebens bei gleichzeitig gestörtem Selbstwertgefühl. Es wird davon ausgegangen, dass gewaltgeneigte Personen in ihrer Kindheit ungenügende gefühlsmäßige Unterstützung und Stabilität erfahren haben, sodass sie keine positive Selbstwahrnehmung entwickeln konnten.

  Im Bereich der familiären Gewalt sind häufig Motive der Machtausübung und Erniedrigung gegenüber den Opfern wesentliche Triebfedern der Gewaltausübung.
- Obgleich von der grundlegenden Annahme auszugehen ist, dass Gewaltneigung ihren Ursprung in subkulturellen Normen und frühkindlichen defizitären Erlebnissen hat, entsteht Gewalt auch in gesellschaftlichen und zwischenmenschlichen Lernprozessen. Aggressive Verhaltensmuster wer-

221 http://www.polizei-beratung.de (Stand: 11. August 2016).

den verstärkt übernommen und eingeübt, wenn der Handelnde das damit von ihm angestrebte Ziel erreicht (Lernen am Erfolg). Die Zielerreichung verursacht bei ihm auch die Erwartung, in einer ähnlichen Situation durch aggressives Verhalten wiederum erfolgreich zu sein.

Vom Lernen am Modell spricht man, wenn eine Person das Verhalten einer von ihr beobachteten Modellperson nachahmt. Bei Kindern und Jugendlichen haben Familie und Schule zunächst den größten Einfluss; zunehmende Bedeutung erlangen darüber hinaus symbolische Modelle in Politik, Sport und Medien. Die Entstehung von Gewalt durch Lernen am Modell erfolgt auch dann, wenn insbesondere Kinder und Jugendliche bereits in der Familie Gewalt durch Erziehungspersonen entweder selbst oder an anderen erfahren und dieses Verhalten modellhaft für sich übernehmen und sich damit identifizieren.

- Bei Gewalt im schulischen Bereich wird der Interaktionspartner als Objekt zur Befriedigung eigener Bedürfnisse missbraucht. Das Leiden des anderen dient der eigenen Genugtuung.
- Die in der einschlägigen Literatur diskutierten Erklärungen für Stalking stellen vorwiegend Persönlichkeitsdefekte bei den Tätern unterschiedlicher Genese in den Vordergrund. Die Spannbreite der diskutierten Erklärungsansätze bewegt sich zwischen tiefenspychologischen Ursachen, Bindungsdefekten, psycho-pathologischen Persönlichkeitsstörungen und Sozialisationsdefekten. Auch tätertypologische Aussagen zu Stalkern sind wegen der Problematik individualtypologischer Festlegungen nur bedingt brauchbar. Für die polizeiliche Praxis bedeutet dies, dass jeder Fall individuell zu beurteilen ist, insbesondere im Hinblick auf die konkrete Gefahrenbeurteilung, die von dem Täter für das Opfer ausgeht.

6.2 Situative Bedingungen

- Insbesondere Täter fremdenfeindlicher Gewalt wachsen in einer Subkultur der Gewalt auf, die eigene gewaltfreundliche Verhaltensmuster, Einstellungen und Wertvorstellungen besitzt. Ideologisch legitimierte Gewalt wird von linken oder autonomen Gruppen, von rechtsorientierten oder auch ethnischen Gruppen als Mittel der Durchsetzung ihrer Ziele akzeptiert und angewendet.
- Mitglieder delinquenter, gewaltorientierter Subkulturen nehmen sich als aggressiv wahr und pflegen auch nach außen dieses Bild. Gewaltgeneigtes Gruppenverhalten zeigt sich z.B. bei gewaltorientierten Tätergemeinschaften wie Skinheads, Rocker, Punks oder Hooligans.
- Permanente Gewaltdarstellungen in den Massenmedien haben mittel- bis langfristig eine besonders auf Kinder und Jugendliche negative Wirkung. Es besteht die Gefahr der modellhaften Nachahmung von gewalttätigen

Darstellungen in den Medien. Ein ungünstiges soziales Umfeld trägt zur Übernahme von Gewaltmustern bei.
- Übersteigerte Gewaltdarstellungen, Gewaltakzeptanz und Orientierungslosigkeit fördern allgemein ein gewaltförderndes gesellschaftliches Klima.
- Soweit Gewaltdelikte wesentlich von Motiven der Bereicherung gesteuert werden, spielen die sozialstrukturellen Bedingungen einer Gesellschaft eine wesentliche Rolle. Im Besonderen die Raubdelikte in den Ballungszentren finden in den sich bietenden Tatgelegenheiten, gepaart mit Anomiedruck, ihre Ursache.

7 Kriminalitätskontrolle

Kriminalitätslage

Das Kriminalitätslagebild Gewaltkriminalität ist gekennzeichnet durch folgende sicherheitsrelevante Phänomene:
- Der kriminologische Begriff subsumiert eine Gemengelage von Rechtsgutverletzungen unterschiedlicher Deliktsarten und Deliktsschwere,
- die Entwicklung der Gewaltdelinquenz zeigt sowohl statistisch als auch in der sozialen Sichtbarkeit je nach der Art der Straftaten unterschiedliche Tendenzen, je nach Hell- Dunkelfeldrelation,
- Gewaltdelikte weisen in der Regel ein hohes Dunkelfeld auf, einerseits bedingst durch eine zurückhaltende Anzeigebereitschaft der Opfer, andererseits auf Grund der Tatsache, dass bestimmte Gewalthandlungen im engen sozialen Umfeld stattfinden und nicht offenbar werden,
- die Taten der Gewaltdelinquenz zeigen durchweg eine hohe Individual- und Sozialschädlichkeit.

Strategisch-taktisch

Die Vielfältigkeit von Straftaten mit Gewaltcharakter und Gewaltmotivation lassen ein einheitliches, umfassendes Konzept der polizeilichen Kriminalitätskontrolle nicht zu.

Die wirksame Beeinflussung der Gewaltdelinquenz ist vielmehr vor allem eine gesamtgesellschaftliche Aufgabe.

Eine bedeutsame Kriminalstrategische Maßnahme wird in der Aufhellung des deliktsabhängigen Dunkelfeldes gesehen mit dem Ziel, ein möglichst umfassendes Bild über Taten und Täter zu erlangen.

Ermittlungstaktik

Effiziente polizeiliche Maßnahmenkonzepte der Kriminalitätskontrolle der Gewaltkriminalität sind deliktsspezifisch auszugestalten. Insoweit wird auf die zu den einzelnen Deliktsanalysen gemachten Aussagen verwiesen.

Allgemein können Maßnahmen der Tataufklärung und Täterüberführung besonders im Bereich der Gewaltkriminalität zur Risikoverstärkung für den potenziellen, gewaltbereiten Täter führen und diesen letztlich veranlassen, von der Tat Abstand zu nehmen.

Kriminalprävention

Zielgruppen der Kriminalprävention im Deliktsbereich der Gewaltkriminalität sind sowohl potenzielle Täter als auch deren Opfer.

Kriminalpräventive Maßnahmen sollen primär darauf abzielen, den Prozess des Opferwerdens durch Aufklärung über tatfördernde Verhaltensweisen zu vermeiden sowie Tatgelegenheitsstrukturen zu beseitigen.

Im Bereich der primären Kriminalprävention ist durch gesellschaftliche Mittel der Normverdeutlichung die Ächtung von Gewalt anzustreben.

Eine wesentliche Aufgabe der Gewaltprävention ist die nachtatbegleitende Opferbetreuung, in die auch polizeiliche Präventionsmaßnahmen mit dem Ziel der Vermeidung des erneuten Opferwerdens der Geschädigten eingebunden sind.

Kapitel 18
Diebstahl an/aus Kraftfahrzeugen

1 Phänomenologie

1.1 Allgemeine Angaben

Die Straftatenanteile des Diebstahls an der Gesamtkriminalität gehen seit 1993 kontinuierlich zurück (1993: gut 60 %), allerdings nehmen sie 2013 mit 40 % immer noch einen großen Anteil ein.[222]

Bezogen auf die gesamte Diebstahlskriminalität (2.382.743 Fälle in 2013) entfallen 15,5 % davon auf den Diebstahl an/aus sowie von Kraftfahrzeuge (Kfz).

Straftatenanteile an Diebstahl insgesamt = 2.382.743 Fälle

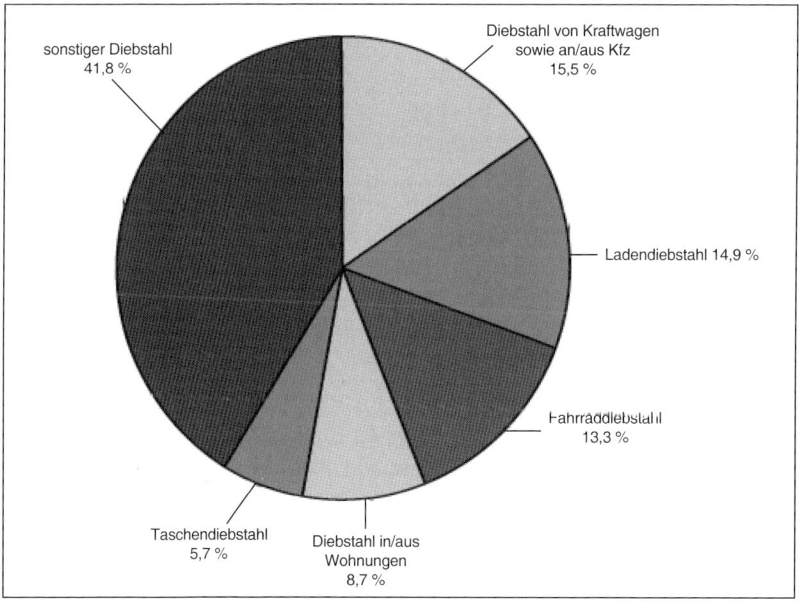

Quelle: BKA (2013a), S. 13

222 BKA (2013a), S. 14

Statistische Erfassung

Deliktsschlüssel ***100: Diebstahl von Kraftwagen

Deliktsschlüssel *50*00: Diebstahl an/aus Kfz[223]

Deliktsschlüssel 674100: Sachbeschädigung an Kfz

Alle drei Deliktsschlüssel sind u.a. auch im Summenschlüssel 899000 „Straßenkriminalität" enthalten.[224]

Der Diebstahl **an** Kfz (*55000) wird ab 2012 nur noch direkt in den Deliktschlüssel *50*00 (Diebstahl an/aus Kfz) gezählt und ist nicht mehr extra auswertbar.[225] Damit ist eine Vergleichbarkeit mit den Vorjahren nicht möglich.

Fallentwicklung und Aufklärung

	Schlüssel	ausgewählte Straftaten/-gruppen	erfasste Fälle		Veränderung		Aufklärungsquote	
			2013	2012	absolut	in %	2013	2012
	****00	Diebstahl insgesamt darunter	2.382.743	2.379.725	3.018	0,1	27,5	28,0
*)	***100	von Kraftwagen	37.427	37.238	189	0,5	26,1	26,7
*)	***200	von Mopeds und Krafträdern	28.299	33.273	-4.974	-14,9	21,5	22,3
*)	***300	von Fahrrädern	316,857	326.159	-9.302	-2,9	9,6	9,7
	***500	von unbaren Zahlungsmitteln	136.034	129.976	6.058	4,7	8,7	8,8
	*50*00	an/aus Kraftfahrzeugen	332.605	343.460	-10.855	-3,2	9,7	10,1
	*90*00	Taschendiebstahl	135.617	117.277	183.340	15,6	5,7	5,3

**) Einschl. der Fälle von Gebrauchsentwendung (§ 248b StGB)*

Quelle: BKA (2013a), S. 178

Beim Diebstahl an/aus Kfz ist seit 2003 ein kontinuierlicher Rückgang zu verzeichnen. Die Aufklärungsquote befindet sich auf dem niedrigen Niveau von ca. 10 %.[226]

Die Diebstähle aus und an Kfz und die Sachbeschädigung an Kfz sind im Zusammenhang zu betrachten. Oftmals gelingt es dem Tatverdächtigen nicht, das Kfz aufzubrechen (Versuchsanteil 2013: 11,4%) oder zu öffnen.

Es bleibt dann meist bei einer Sachbeschädigung. Diese wird vom Kfz-Halter teilweise zu einem Diebstahl an einem Kfz umdeklariert, da die Versicherung

223 Ab 2012 (zuvor Deliktsschlüssel *55000: Diebstahl an Kfz)
224 LKA NRW (2015), S. 17
225 LKA Bayern (2013), S. 62
226 BKA (2013a), S. 169

ansonsten den Schaden nicht begleicht. Deshalb ist bei den erfassten Fällen auch von einem Anteil von Vortäuschungen auszugehen.

Andererseits werden versuchte Kfz-Aufbrüche nicht als solche erkannt, da der Schaden gering ist oder als Sachbeschädigung kategorisiert wird. Die Kfz-Versicherer bestehen mittlerweile im Schadensfall darauf, dass immer eine Anzeige bei der Polizei erstattet wird, da dies zu den Obliegenheiten des Versicherungsnehmers gehört. Deshalb ist von einem geringen Dunkelfeld auszugehen.

Deliktschlüssel	Straftaten	Erfasste Fälle 2012	Erfasste Fälle 2013
***100	Diebstahl von Kraftwagen	37.238	37.427
*50*00	Diebstahl an/aus Kfz	343.460	332.605
674100	Sachbeschädigung an Kfz	245.682	208.398

Quelle: BKA (2013a), S. 178 und 234

Das Delikt stellt strafrechtlich ein Vergehen dar. In der öffentlichen Diskussion spielt es nur eine untergeordnete Rolle.

1.2 Tatzeit

Bezogen auf die Monate des Jahres liegt 2013 eine unregelmäßige Belastung vor. Die Spanne liegt zwischen 31.118 Fällen im Oktober und 23.701 Fällen im Februar. Es finden durchschnittlich mehr Taten in den Abend- und Nachtstunden statt. Zudem werden Freitag- und Samstagnacht bevorzugt. Dies liegt vermutlich daran, dass der Schutz der Dunkelheit und die geringe Anzahl der Personen, die sich auf der Straße aufhalten genutzt werden, um das Entdeckungsrisiko zu minimieren.

1.3 Tatort

Ein exakter Vergleich zur räumlichen Verteilung der Diebstähle rund um das Kfz ist nur über die Zulassungszahlen zu führen. Jedoch legt die PKS bei der relativen Häufigkeitszahl (HZ) die Einwohnerzahl zugrunde. Betrachtet man auf der Grundlage dieser Zahlen die einzelnen Bundesländer, sind Berlin mit einer HZ von 197,3 und Brandenburg mit der HZ 143,8 am stärksten belastet. Die niedrigsten HZ haben Bayern mit 17,2 und Baden-Württemberg mit 16,3 (Diebstahl von Kfz, Schlüsselzahl ***100).[227]

Bezogen auf den Diebstahl an/aus Kfz (Schlüsselzahl *50400) liegen Berlin (2013: 1067,6), Bremen (2013: 1.010,4) und Hamburg (2013: 913,2) an der Spitze. Diese Stadtstaaten liegen damit deutlich über dem Bundesdurchschnitt von

227 BKA (2013a), Tabelle 01, S. 77 f.

413,1. Die niedrigsten HZ weisen Bayern (2013: 138,9) und Thüringen (2013: 215,4) auf.[228]

Diese Verteilung setzt sich bei der Sachbeschädigung an Kfz (Schlüsselzahl 674100) fort. So liegen Berlin (HZ 2013: 403,3), Hamburg (HZ 2013: 440,2) und Bremen (HZ 2013: 385,2) im obersten Bereich und deutlich über dem bundesweiten Durchschnitt von 286,2.[229]

Im Ergebnis sind die städtischen Bereiche überrepräsentiert. Das liegt daran, dass mehr Tatgelegenheiten bestehen, da die Parksituation in der Stadt häufig das Parken auf der offenen Straße erfordert. Wohingegen im ländlicheren Bereich häufiger Garagen zur Verfügung stehen und die Kraftfahrzeugdichte geringer ist. Zudem ist Diebstahl an/aus Kfz ein klassisches Delikt der indirekten Beschaffungskriminalität, wodurch der städtische Bereich ebenfalls stärker belastet ist. So konnten 2013 23,6% der Diebstähle an/aus Kfz den Konsumenten harter Drogen zugeordnet werden.[230] Das Dunkelfeld dürfte wesentlich höher liegen.

Betrachtet man die HZ des Diebstahls an/aus Kfz bezogen auf die Großstädte ab 200.000 Einwohner, liegt Düsseldorf mit einer HZ von 1267,9 an der Spitze, gefolgt von Köln (HZ 2013: 1168,0), Dortmund (HZ 2013: 1152,4) und Bremen (HZ 2013: 1100,9).

Die Aufteilung der Fallzahlen auf die unterschiedlichen Gemeindegrößenklassen kann der nachfolgenden Tabelle entnommen werden.

Tatortverteilung Diebstahl von, an/aus und Sachbeschädigung an Kfz in Deutschland 2013

Gemeindegrößenklassen	Fälle Diebstahl von Kfz (Schlüsselzahl ***100)	Diebstahl an/aus Kfz (Schlüsselzahl *50*00)	Sachbeschädigung an Kfz (Schlüsselzahl 674100)
bis unter 20.000 Einwohner	9.599	73.370	57.773
20.000 bis unter 100.000 Einwohner	8.883	82.439	69.241
100.000 bis unter 500.000 Einwohner	5.956	66.620	50.088
500.000 und mehr Einwohner	12.962	109.483	52.865

Quelle: BKA (2013a), Tabelle 01

228 BKA (2013a), S. 190
229 BKA (2013a), Tabelle 01, S. 138
230 BKA (2013a), S. 32

Zu den engeren Tatorten ist zu sagen, dass prädestinierte Tatorte etwa Großparkplätze (Flughäfen, Sportstadien), Parkhäuser und Ausflugsziele sind. Zusätzlich werden auch am Straßenrand geparkte Kfz aufgebrochen.

1.4 Tatopfer

Da in der PKS keine Angaben zu den Opfern (Geschädigten) von Kfz-Aufbrüchen gemacht werden, sind Aussagen nicht möglich. Die Fahrzeuge werden nicht aufgrund bestimmter Halter oder Nutzer ausgesucht, sondern u.a. aufgrund der Beuteerwartung und der Angreifbarkeit (z.B. Handtasche liegt auf dem Sitz eines unverschlossenen PKW).

1.5 Tatobjekt, Beute

Es werden überwiegend solche Kfz aufgebrochen, die über keine ausreichende Diebstahlsicherung verfügen oder für Täter einfach zu öffnen sind.

Bevorzugte Beuten sind neben Bargeld auch mitgeführte Gegenstände wie z.B. Kleidung, Taschen, Fotoapparate, Handys und MP3-Player.

Zudem werden fest installierte technische Geräte wie Autoradios und Navigationsgeräte, aber auch Airbags entwendet. Nach wie vor beseht ein großer Bedarf an Kfz-Ersatzteilen im afrikanischen und osteuropäischen Bereich. Litauen gilt weiterhin als führender illegaler Absatzmarkt in Osteuropa. Der Diebstahl von Ersatzteilen ist ein Massendelikt mit hohen Gewinnaussichten. Der Verkauf des Diebesguts wird zunehmend über das Internet abgewickelt. Das gilt für Kleinteile (z.B. Navigationsgeräte), aber auch für größere Fahrzeugteile, wie z.B. Motoren und Getriebe. Letztere stammen häufig aus Komplettentwendungen.[231]

Die Schadenshöhe beim Diebstahl von Kfz einschließlich der unbefugten Ingebrauchnahme (Schlüsselzahl ***100) betrug 2013 rund 450 Millionen Euro. Beim Diebstahl an/aus Kfz (Schlüsselzahl *50*00) belief sich die Schadenssumme auf knapp 240 Millionen Euro, wobei der größte Teil, nämlich ca. 115 Millionen Euro, in der Schadensklasse von 50 bis 250 Euro lag.[232]

1.6 Tatmittel

Die Tatmittel variieren sehr stark. So werden Kfz mittels „Schlossstechen" geöffnet, indem man mit einem starken Schraubendreher das Schließsystem manipuliert. Scheiben werden mit Nothämmern oder Zündkerzen, auch den Keramikteilen der Zündkerzen, eingeschlagen.

Eine Methode, bei der keine Aufbruchspuren festgestellt werden können, ist die Überlagerung des Schlüsselsignals. Dabei blockieren Störsender mit einer

231 BKA (2103a), S. 10
232 BKA (2013a), Tabelle 07, S. 9

höheren Sendeleistung das Funksignal des Fahrzeugschlüssels. Der Fahrzeugführer nimmt fälschlicherweise an, er habe sein Auto verschlossen.

1.7 Tathergang

Die Tatobjekte werden gezielt nach Beute ausgesucht, finden sich aber auch situativ per Zufall. Die eigentliche Tatausführung erfolgt laienhaft (Scheiben einschlagen) oder, vor allem bei Tätergruppen, arbeitsteilig und spezialisiert. Hierzu werden auch Spezialgeräte (Ziehfix) oder selbstgebaute Werkzeuge eingesetzt.

Für den Ermittlungsansatz von Bedeutung ist die Beuteverwertung. Da der Eigenbedarf oftmals bereits gesättigt ist, werden Beuteteile bei Hehlern verkauft, ins Ausland verschoben oder im Internet verkauft.

1.8 Täter

Der Diebstahl aus und an Kfz (Schlüsselzahl *50*00) ist eine Domäne des Mannes. Bei einer Aufklärungsquote von bundesweiten 9,7 % wurden im Jahr 2013 nur 7,21 % tatverdächtige Frauen erfasst. Bei den tatverdächtigen Männern ist die Altersklasse der 14 bis unter 21-Jährigen gemessen an ihrem Bevölkerungsanteil deutlich überrepräsentiert. Sie stellen gut 30 % der erfassten Tatverdächtigen.

Von den insgesamt 5.733 (30,9 %) erfassten nichtdeutschen Tatverdächtigen hält sich der größte Teil (5.599) legal in Deutschland auf. 849 von ihnen sind Touristen oder auf der Durchreise, 551 sind als Arbeitnehmer in Deutschland aufhältig und 396 sind Asylbewerber.

Die Täter handeln zu rund 54 % allein. Das bedeutet aber, dass jede 2. Tat durch zwei oder mehr Täter ausgeführt wird. Gut 70 % der Kfz-Aufbrecher waren bereits als Tatverdächtige in Erscheinung getreten. 11,8 % der Tatverdächtigen waren als Konsumenten harter Drogen bekannt. Diesem Täterkreis geht es beim Kfz-Aufbruch um eine schnelle Beuteverwertung. Damit ist dieses Delikt auch der indirekten Beschaffungskriminalität zuzuordnen. Belegbar wird dies auch dadurch, dass beim Diebstahl an/aus Kfz der Täteranteil, der harte Drogen konsumiert, nur 11,8 % beträgt.

10,4 % der Tatverdächtigen standen bei der Tatausführung unter Alkoholeinfluss. Schusswaffen spielen keine Rolle. So wurden bundesweit nur 52 Fälle (0,3 %) bekannt, in denen Schusswaffen mitgeführt wurden. Die Tatverdächtigen werden zu rund 55 % im Bereich ihrer Wohngemeinde tätig.

2 Ätiologie

2.1 Individuelle Bedingungen

Beim Diebstahl an/aus Kfz kann der überproportionale Anteil der nichtdeutschen Tatverdächtigen (30,9 %) u.a. aufgrund von Sozialisationsmängeln erklärt werden. Häufig wachsen sie in einem bildungsfernen Elternhaus auf. Damit sind schlechte Perspektiven in der Schule und bei der späteren Berufswahl verbunden. Sind zudem Sprachprobleme vorhanden, erhöht dies die Wahrscheinlichkeit Straftaten zu begehen.

Zudem sind Männer unter 21 Jahren deutlich überrepräsentiert (gut 30 %). Junge Männer halten sich häufig in Gruppen (Peergroups/Cliquen) auf und versuchen sich zu beweisen. Sie begehen Straftaten als Mutprobe, um dadurch ihren Status in der Gruppe zu erhöhen. Bei Diebstählen an/aus Kfz unterstellen sie, dass es keine Opfer gäbe, da die Versicherung den Schaden bezahlen werde (Neutralisationstechnik).

Die Anomietheorie nach Merton ist besonders geeignet um Eigentumsdelikte zu erklären. Von den fünf möglichen Handlungsoptionen greift beim Diebstahl an/aus Kfz die „Innovation". Dies bedeutet, die kulturellen Ziele der Gesellschaft, wie z.B. Wohlstand, Status und Erfolg werden angestrebt, allerdings fehlt es an den erforderlichen legitimen Mittel, um diese Ziele zu erreichen. Aus diesem Unterschied entsteht ein sogenannter anomischer Druck. Die betroffene Person reagiert darauf mit dem Einsatz illegitimer Mittel. Eine Folge könnte somit z.B. sein, dass die Person Diebstähle an/aus Kfz begeht, um sich teure Markenkleidung zu kaufen.

Eine Besonderheit stellen die Täter beim Kfz-Aufbruch dar, die der indirekten Beschaffungskriminalität zuzuordnen sind. Sie sind keine handwerklichen Spezialisten, können jedoch schnell und unauffällig möglich Beute ausmachen, wenn Geschädigte allzu sorglos mit ihrem Eigentum umgehen.

2.2 Situative Bedingungen

Wie bei kaum einem anderen Delikt wird der Umfang der Straftaten rund um das Kraftfahrzeug durch situative Bedingungen geprägt. „Gelegenheit macht Diebe" sagt ein altes Sprichwort. Die günstige Gelegenheit ist es, die Diebstähle aus und an Kfz geschehen lässt. Hierzu bedarf es der Analyse der Tatgelegenheitsstruktur und des Opferverhaltens.

Eine Tatgelegenheit entsteht dadurch, dass sie

- vorhanden ist,
- sichtbar ist,
- attraktiv ist und

- der Widerstandszeitwert gering ist, damit aber auch das Entdeckungsrisiko gering ist.

Beim Diebstahl rund um das Kfz sind die Tatobjekte in der Öffentlichkeit vorhanden, denn dort bewegen sie sich. Die Tatgelegenheiten sind auch sichtbar, da man von außen in das Fahrzeuginnere hinein sehen kann. Bei Diebstählen an Kfz sind zusätzlich angebrachte Teile, etwa durch Tuning, bewusst deutlich sichtbar. Im Fahrzeug zurückgelassene oder eingebaute Gegenstände sind von außen nach ihrer Attraktivität einschätzbar. So kann der Täter erkennen, ob es sich bei dem Handy um ein altes Gerät handelt, oder ob ein brandneues Telefon, das auf dem Markt noch knapp ist, zurückgelassen wurde. Der Widerstandszeitwert ist gering, wenn der Täter in kurzer Zeit die Sicherungen überwinden kann, die das Opfer zum Schutz seines Eigentums veranlasst hat. Je kürzer diese Zeit für den Täter ist, umso geringer ist für ihn das Risiko, bei der Ausübung der Tat überrascht zu werden. Hätte also der Fahrzeughalter den Wagen unverschlossen zurückgelassen, ist der Diebstahl von Gegenständen aus seinem Kfz wahrscheinlich.

Die Tatgelegenheit wird oftmals durch das Opferverhalten ausgelöst. Gehen Eigentümer zu sorglos mit ihrem Eigentum um, erzeugen sie Tatgelegenheiten. Ein gutes Beispiel dafür, sorglose Verhaltensweisen beim Opfer zu ändern, ist das Plakatprogramm der Polizei, in welchem Fahrzeughalter aufgefordert werden, in Parkhäusern nichts sichtbar im Kfz zu hinterlassen.

2.3 Normative Bedingungen

Entgegen der früheren Praxis bestehen Versicherer heute auf einer Anzeige der Geschädigten bei der Polizei. Die Gesetzgebung wurde nicht geändert. Meist werden relativ geringe Strafen ausgesprochen, da es sich oft um jugendliche Täter handelt.

Von Seiten der Industrie wurden neue Diebstahlssicherungen geschaffen. Einbruchhemmendes Glas ist jedoch – nicht zuletzt wegen der Kosten – nur in wenigen Kfz eingebaut.

3 Kriminalitätskontrolle

Maßnahmen im Zusammenhang mit dem Diebstahl aus Kfz

Das nachfolgende Maßnahmenkonzept liefert allgemeine Hinweise auf die zu treffenden Maßnahmen. Diese sind auf den jeweiligen Einzelfall anzupassen und entsprechend zu modifizieren bzw. zu ergänzen. Es werden grundsätzliche Maßnahmen aufgeführt:

- Ausführliche Vernehmung des Geschädigten (dabei u.a. ausschreibungsrelevante Individualnummern erheben)
- Fotodokumentation der festgestellten Beschädigungen
- Konsequente Ausschreibung entwendeter Geräte
- Suche und Sicherung von DNA-Spuren und Fingerspuren
- Observation an entsprechenden Tatgelegenheiten, wie z.B. große Parkplätze
- Beschlagnahme und Auswertung von Papieren und elektronischen Datenträgern
- Sicherstellung von Asservaten und deren Auswertung
- Sachfahndung einbeziehen
- Prüfen, ob es sich um überregionale Taten handelt
- Beutebunker suchen
- Ggf. Hardware sicherstellen
- Einziehung/Verfall prüfen
- Kennzeichen überprüfen
- Identitätsfeststellung
- Zeugen suchen, trennen, belehren und vernehmen

Durchsuchung von Personen

- Wohnungsdurchsuchung (Beschluss des Richters/Durchsuchung auch auf Kfz beziehen)
- Beschlagnahme von Diebesgut (Rückgewinnungshilfe beachten)
- Ggf. Öffentlichkeitsfahndung einleiten
- Beschuldigten belehren und vernehmen
- Erkennungsdienstliche Behandlung
- Vorläufige Festnahme, Haftrichter vorführen

Kapitel 19
Waren- und Warenkreditbetrug

1 Phänomenologie

1.1 Allgemeine Angaben

Eines der Delikte, welches in den letzten Jahren sehr an Bedeutung gewonnen hat, ist der Betrug. Seit dem neuen Jahrhundert sind ständig über eine Million Vermögens- und Fälschungsdelikte zu verzeichnen. Damit gehört rund jede 6. bekannt gewordene Straftat in Deutschland diesem Deliktsbereich an.

Betrugshandlungen sind nach dem Strafgesetzbuch (StGB) in der Regel Vergehenstatbestände. Nur die bandmäßige, fortgesetzte Tathandlung ist als Verbrechen mit einer Mindeststrafandrohung von einem Jahr ausgewiesen. Betrügereien sind Vermögensdelikte.

Beim **Warenbetrug** besteht die Tathandlung darin, dass der Täter verspricht, eine Ware zu liefern, was jedoch nicht oder nur in minderer Qualität erfolgt. Ziel der Tathandlung ist es, eine Bezahlung vom Opfer ohne die entsprechende Gegenleistung zu erlangen.

Dagegen ist beim **Warenkreditbetrug** die Erlangung der Ware das Ziel des Täters. Diese soll ohne oder mit geringer Bezahlung auf Kredit erlangt werden. Der Täter täuscht bei der Tathandlung seine Zahlungswilligkeit oder seine Zahlungsfähigkeit vor.

Betrugstaten zeichnen sich durch eine enorme Begehungsvielfalt aus. Daher sind in der PKS auch zahlreiche unterschiedliche Begehungsformen unter der Straftatengruppe Betrug (Schlüsselzahl: 51000) ausgeworfen.

In diesem Kapitel soll der Waren- und Warenkreditbetrug näher beleuchtet werden. Diese Straftaten werden unter der Schlüsselzahl (SZ 511000) erfasst. Untergruppen sind das „Betrügerische Erlangen von Kfz“ (SZ 511100), der „Sonstige Warenkreditbetrug“ (SZ 511200) und der „Warenbetrug“ (SZ 511300). Auf das betrügerische Erlangen von Kfz wird im Weiteren nicht eingegangen. In den Bundesländern (z.B. Nordrhein-Westfalen), die bereits komplett die sechsstellige Erfassung nutzen, gibt es weitere Untergruppen. Unter der Gruppe „Sonstiger Warenkreditbetrug“ (SZ 5112000) werden noch die Untergruppen „Tankbetrug“ (SZ 511201), „Stoßbetrug“ (SZ 511202) und „Weitere Arten des Warenkreditbetruges“ (SZ 511279) geführt.

Betrugshandlungen, vor allem besonders raffinierte Täuschungshandlungen, werden in der Öffentlichkeit immer diskutiert.

Häufig werden ältere Menschen Opfer von Betrügern, z.B. bei dem Enkeltrick.[233]

Das öffentliche Interesse hat in den letzten Jahren zugenommen, da auch die Fallzahlen nach oben gingen. Der Grund für diese Entwicklung liegt sicher auch in der technischen Entwicklung der letzten Jahre. Mit der Verbreitung des Internets, verbunden mit der Möglichkeit, Waren über das Internet zu verkaufen und zu bestellen, wuchsen die Möglichkeiten Betrugshandlungen einfach vorzunehmen. Bei dieser Tathandlung kommt es zu keinem persönlichen Kontakt zwischen Täter und Opfer, was früher für den Betrug üblich war. Die jeweils andere Seite ist anonymisiert. Man brauchte keine besonderen Fähigkeiten um in einem persönlichen Gespräch einen Irrtum beim anderen zu erregen oder ihn von den angeblichen Vorteilen zu überzeugen. Dieses Phänomen gilt besonders für den Warenbetrug. Diese Straftaten werden zu rund drei Viertel mit dem Tatmittel Internet begangen. Das bedeutet, von den 93.741 Taten in 2013 wurde in 67.963 Fällen das Internet als Tatmittel eingesetzt (72,5 %).

Im Folgenden wird die langfristige Entwicklung des Deliktsbereiches aufgezeigt.

Fallzahlen unterschiedlicher Betrugsphänomene in Deuschland von 2003 bis 2013

Jahr	Betrug (SZ 510000)	Waren- und Warenkredit-betrug (SZ 511000)	Sonstiger Waren-kreditbetrug (SZ 511200)	Warenbetrug (SZ 511300)
2003	876.032	225.909	169.583	53.338
2004	941.859	269.617	183.960	82.541
2005	949.921	300.722	202.959	94.642
2006	954.277	327.052	201.074	12.321
2007	912.899	292.809	183.365	106.595
2008	887.906	302.488	187.361	112.721
2009	955.804	307.533	189.033	116.194
2010	968.162	289.988	191.665	96.188
2011	934.882	277.469	188.414	87.419
2012	958.515	272.117	193.511	76.972
2013	937.891	290.684	195.214	93.741

Quelle: BKA (2013a), Tabelle 01

233 Beim Enkeltrick gibt sich der Betrüger als Verwandter (häufig Enkel) aus und täuscht eine finanzielle Notlage vor.

Die Fallzahlen des Betruges (SZ 510000) liegen in den letzten 10 Jahren bei gut 900.000 Fällen. Der Waren- und Warenkreditbetrug (SZ 511000) verzeichnete von 2003 bis 2006 eine deutliche Steigerung der Fallzahlen um ca. 100.000 Fälle auf 327.052 erfasste Taten. Bis 2013 pegelten sich die Fallzahlen auf knapp 300.000 Fälle ein.

1.2 Tatzeit

Bei den Betrugstaten insgesamt (SZ 510000) wurden die meisten Fälle im November und Dezember erfasst. Das gilt auch für den Waren- und Warenkreditbetrug. Vermutlich ist letzteres auch auf das vermehrte Einkaufen im Onlinehandel vor Weihnachten zurückzuführen.

1.3 Tatort

Räumliche Verteilung des Waren- und Warenkreditbetruges in Deutschland (2013)

Gemeindegrößenklassen	Fälle Waren-, Warenkreditbetrug (Schlüsselzahl 511000)
bis unter 20.000 Einwohner	81.164
20.000 bis unter 100.000 Einwohner	80.352
100.000 bis unter 500.000 Einwohner	51.531
500.000 und mehr Einwohner	70.519

Quelle: BKA (2013a), Tabelle 01

Es fällt auf, dass im Gegensatz zu den Straftaten insgesamt Waren- und Warenkreditbetrügereien kein Phänomen der Großstädte sind. Dies mag daran liegen, dass – wie bereits geschildert – die Tathandlungen vermehrt ohne persönlichen Kontakt zwischen Täter und Opfer ausgeführt werden. Ist das Internet Tatmittel, spielt die Raumstruktur wegen der globalen Erreichbarkeit des Internets keine Rolle.

1.4 Tatopfer

Die Angehörigen aller Bevölkerungsschichten sind potenzielle Opfer dieser Delikte. Da nähere Opferdaten nicht in der PKS erfasst werden, sind Angaben zur Opferstruktur nur aus speziellen Lagebildern zu erfahren.

Darüber hinaus sind beim Warenkreditbetrug die Unternehmen Opfer der Straftaten. Die zum Teil erheblichen Schäden kalkulieren die Firmen in ihre Preisgestaltung ein. Damit ist letztlich die gesamte Gesellschaft Opfer dieser Straftaten.

1.5 Schaden

Die Beute oder das Tatobjekt ist sehr stark abhängig von den jeweiligen Begehrlichkeiten. Deshalb wird darauf nicht näher eingegangen. Interessant sind jedoch die Schadenshöhe und die Schadensstruktur. Die Gesamtschadenshöhe bei den erfassten Fällen des Betruges liegt in Deutschland bei knapp 2 Milliarden Euro. Davon fallen auf den Leistungskreditbetrug (SZ 517200) gut 75 Millionen Euro.

Der Warenkreditbetrug verzeichnet eine Schadenshöhe von insgesamt knapp 240 Millionen Euro, der Warenbetrug von 100 Millionen Euro. Betrachtet man die Schadenshöhe der vollenden Fälle exakter, so ergibt sich folgende Struktur:

Schlüssel	ausgewählte Straten/-gruppen	vollende-te Fälle*)	%-Anteile der Schadensfälle					Schadens-summe in Mio Euro
			unter 15 Euro	15 < 50	50 < 500	500 < 5.000	5.000 und mehr	
510000	Betrug *davon:*	847.950	33,0	16,9	34,8	16,0	4,0	1.756,5
511000	Waren- und Warenkreditbetrug *darunter:*	279.550	7,9	23,2	57,3	11,5	1,8	236,2
511300	Warenbetrug	90.562	8,6	13,1	62,7	16,2	2,3	101,9

**) Der Schaden wird nur bei vollendeten Fällen erfasst.*

Hinweis: War ein Schaden nicht bezifferbar, wird ein ideeller Schaden von 1 Euro registriert. Diese Fälle werden der Schadensklasse unter 15 Euro zugeordnet.

Quelle: BKA (2013a), S. 200

In beiden Deliktsbereichen liegen rund 60 % der Schäden unter 500 €.

Es ist zu vermuten, dass zu den Waren, die betrügerisch abgesetzt werden sollen, auch Diebesgut gehört.

1.6 Tatmittel

Wie bereits erwähnt, spielt die Nutzung des Tatmittels Internet bei der Begehung von Waren- und Warenkreditbetrügereien eine große Rolle. Wegen dieser Tendenz, die seit Beginn des neuen Jahrtausends zu beobachten war, wurde im Jahr 2004 die PKS-Tabelle 05, Grundtabelle „Tatmittel Internet“ eingeführt. Die Erfassung erfolgt über die Sonderkennung „Tatmittel Internet“. Seit 2010 erfassen alle Bundesländer diese Sonderkennung.

Unter Nutzung des „Tatmittels Internet“ wurden deutschlandweit in 2013 überwiegend Betrugsdelikte erfasst. Die 180.826 Betrugsfälle betragen 70,2 % der Fälle. Der Computerbetrug ist mit 7 % vertreten und der Warenbetrug mit 26,4 %.[234]

234 BKA (2013a), S. 9

Bei den 23.242 Fällen des Computerbetruges und den 93.741 Fällen des Warenbetruges diente das Internet in jeweils ca. ¾ der Fälle als Tatmittel.

Beim Warenkreditbetrug ist der Anteil der Taten mit dem „Tatmittel Internet" geringer. Dieser lag 2013 in Deutschland bei 21,4 %.

Der Bundesverband für Informationswirtschaft, Telekommunikation und neue Medien e.V. (BITKOM) befasst sich u.a. mit dem Einkaufsverhalten der Deutschen im Internet. Achim Berg, BITKOM-Vizepräsident, stellte am 08.05.2014 im Rahmen einer Pressekonferenz die Trends im Online-Shopping vor. Dabei führte er u.a. aus, das 3 von 4 Deutschen im Internet einkaufen und auch die Zielgruppe der über 65-Jährigen deutlich zugenommen hat (11 % mehr Online-Shopper). Zudem bestellt jeder dritte Online-Shopper ohne Kaufabsicht, was dazu führt, dass ca. 36 % der Waren wieder zurückgeschickt werden. Daher stößt auch die seit Juni in Kraft getretene Gesetzesänderung, den Retourenversand nicht mehr kostenfrei anbieten zu müssen, auf wenig Akzeptanz. Aufgrund dieser zunehmenden Nutzung des Internets, um Waren zu bestellen, ist künftig von einer weiteren Steigerung der Fallzahlen auszugehen.

1.7 Tathergang

Der Tathergang ergibt sich bereits aus der unterschiedlichen Definition der Straftaten. Beim Warenkreditbetrug täuscht der Täter vor, eine bestellte Ware bezahlen oder per Kredit erwerben zu wollen. Da die Täter oftmals nicht über die entsprechenden Barmittel verfügen, erlangen sie in den Besitz der Beute, bleiben die Zahlung aber schuldig. Die Bestellungen der Waren erfolgt in der Regel über das Internet.

Beim Warenkreditbetrug sind verschiedene Tätertypen zu beobachten.

Eine Tätergruppe ist meist bereits hoch verschuldet und hat nicht selten eine eidesstattliche Versicherung abgelegt. Bestellen diese Täter Ware und erhalten sie auch, ist es für den Verkäufer nahezu aussichtslos, seine Forderung einzutreiben.

Andere Täter bestellen unter falschem Namen. Diese Pseudonyme sind bei den Firmen oder Anbietern noch nicht bekannt. Die Alternative besteht darin, unter ständig wechselnden Adressen zu bestellen. In beiden Fällen ist es die Absicht des Betrügers, für den Verkäufer nicht erreichbar zu sein.

Beim **Warenbetrug** bietet der Täter eine Ware an, die er nicht oder nur in deutlich minderer Qualität liefert. Sie wird aus dem hochwertigen Chronometer, der im Internet bestellt wurde, schnell eine minderwertige Uhr.

Große Verkaufsportale, denen diese Verhaltensweisen bekannt sind, versuchen durch Bewertungen der Vertrauenswürdigkeit oder Sicherheit der Lieferungen diesen Trend zu stoppen. Allerdings fälschen professionelle Betrüger auch die Bewertungen auf den Websites. Auch werden gesicherte Bezahlmöglichkeiten (PayPal o.Ä.) vorgeschrieben.

1.8 Täter

Die Aufklärungsquote beim Waren- und Warenkreditbetrug (SZ 511000) betrug 2013 in Deutschland 83,8 %. Dabei wurden 86,4 % der Fälle des Warenbetruges (SZ 511300) und 79,8 % der Fälle des Warenkreditbetruges (SZ 511200) geklärt.

Von den insgesamt 445.610 ermittelten Betrügern waren 31,7 % Frauen. Damit ist der Betrug ein Delikt, bei dem der Anteil weiblicher Tatverdächtiger deutlich höher ist als bei der Gesamtkriminalität (25,7 %). In der Tendenz bedeutet dies, dass Frauen eher ihre Kreditwürdigkeit bei einer Bestellung vortäuschen. Zudem ist bei Betrugsdelikten ein geringeres Aggressionspotenzial erforderlich. Dies ist mit ein Grund, warum Frauen stärker als Tatverdächtige erfasst werden.

Der Waren- und der Warenkreditbetrug wird überwiegend durch erwachsene Täter begangen. Der Anteil jugendlicher Täter (14 < 18) beträgt lediglich 1,7 %. Jugendliche Betrüger dieser Begehungsform sind im Verhältnis zu ihrem Bevölkerungsanteil deutlich unterrepräsentiert. Heranwachsende beginnen jedoch mit dieser Straftatenform. Dies mag auch darin begründet liegen, dass diese Altersgruppe sich besonders gut mit dem Internet auskennt, sie andererseits aber auch eigene Hausstände bilden oder besonders stark an Statussymbolen interessiert sind.

Beide Delikte werden von den Tätern in Wohnortnähe begangen. Der Anteil der Taten, die vom Wohnort oder von unmittelbarer Wohnortnähe begangen werden, beträgt knapp 70 %.

Warenkreditbetrüger handeln zu 90 % allein. Beim Warenbetrug verringert sich dieser Anteil auf 82,1 %, d.h. hier sind häufiger Mittäter an der Tatbegehung beteiligt. Beide Betrügerkategorien sind zu rund 50 % bereits als Tatverdächtige in Erscheinung getreten.

Beide Begehungsweisen des Betruges werden von Nichtdeutschen unterdurchschnittlich häufig begangen. Beim Warenkreditbetrug lag ihr Tatverdächtigenanteil bei 14,76 %, beim Warenbetrug bei 4,59 %. Vor allem der Warenkreditbetrug, an welchem deutsche Frauen jede 3. erfasste Tat begehen, sind nichtdeutsche Frauen nur mit 3,98 % beteiligt. Beim ausländerrechtlichen Status bestehen keine Auffälligkeiten.

2 Ätiologie

2.1 Individuelle Bedingungen

Eine Theorie, die besonders gut auf den Deliktsbereich Warenkreditbetrug zutrifft, ist die **Anomietheorie**. Die Verhaltensweise „Innovation" dieser Theorie schildert die Diskrepanz, die zwischen kulturellen Zielen und den sozialen Mitteln, die zur Erreichung dieser Ziele benötigt werden, liegt. Einfacher ausgedrückt bedeutet dies, dass beim Täter die gleichen Statussymbole angestrebt werden wie beim Rest seiner sozialen Schicht, er aber nicht über die legalen sozialen Mittel (Vermögen, Beruf pp.) verfügt, um diese Statussymbole zu erlangen. Also muss der Täter sich etwas einfallen lasse, er muss innovativ sein. Deshalb täuscht er vor, über das notwendige Kapital zu verfügen, um bestimmte Gegenstände, die er anstrebt, zu erwerben. Dies ist beim Warenkreditbetrug die übliche Begehungsweise.

Da die Täter heute vermehrt das Internet einsetzen, fehlt es am persönlichen Opfer. Diese Anonymisierung stellt auch eine Form der „Verneinung des Unrechtes" dar. Bestellt der Täter die Ware, unterstellt er, dass „es keinen Armen trifft". Diese Verhaltensweise ist typisch für die **Theorie der Neutralisationstechniken**[235].

Beim Warenbetrug verhält sich der Täter deutlich professioneller. Die Herkunft der Waren, die über das Internet abgesetzt werden sollen, liegt oftmals bereits in einer kriminellen Handlung. Der Täter handelt somit als Hehler.

2.2 Situative Bedingungen

Anreize zum Erwerb von Waren erleben wir tagtäglich rund um die Uhr in den Medien. Dadurch wird der Anreiz auch zum illegalen Erwerb stimuliert. Da heute über das Internet keine langen Kaufverträge, Kreditanträge o.ä. mehr gestellt werden müssen, wird es dem Täter leicht gemacht, betrügerisch Waren zu erlangen. Diese Situation, aber auch das Opferverhalten erleichtern die Taten. Beim Warenbetrug ist es so, dass mit scheinbaren „Schnäppchen" Opfer angelockt werden. Hier ist wieder das Opferverhalten ausschlaggebend.

Da diese Taten aber durch die Tatsituation und das Opferverhalten bestimmt werden, besteht andererseits eine große Chance, die Taten durch kriminalpräventive Maßnahmen zu verhindern.

2.3 Normative Faktoren

Die Fallzahlen dürften beim Waren- und Warenkreditbetrug mittelfristig nicht zurückgehen. Es steht eher zu vermuten, dass Straftaten über das Internet steigen werden. Von daher ist durch eine angepasste gesetzliche Regelung auf das Phänomen zu reagieren, denn es steht zu vermuten, dass die Täter neue Arbeits- und Vorgehensweisen entwickeln, um betrügerisch Waren zu erlangen.

Auch die Reaktionen der Wirtschaft auf Betrugshandlungen, etwa durch größere Sicherheit bei der Bezahlung, dürften nur eingeschränkt erfolgreich sein, denn auf der anderen Seite besteht nach wie vor das Bedürfnis daran, Waren in großem Umfang zu verkaufen.

235 *Göppinger* (2008), S. 150

3 Kriminalitätskontrolle

Maßnahmen im Zusammenhang mit Betrugsdelikten

Das nachfolgende Maßnahmenkonzept liefert allgemeine Hinweise auf die zu treffenden Maßnahmen. Diese sind auf den jeweiligen Einzelfall anzupassen und entsprechend zu modifizieren bzw. zu ergänzen. Gerade aufgrund der vielfältigen Begehungsweisen des Betruges, z.B. Enkeltrick, Skimming, SMS-Rückruf werden nur grundsätzliche Maßnahmen aufgeführt.

- Anlassbezogene Ermittlungen nach Anzeigenerstattung
- Konkreten Straftatbestand bereits bei Anzeigenaufnahme herausarbeiten
- Ständige Zusammenarbeit mit anderen Behörden, Dienststellen, Firmen, Versicherungen, Telekommunikationsanbietern, Versandhäusern und Geldinstituten
- Konkrete Einsätze planen und durchführen, z.B. beim Stoßbetrug[236]
- Observation
- Beschlagnahme und Auswertung von Papieren und elektronischen Datenträgern
- Auswerterechner, zusätzlicher Speicherbedarf, Auswerteprogramme, zweiter Bildschirm, Scanmöglichkeiten ermöglichen eine professionelle Ermittlungstätigkeit
- Sicherstellung von Asservaten und deren Auswertung
- Zentrale Bearbeitung; überregionale Taten zusammenführen
- Alle polizeilichen Informationssysteme nutzen
- PC-Nutzung: IP-Adresse feststellen
- Hardware sicherstellen
- Einziehung/Verfall prüfen
- Finanzermittlungen prüfen
- Kennzeichen überprüfen
- Identitätsfeststellung
- Zeugen suchen, trennen, belehren und vernehmen
- Durchsuchung von Personen
- Wohnungsdurchsuchung (Beschluss des Richters/Durchsuchung auch auf Kfz beziehen)
- Beschlagnahme von Waren, die betrügerisch erlangt wurden (Rückgewinnungshilfe beachten)
- Beschuldigten belehren und vernehmen
- Erkennungsdienstliche Behandlung
- Spurenträger: Vom Tatverdächtigen berührte Schriftstücke
- Vorläufige Festnahme, Haftrichter vorführen

236 Ein Stoßbetrug ist eine schwere Form des Warenkreditbetruges. Unternehmen spielen den Lieferanten eine Zahlungswilligkeit und Zahlungsfähigkeit vor. Zu einem bestimmten Zeitpunkt ordern sie eine sehr große Menge, deren Bezahlung sie erst später vereinbaren. Diese Ware stoßen sie schnell und unter Wert ab. Danach verlassen die Betrüger die jeweilige Region ohne den Lieferanten zu bezahlen.

Kapitel 20
IuK-Kriminalität – Cybercrime

1 Phänomenologie

1.1 Allgemeine Angaben

Digitale Welten haben seit dem Ausgang des 20. Jahrhunderts die Gesellschaft und das Leben des Einzelnen grundlegend verändert. Das Internet und das Handy sind selbstverständlich geworden und aus dem Alltag nicht mehr wegzudenken. Sie dienen der Information, der Unterhaltung und sind zugleich wichtige Kommunikationsplattformen.[237] Mittlerweile nutzen 80 % der Bürgerinnen und Bürger täglich bzw. nahezu täglich das Internet[238] zur Informationsgewinnung, um Einkäufe zu tätigen oder Bankgeschäfte zu erledigen. Darüber hinaus gewinnen soziale Netzwerke eine immer größere Bedeutung. So kommunizieren 77 % der Jugendlichen täglich bzw. mehrmals in der Woche mittels sozialer Netzwerke wie z.B. Facebook.[239]

Im Zusammenhang mit dem Internet, sei es zur Tatvorbereitung, als Tatmittel oder als Angriffsziel, haben sich neue Kriminalitätsphänomene gebildet, die sehr vielfältig sind und weltweit zu immer mehr Geschädigten führen. Angriffe auf die Vertraulichkeit und Integrität informationstechnischer Systeme bergen ein hohes Gefahrenpotenzial. Durch das Eindringen in Informations- und Kommunikationssysteme und deren Sabotage können die Funktionsfähigkeit von Wirtschaft und Staat gefährdet werden. Häufig führt dies zu erheblichen Schäden für Unternehmen und staatliche Stellen, aber auch zu Schädigungen des einzelnen Bürgers, wie z.B. beim Diebstahl digitaler Identitäten. Dies hat polizeilicherseits zur Folge, dass immer mehr beweiserhebliche Daten von digitalen Datenträgern, aus Datennetzen und/oder als inhomogene Massendaten zu sichern und auszuwerten sind. Dadurch steigen die Anforderungen, die an die Ressourcen der Strafverfolgungsbehörden gestellt werden, zunehmend an.[240]

IuK-Kriminalität

Unter der IuK-Kriminalität versteht man die Kriminalität, die im Zusammenhang mit Informations- und Kommunikationstechnik steht. Darunter fallen alle Straftaten, welche unter Ausnutzung der Informations- und Kommunikationstechnik oder gegen diese begangen werden. Dabei wird zwischen IuK-Kriminalität im engeren Sinn und im weiteren Sinn unterschieden.

---

237 *Steffen* (2011), S. 6
238 Statistisches Bundesamt (2013), S. 336
239 JIM-Studie (2013), S. 37
240 MIK NRW (2012), S.1

IuK-Kriminalität im engeren Sinn

Bei der IuK-Kriminalität im engeren Sinn handelt es sich um Straftaten bei denen EDV-Element und Technik der Information und Kommunikation in den Tatbestandsmerkmalen enthalten sind. Mittlerweile wird dieser Bereich zu etwa 90 % durch das Phishing[241] dominiert. Während vor Jahren eher Banken und die Geschäftswelt Opfer der Phishing-Angriffen waren, ist mittlerweile der Bürger zum Angriffsziel geworden. Dabei geht es nicht allein um die Zugangsdaten, vielmehr wird die gesamte digitale Identität[242] ausgespäht und betrügerisch missbraucht, z.B. um Verträge abzuschließen oder Zahlungen vornehmen zu lassen. Die so erlangten digitalen Identitäten werden ebenso wie Schadprogramme[243] und Botnetze[244] in der sogenannten „underground economy“[245] vermarktet.[246] Zudem werden Firmen, deren Geschäftsmodell sehr stark vom Internet abhängig ist, z.B. ein Online-Versandhandel DDos-Angriffen[247] ausgesetzt. Diese gehen einher mit der Erpressung, die Angriffe auf die Homepage erst einzustellen, wenn eine bestimmte Geldsumme gezahlt worden ist.

Dementsprechend verzeichnet das BKA einen Anstieg von 4.644 erfassten Fällen (2011) auf 10.857 Fälle in 2012 und 12.766 Fälle in 2013 bei der Datenveränderung und Computersabotage. Dies entspricht im Zeitraum von 2012 bis 2013 einer Steigerung von 18 %.[248]

241 Phishing ist ein englisches Kunstwort, das sich aus einem „P“ für Password“ und dem Wort „fishing“ zusammensetzt. Mittels gefälschter E-Mails und falscher Internetseiten wird versucht, Zugangsdaten von Berechtigten zu erhalten.

242 Die digitale Identität ist die Summe aller Möglichkeiten und Rechte des einzelnen Nutzers sowie seiner Aktivitäten innerhalb der Gesamtstruktur des Internets. Konkret handelt es sich um alle Arten von Nutzer-Accounts (BKA [2013b], S. 7).

243 Schadprogramme oder auch Maleware sind Sammelbegriffe für Computerprogramme, die unerwünschte, schädliche oder zerstörende Funktionen haben (LKA BW [2013] S. 56).

244 Botnetz: Unter Bot (von dem englischen Begriff „robot“ abgeleitet) versteht man ein Computerprogramm, das – einmal programmiert – selbstständig sich wiederholende Befehle ausführt. Der Computer, auf dem die Bot-Software aktiviert ist, wird zum Teil eines Netzwerkes, dem sogenannten Botnetz (LKA BW [2013] S. 48).

245 Underground economy steht für einen illegalen, globalen Marktplatz, auf dem u.a. Schadprogramme und kriminelle Geschäftsmodelle gehandelt werden. Teilweise wird die underground economy auch als „Schattenwirtschaft“ bezeichnet.

246 *Wernert* (2011), S. 14 f.

247 DDos-Angriffe (Englisch: Distributed Denial of Service – Verweigerung eines Dienstes): In einem Botnetz zusammengeschlossene PC führen programmierte Befehle wiederholt aus, und zwar so lange, bis der betroffene Server seinen Dienst einstellt.

248 BKA (2013b), S. 6.

Cybercrime im engeren Sinne 2009–2013 (PKS)

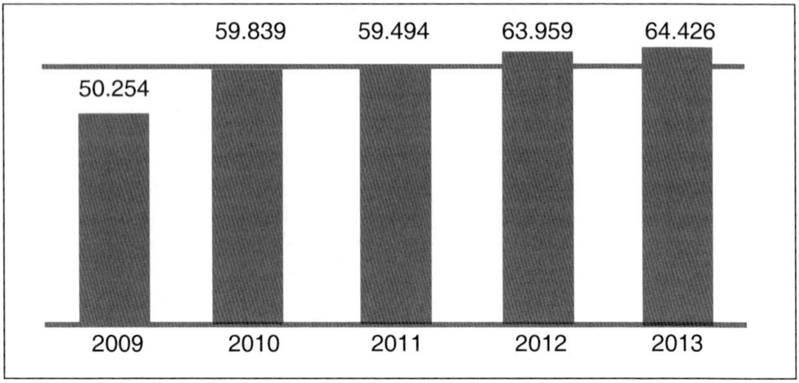

Quelle: BKA (2013b), S. 5

Beispiele für IuK-Kriminalität im engeren Sinn

- Computerbetrug nach § 263a StGB
- § 202a StGB Ausspähen von Daten
- § 269 StGB Fälschung beweiserheblicher Daten

IuK-Kriminalität im weiteren Sinn

Unter der IuK-Kriminalität im weiteren Sinn versteht man Straftaten, bei denen zur Planung, Vorbereitung und/oder Ausführung Informations- und Kommunikationsmedien eingesetzt worden sind.[249]

Somit setzten die Täter bei der IuK-Kriminalität im weiteren Sinn das Internet als Tatmittel ein, um die jeweiligen Straftaten effektiver auszuführen. Nahezu alle Delikte, die in der realen Welt begangen werden, können auch mittels Internet ausgeführt werden, z.B. politische Propaganda, Betrugsstraftaten, verbotenes Glücksspiel und Verbreitung von Kinderpornografie.

Cybercrime

Auf internationaler Ebene wird statt IuK-Kriminalität die Bezeichnung Cybercrime gewählt, weil bei einer ganzheitlichen Betrachtung des Phänomens nicht einzelne Delikte isoliert stehen, sondern vielmehr die virtuelle Welt zum Agieren und als Angriffsziel genutzt wird.[250] Nach internationalen Begriffsbestimmungen wie der European Cyber Crime Convention der United Nations umfasst Cybercrime die Straftaten, die sich gegen das Internet, weitere Datennetze und

249 *Wernert* (2011), S. 17
250 LKA BW (2012), S. 7

informationstechnische Systeme oder deren Daten richten. Auch werden solche Straftaten erfasst, die mittels dieser Informationstechnik begangen werden.

Diese Definition berücksichtigt sowohl nationale als auch internationale Sicherheitsstrategien. Daher wird im weiteren Verlauf des Buches der Begriff Cybercrime[251] verwendet. Dieser ermöglicht ebenfalls die Differenzierung „im engeren Sinn“ und „im weiteren Sinn“.

1.2 Statistische Einordnung

Für die statistische Erfassung auf Bundesebene und z.B. im Land Baden-Württemberg wird die Polizeiliche Kriminalstatistik (PKS) herangezogen. Für Aussagen zur Phänomenologie werden zudem Erkenntnisse aus den kriminalpolizeilichen Nachrichtendiensten und Informationen aus externen Quellen hinzugezogen.[252] In Nordrhein-Westfalen bezieht sich das Lagebild Cybercrime 2013 ergänzend zur PKS auf das Vorgangsverarbeitungssystem, weil einige Phänomene unter zu Hilfenahme der deliktisch orientierten PKS nicht ausreichend dargestellt werden können. So kann z.B. die Ransomware[253] je nach Art und Weise der jeweiligen Tatbegehung als Datenveränderung, Computersabotage oder Erpressung erfasst werden.[254]

Um die statistische Erfassung in der PKS bewerten zu können, werden zunächst einige Problematiken dieser Erfassung herausgestellt.

Dunkelfeld

Im Bereich Cybercrime besteht ein großes Dunkelfeld. Eine Dunkelfelduntersuchung des LKA Niedersachsen aus dem Jahr 2013 kommt zu dem Ergebnis, dass lediglich 9 % aller Delikte im Bereich Cybercrime angezeigt werden. Dieses bedeutet, bezogen auf einzelne Deliktsbereiche, dass die vorliegenden statistischen Zahlen mit dem Faktor 11 multipliziert werden müssten, um ein annähernd realistisches Bild der Cybercrime in Deutschland zu beschreiben.[255]

Dies trifft insbesondere auf die Deliktsfelder Computersabotage und Datenveränderung zu, da

- die technischen Sicherheitsvorkehrungen mittlerweile so ausgeprägt sind, dass viele Taten im Versuchsstadium bleiben, somit kein Schaden entsteht und demnach auch keine Anzeige erstattet wird,
- der Geschädigte die Infektion seines Computers nicht bemerkt und somit die Straftat nicht entdeckt,

251 Auch andere Bundesländer, wie z.B. NRW und BW nutzen die Bezeichnung Cybercrime.

252 BKA (2013b), S. 5

253 Schadsoftware, die infizierte Computer sperrt/verschlüsselt und ein Lösegeld (Englisch: ransom) für eine angebliche Freischaltung fordert.

254 LKA NRW (2013), S. 3

255 BKA (2013b), S. 10

- die Geschädigten, insbesondere Firmen, eine erkannte Straftat bewusst nicht anzeigen, weil sie einen Imageverlust befürchten. Sie möchten sich als zuverlässiger Partner auf dem Markt präsentieren, der seine Kundendaten sicher verwahrt.[256]

Tatortprinzip in der PKS

In der PKS greift das Tatortprinzip. „Als Tatort bei Erstellung von strafrechtlich relevanten Internetinhalten („Websites") gilt der Ort der Dateneinstellung ins Internet durch den/die Tatverdächtigen. Dabei spielt es keine Rolle, in welchem Land die Homepage oder die IP-Adresse des Absenders geführt wird."[257] So werden Delikte, die z.B. von einem Rechner in der Karibik ausgeführt werden und deren Geschädigte in Deutschland wohnhaft sind, nicht in der PKS erfasst.

Deliktsschlüssel

Die Deliktsschlüssel der PKS können den aktuellen Cybercrime-Phänomenen nur begrenzt zugeordnet werden. Besonders relevante Phänomene, wie z.B. Phishing im Bereich Onlinebanking, werden nicht unter dem Deliktsschlüssel der Cyberkriminalität erfasst, sondern beispielsweise als Erpressung.[258]

Sonderkennung „Tatmittel Internet"

Wurde bei der Tatbestandsverwirklichung als Tatmittel das Internet eingesetzt (z.B. als Kommunikationsmedium bei der Tatbestandsverwirklichung), ist bei der Erfassung die Sonderkennung „Tatmittel Internet" (Katalogschlüssel 2 – Internet oder 3 – Internet und Wirtschaftskriminalität) zu markieren. Dabei reicht das bloße Einstellen ins Internet aus, wenn dadurch bereits ein Straftatbestand erfüllt wird, z.B. § 86a StGB Verwenden von Kennzeichen verfassungswidriger Organisationen. Wird hingegen das Internet ausschließlich zur Kontaktaufnahme und dem eigentlichen Delikt vorgelagert genutzt, ist die Sonderkennung nicht zu verwenden.[259]

256 BKA (2012), S. 5
257 LKA NRW (2015), S. 8
258 *Zeitner*, (2013), S. 21
259 LKA NRW (2015), S. 173, 174

Straftatenanteile an Straftaten mit Tatmittel „Internet“ = 257.486 Fälle

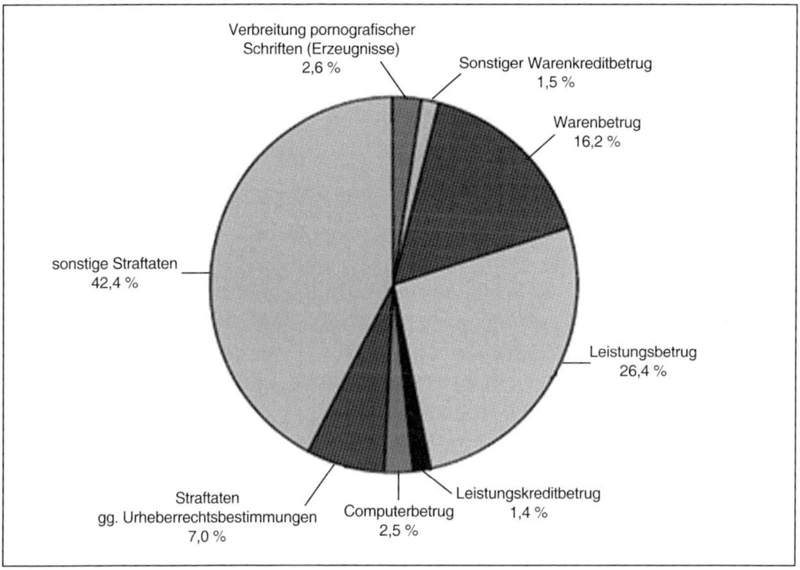

Quelle: BKA (2013a), S. 24

Zwischenergebnis zur statistischen Einordnung

Allein anhand dieser ausgesuchten Aspekte ist bereits erkennbar, dass die PKS nur begrenzt aussagefähig ist. Es können maximal Entwicklungstendenzen dargestellt werden.

Fallzahlen anhand des Bundeslagesbildes Cybercrime 2013

Die Zahl der bundesweit erfassten Fälle Cybercrime stieg in 2013 auf 64.426 Fälle an. Dies entspricht einer Steigerung um ca. 1 %.[260] In den einzelnen Deliktsbereichen lässt sich eine unterschiedliche Entwicklung feststellen. Während z.B. bei den Delikten Computerbetrug, Betrug mit Zugangsberechtigungen

zu Kommunikationsdiensten Rückgänge zwischen 5 % bis 8 % festzustellen sind, liegen im Bereich der Fälschung beweiserheblicher Daten, Täuschung im Rechtsverkehr bei Datenverarbeitung und Datenveränderung, Computersabotage Steigerungsraten von ca. 15 % bis 18 % vor.[261]

260 BKA (2013b), S. 5
261 BKA (2013b), S. 6

1.3 Tatzeit

Hinsichtlich der Tatzeit sind keine Eingrenzungen möglich. Cybercrime kann zeitlich flexibel ausgeführt werden, weil das Internet jederzeit bedient werden kann und Aktionen auch zu einer vorgegebenen Zeit automatisiert ausgeführt werden können.

1.4 Tatort

Auch der Tatort kann flexibel gewählt werden. Cybercrime kann von allen Orten ausgeführt werden. Es ist lediglich ein Computer mit einem Internetzugang notwendig. Somit gibt es keine örtliche Begrenzung. Es handelt sich um ein internationales Phänomen, das weltweite Tatgelegenheiten bietet und keine räumliche Begrenzung kennt.[262]

1.5 Opfer

Wer Opfer wird, hängt von dem jeweiligen Phänomen ab. So können z.B. Kinder und Jugendliche Opfer von Cybergrooming werden und Erwachsene beispielsweise Opfer des Diebstahls digitaler Identitäten.

1.6 Schäden

Die in 2013 registrierten Schäden bewegen sich mit 42,6 Millionen Euro in etwa auf dem Niveau des Vorjahres (42,5 Mio. Euro). Der größte Teil mit ca. 40 Millionen Euro entfällt auf den Computerbetrug und ca. 2,6 Millionen Euro Schaden wurde bei dem Betrug mit Zugangsdaten zu Kommunikationsdiensten erfasst.[263] Bei der Schadenserfassung werden nur die Deliktsbereiche Computerbetrug und Betrug mit Zugangsberechtigungen zu Kommunikationsdiensten angeführt, daher sind keine belastbaren Aussagen möglich. Würde man die Schadenssumme der gesamten Cyberkriminalität abbilden, dürfte diese um ein Vielfaches größer sein.

262 BKA (2012), S. 8
263 BKA (2013b), S. 7

Schäden 2009–2013 (PKS)

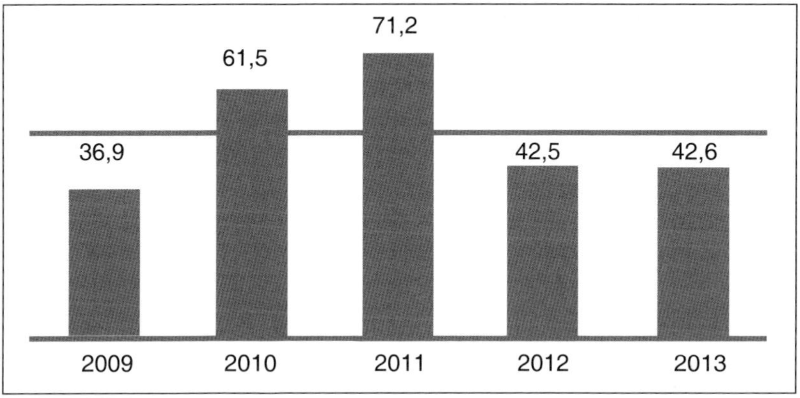

Quelle: BKA (2013b), S. 7

1.7 Aktuelle Phänomene

Die Phänomene im Bereich Cybercrime sind sehr vielfältig und reichen u.a. von Sexualdelikten über Betrugsdelikte bis hin zu politisch motivierten Delikten. Daher variieren Opfer und Täter.

Im Folgenden werden **ausgesuchte Begehungsformen** dargestellt. Bezogen auf die Tatzeit und den Tatort gelten für die nachfolgenden Delikte die zuvor genannten Aussagen.

1.7.1 Diebstahl digitaler Identitäten

Die Nutzer des Internets schaffen sich eine digitale Identität, um die Möglichkeiten des Netzes zu nutzen. Dazu zählen u.a. alle Arten von Nutzer-Accounts, wie zum Beispiel Zugangsdaten zu Kommunikationsdiensten (z.B. Facebook), zum Onlinebanking, zum E-Commerce oder zum E-Government (z.B. ELSTER, die elektronische Steuererklärung). Insbesondere gehören dazu Daten mittels derer Zahlungen ausgeführt werden, z.B. Kreditkartendaten. Letztere sind für die Täter von besonderem Interesse. Sie verwenden häufig sogenannte Trojaner[264], um von den Account-Inhabern Anmeldedaten zu erlangen. Diese Daten verwenden sie entweder selbst, z.B. um Bestellungen auszuführen oder sie verkaufen diese in der underground economy. Im Rahmen einer repräsentativen Online-Umfrage der SCHUFA Holding AG und des Marktforschungsinstituts Innofact AG aus

264 Als „Trojaner" bezeichnet man ein Computerprogramm, das als nützliche Anwendung getarnt ist, im Hintergrund, aber ohne Wissen des Anwenders, eine andere Funktion erfüllt. Es zählt zur Familie unerwünschter bzw. schädlicher Programme, der sogenannten Malware.

dem Jahr 2013 stellte sich heraus, dass ca. 21 % der Deutschen Opfer von Identitätsdiebstahl oder -missbrauch geworden sind und 27 % einen Missbrauch nicht ausschließen können. Daran wird ersichtlich, dass die tatsächlichen Fälle deutlich über die bei der Polizei registrierten Fälle hinausgehen. Es liegt somit ein weiterer Hinweis auf das vermutete hohe Dunkelfeld im Bereich Cybercrime vor.[265]

1.7.2 Digitale Erpressung

Digitale Erpressungen können sowohl Privatpersonen als auch Unternehmen betreffen. Sie gehen meist mit der Verwirklichung klassischer Cybercrimedelikte, wie z.B. Computersabotage einher.

Ein Phänomen, bei dem insbesondere Unternehmen geschädigt werden, wird mittels sogenannter **Botnetze** ausgeführt. Darunter versteht man miteinander verbundene und per Schadcode infizierte Computer, bei denen bestimmte Arbeitsschritte programmiert werden. Ein sogenannter Botmaster kann über einen Kommunikationskanal das Botnetz überwachen und Befehle ausgeben. Die eigentlichen Nutzer der infizierten Computer bemerken diese Manipulation nicht. Die so programmierten Arbeitsschritte werden eigenständig ohne menschliche Einwirkung massenhaft wiederholt. Auf diese Weise können hunderttausende Phishing- oder SPAM-Mails versandt werden oder es kann x-fach auf eine Internetseite zugegriffen werden.[266]

Die zahllosen Zugriffe auf eine Hompage bezeichnet man als DDoS-Angriff. Dabei rufen alle in einem Botnetz zusammengeschlossenen „Zombie-PC"[267] auf Befehl des Botmasters innerhalb kürzester Zeitabstände immer wieder eine Seite der jeweiligen Firma auf. Diese Seitenaufrufe werden so lange fortgesetzt, bis die Webserver unter der Last der Anfragen zusammenbrechen und damit ihren Service verweigern. Folglich ist die betroffene Firma nicht mehr über das Internet erreichbar. Insbesondere bei Unternehmen, die Dienstleistungen oder Produkte über das Internet anbieten, kann die Nichterreichbarkeit via Internet zu schweren wirtschaftlichen Schäden führen. Nach den Zugriffen und dem Zusammenbruch der Firmenserver, wenden sich die Täter an die geschädigten Firmen, sprechen die vorangegangenen Angriffe konkret an und teilen mit, dass erneut Attacken auf das Firmennetz geplant sind. Diese können nur durch die Zahlung einer hohen Geldsumme verhindert werden.[268] Bei der Zahlung des Lösegeldes werden in der Regel digitale Zahlungsdienstleister wie z.B. Western Union, Ukash in Anspruch genommen, sodass der Geldtransfer vom Täter zum Opfer nicht mehr nachvollzogen werden kann.

265 BKA (2013b), S. 7
266 *Zeitner* (2013), S. 22
267 Zombie-PC sind per Schadcode infizierte Computer.
268 *Zeitner* (2013), S. 22

Eine der bekanntesten Varianten der digitalen Erpressung, bei der Privatpersonen geschädigt wurden, ist der so genannte BKA-Trojaner. Dabei wurden unzählige Computer mit einer Ransomware[269] infiziert, die den jeweiligen Computer sperrte und zugleich eine Meldung einblendete, in der behauptet wurde, der Computer sei im Zusammenhang mit strafbaren Handlungen genutzt worden. Um den Betroffenen zu suggerieren, dass es sich um eine offizielle Mail handelt, wurde das BKA als Absender dieser Mail angeführt. Erst mit der Zahlung von 100 Euro werde der Computer wieder frei geschaltet. Wobei auch hier die Zahlung über digitale Zahlungsdienstleister erfolgte. Jedoch blieb nach Zahlung der 100 Euro der Computer gesperrt und die Daten konnten nicht wieder hergestellt werden.[270]

Mittlerweile stellen Botnetze weltweit eine lukrative Handelsware dar, die ebenfalls im Bereich der underground economy veräußert werden. Sie werden vermietet, um sie beispielsweise für Angriffe auf IT-Systeme von Firmen zu nutzen oder um SPAM-Mails zu versenden.

1.7.3 Cybergrooming[271]

Der Begriff Cybergrooming, der sich ableitet vom Englischen „to groom" (striegeln, pflegen, vorbereiten), bezeichnet eine Vorgehensweise von Erwachsenen, die über Online-Medien gezielt Kontakt zu Kindern und Jugendlichen aufnehmen und sich ihr Vertrauen erschleichen, um sie für ihre sexuell motivierten Absichten zu missbrauchen. Die Opfer befinden sich im Wesentlichen in der Altersgruppe der 10- bis 15-Jährigen, die aufgrund der sexuell aufgeladenen Situation der (Prä-)Pubertät und der damit verbundenen Neugier für sexuelle Annäherungsversuche besonders empfänglich sind. Die Absicht der Täter liegt beim Cybergrooming nicht zwangsläufig in einem direkten körperlichen Missbrauch, vielmehr kann das Ziel auch der sogenannte Webcamsex oder der Austausch von sexuell geprägten Fotos oder Videos sein. Zu diesem Zweck bauen die Täter über einen längeren Zeitraum Vertrauen zu ihrem minderjährigen Opfer auf, häufig indem sie sich ebenfalls als Jugendlicher ausgeben oder sich als verständnisvollen Zuhörer darstellen. Die erste Kontaktaufnahme erfolgt im Internet, insbesondere in Chatrooms.

Das Phänomen wird nach herrschender Meinung von § 176 Abs. 4 Nr. 3 oder 4 StGB erfasst. Demnach macht sich strafbar, „...wer auf ein Kind u.a. mittels Kommunikationstechnologie einwirkt, um das Kind zu sexuellen Handlungen zu bringen..." In NRW wurden 2013 insgesamt 275 Fälle (2012: 178 Fälle) erfasst, d.h. die erfassten Fälle sind um 54,5 % angestiegen. Allerdings wird bei diesem

269 Ransomware ist eine Schadsoftware, die einen Computer sperrt oder verschlüsselt und damit einhergehend eine Lösegeldforderung für die Freischaltung verbindet.

270 BKA (2012), S. 7

271 LKA NRW (2013), S. 22

Delikt das Tatmittel Internet nicht erfasst, sodass die PKS diesbzgl. wenig aussagekräftig ist.

2 Ätiologie

Die Erscheinungsformen von Cybercrime sind sehr vielfältig und reichen von Betrugsdelikten über Erpressungsdelikte bis hin zu Delikten mit sexuell motiviertem Hintergrund. Ebenso vielfältig sind daher mögliche Aussagen zur Ätiologie. Nachfolgend werden somit beispielhafte Aussagen getroffen.

2.1 Individuelle Bedingungen

Bei den Begehungsweisen mit Bereicherungsabsicht, z.B. Phishing, Verkauf von Diebesgut über Internetauktionshäuser, kann u.a. die Anomietheorie nach Merton herangezogen werden. In der Kategorie der Innovation verortet Merton die Kriminalität. So werden kulturell anerkannten Ziele zwar akzeptiert und auch für erstrebenswert erachtet, allerdings fehlt es an legalen Mitteln, diese Ziele zu erreichen. Daher werden neue Wege gesucht, die als kriminelle Handlungen zu Tage treten.[272]

Der Bereich der politisch motivierten Kriminalität, z.B. das Verwenden verfassungsfeindlicher Symbole im Netz oder die Verbreitung von volksverhetzenden Äußerungen, könnte in die Kategorie der Rebellion eingeordnet werden. Dies bedeutet, die Ziele und Normen der Gesellschaft werden abgelehnt und es wird versucht, diese durch neue Ziele und Regeln zu ersetzen.[273]

2.2 Situative Bedingungen

Da nahezu jeder Bundesbürger über einen Computer mit Internetzugang (98 %) verfügt und diesen auch regelmäßig nutzt[274], ist eine nahezu unbegrenzte Nutzung des World Wide Web möglich.

Die Nutzungsmöglichkeiten sind äußerst vielfältig, weil weder örtliche noch zeitliche Begrenzungen existieren. Zudem kann im Netz anonym kommuniziert werden, wodurch die Hemmschwelle sinkt, anderen Personen Unrecht zuzufügen. Das mögliche Leid der Opfer wird nicht wahrgenommen.

Ergänzend führt die potentielle Automatisierbarkeit dazu, dass eine Aktion, ist sie einmal programmiert, beliebig oft ausgeführt werden kann.[275]

Bei den Tatbegehungen spielt das Opfer nur teilweise eine aktive Rolle, indem es sich auf eine entsprechende Kommunikation einlässt oder bestimmte Daten entweder aktiv zur Verfügung stellt, alternativ ohne eine ausreichende Siche-

272 *Göppinger* (2008), S. 153
273 *Göppinger* (2008), S. 153
274 JIM-Studie (2014), S. 6
275 *Zeitner* (2013), S. 23

rung ins Netz stellt. So werden z.B. Rechner immer häufiger mittels Drive-by-Infection[276] infiziert.

2.3 Normative Bedingungen

2.3.1 Neue Organisationsstrukturen innerhalb der Polizei

In den Bundesländern hat die Polizei inzwischen auf die Ausweitung der Cybercrime reagiert und spezielle Organisationseinheiten mit der Bekämpfung von Computerkriminalität beauftragt. So wurde beispielsweise in **Nordrhein-Westfalen** 2012 per Erlass des Ministeriums für Inneres und Kommunales die Abteilung 4 des Landeskriminalamtes NRW neu strukturiert. Dort wurde u.a. die Landeszentrale IuK-Ermittlungsunterstützung eingerichtet, in der mindestens 5 Bedienstete mit einem abgeschlossenen Hochschulstudium der Informatik oder einer vergleichbaren Fachrichtung anzustellen sind. Damit die IuK-Bekämpfung auch in der Fläche gewährleistet werden kann, sieht der Erlass die Einrichtung der Sachraten IuK-Ermittlungen und IuK-Ermittlungsunterstützung in den Kreispolizeibehörden vor.[277]

Das Land **Baden-Württemberg** hat u.a. eine Zentrale Ansprechstelle Cybercrime (ZAC) eingerichtet. Diese soll rund um die Uhr als Ansprechstelle für Wirtschaftsunternehmen sowie öffentliche und nichtöffentliche Stellen auf Bundes- und Landesebene dienen. Zielrichtung ist es, das angenommene Dunkelfeld, gerade im Bereich der Wirtschaft, zu verringern. Im Jahr 2013 wurden 167 Hinweise entgegengenommen. Wobei derzeit schwerpunktmäßig Anfragen und Anzeigen von Bürgern eingehen, die keine Geschädigten im Bereich von Wirtschaftsunternehmen sind.[278]

Auf europäischer Ebene hat **Europol** seit 2013 eine eigene Abteilung zur Koordination der Zusammenarbeit eingerichtet, das Europäische Zentrum zur Bekämpfung der Cyberkriminalität. Die Einrichtung dieses Zentrums ist Teil eines Maßnahmenpakets zum Schutz der Bürger vor Online-Straftaten. Offiziell wurde das Zentrum am 11.01.2013 in Den Haag, Niederlande, eröffnet.[279]

2.3.2 Neue Organisationsstrukturen innerhalb der Justiz

Auch die Justiz reagiert auf die neuen Herausforderungen der Cybercrime. Beispielsweise hat **Bayern** bei der Generalstaatsanwaltschaft Bamberg die Bayerische Zentralstelle zur Bekämpfung von Cybercrime (Zentralstelle Cybercrime Bayern – ZCB) eingerichtet. „Sie ist für den gesamten Freistaat Bayern

276 Drive-by-Infection bezeichnet das unerwünschte Herunterladen von Schadsoftware allein durch das Anschauen einer dafür präparierten Webseite (engl. Drive-by: im Vorbeifahren).

277 MIK NRW (2012), S. 11 f.

278 LKA BW (2013), S. 8

279 Europol (2011), S. 8

zuständig. Ihre Aufgaben sind die Bearbeitung besonders herausgehobener Ermittlungsverfahren im Bereich der Cyberkriminalität, die Wahrnehmung der Aufgaben einer zentralen Ansprechstelle für Cyberkriminalität sowie die Mitwirkung bei regionalen und überregionalen Aus- und Fortbildungsmaßnahmen in diesem Bereich."[280]

2.3.3 Gesetzesänderungen

Der Gesetzgeber hat ebenfalls auf die Ausweitung des Phänomens Cybercrime reagiert. So wurden z.B. in den §§ 202a, 202b und 303a StGB[281] Straftatbestände für breitflächige Angriffe auf Informationssysteme und beim Ausspähen von Daten aufgenommen. Damit kann insbesondere die Infizierung und die Nutzung von Zombie-PC im Rahmen von Botnetzen sanktioniert werden.

3 Kriminalitätskontrolle

Maßnahmen zur Bekämpfung von Cybercrime

Die nachfolgenden Maßnahmenkonzeptionen liefern allgemeine Hinweise auf die zu treffenden Maßnahmen. Da Delikte im Bereich Cybercrime sehr unterschiedliche Modi Operandi (z.B. von Betrugsdelikten bis hin zur Erpressung) aufweisen, sind die Maßnahmen auf den jeweiligen Einzelfall anzupassen und entsprechend zu modifizieren bzw. zu ergänzen.

Ermittlung der IP-Adresse

Den Providern steht eine bestimmte Anzahl von IP-Adressen zu, die deren Kunden bei der Einwahl ins Netz jedes Mal neu zugewiesen werden. Dabei spricht man von sogenannten dynamischen IP-Adressen. Zu Abrechnungszwecken werden die Nutzungszeiten von den Providern gespeichert. Aufgrund des Urteils des Bundesverfassungsgerichts zur Vorratsdatenspeicherung von 2010 müssen die Daten gelöscht werden, wenn sie nicht mehr von den Providern benötigt werden. Demnach variiert die Dauer der Speicherung je nach Anbieter. Über die IP-Adresse kann der Anschlussinhaber ermittelt werden, allerdings nicht, wer den Rechner zur Tatzeit genutzt hat. Hier ist auf herkömmliche Spuren, wie z.B. die Daktyloskopie abzustellen.

Die IP-Adressen werden zentral aus den USA vergeben und in entsprechenden Datenbanken verwaltet. Unter der Internetadresse www.ripe.net kann man europäische IP-Adressen abfragen. Verläuft diese Abfrage negativ, sollte über die Website www.geektools.com eine internationale Abfrage erfolgen. Werden bei den Datenbanken die IP-Adressen eingegeben, erhält man, wenn ein Treffer vorliegt, den Namen des Providers.[282]

280 Bayrisches Staatsministerium der Justiz (2015)
281 41. Strafrechtsänderungsgesetz zur Bekämpfung der Computerkriminalität.
282 *Wernert* (2011), S. 50–52

Maßnahmen bei Bedrohungs- und Beleidigungsdelikten via E-Mail[283]

- Minutengenaue Tatzeit festhalten
- Erfragen, wie und warum es zu dem Mailverkehr gekommen ist
- Verwendete E-Mail-Adresse, benutztes Betriebssystem und die jeweilige Software festhalten
- Mailausdruck des Anzeigenerstatters zur Anzeige nehmen
- Am Computer des Anzeigenerstatters die Übermittlungsuhrzeit und den E-Mail-Header[284] feststellen
- Zügig Kontakt mit dem Provider aufnehmen, um tatrelevante Daten abzufragen

Maßnahmen bei der Darstellung verbotener Inhalte im Internet[285]

- Konkrete Tatzeit und den Browser erfragen
- Fragen, wie der Anzeigenerstatter auf die betreffende Seite gelangte
- URL der Internetseite und deren konkreten Inhalte einschließlich des Impressums dokumentieren
- Auf dem Dienstrechner die Seite aufrufen und die Inhalte dokumentieren
- IT-Ermittlungsunterstützung über die jeweilige Seite informieren
- Ermittlung des Domaininhabers über die Whois[286]-Datenbank

Maßnahmen bei der Verbreitung von Gewaltszenen via Handy

Gerade unter Jugendlichen ist das Handy ein Statussymbol und wird teilweise als Tatmittel eingesetzt. Eine mögliche Tatbegehung ist Happy Slapping. Beim Happy Slapping wird ein Opfer getreten, geschubst, verprügelt bis hin zu Vergewaltigungen und Tötungsdelikten. Die Mittäter nehmen die Tat mit der Videofunktion des Handys auf, stellen es unmittelbar nach Tatausführung ins Internet ein oder versenden das Video auf andere Handys.

- Sicherstellung des Handys
- Identitätsfeststellung der Täter und des Opfers
- Erziehungsberechtigte informieren
- Belehrung und Vernehmung
- Bei Jugendlichen einen Bericht für das Jugendamt fertigen
- Folgemaßnahmen prüfen, wie z.B. Wohnungsdurchsuchung

---

283 *Wernert* (2011), S. 55

284 Über den E-Mail-Header lassen sich die konkrete Versendezeit, der verwendete Server und die IP-Adresse feststellen. Der Header ist von unten nach oben zu lesen, sodass der erste Eintrag den Absender bezeichnet. Die Informationen des Headers müssen kopiert und dann in einer neuen Datei gespeichert werden. Die tatrelevante Mail darf nicht an die Polizei weitergeleitet werden, weil dann die ursprünglichen Daten gelöscht werden.

285 *Wernert* (2011), S. 62

286 Whois-Abfrage: Die Domains (jede Internetseite hat eine eigene Domain) werden in einer Datenbank zentral gespeichert. Dabei handelt es sich um eine Whois-Datenbank. So können die deutschen Domains unter der Adresse www.denic.de abgefragt werden. Wird eine Domain in das dortige Suchfeld eingetragen, zeigt die Datenbank den verantwortlichen Domaininhaber.

Sicherstellung von elektronischen Beweismitteln[287]

- Klären, wer Eigentümer und wer Besitzer ist
- Ermitteln, wer Zugriff auf das Gerät hatte
- Feststellen, ob ein Netzwerk vorhanden ist
- Unbefugte von den Geräten fernhalten
- Zustand des PC genau dokumentieren (an oder ausgeschaltet), Fotos von den technischen Geräten anfertigen und Kabel markieren
- Bei geplanter Durchsuchung Angehörige der IT-Beweissicherung hinzuziehen, zumindest deren telefonische Erreichbarkeit sicherstellen
- Festhalten, wo sich welche Geräte befinden und ob sie an oder ausgeschaltet sind
- Klären, wie der Zugriff auf das Internet erfolgt
- Handbücher und sämtliches Zubehör beschlagnahmen (ggf. wurden darin Zugangsdaten notiert)
- Die herkömmliche Spurensicherung ebenfalls durchführen

Hinweis:

Die Sicherstellung von Servern, dazu gehörigen Computern und weiteren elektronischen Beweismitteln soll ausschließlich durch die Sachbearbeiter der IT-Beweissicherung erfolgen. Insbesondere dann, wenn es sich um ein Netzwerk in Firmen handelt.

287 Elektronische Beweismittel sind alle elektronischen Geräte, auf denen ermittlungsrelevante Informationen gespeichert sind, sie werden auch als „digitale Spur" bezeichnet.

Literaturverzeichnis

Albrecht, G. (1993). Kriminalgeographie, Städtebau und Kriminalität. In *Kaiser, G./Kerner, H.-J./Sack, F./Schellhoss, H.* (Hrsg.), Kleines Kriminologisches Wörterbuch, 3. Auflage, UTB Bd. 1274, C. F. Müller Verlag, Heidelberg.

Amendt, G. Unzucht mit Kindern. In Kriminalistik 7/2000, S. 452.

Ammer, A. (2000). Kommunale Kriminalprophylaxe, Weisser Ring, Gemeinnützige Verlags-GmbH, Mainz.

Arbeitsgemeinschaft Kinder- und Jugendschutz (AJS), Landesstelle NRW (1993). Gegen den sexuellen Missbrauch an Mädchen und Jungen.

Artkämper, H./Clages (Hrsg.) (2013). Kriminalistik gestern – heute – morgen, Festschrift zum 10-jährigen Bestehen der Deutschen Gesellschaft für Kriminalistik, Boorberg Verlag, Stuttgart.

Baier, D./Wollinger, G.R./Dreißigacker, A./Bartsch, T. Erfahrungen von Betroffenen des Wohnungseinbruchs mit der Polizei. In Kriminalistik 3/2015, S. 139.

Bange, D./Deegener, G. (1996). Sexueller Missbrauch an Kindern, Beltz Psychologie Verlags Union, Weinheim.

Bartsch, T./Dreißigacker. Phänomen Wohnungseinbruch – Taten, Täter, Opfer. In Kriminalistik 8-9/2014, S. 483.

Bartsch, T./Wollinger, G.R./Dreißigacker, A./Baier, D./Pfeiffer, Ch. Wohnungseinbruchsdiebstahl – aktuelle Befunde und Skizzen eines Forschungsvorhabens. In Kriminalistik 7/2013, S. 473.

Bayrisches Staatsministerium der Justiz. (2015). Errichtungsverfügung einer Bayerischen Zentralstelle zur Bekämpfung von Cybercrime, Eigenverlag.

Becker-Oehm, S. (2010). Die Kriminologische Regionalanalyse, Universitätsverlag *Dr. N. Brockmeyer*, Bochum.

Behrmann, K./Wienberg, H./Püschel, K. Zur Vortäuschung von Sexualdelikten. In Kriminalistik 4/1990, S. 207.

Bock, M. (2013). Kriminologie, 4. Auflage, Verlag Vahlen, München.

Bubenitschek, G./Greulich, R./Wegel,M. (2014). Kriminalprävention in der Praxis, Kriminalistikverlag, Heidelberg.

Bundeskriminalamt (Hrsg.) (1994). Aktuelle Phänomene der Gewalt, BKA-Forschungsreihe, Bd. 29, Wiesbaden.

Bundeskriminalamt (Hrsg.) (1999). Kriminalprävention in Deutschland, Länder-Bund-Projektsammlung, Wiesbaden.

Bundeskriminalamt (Hrsg.) (2012). Cybercrime Bundeslagebild, Eigenverlag.

Bundeskriminalamt (Hrsg.) (2013a). Polizeiliche Kriminalstatistik Bundesrepublik Deutschland, Eigenverlag.

Bundeskriminalamt (Hrsg.) (2013b). Cybercrime Bundeslagebild, Eigenverlag.

Bundeskriminalamt (Hrsg.) (2013c). Kfz-Kriminalität, Bundeslagebild, Eigenverlag.

Bundesministerium für Gesundheit (Hrsg.) (2014). Drogen- und Suchtbericht, Eigenverlag.

Bundeszentrale für politische Bildung (2015) (Autor: *Heinz, W.).* Jugendkriminalität – Zahlen und Fakten.

Burgheim, J./Friese, H. (2007). Reale und vorgetäuschte Sexualdelikte. In *C. Lorei* (Hrsg.), Polizei & Psychologie. Kongressband der Tagung „Polizei & Psychologie" am 3./4.4. 2006 in Frankfurt/Main (S. 431), Verlag für Polizeiwissenschaft, Frankfurt.

Clages, H. (1994). Kriminalistik, Lehrbuch für Ausbildung und Praxis, 2. Auflage, Boorberg Verlag, Stuttgart.

Clages, H. (2012) *(Hrsg.).* Der rote Faden, 12. Auflage, Kriminalistik Verlag, Heidelberg.

Clages, H. (2013). Aktuelle Erscheinungsformen der Straßenkriminalität. In *Artkämper/Clages* (Hrsg.), Kriminalistik gestern – heute – morgen, Festschrift zum 10-jährigen Bestehen der Deutschen Gesellschaft für Kriminalistik, Boorberg Verlag, Stuttgart.

Clages, H./Nisse, R. (1999). Musterklausuren Kriminologie, VDP, Hilden.

Clages, H./Nisse, R. (2009). Bearbeitung von Jugendsachen, Lehr- und Studienbriefe Kriminalistik/Kriminologie, Bd. 12, VDP, Hilden.

Deegener, G. (2005). Kindesmissbrauch – erkennen, helfen, vorbeugen, *Beltz*, Weinheim.

Deidenhofer, A. (2015). Jugendrecht, 36. Auflage, Beck-Texte, dtv, München.

Diemer, H./Schatz,H./Sonnen, B.-R. (2015). Jugendgerichtsgesetz, 7. Auflage, C.F. Müller Verlag, Heidelberg.

Dörmann, U. (2004). Zahlen sprechen nicht für sich. Aufsätze zu Kriminalstatistik, Dunkelfeld und Sicherheitsgefühl aus drei Jahrzehnten, Polizei und Forschung, Bd. 28, Verlag Wolters Kluwer, München.

Dreißigacker, A./Baier, D./Wollinger, G.R./Bartsch, T. Die Täter des Wohnungseinbruchs: Sind es die „Osteuropäer", die „professionalen Banden" oder die „Drogenabhängigen"? In Kriminalistik 5/2015, S. 307.

Egg, R. Zur Rückfälligkeit von Sexualstraftätern. In Kriminalistik 6/1999, S. 367.

Eisenberg, U. (2005). Kriminologie. Verlag C.H. Beck, München.

Elsner, E./Steffen, W. (Hrsg.) (2005). Vergewaltigung und sexuelle Nötigung in Bayern. Eigenverlag, München.

Europol (Hrsg.) (2011). Europol-Jahresbericht 2011 – Allgemeiner Bericht über die Tätigkeiten von Europol, Eigenverlag.

Exner, F. (1949). Kriminologie, 3. Auflage, Springer-Verlag, Berlin, Göttingen, Heidelberg.

Fattah, E.A. (1967). Vers une typologie criminologique des victimes, Revue Internationale des Police Criminelle, S. 97.

Fischer, G./Köhler, H. Wohnungseinbrüche in Köln. In Der Kriminalist 1/2003, S. 2.

Fischer, Th. (2015). Strafgesetzbuch, 62. Auflage, Verlag C. H. Beck, München.

Fröhlich, W. D. (2010). Wörterbuch Psychologie, 26. Auflage, dtv, München.

Gallwitz, A. Ratschläge zum elterlichen Umgang mit ihren Kindern. In Deutsche Polizei 3/1997, S. 9

Gallwitz, A./Paulus, M./Drewes, D. (2005). Das Tabu: Sexuelle Gewalt, VDP, Hilden.

Galtung, J. (1998). Frieden mit friedlichen Mitteln, Leske + Budrich Verlag, Opladen.

Gerke, B. et al. (2012). Strafprozessordnung, Heidelberger Kommentar, 5. Auflage, Verlag C.F. Müller, Heidelberg.

Gluba, Predictive Policing – eine Bestandsaufnahme. In Kriminalistik 6/2014, S. 347.

Göbel, R./Wallraf-Unzicker, F. (1997). Kriminalprävention, Eine Auswahlbiographie, BKA-Forschungsreihe, Bd. 45, Bundeskriminalamt, Wiesbaden.

Göppinger, H./Bock, M. (2008). Kriminologie, 6. Auflage, Verlag C. H. Beck, München.

Groß, H./Geerds, F. (1977). Handbuch der Kriminalistik, 10. Auflage, J. Schweizer Verlag, Berlin.

Harbort, St. (2008). Das Serienmörder-Prinzip, Piper Verlag, München.

Hentig, Hans v. (1948). The criminal and his victim, Archon Books, New Haven.

Häcker, H. O./Stapf, K.-H. (Hrsg.) (2009). Dorsch, Psychologisches Wörterbuch, 15. Auflage, Verlag Hans Huber, Bern.

Hellmer, J. (1972). Kriminalitätsatlas der Bundesrepublik Deutschland und West-Berlins – ein Beitrag zur Kriminalgeographie –, BKA-Schriftenreihe, Wiesbaden.

Hellmer, J. (1978). Jugendkriminalität, 4. Auflage, Luchterhand Verlag, Neuwied, Darmstadt.

Hermanutz, M./Lasogga, F. Einbruchsdiebstahl. In Kriminalistik 3/1998, S. 171.

Herold, H. Die Bedeutung der Kriminalgeografie für die polizeiliche Praxis. In Kriminalistik 7/1977, S. 289.

Hofmann, F. (1991). Kriminalgeographie. In *Kerner, H.-J.* (Hrsg.), Kriminologie Lexikon, 4. Auflage, Kriminalistik Verlag, Heidelberg.

Hoffmann, J./Musolff, C. (2003). Fallanalyse und Täterprofil, BKA-Forschungsreihe, Bd. 52, Bundeskriminalamt, Wiesbaden.

Janssen, H. (1991). Chicago-Schule. In *Kerner, H.-J.* (Hrsg.), Kriminologie Lexikon, 4. Auflage, Kriminalistik Verlag, Heidelberg.

Kaiser, G. (1993). Kriminologie, 9. Auflage, UTB, Bd. 594, C. F. Müller Verlag, Heidelberg.

Kaiser, G. (1996). Kriminologie. Ein Lehrbuch, 3. Auflage, C. F. Müller Verlag, Heidelberg.

Kaiser, G./Kerner, H. J./Sack, F./Schellhoss, H. (Hrsg.) (1993). Kleines Kriminologisches Wörterbuch, 3. Auflage, UTB, Bd. 1274, C.F. Müller Verlag, Heidelberg.

Kaiser, G./Schöch, H. (2015). Kriminologie, Jugendstrafrecht, Strafvollzug, 8. Auflage, Verlag C. H. Beck, München.

Karchow, E./Meier, K. H. Aufklärungsquote als Zielinhalt. In Kriminalistik 6/07, S. 386.

Kawelovski, F. (2014). Bekämpfung des Wohnungseinbruchs, Lehr- und Studienbriefe Kriminalistik/Kriminologie, Bd. 20, VDP, Hilden.

Keller, Ch. (2008). Stalking und Opferhilfe – Leitfaden für polizeiliches Handeln, Boorberg Verlag, Stuttgart.

Kerner, H. J. (Hrsg.) (1991). Kriminologie-Lexikon, 4. Auflage, Kriminalistik Verlag, Heidelberg.

Kube, E. (1987). Systematische Kriminalprävention, Sonderband BKA-Forschungsreihe, Wiesbaden.

Kube, E./Koch, K.-F. (1992). Kriminalprävention, Lehr- und Studienbriefe Kriminologie, Bd. 3, VDP, Hilden.

Kube, E./Störzer, H. U./Timm, K. J. (1992). Kriminalistik, Handbuch für Praxis und Wissenschaft, Bd. 1, Boorberg Verlag, Stuttgart.

Kunz, K.-L. (2011). Kriminologie, 6. Auflage, UTB, Haupt Verlag, Bern, Wien, Stuttgart.

Küper, W. (2008). Strafrecht Besonderer Teil – Definitionen mit Erläuterung, 7. Auflage, Verlag C.F. Müller, Heidelberg.

Küper, W. (2015). Strafrecht Besonderer Teil – Definitionen mit Erläuterung, 9. Auflage, Verlag C. F. Müller, Heidelberg.

Krainz, K. W. (1988). Prävention von Hauseinbrüchen, BKA-Forschungsreihe, Bd. 31, Bundeskriminalamt, Wiesbaden.

Kreuzer, A./Römer-Klees, R./Schneider, H. (1991). Beschaffungskriminalität Drogenabhängiger, BKA-Forschungsreihe, Bd. 24, Bundeskriminalamt, Wiesbaden.

Kürzinger, J. (1996). Kriminologie, 2. Auflage, Boorberg Verlag, Stuttgart.

Landeskriminalamt Baden-Württemberg (Hrsg.) (2013). Cybercrime/Digitale Spuren Jahresbericht, Eigenverlag.

Landeskriminalamt Nordrhein-Westfalen (Hrsg.) (2013). Cybercrime in Nordrhein-Westfalen, Lagebild 2013, Eigenverlag.

Landeskriminalamt Nordrhein-Westfalen (Hrsg.) (2014). Rauschgiftkriminalität, Lagebild 2014, Eigenverlag.

Landeskriminalamt Nordrhein-Westfalen (Hrsg.) (2015). Richtlinien für die Führung der Polizeilichen Kriminalstatistik, Eigenverlag.

Lamnek, S. (1999). Theorien abweichenden Verhaltens, 7. Auflage, UTB, Bd. 740, W. Fink Verlag, München.

Lemke, M. (2012). In Gerke, B. et al. Strafprozessordnung, 5. Auflage, Heidelberger Kommentar, C.F. Müller Verlag, Heidelberg.

LKA Bayern (2013), S. 62

Medienpädagogischer Forschungsverband Südwest. (2013). Jugend, Information, (Multi-) Media (JIM-Studie) 2013, Eigenverlag.

Meier, B. D. (2010). Kriminologie, 4. Auflage, Verlag C.H.Beck, München.

Mendelsohn, B. (1956). Une nouvelle Branche de la Science Bio Psycho-Sociale – la Victimologie, Revue Internationale de Criminologie et de Police Technique, S. 95.

Mentzel, T./Schröder, D. (2008), Einführung in die Kriminologie. In *Clages/Neidhardt* (Hrsg.), Grundlagen der Kriminalistik/Kriminologie, Lehr- und Studienbriefe Kriminalistik/Kriminologie, Bd. 1, 3. Aufl., VDP, Hilden.

Mergen, A. (1995). Kriminologie, Eine systematische Darstellung, 3. Auflage, Verlag Vahlen, München.

Meyer, J. Wohnungseinbruch in München – Eine Auswertung der Täterarbeitweisen im Jahr 2004 im Vergleich zu 1999. In Kriminalistik 2/2006, S. 118.

Ministerium für Inneres und Kommunales Nordrhein-Westfalen (Hrsg.) (2012). Erlass zur Bekämpfung der IuK-Kriminalität, Eigenverlag.

Ministerium für Inneres und Kommunales Nordrhein-Westfalen, VIVA macht das Leben leichter – Neues Vorgangssystem. In Streife 6/7 2014, S. 19.

Neidhardt, K. (2008), Kriminalistik und Kriminologie im Verhältnis zur Polizeiwissenschaft. In *Clages/Neidhardt* (Hrsg.), Grundlagen der Kriminalistik/Kriminologie, Lehr- und Studienbriefe Kriminalistik/Kriminologie, Bd. 1, 3. Aufl., VDP, Hilden.

Neubacher, F. (2014). Kriminologie, 2. Auflage, Nomos Verlagsgesellschaft, Baden-Baden.

Niggemeyer, B. (1967). Kriminologie, Leitfaden für Kriminalbeamte, BKA-Schriftenreihe, Wiesbaden.

Nimtz, H. Der neue Straftatbestand gegen Stalking. In Kriminalistik 7/07, S. 493 und 8–9/2007, S. 575.

Nisse, R. (2012). Delikte gegen Kinder, Lehr- und Studienbriefe Kriminalistik/ Kriminologie, Bd. 18, VDP, Hilden.

Pfeiffer, Ch., et al, (2016). Vergleichende kriminologische Regionalanalyse des Wohnungseinbruchdiebstahls, Kriminologisches Forschungsinstitut Niedersachsen.

Pientka, M. (2014). Kriminalwissenschaften II, Verlag C.H. Beck, München.

Pientka, M./Wolf, N. (2012). Kriminalwissenschaften I, Verlag C.H. Beck, München.

Plate, M./Schneider, H. (1989). Schwereinschätzungen von Gewalthandlungen, BKA-Forschungsreihe, Bd. 35, Bundeskriminalamt, Wiesbaden.

Pollich, D./Erdmann, J./Grutzpalk, J.: Symposium „Wohnungseinbruch" am 6. November 2013 in Gelsenkirchen. Ein Tagungsbericht. In Die Polizei 5/2014, S. 141 ff.

Rehm, J./Servay, W. (1989). Wohnungseinbruch aus Sicht der Täter, Sonderband BKA-Forschungsreihe, Wiesbaden.

Rückert, S. (2008). Tote haben keine Lobby, 4. Auflage, Hoffmann und Campe Verlag, Hamburg.

Sack, F. (1993). Kritische Kriminologie. In Kleines kriminologisches Wörterbuch, 3. Auflage, C.F. Müller Verlag, Heidelberg.

Schmitt, B. (2008). Kriminologie, Jugendstrafrecht, Strafvollzug, 5. Auflage, Alpmann Schmidt, Münster.

Schneider, H. J. (1987). Kriminologie, Verlag de Gruyter, Berlin, New York.

Schneider, H. J. Kriminologische Ursachentheorie. In Kriminalistik 5/1997, S. 306.

Schneider, H. J. Kriminologie der Sexualdelikte – Neue Forschungsergebnisse zu Erscheinungsformen, Ursachen und Reaktionsmöglichkeiten. In: Kriminalistik 4/1999 S. 233–238 und 5/1999 S. 297–302.

Schulz, H. (1987). Bekämpfung der Rauschgiftkriminalität, Kriminalistik Verlag, Heidelberg.

Schwind, H.-D. (2013). Kriminologie, 22. Auflage, Kriminalistik Verlag, Heidelberg.

Schwind, H.-D./Ahlborn, W./Weiß, R. (1989). Dunkelfeldforschung in Bochum 1986/87, BKA-Forschungsreihe, Bd. 21, Wiesbaden.

Statistisches Bundesamt (Hrsg.) (2013). Datenreport – Ein Sozialbericht für die Bundesrepublik Deutschland. Eigenverlag.

Steffen, W. (2011). Gutachten für den 16. Deutschen Präventionstag, Neue Medienwelten – Herausforderungen für die Kriminalprävention?, Eigenverlag.

Thamm, B. G. (1991). Drogen – legal – illegal, VDP, Hilden.

Trube-Becker, E. (1992). Mißbrauchte Kinder. Sexuelle Gewalt und wirtschaftliche Ausbeutung, Kriminalistik Verlag, Heidelberg.

Vogel, B. (2008). Gefahrenabwehrende Intervention und Bekämpfung von Stalkingfällen aus polizeilicher Sicht. In *Wondrak, I.*, Stalking, VDP, Hilden.

Walder, H./ Hansjakob, Th. (2012). Kriminalistisches Denken, 9. Auflage, Kriminalistik Verlag, Heidelberg.

Walter, M./ Neubacher, F. (2011). Jugendkriminalität, 4. Auflage, Boorberg Verlag, Stuttgart.

Wernert, M. (2011). Internetkriminalität – Grundlagenwissen, erste Maßnahmen und polizeiliche Ermittlungen, Boorberg Verlag, Stuttgart.

Wirth, I. (Hrsg) (2011). Kriminalistik-Lexikon, 4. Auflage, Kriminalistik Verlag, Heidelberg.

Wondrak, I. (2008). Stalking, VDP, Hilden.

Wößner, G. (2006). Typisierung von Sexualstraftätern. Dunker & Humblot GmbH, Berlin.

Zeitner, I. Internetkriminalität – eine polizeiliche Herausforderung. In Polizei, Studium, Praxis, 1/2013, S. 20, VDP, Hilden.

Zimmermann, E. Jugendgewalt. In Kriminal Digest 5/93, S. 10–36.

Zöller, A. (2012). In *Gerke, B.* et al. (2012), Strafprozessordnung, 5. Auflage, Heidelberger Kommentar, C.F. Müller Verlag, Heidelberg.

Internetfundstellen

www.bpb.de

www.bmi.bund.de

www.bmjv.de

www.bka.de

www.kriminalpraevention.de

www.ki.uni-konstanz.de/kik/

www.polizei-beratung.de

Personen- und Stichwortverzeichnis

D

E

F

G